suhrkamp taschenbuch
wissenschaft 2343

In diesem Buch geht es um das Experimentieren, das in den Wissenschaften seit der Frühen Neuzeit eine immer größere Rolle spielt. Umso erstaunlicher ist es, dass sich Philosophie und Geschichte der Wissenschaften mit der unglaublichen Vielgestaltigkeit des Experimentierens kaum auseinandergesetzt haben. Hans-Jörg Rheinberger beleuchtet sie in seinem neuen Buch in all ihren Facetten. Er untersucht die Materialität des Experiments, seiner Gegenstände und seiner Instrumente ebenso wie die größeren räumlichen und zeitlichen Zusammenhänge, in die das wissenschaftliche Experimentieren gestellt ist und in denen es sich verwirklicht. So entsteht eine neue Sicht auf die Wissenschaft im Werden.

Hans-Jörg Rheinberger ist Direktor emeritus am Max-Planck-Institut für Wissenschaftsgeschichte in Berlin. Zuletzt erschien im Suhrkamp Verlag von ihm: *Epistemologie des Konkreten* (stw 1771).

Hans-Jörg Rheinberger
Spalt und Fuge

Eine Phänomenologie des Experiments

Suhrkamp

Bibliografische Information der Deutschen Nationalbibliothek
Die Deutsche Nationalbibliothek verzeichnet diese Publikation
in der Deutschen Nationalbibliografie; detaillierte bibliografische Daten
sind im Internet über http://dnb.dnb.de abrufbar.

2. Auflage 2021

Erste Auflage 2021
suhrkamp taschenbuch wissenschaft 2343

Umschlag nach Entwürfen
von Willy Fleckhaus und Rolf Staudt
Druck und Bindung: C. H. Beck, Nördlingen
Printed in Germany
ISBN 978-3-518-29943-2

Inhalt

Einleitung

Die vorliegenden Bausteine zu einer *Phänomenologie des Experiments* beleuchten das wissenschaftliche Experimentieren in den unterschiedlichen Hinsichten seiner Erscheinung. Der Titel verweist darauf, dass es nicht um den Versuch einer philosophischen Wesensbestimmung dessen geht, was wissenschaftliches Experimentieren ausmacht. Es geht auch nicht darum, die Phänomenologie als eine experimentelle Philosophie darzustellen.[1] Vielmehr geht es darum, Aspekte der Gestalt zu umreißen, die das wissenschaftliche Experimentieren historisch angenommen und seit dem 19. Jahrhundert das Feld der empirischen Wissenschaften beherrscht hat. Die Facetten dieser Gestalt sollen aus einer infraskopischen sowie aus einer supraskopischen Perspektive betrachtet werden. So kann sichtbar werden, was am Experimentieren in der Regel übersehen wird, entweder weil es unterhalb der Schwelle externer Wahrnehmung bleibt oder weil es sich jenseits derselben bewegt. Dabei gehe ich von Experimentalsystemen als den – in sich schon komplexen – Einheiten des modernen Experimentierens aus, die ich an anderer Stelle ausführlich beschrieben habe.[2] Mikrologische Aspekte des Experimentierens, die in *Experimentalsysteme und epistemische Dinge* nur angedeutet werden konnten, stehen im ersten Teil des Buches unter Beobachtung. Sie sollen hier gegeneinander abgegrenzt und in ihren Eigenheiten und Beziehungen zueinander charakterisiert werden. Im zweiten Teil des Buches hingegen wendet sich die Aufmerksamkeit den Beziehungen zu, die solche Systeme untereinander ausbilden. Ihren Artikulationen gehe ich in den für sie charakteristischen zeitlichen, räumlichen wie auch narrativen Dimensionen nach. Die dabei leitenden Begriffe werden an konkretem Material aus der Geschichte der Wissenschaften des 20. Jahrhunderts exemplifiziert, entwickelt und auf ihre Brauchbarkeit hin untersucht.

Zielte Ernst Cassirers als dritter Teil seiner *Philosophie der symbo-*

1 Wie etwa Don Ihde, *Experimental Phenomenology. Multistabilities*, Albany ²2012.

2 Hans-Jörg Rheinberger, *Experimentalsysteme und epistemische Dinge. Eine Geschichte der Proteinsynthese im Reagenzglas*, Göttingen ³2019.

lischen Formen 1929 veröffentlichte *Phänomenologie der Erkenntnis*[3] schwerpunktmäßig auf die *symbolischen* Formen, in denen sich die Erkenntnisprozesse der Wissenschaften abspielten und abspielen, so ging er im vierten und letzten Band seiner Tetralogie über *Das Erkenntnisproblem in der Philosophie und Wissenschaft der neueren Zeit* einen entschiedenen Schritt weiter. Dort heißt es: »Gleichviel ob wir es mit ›idealen‹ oder ›realen‹, mit mathematischen oder empirischen, mit ›unsinnlichen‹ oder mit ›sinnlichen‹ Gegenständen zu tun haben – die erste Frage bleibt stets, nicht was diese Gegenstände in ihrer absoluten Natur oder Wesenheit sind, sondern durch welches Medium sie uns vermittelt werden, durch welches Organon der Erkenntnis ein *Wissen* von ihnen ermöglicht und konstituiert wird.«[4] Daran kann die vorliegende Darstellung anknüpfen. In ihr geht es aber noch entschiedener um die experimentellen Formen der *Praxis*, durch die sich diese Erkenntnisprozesse ausbilden und in denen sie sich vollziehen. Was mit anderen Worten im Vordergrund steht, ist die materiale Verfasstheit eines der zentralen Verfahren, deren sich die wissenschaftliche Wissensgewinnung in der Frühen Neuzeit zu bedienen begonnen und das seitdem eine die Wissenschaften beherrschende eigene Dynamik gewonnen hat. Noch bis ins 18. Jahrhundert hinein dominierten theoretische Entwürfe, meist »Systeme« genannt, die Naturbetrachtung, in die sich gelegentlich bestätigende Versuche eingestreut fanden.[5] Seit dem 19. Jahrhundert sind es umgekehrt experimentelle Systeme, denen sich Begriffe und Theorien zunehmend akkommodieren müssen,

3 Ernst Cassirer, *Philosophie der symbolischen Formen*, Dritter Teil, *Phänomenologie der Erkenntnis*, Hamburg 2002.

4 Ernst Cassirer, *Das Erkenntnisproblem in der Philosophie und Wissenschaft der neueren Zeit*, Vierter Band, *Von Hegels Tod bis zur Gegenwart (1832-1932)*, Hamburg 2000, S. 71.

5 Beispielhaft seien genannt: Claude Gadrois, *Le système du monde, selon les trois hypothèses, où conformément aux loix de la mechanique l'on explique dans la supposition du mouvement de la terre. Les apparences des astres* [...], Paris 1675; Carolus Linnaeus, *Systema naturae*, Leiden [1]1735; Stockholm [12]1766/1767; Jean Le Rond d'Alembert, *Recherches sur differens points importans du systême du monde*, Paris 1754-1756; Paul Henri Thiry, Baron d'Holbach, *Système de la nature ou des loix du monde physique & du monde moral*, London 1770. Dass das zunehmend kritisch gesehen wurde, dazu vgl. Noël André, *Théorie de la surface actuelle de la terre, ou plutôt Recherches impartiales sur le temps et l'agent de l'arrangement actuel de la surface de la terre, fondées, uniquement, sur les faits, sans système et sans hypothèse*, Paris 1806.

sofern sie wissenschaftliche Relevanz beanspruchen wollen. Die lange Geschichte dieser Umkehrung und ihre historische Dynamik werden hier ausgespart. Die Entwicklungsformen, die das Experimentieren über die Jahrhunderte hinweg durchlaufen hat und die heute erneut an einer Wende zu stehen scheinen, einer Wende, die gekennzeichnet ist durch die Gewinnung und Verarbeitung von Daten im Massenformat, müssen einer späteren Arbeit vorbehalten bleiben.[6]

Ich frage hier auch nicht im Sinne einer ontologischen Bestimmung hinter das Experiment zurück oder im Sinne einer metalogischen Grundlegung über das Experiment hinaus, sondern setze an dem an und bleibe bei dem, was Gaston Bachelard einmal treffend als das »Wissenschaftswirkliche« – *le réel scientifique* – bezeichnet hat.[7] Die besondere Lebensform und Daseinsweise des Wissenschaftswirklichen, die das Experiment darstellt, suche ich in ihren Details zu charakterisieren. Wie auf der wissenschaftlichen Ebene selbst, so geht es auch in der epistemologischen Reflexion ums Sichtbarmachen: nicht von etwas, das darunter oder jenseits läge, sondern von Verknüpfungen im Flächigen. Insofern scheint es mir berechtigt, von einer Phänomenologie zu sprechen, einer Phänomenologie, die nicht mehr einer Logik der Expression gehorcht, derzufolge die Phänomene immer nur als ein Sekundäres, Abgeleitetes erscheinen, sondern einer Artikulationslogik, bei der die Phänomene ihren Sinn und ihre Bedeutung gewissermaßen aus ihren gegenseitigen Verweisungen beziehen. Das Phänomenologische wird hier beim Wort genommen. Es geht nicht darum, hinter den Erscheinungen nach verborgenen Tiefen zu suchen. Es kommt auf das an, was dazwischen, nicht was darunter liegt. Michel Foucault hat das in einer frühen Arbeit einmal prägnant wie folgt formuliert: »Die originalen Formen des Denkens führen sich selbst ein: Ihre Geschichte ist die einzige Form der Exegese, und ihr Schicksal ist die einzige Form der Kritik, die sie ertragen.«[8]

Eine so verstandene Phänomenologie schließt ausdrücklich an

6 Zu einer ersten Orientierung vgl. Philipp Fischer u. a., *Datennaturen/Natures of Data*, Zürich, Berlin 2020.

7 Gaston Bachelard, *Der neue wissenschaftliche Geist*, Frankfurt/M. 1988, S. 12, dort etwas verstellend übersetzt mit »die wissenschaftliche Wirklichkeit«.

8 Michel Foucault, »Introduction«, in: Ludwig Binswanger, *Le rêve et l'existence*, Brügge 1954, S. 9.

das an, was Gaston Bachelard als die »Phänomenotechnik« der modernen Wissensgewinnung bezeichnete,[9] und die er als eine »Erweiterung« der traditionellen Phänomenologie begriff.[10] Bachelard begründete in Frankreich eine wissensphänomenologische Tradition, die nicht von den Erscheinungsformen des Bewusstseins, sondern von den Erscheinungsformen der Wissensdinge ihren Ausgang nimmt.[11] Im Mittelpunkt des vorliegenden Buches steht die experimentelle Situation in ihrer ganzen Komplexität, nicht eine wie auch immer geartete eidetische Reduktion. Es geht also weder um eine Phänomenologie von Bewusstseinszuständen noch von intentionalen Akten in Isolation, sondern um eine Phänomenologie von Begriffen, die mit den Gegenständen, auf die sie zugreifen, auf untrennbare Weise treibend verbunden sind. Es geht um eine Erfahrung, die sich als experimentelle Praxis manifestiert, ganz im Sinne der Doppelbedeutung der französischen *expérience*. Mit Jean Toussaint Desanti zu sprechen, gilt es »zu zeigen, dass jede Bewusstseinsphilosophie es letztlich erfordert, von einer Philosophie der Praxis aufgehoben zu werden«.[12] In diesem Buch handelt es sich aber weniger um Praxis überhaupt, sondern sehr speziell um die experimentelle Praxis der modernen Wissenschaften.

Die hier aufgeworfenen Fragen haben mich in Fortsetzung meiner Überlegungen zu *Experimentalsystemen und epistemischen Dingen* und zu einer *Epistemologie des Konkreten*[13] über die letzten zwei Jahrzehnte hinweg kontinuierlich beschäftigt. Eine ganze Reihe das vorliegende Buch vorbereitender Arbeiten sind im Lauf der seither vergangenen Jahre verstreut publiziert worden. Ich greife sie hier auf, führe sie weiter und bringe sie in einen übergeordneten Zusammenhang. Von einer Systematik möchte ich hingegen

9 Gaston Bachelard, »Noumenon und Mikrophysik«, in: ders., *Der Surrationalismus*, Paderborn 2017, S. 7-26, hier S. 18. Vgl. auch Bachelard, *Der neue wissenschaftliche Geist*, Einleitung.

10 Gaston Bachelard, *Die Bildung des wissenschaftlichen Geistes. Beitrag zu einer Psychoanalyse der objektiven Erkenntnis*, Frankfurt/M. 1978, Kapitel III.

11 Vgl. dazu David Hyder, »Foucault, Cavaillès, and Husserl on the historical epistemology of the sciences«, in: *Perspectives on Science* 10 (2003), S. 107-129; vgl. auch Anton Vydra, »Gaston Bachelard and his reactions to phenomenology«, in: *Continental Philosophy Review* 47 (2014), S. 45-58.

12 Jean T. Desanti, *Phénoménologie et praxis*, Paris 1970, S. 9.

13 Rheinberger, *Experimentalsysteme*; Hans-Jörg Rheinberger, *Epistemologie des Konkreten. Studien zur Geschichte der modernen Biologie*, Frankfurt/M. 2006.

nicht sprechen. »Phänomenologie ist eine elastische Methode der Beschreibung«, hat Hans Blumenberg einmal lapidar bemerkt, und er sah ihre Aufgabe, wie er es mit Bezug auf eine »Phänomenologie der Geschichte« formuliert, in der »Freilegung des Arsenals an Formen, in denen sich Geschichte vollzieht, das ihre Strukturen unabhängig von der Kontingenz ihrer Fakten, wenn auch *nur durch diese*, verstehen lässt«. Mit anderen Worten geht es darum, »das eigentliche Feld einer ›unendlichen Arbeit‹, die durch das Ideal einer Deduktion nicht abgeschlossen werden kann, in Kultur zu nehmen und zu halten«.[14] Nicht ein solches deduktives Ideal also wird hier angestrebt, vielmehr ist es der Versuch einer »Synthesis und Synopsis«, einer »Überschau und Zusammenschau« im Sinne des späten Cassirer,[15] die als Aufgabe dort bleibt, wo es nicht mehr darum gehen kann, das Ganze aus ersten Prinzipien abzuleiten.

Ein Wort noch zum Titel. Was haben *Spalt und Fuge* mit einer Phänomenologie des Experiments zu tun? Ich hoffe, das wird im Fortgang des Buches deutlich hervortreten, obwohl die beiden Begriffe im Text mit guter Absicht nicht terminologisch verwendet werden. So viel sei aber vorweggesagt: Die beiden Begriffe stehen für die Wirkung zweier Verfahren, die allem Experimentieren inhärieren. Der Spalt steht für die Bewegung des Aufschließens und was daraus resultiert. Ich sage mit Bedacht nicht Analyse, die für klaffende Verhältnisse und eindeutige Ergebnisse steht. Nicht an dieser Grenze, sondern in jener Zone ist der Spalt angesiedelt, in der sich die Ahnung von etwas auftut, das eine Suchbewegung leiten kann. Die Fuge fügt Gespaltenes aneinander. Mit ebensolchem Bedacht sage ich nicht Synthese, steht Letztere doch für eine Verbindung, bei der, wie es heißt, die Teile aufgehoben sind. Die Fuge aber ist ein sichtbares Mal, das man dem Verbund immer ansehen wird, und entlang dessen er auch wieder aufgelöst werden kann. So stehen Spalt und Fuge für das Tentative, das Wahrzeichen und das Sehzeichen des Versuchs.

Danken möchte ich an dieser Stelle der Lektorin Eva Gilmer vom Suhrkamp Verlag für Rat und Tat sowie Jan-Erik Strasser für die sorgfältige Lektüre des Textes. Jörn Oeder sei gedankt für das aufmerksame Korrekturlesen und die präzise Vorbereitung der

14 Hans Blumenberg, *Phänomenologische Schriften 1981-1988*, Berlin 2018, S. 12-13, Hervorhebung im Original.

15 Ernst Cassirer, *Erkenntnisproblem*, Vierter Band, S. 21.

Abbildungen. Dem Bibliotheksteam des Max-Planck-Instituts für Wissenschaftsgeschichte in Berlin verdanke ich die perfekten Bedingungen während der Zeit der Arbeit an diesem Buch.

Teil I:
Infra-Experimentalität

Im ersten Teil des Buches geht es um Aspekte des experimentellen Unterbaus in ihrer je besonderen Materialität. Die einleitenden zwei Kapitel nehmen die Konstitution epistemischer Objekte in den Blick, so wie sie im Experimentalverlauf Gestalt annehmen. In Kapitel 1 wird die Rede sein von Spuren, den flüchtigen Erzeugnissen der Begegnung von Untersuchungsmittel und Untersuchungsgegenstand. An ihrer Schnittstelle entstanden, sind sie die Zeugen dessen, was im Zentrum eines Experimentes vor sich geht. Hier bewegen wir uns im Kernbereich der epistemischen Dinge, soweit sie im Experiment zugänglich gemacht werden können. Es wird dann weiterhin die Rede sein von Daten, den konsolidierten Formen dieser Spuren, und von den Transformationen und Transpositionen, die diesen Übergang charakterisieren. Erst dieser Übergang schafft einen Raum, den Datenraum, in dem die experimentell erzeugten Spuren gehandhabt und verarbeitet werden können. Um diesen Raum geht es in Kapitel 2. Es ist der Raum, in dem sich die aus Daten aufgebauten Entitäten epistemischen Interesses temporär vergegenständlichen. Eine ihrer zentralen und bekanntesten Formen wird traditionell unter dem Begriff des Modells verhandelt. In unterschiedlichen Varianten spielen Modelle in allen experimentellen Wissenschaften eine entscheidende Rolle. Dementsprechend stehen sie im Zentrum dieses Kapitels. Das dritte Kapitel befasst sich mit den graphematischen Verfahren, mittels derer Daten konfiguriert und Modelle zur Darstellung gebracht werden. Sie dienen der Sichtbarmachung epistemischer Konfigurationen. Epistemische Dinge sind jedoch auch in technische Umgebungen eingebettet. Deren Wechselspiel begründet die Dynamik von Experimentalsystemen. So wendet sich schließlich das vierte Kapitel weg von den Untersuchungsgegenständen und hin zu den Techniken ihrer Untersuchung. Es versucht plausibel zu machen, wie sich Forschungstechnologien sukzessive derart in Experimentalabläufe einfügen lassen, dass sie der Erzeugung der in den ersten beiden Kapiteln geschilderten phänomenotechnischen Effekte Vorschub leisten. Diese Vorgänge werden hier unter den Begriff des Pfropfens gestellt. Im fünften Kapitel werden die Schreibaktivitäten in den Blick genommen, die das Labor zu einem Schriftraum eigener Prägung machen. Insgesamt widmet sich der erste Teil des Buches einmal aus epistemischer, einmal aus technischer Perspektive den Umständen und Bedingungen, die dem Experimentiervorgang sein strukturelles Gepräge geben und ihn zu einer Vorrichtung machen, in der sich Neues ereignen kann. Das ist es letztlich, was das Forschungsexperiment ausmacht: Es ist auf die Gewinnung neuen Wissens ausgerichtet.

Zwei weitere, in diesen Zusammenhang gehörende Aspekte einer Phänomenologie des Experimentierens habe ich bereits im vierten Abschnitt meines letzten Buches über die Geschichte und Epistemologie des Experiments, die *Epistemologie des Konkreten*, ausführlicher besprochen. Es handelt sich um das Phänomen des Präparats sowie um die Schnittstelle zwischen Apparat und Objekt.[1] Ihnen werden hier deshalb keine gesonderten Kapitel gewidmet. An jeweils geeigneter Stelle wird aber erneut auf sie hingewiesen.

1 Rheinberger, *Epistemologie des Konkreten*, dort Kapitel 11 und 12.

1. Spuren

Unter den Händen der Experimentatoren erstreckt sich der Bereich des Infra-Experimentellen. In dieser Unterwelt, wenn man sie so nennen kann, gilt es jene Momente zu erfassen und zur Darstellung zu bringen, jene Ereignisketten, in denen die Forschungsdinge Bedeutung erlangen und wissenschaftliche Bedeutung sich schrittweise vergegenständlicht. Es geht um die Mikrodynamik des Forschungsprozesses. Gaston Bachelard hat für einen derartigen Blick *von unten* den Begriff der »Mikro-Epistemologie« geprägt.[1] Weder die traditionelle wissenschaftstheoretische Vorstellung von Induktion noch die von Deduktion hilft uns hier weiter, und auch Charles Sanders Peirce' Abduktion, obwohl sie der Sache schon etwas näher kommt, müssen wir hinter uns lassen.[2] Ich spreche von Subduktion, und zwar in einem sehr speziellen Sinn: Wir bewegen uns in einem Bereich, der so zugerichtet ist, dass einem etwas unterlaufen, dass sich Neues, nicht Vorwegnehmbares ereignen kann. Es ist der Bereich, der sich zwischen den Agenten des Wissens und den Gegenständen ihres Interesses erstreckt. Dieser Bereich hat sich in den modernen Wissenschaften zu einer gewaltigen Maschinerie ausgeweitet, die ihre Pole gewissermaßen verschlingt und eine eigene Welt hervorbringt: die Unterwelt der Forschungstechnologien.

Was geht hier vor sich? Wie lässt sich fassen, was hier abläuft und wozu der ganze Aufwand getrieben wird? Es ist wohl nicht zu weit hergeholt und überspitzt zu sagen, dass die grundlegende Geste der modernen Wissenschaften überhaupt darin besteht, Unsichtbares sichtbar zu machen: Es geht darum, Strukturen und Prozesse vor Augen zu führen, allgemeiner gesagt, den Sinnen zugänglich, *sinnfällig* zu machen – um auf ein wunderbares Wort zurückzugreifen, das uns die deutsche Sprache zur Verfügung stellt –, die sich der unvermittelten Beobachtung nicht erschließen und die damit auch nicht unmittelbar evident sind. Eine Versinnfälligung dieser Art ist notwendigerweise von ganz unterschiedlichen For-

1 Gaston Bachelard, *Le Rationalisme appliqué*, Paris 1949, S. 56.

2 Charles Sanders Peirce, »Abduction and induction«, in: Justus Buchler (Hg.), *Philosophical Writings of Peirce*, New York 1955, S. 150-156.

men des Eingreifens und der Manipulation, also letztlich von einer instrumentell vermittelten Störung abhängig. Edgar Wind hat das einmal wie folgt ausgedrückt: »Der ›Eingriff‹, den somit jeder empirische Forscher unternehmen muss, um überhaupt mit seinem Material in Kontakt zu kommen und die Regeln seines Verfahrens zu erproben, ist ein durchaus als real aufzufassender Vorgang. Man schaltet das Instrumentarium ein und ›stört‹ damit die gegebene Konstellation.«[3] In der Unumgänglichkeit solcher Störungen liegt der Grund, warum sich in der modernen Wissensproduktion eine so enge Verbindung zwischen Wissenschaft und Technik, das heißt zwischen der wissenschaftlichen Wissensgewinnung und den technischen Mitteln, auf denen ihre Verfahren beruhen, herausgebildet hat. Die Wissenschaften, so wie wir sie heute kennen, existieren nur vermittels dieser medientechnischen Landschaft. Diese liegt ihnen aber nicht immer schon voraus, sie ist aus den Vorgängen der Wissensgewinnung und ihren Weiterungen selbst erwachsen.[4] In diesem Sinne kann von einer technologischen Disposition der Wissenschaften gesprochen werden. In die neuzeitliche Wissenschaftserzeugung ist ein techno-epistemisches Momentum eingeschrieben.[5] Es manifestiert sich in historisch ganz unterschiedlichen Formen, von denen die meisten sich als vergänglich erweisen: Man denke etwa an die selbstschreibenden Apparaturen, welche die Physiologie des 19. Jahrhunderts revolutionierten, die heute jedoch gänzlich außer Gebrauch gekommen sind.[6]

Das sollte aber nicht dazu verleiten, Wissenschaft und Technik umstandslos in eins zu setzen und im Gefolge ebenso umstandslos von Technowissenschaften zu sprechen, wie es viele Untersuchun-

3 Edgar Wind, »Über einige Berührungspunkte zwischen Naturwissenschaft und Geschichte«, in: ders., *Heilige Furcht und andere Schriften zum Verhältnis von Kunst und Philosophie*, Hamburg 2009, S. 237-256, hier S. 248.

4 Vgl. dazu generell Terry Shinn, *Research-Technology and Cultural Change: Instrumentation, Genericity, Transversality*, Oxford 2007.

5 Vgl. dazu Don Ihde, *Postphenomenology and Technoscience. The Peking University Lectures*, Albany 2009.

6 Vgl. etwa Robert Brain, *The Pulse of Modernism. Physiological Aesthetics in Fin de Siècle Europe*, Spokane 2015; exemplarisch François Dagognet, *Etienne Jules Marais. La Passion de la trace*, Paris 1987; Henning Schmidgen, *Die Helmholtz-Kurven. Auf der Spur der verlorenen Zeit*, Berlin 2009; Andreas Mayer, *Wissenschaft vom Gehen. Die Erforschung der Bewegung im 19. Jahrhundert*, Frankfurt/M. 2013.

gen im Rahmen der Science and Technology Studies tun.[7] Ich werde zeigen, dass es sich lohnt, die technischen und epistemischen Momente der Wissenschaften auseinanderzuhalten, statt sie zu vermengen, und beide in ihren Wechselwirkungen zu studieren. Dadurch wird ebenfalls sichtbar, wie Technisches und Epistemisches sich gegenseitig bedingen und vorantreiben – wie sie sich aber gerade dadurch immer wieder in ihrer Unterschiedenheit bestätigen.

Spuren

Um die primären Produkte dieser Wechselwirkung zu charakterisieren, habe ich bereits in *Experiment, Differenz, Schrift* damit begonnen,[8] den Begriff der Spur als eine Voraussetzung für den Begriff der Repräsentation und die ganze Bildmetaphorik im Gefolge des Letzteren zu mobilisieren. Ich habe mich dabei immer wieder auf Jacques Derridas grammatologische Reflexionen bezogen.[9] Man kann hier aber auch auf die Überlegungen des Kunsthistorikers Georges Didi-Huberman verweisen.[10] Es schien mir lohnend, den Begriff der Spur im Kontext der Charakterisierung der experimentellen Arbeit fruchtbar zu machen. Mit diesem Versuch bin ich keineswegs allein geblieben.[11] In der Spur haben wir es mit einer Form der primären materiellen Manifestation – einem Handgreiflich-Werden – zu tun, die sich durch folgende Eigentümlichkeiten auszeichnet. Eine Spur ist erstens elementarer und damit auch rudimentärer als das, was wir üblicherweise unter Repräsentation verstehen. Sie ist zweitens, um auf das semiotische Vokabular von Peirce zurückzugreifen, von indexikalischer Natur:[12] Sie ist die Manifestation eines epistemischen Dings. Drittens ist

7 So etwa Bruno Latour, *Science in Action. How to Follow Scientists and Engineers Through Society*, Cambridge/MA 1987.

8 Hans-Jörg Rheinberger, *Experiment, Differenz, Schrift*, Marburg 1992.

9 Jacques Derrida, *Grammatologie*, Frankfurt/M. 1974.

10 Georges Didi-Huberman, *Ähnlichkeit und Berührung. Archäologie, Anachronismus und Modernität des Abdrucks*, Köln 1999.

11 Sybille Krämer u. a. (Hg.), *Spur. Spurenlesen als Orientierungstechnik und Wissenskunst*, Frankfurt/M. 2007; vgl. auch Barbara Wittmann (Hg.), *Spuren erzeugen. Zeichnen und Schreiben als Verfahren der Selbstaufzeichnung*, Zürich, Berlin 2009.

12 Charles Sanders Peirce, »Logic as semiotic: The theory of signs«, in: Justus Buchler (Hg.), *The Philosophical Writings of Peirce*, New York 1955, S. 98-119.

sie der Unterscheidung von Schrift und Bild vorgängig – unseren traditionellen Formen der Repräsentation im Nachgang und im Gefolge der Spur, dem Rohmaterial der experimentellen Semiose. Sie ist Ersterer vorausgehend und stellt damit den »asemischen Kern« dieser Semiose heraus,[13] der in Schrift und Bild nur noch als Restkategorie in Erscheinung tritt.

In die Struktur der Spur ist ein Konundrum eingeschrieben. Sie ist als Spur die Spur von etwas, aber dieses Etwas ist immer ein Abwesendes. Sie ist als Spur ihrem ganzen Charakter nach substitutär. Sie bringt damit eine Episteme zum Ausdruck, die grundsätzlich mit Versatz, mit Verschiebung operiert. Derrida weist auf genau diesen Punkt, wenn er sagt: »Das Bedenken der Spur sollte uns unzweifelhaft lehren, dass da kein Ursprung ist, das heißt, kein einfacher Ursprung; dass die Ursprungsfrage eine Metaphysik der Präsenz mit sich führt.«[14] Wir können diese Figur, wo es sich um wissenschaftliche Forschung handelt, noch radikalisieren. Dieses Etwas, als der supponierte Ursprung der Spur, ist nicht nur abwesend im Sinne eines Nicht-mehr-da, sondern ist in einem viel stärkeren Sinne als solcher nie da gewesen. Wir können das die Spur erzeugende Ding nicht *in flagranti* ertappen. Wäre dies möglich, so bedürfte es des ganzen experimentellen Aufwandes nicht. Der epistemische Zugang zur Welt beruht auf dieser konstitutiven Nachträglichkeit. Das bedeutet aber auch, dass wir davon ausgehen müssen, dass Rekursivität in die Struktur der Systeme empirischer Untersuchung eingeschrieben ist. Sie sind von ihrer Anlage her »rekurrent«, um es mit einem Begriff zu sagen, den Gaston Bachelard verwendet, um den *Neuen wissenschaftlichen Geist* zu charakterisieren.[15] Das impliziert aber, vom anderen Ende her betrachtet, zugleich eine »Transgression«. Der junge Jean Cavaillès hat das anlässlich der Besprechung eines Vortrags von Léon Brunschvicg auf den Zweiten Davoser Hochschulkursen von 1929 einmal folgendermaßen formuliert: »In jedem Augenblick der Wissenschaft übersteigt die am Realen orientierte Vernunft – nicht die Art von Vernunft, welche die Logiker zufriedenstellt und sie ihrer versichert – sich

13 Rodolphe Gasché in Christine McDonald (Hg.), *The Ear of the Other. Texts and Discussions with Jacques Derrida*, Lincoln, London 1988, S. 113-114.

14 Derrida, *Grammatologie*, S. 130. Übersetzung geändert.

15 Bachelard, *Der neue wissenschaftliche Geist*, S. 14 et passim.

selbst.«[16] Wir begegnen hier einer Figur der Zeitlichkeit, die im Unfertigen und A-Teleologischen ihren Grund hat. Das Verfahren der Wissensgewinnung beruht auf der Notwendigkeit einer immer neuen suppositionellen Setzung, die dem Verfahren inhärent ist, die es aber in ein und derselben Bewegung auch immer wieder dementieren muss.

Aus dieser Perspektive sollte es möglich werden, der fundamentalen Kulturtechnik des Experimentierens einen Schritt näher zu kommen. Und es sollten sich damit Wege eröffnen, genauer zu bestimmen, was in epistemischer Hinsicht in den materiellen Transformationsprozessen des wissenschaftlichen Experimentierens vor sich geht, ohne dass man sich dabei immer schon im Bannkreis von Bild und Schrift bewegt. Das zumindest war und ist die Idee, den Zugang zu einem Verständnis der Dynamik des wissenschaftlichen Wissens aus der Perspektive von Experimentalsystemen vorzunehmen. Die Hoffnung ist dabei nicht zuletzt, dass das Verfolgen von Experimentalsystemen, die ja selbst Spuren der Geschichte der neuzeitlichen Wissenschaften darstellen, auch dem Betreiben von Wissenschaftsgeschichte zu einer experimentellen Dynamik verhilft, die sie allererst in den Wissenschaften dingfest zu machen sucht. Schon Edgar Wind hat darauf hingewiesen, dass sich die historischen Wissenschaften und die Naturwissenschaften hier in einer vergleichbaren Situation befinden, »nämlich, dass jede Entdeckung am Gegenstand ihrer Forschung auf die Konstruktion ihres eigenen Instrumentariums zurückwirkt; wie ja auch jede Veränderung des Instrumentariums neue Entdeckungsgebiete erschließt«.[17] Auf diesen Punkt werde ich im zweiten Teil des Buches noch einmal zurückkommen.

Wenn man diesen Ausgangspunkt wählt, dann wird eine Reflexion auf die epistemische und die technische Konstitution solcher Spuren erzeugender Experimentalsysteme und die experimentellen Umgebungen oder Landschaften, die sie ausbilden, zur zentralen Aufgabe. Aber genau diese Reflexion auf die experimentelle Vermittlung, das heißt den Erkenntnisapparat in seiner ganzen Komplexität und Vertracktheit, der sich zwischen die erkennen-

16 Jean Cavaillès, »Les deuxièmes Cours Universitaires de Davos«, in: Heinz u. a. (Hg.), *Die II. Davoser Hochschulkurse/Les deuxièmes Cours Universitaires de Davos*, Davos 1929, S. 65-81, hier S. 72-73.

17 Wind, »Naturwissenschaft und Geschichte«, S. 250.

den Subjekte und die Gegenstände des Wissens schiebt; die neue Welt der Spuren, die sie in diesen Mittelgründen entstehen lässt; kurz, der vielgestaltige und ausgreifende Eigenraum des Versuchs ist eine Sphäre, die in der Perspektive der klassischen, traditionellen Epistemologie und Wissenschaftstheorie keinen rechten Platz fand. Ebenso wenig Platz findet sie eigenartigerweise in der Selbstwahrnehmung der Wissenschaften. Wenn Wissenschaftler als »spontane Philosophen« sprechen,[18] verschwindet in der Regel die instrumentelle Vermittlung gänzlich aus dem Blickfeld; was allein zählt, ist das Resultat, der Befund. Es bedarf also einer begrifflichen Anstrengung, um einer Phänomenologie des Experiments zu ihrem Recht zu verhelfen, die den Werkzeugen dieser Tätigkeit eine zentrale Rolle zuschreibt und sie für die Wissenschaftsreflexion präsent macht.

Dieser Aufgabe widmet sich das vorliegende Buch. Es nimmt seinen Ausgang von den Geschehnissen und Ereignissen im Experiment. Die ihm zugrunde liegende Perspektive privilegiert weder das wissende Ich noch das fertig Gewusste, sie positioniert sich vielmehr dazwischen. Alles Experimentieren mündet in das Generieren von Spuren. Das geschieht in der Regel nicht in ungeordneter oder zufälliger Form, sondern bewegt sich in Bahnen, auf Trajektorien. Bei Bachelard findet man den Satz, der diesen Systemcharakter des modernen Experimentierens gut zum Ausdruck bringt: »Die Zeit der Zusammenstückelung von Hypothesen ist ebenso vorbei wie die Fixierung auf isolierte experimentelle Kuriositäten. Von nun an ist Hypothese Synthese.«[19] Alles Experimentieren bewegt sich entlang zweier verschiedener epistemischer Achsen, je nachdem, ob es sich um die Erkundung räumlicher Strukturen oder die Bestimmung zeitlicher Abläufe handelt. Das Experimentieren mit Strukturen dreht sich um Verfahren der Kompression einerseits und der Dilatation andererseits: Was zu groß ist, wird verkleinert, was zu klein ist, wird vergrößert. Und die experimentelle Erkundung von Prozessen dreht sich um Verfahren der Beschleunigung und Verlangsamung: Was zu schnell ist, wird gebremst – und was zu langsam ist, wird akzeleriert. Diese Verfahren stellen Instruktionen zur Erzeugung von Spuren dar. Zugleich stellen sie Optionen

18 Der Ausdruck geht auf Louis Althusser zurück. Louis Althusser, *Philosophie und spontane Philosophie der Wissenschaftler*, West-Berlin 1985.

19 Bachelard, *Der neue wissenschaftliche Geist*, S. 12; Übersetzung leicht geändert.

zur Verfügung, wie diese vergänglichen Spuren in haltbare Daten verwandelt und so zu Datenmengen geordnet und verdichtet werden können, dass dabei Muster entstehen, die dem untersuchten Phänomen Gestalt verleihen. Auf die Bedeutung der »Etablierung des Phänomens«, wie er es nannte, hat bereits Robert Merton hingewiesen.[20] Ich komme auf diese Verfahren ausführlicher im dritten Kapitel zurück. Die dabei vor sich gehenden Transformationen sind jedoch weder monotoner noch generischer Natur, sondern hängen in ihrem vielfältigen Charakter von den spezifischen Technologien ab, durch die und in denen sie sich realisieren. Auf Letztere wird ausführlicher im vierten Kapitel zurückzukommen sein.

Radioaktive Spuren

An dieser Stelle soll zur Konkretisierung des bisher Gesagten eine Forschungstechnologie kurz umrissen werden, die um die Mitte des 20. Jahrhunderts wesentlich dazu beitrug, die biologische Forschung zu molekularisieren. Es handelt sich um die Methode der radioaktiven Markierung, die dann vor allem durch die Sequenzanalyse von Nukleinsäuren Bekanntheit erlangte. Im Englischen lautet eine der Bezeichnungen dieser Technik »*radioactive tracing*«. Sie wird also direkt als spurenerzeugend angesprochen – ein glücklicher Umstand, aber doch einer von tieferer Bedeutung, wie man sehen wird.

Seit den Tagen von William Crookes in England und Hans Geitel sowie Erich Regener in Deutschland zu Beginn des 20. Jahrhunderts hatten sich Physikerinnen und Physiker mit folgendem Phänomen zu beschäftigen begonnen: Radioaktive Substanzen, die damals ins Zentrum der Aufmerksamkeit der Naturwissenschaften gelangt waren, rufen auf geeigneten Schirmen Lichtblitze hervor, auch Szintillationen genannt.[21] Es dauerte nicht lange, bis man

20 Robert K. Merton, »Three fragments from a sociologist's notebooks: Establishing the phenomenon, specified ignorance, and strategic research materials«, in: *Annual Review of Scoiology* 13 (1987), S. 1-28; zur Unterscheidung von Daten und Phänomenen vgl. auch James Bogen, James Woodward, »Saving the phenomena«, in: *The Philosophical Review* 97 (1988), S. 303-352; James F. Woodward, »Data and phenomena: A restatement and defense«, in: *Synthese* 182 (2011), S. 165-179.

21 Vgl. zur Geschichte der Szintillationszähler ausführlicher Rheinberger, *Episte-*

realisierte, dass diese Lichtspuren als ein Maß für die Strahlungsintensität der beteiligten Substanzen verwendet werden konnten. Der ungarische Physikochemiker Georg von Hevesy bezeichnete sie auch als »Indikatoren« oder als »Spurenelemente«. Er war einer der Ersten, der sie in seinen Untersuchungen dazu verwendete, den Stoffwechsel von Substanzen im Organismus zu verfolgen.[22] Der Begriff »Indikator«, den Hevesy in seinen Arbeiten aus den 1920er Jahren verwendete, verweist auf den Umstand, dass die radioaktive Substanz in diesen Experimenten in zweierlei Hinsicht »indizierte« – transitiv und intransitiv: Einerseits zeigten die radioaktiven Zerfallsspuren den Weg an, den die Substanz durch den Körper nahm. Man konnte diesen Weg gewissermaßen kartieren. Andererseits bildete die winzige radioaktive Beimischung einen Index für die Gesamtmenge des Stoffes. Es reichte also »eine Spur« des Stoffes, wie man umgangssprachlich sagt, um seine Gesamtmenge zu indizieren und damit ein Signal zu liefern, ohne im betreffenden Gewebe Strahlenschäden anzurichten. In der Literatur wird oft auch der Begriff des Signals mehr oder weniger synonym mit dem der Spur verwendet. Der Begriff des Signals erinnert unmissverständlich an den informationstechnologischen Kontext, in den die Entwicklung der radioaktiven Zähltechnik eingebettet war.[23] Man kann hier eine Differenzierung vornehmen, die in der Regel jedoch implizit bleibt: Der Begriff des Signals wird meist gebraucht, wenn das Ereignis – der radioaktive Zerfall – aus der Perspektive der Substanz betrachtet wird, von der das Signal ausgeht, die es von sich gibt. Mit dem Begriff der Spur hat man hingegen den Effekt im Blick, die Wirkung, die der Indikator hinterlassen hat.

Es soll hier ein neueres Beispiel etwas genauer betrachtet werden.

mologie des Konkreten, Kapitel 9. Zu einer Wissenschafts- und Kulturgeschichte radioaktiver Strahlung in der ersten Hälfte des 20. Jahrhunderts vgl. Maria Rentetzi, *Trafficking Materials and Gendered Experimental Practices: Radium Research in Early 20th Century Vienna*, New York 2008, sowie Luis A. Campos, *Radium and the Secret of Life*, Chicago 2015.

22 Georg von Hevesy, »Historical sketch of the biological application of tracer elements«, in: *Cold Spring Harbor Symposia on Quantitative Biology* 13 (1948), S. 129-150; vgl. dazu auch Gábor Palló, »Isotope research before isotopy: George Hevesy's early radioactivity research in the Hungarian context«, in: *Dynamis* 29 (2009), S. 167-189.

23 Vgl. dazu ausführlich Peter Galison, *Image & Logic. A Material Culture of Microphysics*, Chicago 1997.

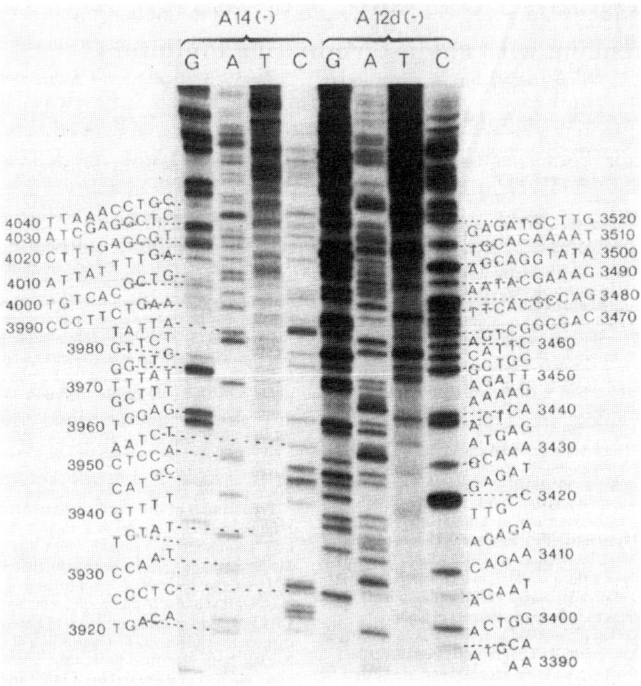

Abbildung 1.1: Sequenzgel mit einer Teilsequenz der DNA des Bakteriophagen PhiX174.

Quelle: Frederick Sanger u. a., »DNA sequencing with chain-terminating inhibitors«, in: *Proceedings of the National Academy of Sciences of the United States of America* 74 (1977), S. 5463-5467, Abb. 1, S. 5464.

Die Abbildung 1.1 zeigt das historisch erste veröffentlichte Fotogramm eines radioaktiv markierten Nukleinsäure-Sequenzgels, das Frederick Sanger und seine Kollegen Steve Nicklen und Alan Coulson in Cambridge der Arbeit beifügten, in der sie ihre neue Sequenziermethode erstmals vorstellten.[24] Wir sehen auf der Ab-

24 Zur Geschichte des molekularen Sequenzierens vgl. Miguel García-Sancho, *Biology, Computing, and the History of Molecular Sequencing. From Proteins to DNA, 1945-2000*, London 2012.

bildung einen Teil der DNA-Sequenz des Bakteriophagen mit dem Namen PhiX174, eines der kleinsten damals bekannten Viren, die Bakterienzellen befallen. Die strichcodeartige Darstellung ist das Ergebnis eines Verfahrens, das man nicht nur als ein System der Erzeugung, sondern gleichzeitig als ein System der Registrierung von Spuren betrachten kann. Der Begriff der Chromatographie, der hier fachterminologisch verwendet wird, verweist auf zwei Elemente: auf Graphismus und auf Farbe. Wie auf einer Schreibfläche sind hier fleckenartige bzw. strichartige Gebilde linear angeordnet. Mit ihrer Hilfe wird, wie aus der Abbildung ersichtlich, die Aufeinanderfolge der Bausteine einer Nukleinsäure als eine Leiter von – *idealiter* – Strichen sichtbar gemacht, die einander in mehr oder weniger regelmäßigen Abständen folgen. Sanger und seine Mitarbeiter entwickelten die Prozedur am Laboratory for Molecular Biology in Cambridge in der zweiten Hälfte der 1970er Jahre. Mit ihrem technologischen Potential markierte sie den Beginn der Genomforschung, das heißt der Sequenzierung von Nukleinsäuren in großem Maßstab, die wenig später im Humangenomprojekt seine institutionelle Gestalt annehmen sollte.[25]

Eine kurze, auf Fachjargon so weit wie möglich verzichtende Beschreibung der Technik könnte etwa wie folgt lauten: In einem ersten Schritt wird im Reagenzglas die eine Hälfte eines DNA-Doppelstranges komplementär ergänzt, und zwar mithilfe eines isolierten und hochgereinigten Enzyms, das in der Zelle Nukleinsäuren synthetisiert. Im Unterschied zum Synthesevorgang in der lebenden Zelle erfolgt jedoch statistisch gesehen bei jedem Syntheseschritt ein Kettenabbruch. Um das zu erreichen, muss man vier Reaktionsgemische ansetzen, von denen jedes zusätzlich zu den vier Nukleinsäurebausteinen (im Falle von DNA die Basen Adenin, Thymin, Cytosin und Guanin) eine geringe Menge eines der radioaktiv markierten modifizierten Bausteine enthält, der, wenn er eingebaut wird, die weitere Synthese des Stranges verhindert. In einem zweiten Schritt werden nach dem Synthesevorgang die Reaktionsmischungen mit den DNA-Fragmenten, die mit den vier verschiedenen Basen-Analogen endmarkiert sind, auf einem porösen Gel aus Polyacrylamid ihrer Größe nach in vier Bahnen

25 Zur Geschichte vgl. Stephen Hilgartner, *Reordering Life: Knowledge and Control in the Genomics Revolution*, Cambridge/MA 2017.

voneinander getrennt. Das geschieht durch Anlegen einer elektrischen Spannung an das Gel; darin laufen die DNA-Fragmente, die rein chemisch gesehen Polyanionen – also vielfach negativ geladene Partikel – darstellen, je nach ihrer Größe unterschiedlich weit. Im Anschluss daran werden die Banden sichtbar gemacht. Das kann durch Betrachtung des Gels unter UV-Licht geschehen, das von der Nukleinsäure absorbiert wird. Man kann so ein Gel als selbstschreibendes Präparat adressieren. Zur Bearbeitung und Dokumentation wird denn auch, wie es heißt, ein Autoradiogramm der Platte hergestellt. Um es anzufertigen, legt man einen strahlensensitiven Film auf das Gel, der durch die radioaktiven Emissionen belichtet wird, und entwickelt ihn anschließend. Die radioaktiven DNA-Fragmente erscheinen auf dem Foto dann als diskrete schwarze Bänder.

Um auf die oben getroffene Unterscheidung zurückzukommen: Es handelt sich hierbei um die Visualisierung einer molekularen Struktur, die im Modus einer massiven Dilatation operiert. Obwohl wir es bei den DNA-Fragmenten mit Molekülen zu tun haben, die sich in der Größenordnung von 10^{-9} m (Nanometer) bewegen, können wir ihre Massenansammlungen nun mit bloßem Auge als diskrete Banden betrachten. Die chromatographische Platte setzt gewissermaßen die Technologie selbst ins Bild: Sie realisiert eine molekulare Vergrößerung. Sie zeigt sich als eine raffinierte molekulare Graphik, die einzig auf der Ausnutzung der physikalischen und chemischen Eigenschaften der dargestellten Nukleinsäuren beruht, und doch liefert sie Informationen, die nicht aus diesen Eigenschaften abgeleitet werden können: die Ordnung einer Sequenz.

Zwei Bemerkungen seien hier noch angefügt. Zum einen können wir diese Darstellung – hier zu Recht – als eine analytische ansprechen: Die DNA kommt als Sequenz von Bausteinen zu Darstellung, zerlegt in ihre Komponenten. Die Besonderheit der Technik liegt aber darin, dass diese Analyse durch eine schrittweise abgebrochene molekulare Synthese erreicht wird. Man sieht, wie eng hier diese Kategorien ineinandergreifen. Zum anderen habe ich mich in einem Kontext, der den Erscheinungen des Präparates in der Geschichte der Biowissenschaften galt, ausführlicher mit dem indexikalischen Charakter beschäftigt, der solche Spurenensembles auszeichnet. Sie reichen von anatomischen Präparaten, deren erste Blüte bereits im 17. Jahrhundert zu beobachten ist, über mikroskopische Präparate, die emblematisch geworden sind für die biologischen Wissenschaften des 19. Jahrhunderts, bis zu biochemischen Präparaten, deren Entwicklung das 20. Jahrhundert bestimmte.[26]

Die relevanten Partien von Präparaten decken sich materiell mit Bestandteilen der Ausgangsprobe. Ein Chromatogramm wie das oben beschriebene stellt das epistemische Objekt in der ihm eigenen Materialität in diskreter Form still, als die materielle Rekonfiguration eines Moleküls, das auf diese Weise lesbar geworden ist – man könnte auch sagen: als ein epistemisches Ding zweiter Ordnung. Diese materielle Kontinuität unterscheidet Präparate von Modellen, über die ich im folgenden Kapitel ausführlicher sprechen werde. Im Gegensatz zu Präparaten setzen Modelle einen Wechsel des Mediums voraus und entfalten ihr Potential im semiotischen Raum des Ikonischen und des Symbolischen, um bei der Differenzierung von Peirce zu bleiben.

An dieser Stelle möchte ich noch betonen, dass wir es bei den graphematischen Konfigurationen, vermittels derer die Technik der radioaktiven Markierung molekulare Strukturen und Funktionen des Lebendigen darzustellen erlaubt, nicht mit einer esoterischen Randerscheinung zu tun haben. Diese Mikrotechnik hat einen Spurenraum aufgespannt, der die molekulare Sichtbarmachung von Lebensvorgängen für mehrere Jahrzehnte beherrscht hat.[27] Atomzeitalter, Molekularzeitalter und, wie gleich zur Sprache kommen wird, Informationszeitalter kamen über diese Technik in unmittelbare Resonanz miteinander. Die biochemischen und biophysikalischen Experimentalsysteme der Molekularbiologie und innerhalb derselben insbesondere der molekularen Genetik wären ohne die Tracertechnik nicht nur nicht realisierbar, sondern auch nicht denkbar gewesen. Sie eröffnete einen experimentellen Möglichkeitsraum, der die klassische analytische Chemie um mehrere Größenordnungen – vom Mikro- in den Nano- und Piko-Bereich – unterlief und damit Molekulares in den Bereich des Sichtbaren rückte. Im Verbund mit einer Reihe von weiteren avancierten analytischen Technologien – unter ihnen Ultrazentrifugation, Elektronenmikroskopie und Röntgenstrukturanalyse – schuf sie einen

26 Vgl. Rheinberger, *Epistemologie des Konkreten*, Kapitel 12.

27 Für den Forschungsboom nach dem 2. Weltkrieg vgl. Angela N. H. Creager, *Life Atomic. A History of Radioisotopes in Science and Medicine*, Chicago 2013.

Horizont, in dem ein Arsenal von Spuren erzeugt werden konnte, das die Biowissenschaften in ein gänzlich neues Licht rückte. Von der Kombination solcher Techniken und ihren Auswirkungen soll in Kapitel 4 ausführlicher die Rede sein.

Daten

Sequenzgele wie auch andere experimentelle Spuren sind vergängliche Dinge. Zudem sieht man auf dem Gel erst einmal nichts, und so kann man es auch nicht bearbeiten. Um die Banden sichtbar zu machen, bedarf es einer zusätzlichen Manipulation. Das gängige Verfahren dazu – es wurde bereits beschrieben – ist die Autoradiographie. Wenn die vorangehende Gelelektrophorese sozusagen noch nah am Material agierte und die Moleküle, um die es geht, aufnahm und entlang einer Raumachse verteilte, so macht sich die Autoradiographie allein die Strahlung der Moleküle zunutze und überträgt das – für sich genommen unsichtbare – Strahlungsmuster auf eine strahlungsempfindliche Filmplatte. Es wird damit zugleich sichtbar und dauerhaft konserviert. Außerdem kann die Fotografie bearbeitet werden: Man kann sie annotieren. Das sind alles Eigenschaften, die wir erwarten, wenn wir gemeinhin von Daten sprechen. Wir haben es also mit einer Transformation von flüchtigen Spuren in haltbare Daten zu tun. Daten sind demnach nichts Ursprüngliches, »Gegebenes«, wie der Name suggeriert, sondern das Ergebnis einer Verarbeitung. Spuren werden in einem geeigneten Medium fixiert und können in dieser dauerhaften Form weitergehend bearbeitet werden.

Wissenschaftliche Praxis manifestiert sich phänomenologisch in ganz unterschiedlichen Formen. Die Geste der Transposition scheint ihnen aber allen gemeinsam zu sein. Sie besagt im Prinzip, dass Dinge aus einem gegebenen Kontext – ihrer Einbettung oder ihrer Verwendung – herausgelöst und in einen Zusammenhang gestellt werden, der es uns erlaubt, sie zu Erkenntniszwecken zu betrachten oder zu bearbeiten. Man könnte hier die verschiedenen Formen wissenschaftlicher Praxis Revue passieren lassen – Beobachtung, Klassifizierung, Quantifizierung, Isolation, Reinigung, Analyse, Synthese –, um nur einige von ihnen zu nennen, und näher bestimmen, welche unterschiedlichen Formen eine solche

Transposition annehmen kann. In diesem Buch konzentriere ich mich auf die Formen, die sie im Experiment annimmt.

Um bei unserem Beispiel zu bleiben: Wir sind jetzt schon ein ganzes Stück vom Virus entfernt, der eine Bakterienzelle befällt; von der Isolierung seiner Nukleinsäure, das heißt seinem Erbmaterial; von der Auftrennung ihres Doppelstrangs; von der Synthese verschieden langer komplementärer Nukleinsäure-Fäden an einem der Ausgangsstränge durch ein Enzym, eine Polymerase; und von ihrer anschließenden Auftrennung im Feld der Gelelektrophorese. Damit ist aber die Kette der Transformationen noch nicht zu Ende; sie setzt sich, nun als Transposition, in den Datenraum fort, der mit dem Autoradiogramm betreten wurde. Dieses hatte ja schon einen merkwürdigen Status: Es war die Ikone von etwas, das unsichtbar blieb, bis das Bild entstand und als Bild eines Bandenmusters angesprochen wurde, das sich im Gel verbarg.

Nun können die vier Bahnen aber darüber hinaus annotiert, zusammengeführt und in eine Kette von vier Buchstaben verwandelt werden (Abb. 1.2). Sie stehen für die zwei Purin- (A und G) und die zwei Pyrimidin-Basen (C und T), deren Abfolge das sequenzbestimmende und damit genetisch informationsrelevante Merkmal der Nukleinsäure darstellt. Die Abbildung zeigt die vollständige Sequenz des Bakteriophagen PhiX174 mit einer Länge von etwas mehr als 5000 Nukleotiden. Sie war die erste komplett identifizierte Basenfolge eines Phagen-Genoms, die sich aus einer ganzen Serie von Sequenzgelen zusammensetzen ließ, auf denen jeweils nur Bruchstücke von begrenzter Länge dargestellt werden konnten. Allein diese Zusammenführung zeigt schon, dass der hier betretene symbolische Datenraum die Grenzen eines einzelnen Autoradiogramms und eines einzelnen Experiments noch einmal entschieden übersteigt. Die Sequenz ist im Raum der Schrift gelandet und damit im Raum ihrer diskreten Verarbeitbarkeit. Alles Materielle scheint nun abgestreift. Der asemische Kern der Spur, der auf dem Autoradiogramm bereits durch eine eindimensionale Ordnung überlagert wurde, wird nun noch weiter in den Hintergrund gedrängt. Aber es ist auch etwas hinzugekommen: Die Sequenz wird lesbar als eine Folge von Triplets, die in der Sprache der Molekularbiologie die Information für die Herstellung eines zellulären Produktes, eines Proteinmoleküls, enthält. Die Sequenz erhält biologische Bedeutung.

Abbildung 1.2: Darstellung der Gesamtsequenz der DNA des Bakteriophagen PhiX174.

Quelle: Bruce Alberts u. a., *Molecular Biology of the Cell*, New York, London 1983, Abb. 3-8, S. 104.

Mit der Verwandlung von Spuren in Daten, die alle letztlich als Zahlen-, Buchstaben- oder Pixelfolgen codiert werden, wird ein entscheidender Übergang vollzogen. Man kann ihn auch als einen Übergang von der Graphematik des Experimentierraums zur Repräsentation im Datenraum betrachten.[28] Die vielleicht wichtigste Konsequenz dieses Übergangs besteht darin, dass die spurenhaften Ergebnisse eines Experiments in eine Form gebracht werden, in der sie gespeichert und auch wieder abgerufen und damit verarbeitet, mit anderen Daten verglichen und dann auch zu Mustern verdichtet werden können. Es spricht einiges für die Annahme, dass die so geschaffene Dauerhaftigkeit das wichtigste Merkmal der Transposition von Spuren in Daten darstellt. Diese Fixierung ist die Voraussetzung für ihre neue Beweglichkeit im Datenraum, eine Eigenschaft, die den Spuren im Spurenraum fehlt. Bruno Latour hat in diesem Zusammenhang einmal treffend von »unveränderlichen Mobiles« – *immutable mobiles* – gesprochen,[29] also Entitäten, die sich durch Raum und Zeit bewegen lassen, ohne ihre Identität zu verlieren. In dieser angenommenen Unveränderlichkeit liegt aber auch ihre Gefahr für die Wissenschaft. Als Daten werden die Spuren festgezurrt und vereindeutigt. Es wird ihnen damit das Prekäre, das Tentative, das Vorläufige, das Maß an Unbestimmtheit genommen, das den Spuren anhaftet.

Im Kontext der Genomprojekte, die in den späten 1980er Jahren einsetzten, ist die Forschungstechnologie, deren Prinzip hier dargestellt wurde, um die Begriffe der Spur und des Datums zu verdeutlichen, weitgehend automatisiert und deren Effizienz damit um Größenordnungen gesteigert worden. Eine der entscheidenden Entwicklungen war die Ersetzung der Radioisotope als Spurenerzeuger durch fluoreszierende Moleküle. Die Fluoreszenzmarkierung, mit der vier unterschiedliche Farben – für jede der Nukleinsäure-Basen eine – ins Spiel gebracht werden konnten, hat auch den Übergang

28 Vgl. dazu das Interview »Experimenteller Geist« mit Michael Schwab, in: Hans-Jörg Rheinberger, *Experimentalität. Gespräche über Labor, Atelier und Archiv*, Berlin 2018, S. 118-159.

29 Bruno Latour, »Drawing things together«, in: Michael Lynch, Steve Woolgar (Hg.), *Representation in Scientific Practice*, Cambridge/MA 1990, S. 19-68; vgl. dazu auch Bruno Latour, »Der Pedologenfaden von Boa Vista – eine photo-philosophische Montage«, in: Hans-Jörg Rheinberger u. a. (Hg.), *Repräsentation, Codierung, Spur. Darstellungsräume in den Wissenschaften*, Berlin 1997, S. 213-263.

von Spuren zu Daten in die Maschinerie selbst verlegt und automatisiert, sodass ihre einzelnen Schritte nun verborgen, wenn nicht ausgelöscht sind. Im Rahmen einer Mikro-Epistemologie wie der hier vorgestellten ist es jedoch entscheidend, solche Übergänge nicht verschwinden zu lassen.

Eine Konsequenz der resultierenden exponentiellen Anhäufung von Sequenzdaten war die bioinformatische Strukturierung des molekulargenetischen Datenraums. Die Strukturierung dieser Repositorien ist zu einer eigenen Aufgabe geworden, die selbst epistemischen Charakter angenommen hat. Sie läuft darauf hinaus, den Datenraum selbst zu einem Raum sekundären Experimentierens umzugestalten. Nicht, dass er das von seiner Anlage her nicht immer schon gewesen wäre: Die wie auch immer gestalteten Protokolle des Experimentierens am Primärmaterial haben immer schon einen Doppelcharakter. Sie dienen einerseits dazu, die Ergebnisse des Experiments festzuhalten und sie synoptisch zu erfassen. Andererseits bieten sie sich aber auch zu versuchsweisen Anordnungen und Umordnungen der Daten an und damit zum Experiment *in papyro*. Darüber wird im nächsten wie besonders auch im fünften Kapitel ausführlicher zu sprechen sein. Dieser Doppelcharakter hat sich im Datenraum der Bioinformatik allerdings entschieden ausgewachsen. Dabei standen zunächst die Ordnung der und der Zugriff auf die aus heterogenen Kontexten stammenden Daten im Vordergrund.[30] Das Experimentieren *in silico* hat inzwischen mit den ihm zugrunde liegenden Algorithmen noch einmal eine neue Dimension erhalten.[31] Damit hat auch der Informationsbegriff in diesem Bereich der Wissenschaft einen Bedeutungswandel erfahren. Wurde er im mittlerweile als klassisch geltenden Zeitalter der Molekularbiologie eingeführt, um damit zum Ausdruck zu bringen, dass die Nukleotidsequenz eines Gens die Aminosäuresequenz eines Proteins und damit eine biologische Funktion spezifiziert,[32] so wird er nun im Zeitalter der Genomik überlagert von einem Informationsbegriff, der sich wesentlich auf die im strukturierten und

30 Vgl. dazu exemplarisch Sabina Leonelli, *Data-Centric Biology: A Philosophical Study*, Chicago 2016.

31 Vgl. dazu exemplarisch Gabriele Gramelsberger, *Computerexperimente. Zum Wandel der Wissenschaft im Zeitalter des Computers*, Bielefeld 2010.

32 Zum Kontext dieser Entwicklung immer noch lesenswert: Lily E. Kay, *Das Buch des Lebens. Wer schrieb den genetischen Code?*, München, Wien 2001.

formalisierten bioinformatischen Raum miteinander verknüpften Daten bezieht. Um den bioinformatischen Raum beherrschbar und seine Elemente aufeinander beziehbar zu machen, bedarf es einheitlicher Standardisierungen. Es ist nicht ganz ohne Ironie, dass man diese Protokolle auch als »Bio-Ontologien« bezeichnet.[33] Sie schaffen den Boden, auf dem Experimentieren *in silico* als einer Wirklichkeit *sui generis* gründen kann.

Auf diesen Informationsbegriff muss im vorliegenden Zusammenhang jedoch nicht weiter eingegangen werden. Es ist hier aber noch eines nachzutragen. Hinter den Spuren- und Datenräumen, die solche und verwandte Technologien wie etwa die der Nukleinsäure- und Protein-Chips aufzuspannen helfen, persistiert die Welt der epistemischen Dinge, um deren Kenntnis es bei all diesen Verfahren geht. Es ist die stereochemische Eigenschaft der Basenkomplementarität (C paart sich mit G, A mit T), auf der sämtliche dieser Prozeduren beruhen. Ihre auf Erwin Chargaff zurückgehende experimentelle Feststellung war eine der Wegmarken der in den ausgehenden 1940er Jahren im Entstehen begriffenen Molekularbiologie.[34] An ihr lässt sich sinnfällig demonstrieren, wie ein epistemisches Ding – im vorliegenden Fall die Struktur der Desoxyribonukleinsäure – in ein technisches Objekt und damit zu einem neuen Werkzeug der Analyse verwandelt werden kann.[35] Wenn die Leittechnik der klassischen Genetik auf der Hybridisierung von ganzen Organismen beruhte, so beruhen die Leittechniken der molekularen Genetik auf der Hybridisierungsfähigkeit von Nukleinsäure-Molekülen. Hier wie dort wird die Struktur einer organischen Schnittstelle ausgenutzt und die Synthese zum Werkzeug der Analyse gemacht. Das unterscheidet diese Techniken von anderen biologischen Techniken, bei denen die Schnittstelle zwischen einem Gerät und einer organischen Struktur verläuft, worauf im 4. Kapitel zurückzukommen sein wird.[36]

33 Sabina Leonelli, »Documenting the emergence of bio-ontologies: Or, why researching bioinformatics requires HPSSB«, in: *History and Philosophy of the Life Sciences* 32 (2010), S. 105-126.

34 Pnina Abir-Am, »From biochemistry to molecular biology: DNA and the acculturated journey of the critic of science Erwin Chargaff«, in: *History and Philosophy of the Life Sciences* 2 (1980), S. 3-60.

35 Zum Verhältnis von epistemischen und technischen Dingen vgl. Rheinberger, *Experimentalsysteme*, Kapitel 1.

36 Zur Schnittstellenthematik vgl. auch Rheinberger, *Epistemologie des Konkreten*, Kapitel 11.

In diesem einleitenden Kapitel ging es um die experimentelle Erzeugung von Spuren und die Konsequenzen, die sich aus deren Transformation in Daten im Rahmen der Verarbeitung von Experimenten ergeben. Sie bilden die Basis dieser mikrophänomenologischen Auslotung des Experimentierprozesses. Sie wurden am Beispiel der radioaktiven Tracertechnik erörtert, eines Verfahrens, das zugleich Ausblicke auf die Verästelungen und Weiterungen erlaubte, die von der Schaffung der zugehörigen Räume ausgehen. Sie werden in den folgenden Kapiteln des ersten Teils dieses Buches unter der Perspektive des Modellierens von epistemischen Dingen, der Visualisierung experimenteller Ergebnisse, des Pfropfens von Forschungstechniken und des Protokollierens von Experimenten weiterverfolgt. Dabei wird es immer wieder nötig sein, auf die Begriffe von Spur und Datum zurückzugreifen.

2. Modelle

Die Gegenstände wissenschaftlicher Forschung – die epistemischen Dinge – können je nach dem wissenschaftlichen Feld, dem man sich zuwendet, unterschiedliche Formen annehmen. Dennoch lässt sich eine gewisse Ordnung in diese Vielfalt bringen. Ich habe im ersten Kapitel bereits eine grundlegende Unterscheidung zwischen den Konfigurationen epistemischer Objekte im Spurenraum, also in unmittelbarer Nähe zum experimentellen Geschehen einerseits und deren Konfigurationen im Datenraum andererseits getroffen: zwischen graphematischer und repräsentationaler Darstellung. Präparate, die in den biologischen Wissenschaften, in der Medizin, der Materialforschung, der Geologie, der Mineralogie oder der Chemie seit jeher eine wichtige Rolle spielen und selbst wieder in vielen Varianten auftreten, können noch dem Spurenraum zugeordnet werden.[1]

In fast allen Wissenschaften ist zudem das Arbeiten mit Modellen prominent vertreten, die man dem Datenraum und seinen Vergegenständlichungen zuordnen kann und die ich in diesem Kapitel näher betrachten will, wobei ich mich auf den Zusammenhang von Modell und Experiment konzentrieren werde.[2] Es wird hier also nur auf Modelle Bezug genommen, sofern sie in einen Experimentierprozess eingebunden sind. Während Präparate in der einen oder anderen Form an der Materialität der zur Untersuchung stehenden Phänomene teilhaben, setzen Modelle einen Medienwechsel voraus. Allen Modellen ist gemeinsam, dass sie auf einem ontischen Schnitt zu den in Frage stehenden Phänomenen, den epistemischen Dingen erster Ordnung, beruhen.[3] Es ist damit aller-

1 Vgl. zu Präparaten ausführlicher Rheinberger, *Epistemologie des Konkreten*, Kapitel 12.

2 Die Literatur zur wissenschaftlichen Modellbildung ist umfangreich. Relevant für den hier diskutierten Zusammenhang ist Axel Gelfert (Hg.), »Model-Based Representation in Scientific Practice«, *Studies in History and Philosophy of Science* 42 (2011), Sonderheft (2); sowie das kürzlich erschienene Buch von Bas van Fraassen, Isabelle Peschard (Hg.), *The Experimental Side of Modeling*, Minneapolis 2018.

3 Der Sprachgebrauch der Wissenschaften selbst ist hier nicht eindeutig. So müssten etwa biochemische »Modellsysteme« als Präparate angesprochen werden. Alternativ dazu könnte der Modellbegriff einem Vorschlag von Christoph Hoffmann

dings noch nichts über das Medium selbst gesagt, weder in voraussetzendem noch in ausschließendem Sinne. Modelle können rein formaler (mathematischer oder logischer), schematischer oder diagrammatischer Natur sein und zu ihrer Darstellung lediglich Papier und Bleistift erfordern. Sie können sich aber auch anderer Materialien bedienen, die es erlauben, sie als Arbeitsmodelle zu benützen, Hand an sie zu legen und an ihnen herumzubasteln.[4] Heute sind zudem Computermodelle und Simulationen ubiquitär geworden und kommen in den Laboratorien der ganzen Welt zum Einsatz.[5]

In der folgenden Diskussion steht die Konstruktion von Modellen im Experimentalprozess der empirischen Wissenschaften im Zentrum. Forschungsexperimente, wie sie hier durchgeführt werden, sind selten singuläre Ereignisse; Experimente bilden in der Regel Serien, in deren Verlauf epistemische Dinge Gestalt annehmen, wie das Ludwik Fleck schon in seiner grundlegenden Studie über die *Entstehung und Entwicklung einer wissenschaftlichen Tatsache* beobachtet und beschrieben hat.[6] In ihrer elaborierten Form können solche sich über längere Zeiträume erstreckenden Experimentalserien auch als Experimentalsysteme angesprochen werden.[7] Fragt man sich genauer, was in derartigen Systemen oder Anordnungen von Experimenten vor sich geht, so könnte eine generelle Antwort lauten: Ein epistemisches Objekt, ein den Experimentator beschäf-

folgend als Überbegriff verwendet werden, unter den dann Präparate als eine besondere Modellform zu subsumieren wären (Christoph Hoffmann, »Probe, Konservat, Modell – Präparat?«, in: Katharina Ammann, Priska Gisler (Hg.), *Präparat Bergsturz*, Poschiavo, Chur 2012, S. 61-69); zu Abgrenzungsproblemen vgl. auch Maria Keil, »Verwischte Grenzen zwischen Präparat und Modell: Epistemische Mustererkennung in medizinhistorischen Sammlungen«, in: *Medizinhistorisches Journal* 55 (2020), S. 75-85. Ich bleibe hier bei der gewählten Unterscheidung.

4 Über dreidimensionale Modelle in den Wissenschaften vgl. etwa Soraya de Chadarevian, Nick Hopwood (Hg.), *Models: The Third Dimension of Science*, Stanford 2004.

5 Vgl. etwa Margaret Morrison, *Reconstructing Reality. Models, Mathematics, and Simulations*, Oxford, New York 2015; besonders auch Franck Varenne, *From Models to Simulations*, New York 2019; sowie Ariana Borrelli, Janina Wellmann (Hg.), »Computer Simulations«, *NTM Zeitschrift für Geschichte der Wissenschaften, Technik und Medizin* 27 (2019), Sonderheft (4).

6 Ludwik Fleck, *Entstehung und Entwicklung einer wissenschaftlichen Tatsache. Einführung in die Lehre vom Denkstil und Denkkollektiv*, hg. v. Lothar Schäfer, Thomas Schnelle, Frankfurt/M. 1980.

7 Rheinberger, *Experimentalsysteme*.

tigendes Phänomen, wird mit einer technischen Einfassung derart verkoppelt, dass deren Interaktion Spuren hinterlässt. In Kapitel 1 habe ich bereits näher beschrieben, wie unter Verwendung einer Forschungstechnologie ein Technophänomen erzeugt wird, das sich in der Form von experimentellen Spuren manifestiert. Will man mit ihnen arbeiten, so muss man diese primären Hinterlassenschaften des Experiments dauerhaft machen. Das kann entweder *materialiter* oder in Gestalt einer »Inskription« erfolgen.[8] Dieser Schritt ist es, der einen Medienwechsel erzwingt. Hier kommt zunächst der ebenfalls bereits in Kapitel 1 diskutierte Datenbegriff ins Spiel: Dauerhaft gemachte und in Repositorien unterschiedlichster Art verwahrbare Spuren bezeichnet man als Daten. Dieser Schritt wiederum ermöglicht den nächsten, um den es hier gehen soll: Er besteht darin, Daten miteinander zu verbinden. Damit treten Modelle als Datenverbünde in Erscheinung.

Aus einer strikten *Bottom-up*-Perspektive, die zugleich eine Perspektive der Verfertigung ist, können Modelle somit in erster Annäherung als Datencluster oder Datengefüge im Datenraum angesprochen werden. Grundsätzlich erlauben sie es, eine Vielzahl von Daten in Verbindung miteinander auf einen Blick zu erfassen: Sie erzeugen also die Illusion, ein Ganzes *sehen* zu können. Diese Totalisierung geht mit einer merkwürdigen Form der Inversion einher. Wie Claude Lévi-Strauss einmal bemerkte, *»geht im reduzierten Modell die Erkenntnis des Ganzen der der Teile voraus.* Und selbst wenn das eine Illusion ist, liegt der Sinn dieses Vorgangs darin, diese Illusion zu schaffen oder aufrechtzuerhalten«.[9] Lévi-Strauss spricht einen entscheidenden Punkt an. Reduzierende Synthese ist der Weg, auf dem diese Umkehrung von Teil und Ganzem zuwege gebracht wird. Aus der Perspektive der epistemischen Objekte, denen sie gelten, sind Modelle reduziert. Aus der Perspektive der im Experiment erzeugten Spuren sind sie Synthesen. Im graphematischen Raum des Experiments kann man nie des Ganzen habhaft werden. Wie weit man mit solchen selektiven Synthesen im Datenraum gehen kann und darf, unterliegt einem ständigen,

8 Vgl. Bruno Latour, Steve Woolgar, *Laboratory Life. The Construction of Scientific Facts*, Princeton ²1986.

9 Claude Lévi-Strauss, *Das wilde Denken*, aus dem Französischen von Hans Naumann, Frankfurt/M. 1973, S. 37; Hervorhebung im Original, Übersetzung modifiziert.

einerseits phänomenorientierten, andererseits historisch bedingten Aushandlungsprozess.[10] Der Harvard-Ökologe Richard Levins formulierte das unter Bezug auf populationsbiologische Modelle einmal folgendermaßen: »Der Unterschied zwischen legitimen und illegitimen Vereinfachungen hängt nicht nur von der zu beschreibenden Wirklichkeit, sondern auch vom gegebenen Stand der Wissenschaft ab.«[11]

In Vereinfachungen dieser in sich aber bereits komplexen Art besteht die Stärke von Modellen, zugleich aber auch ihre Schwäche. Ihre Schwäche liegt darin, dass sie dazu einladen, das ihnen anhaftende illusionäre Moment zu vergessen. Ihre Stärke ist, dass sie ein flexibles Gerüst bilden, das als Ganzes sensibel reagieren kann, wenn einzelne seiner Datenbestandteile verändert, ausgetauscht oder rekonfiguriert werden. Sie bilden also ein System im Datenraum. Ihr Systemcharakter bringt es mit sich, dass punktuelle Eingriffe Auswirkungen auf das Modell als Ganzes haben können. Das bedeutet allerdings auch, dass sie die Möglichkeit von so etwas wie Probehandlungen eröffnen. Die Fragen, die sich aus derartigen Eingriffen am Modell ergeben, können dann wieder in den anhaltenden Strom der experimentellen Produktion von Spuren eingespeist werden. Es wird ein Kreislauf in Bewegung gesetzt, der einen dauernden Medienwechsel in beide Richtungen impliziert: vom Experimentalsystem zum Modell und umgekehrt.

Ich will keineswegs sagen, dass mit dieser Beschreibung alle Formen und Filiationen von Modellen in den Wissenschaften erschöpfend erfasst sind. Aus der hier eingenommenen Perspektive einer Mikro-Epistemologie geht es jedoch vor allem um solche *Bottom-up*-Modelle. Nach Margaret Morrison gehen von Theorien ihren Ausgang nehmende Modelle den umgekehrten *Top-down*-Weg.[12] Wir haben es dann mit Modellen *für*, nicht mit Modellen *von* zu tun.[13] Dennoch unterliegen auch solche Modelle dem hier be-

10 Bernd Mahr, »Das Mögliche im Modell und die Vermeidung der Fiktion«, in: Thomas Macho, Annette Wunschel (Hg.), *Science & Fiction. Über Gedankenexperimente in Wissenschaft, Philosophie und Literatur*, Frankfurt/M. 2004, S. 161-182.

11 Richard Levins, »The strategy of model building in population biology«, in: *American Scientist* 54 (1966), S. 421-431, hier S. 421-422.

12 Vgl. Morrison, *Reconstructing Reality*, S. 20; vgl. auch Mary S. Morgan, *The World in the Model: How Economists Work and Think*, Cambridge 2012.

13 Evelyn Fox Keller, »Models of and models for: Theory and practice in contem-

schriebenen Medienwechsel, sofern sie überhaupt in eine Empirie eingebunden werden und nicht grundsätzlich spekulativ bleiben. Sie bedürfen also einer Konkretisierung in Bezug auf die epistemischen Objekte, mit denen sie in Verbindung gebracht werden. Und noch einmal anders geartet ist der Modellbegriff der mathematischen Logik, wie er von Alfred Tarski seinen Ausgang nahm.[14] Auf alle diese Modellvorstellungen wird hier ebenso wenig eingegangen wie auf die Verwendung von Modellen in der Kunst und in der Architektur.[15]

Modelle von unten bieten Anlass zu weiteren Differenzierungen. Auf einige davon werde ich in den folgenden Abschnitten zu sprechen kommen, insbesondere auf die Unterscheidung zwischen Funktions- und Strukturmodellen im Rahmen der Charakterisierung von biomolekularen Prozessen. Wie im vorangehenden Kapitel möchte ich meine Überlegungen an einem konkreten Beispiel entwickeln. Alle drei eingangs genannten Modellmedien – Papier, Materialien unterschiedlicher Art und der diskretisierte Raum des Virtuellen – haben eine Rolle bei der Arbeit gespielt, die zur Aufklärung eines für die Biologie und insbesondere für die Genetik zentralen molekularen Mechanismus geführt hat: Gemeint ist die Biosynthese von Proteinen, namentlich die Struktur und Funktion der Zellorganellen, an denen sich dieser Synthesevorgang abspielt, der Ribosomen. Auf dieses historische Beispiel möchte ich mich im Folgenden konzentrieren. Die Ribosomen, wie die Organellen seit etwa 1960 bezeichnet werden, stellen die Eiweißfabriken der Zelle dar, sowohl bei kernlosen einzelligen Lebewesen wie Bakterien als auch bei kernhaltigen vielzelligen Organismen. Der hier gegebene historische Überblick konzentriert sich auf die – einfachere – Bakterienzelle, vor allem des Modellorganismus *Escherichia coli*, und er erläutert die dabei geleistete experimentelle Modellarbeit an der historischen Originalliteratur und ihren Abbildungen.

porary biology«, in: *Philosophy of Science* 67 (2000), Supplement, S. S72-S86.

14 Alfred Tarski, *Einführung in die mathematische Logik und in die Methodologie der Mathematik*, Wien 1937.

15 Vgl. etwa Reinhard Wendler, *Das Modell zwischen Kunst und Wissenschaft*, München 2013; Albena Yaneva, »Scaling up and down. Extraction trials in architectural design«, in: *Social Studies of Science* 35 (2005), S. 867-894.

Modellorganismen

An dieser Stelle sei vorweg noch ein Einschub über den Begriff des Modellorganismus gestattet.[16] Modellorganismen werden zwar erst seit der zweiten Hälfte des 20. Jahrhunderts so bezeichnet, haben sich aber bereits im frühen 20. Jahrhundert als Experimental- oder Forschungsorganismen etabliert und für die Entwicklung der Biologie allgemein und der Genetik insbesondere im vergangenen Jahrhundert eine entscheidende Rolle gespielt. In dieser zusammengesetzten Form nimmt der Begriff des Modells eine Bedeutung an, die durch den im Verlauf dieses Kapitels diskutierten Modellbegriff nicht abgedeckt ist und daher einer kurzen Erläuterung bedarf.[17] Am Ende des 19. Jahrhunderts vollzog sich ein Umbruch in den biologischen Wissenschaften. Interessierte früher vorzugsweise die Vielfalt organismischer Erscheinungen, so rückte nun ins experimentelle Blickfeld, was sie alle verband und was stellvertretend für alle an einem bestimmten Organismus besonders gut untersucht werden konnte. Genau hier kommt der Begriff des Modellorganismus ins Spiel. Modellorganismen sind in gewisser Hinsicht besonders geeignete, also *ideale* Untersuchungsobjekte. Diese Eignung besteht erstens darin, dass sich an ihnen ein bestimmtes biologisches Phänomen in besonders ausgeprägter Form aufweisen lässt; zweitens aber vor allem darin, dass sie sich experimentell in dieser

16 Die Literatur zu Modellorganismen ist umfangreich. Erwähnt seien die Pionierarbeit von Richard M. Burian, »How the choice of experimental organism matters: Epistemological reflections on an aspect of experimental practice«, in: *Journal of the History of Biology* 26 (1993), S. 351-367; Angela N. H. Creager, *The Life of a Virus: Tobacco Mosaic Virus as an Experimental Model, 1930-1965*, Chicago 2002; Karen Rader, *Making Mice: Standardizing Animals for American Biomedical Research*, Princeton 2004; Gabriel Gachelin (Hg.), *Les organismes modèles dans la recherche médicale*, Paris 2006, darin besonders Jean Gayon, »Les organismes modèles en biologie et en médecine«, S. 9-43; Jim Endersby, *A Guinea Pig's History of Biology*, Cambridge/MA 2009; Rachel A. Ankeny, »Historiographic reflections on model organisms: Or how the mureaucracy may be limiting our understanding of contemporary genetics and genomics«, in: *History and Philosophy of the Life Sciences* 32 (2010), S. 91-104; Rachel A. Ankeny, Sabina Leonelli, »What's so special about model organisms?«, in: *Studies in History and Philosophy of Science Part A* 42 (2011), S. 313-323.

17 Vgl. dazu auch Arnon Levy, Adrian Currie, »Model organisms are not models«, in: *British Journal for the Philosophy of Science* 66 (2015), S. 327-348

Hinsicht als besonders gut handhabbar erweisen. Diese Idealität hat in der Regel *materielle* Konsequenzen: Es wird in bestimmte Eigenschaften des in Frage stehenden Organismus zum Zwecke der Standardisierung eingegriffen, wie etwa bei der Schaffung reiner Linien oder besonderer Genkombinationen in Modellorganismen der Genetik. *Modell*organismen sind demnach immer auch Organismen, die zu bestimmten Forschungszwecken *modifiziert* worden sind. Das macht ihren Werkzeugcharakter aus. Es verkörpert sich in ihnen auch bereits erlangtes Wissen. Modellorganismen sind in diesem Sinne also keine Untersuchungsgegenstände oder epistemischen Dinge, von denen es sich ein Modell zu machen gilt. Sie gehören vielmehr zu den technischen Bedingungen eines Experimentalsystems. Es sind Forschungstechnologien mit biologischem Charakter. Sie weisen gegenüber den anderen Forschungstechnologien die Eigentümlichkeit auf, dass sie die Schnittstelle zu den epistemischen Dingen, um derentwillen sie untersucht und gehalten werden, gewissermaßen in internalisierter Form enthalten.[18] Auf die Schnittstellenthematik komme ich in Kapitel 4 ausführlicher zu sprechen.

Modelle der Proteinsynthese

Das Wissen über die komplizierte molekulare Struktur des Bakterien-Ribosoms entwickelte sich über das Wechselspiel von Experiment und der Bildung von Modellen ganz unterschiedlicher Art, von denen einige im Weiteren exemplarisch vorgestellt werden sollen.[19] Diese Modelle zirkulierten als Gemeingut des molekularbiologischen Fachdiskurses und wurden durch die an ihrer Erforschung beteiligte Wissenschaftlergemeinschaft beständig in Frage gestellt und überarbeitet.[20] Empirische Modelle sind demnach kei-

18 Rheinberger, *Epistemologie des Konkreten*, Kapitel 11.

19 Vgl. hierzu auch Hans-Jörg Rheinberger, »A history of protein synthesis and ribosome research«, in: Knud H. Nierhaus, Daniel N. Wilson (Hg.), *Protein Synthesis and Ribosome Structure. Translating the Genome*, Weinheim 2004, S. 1-51.

20 Zur Vermittlerfunktion von Modellen vgl. die klassische Studiensammlung von Mary S. Morgan, Margaret Morrison (Hg.), *Models as Mediators: Perspectives on Natural and Social Science*, Cambridge 1999.

ne »unveränderlichen«, sondern höchst veränderliche »Mobile«.[21] Die Proteinsynthese-Modelle stehen hier beispielhaft für den Prozess molekularer Modellbildung, so wie er sich in der Geschichte der molekularbiologischen Forschung von ihren Anfängen bis zur Gegenwart herausbildete. Die Molekularbiologie steht ihrerseits exemplarisch für die empirisch orientierten Wissenschaften insgesamt.

Bei der Beschreibung der Ribosomenmodelle, die nun im Wesentlichen in chronologischer Reihenfolge vorgestellt werden, so wie sie in der Forschungsliteratur in Erscheinung traten, gehe ich in drei Schritten vor: In einem ersten Schritt geht es um Funktionsmodelle, in einem zweiten um Strukturmodelle und schließlich um Computermodelle. Letztere verbinden sowohl strukturelle als auch funktionale Aspekte miteinander. Es wird sich zeigen, dass Forschungsmodelle wie die hier in den Blick genommenen nicht nur auf Datenkondensation beruhende Repräsentationen von epistemischen Objekten darstellen, sondern dass sie darüber hinaus auch, als temporäre Reifikationen epistemischer Dinge, eine ebenso temporäre Rolle als Forschungsinstrumente für die Wissensgenerierung spielen. Sie können also zwischen epistemischer und technischer Funktion oszillieren. Ich komme weiter unten noch einmal darauf zurück. Diese Rolle verweist zugleich auf einen weiteren Aspekt von Modellen: ihre Funktion als Agenten oder Akteure.[22]

Funktionsmodelle

Die biochemische und biophysikalische Erforschung der Zellstrukturen, die zunächst als Mikrosomen Eingang in die Zellbiologie fanden und später wegen ihres Ribonukleinsäure-Anteils als Ribosomen bezeichnet wurden, reicht zurück in die frühen 1940er Jahre. Die Geschichte begann mit der Identifizierung einer Klasse

21 Zum Begriff »unveränderliche Mobile« vgl. Kapitel 1 mit Verweis auf Latour, »Drawing things together«.

22 Vgl. dazu Margaret Morrison, »Models as autonomous agents«, in: Mary S. Morgan, Margaret Morrison (Hg.), *Models as Mediators: Perspectives on Natural and Social Science*, Cambridge 1999, S. 38-65; vgl. auch Bernd Mahr, Reinhard Wendler, *Modelle als Akteure: Fallstudien*. KIT-Report TU Berlin 2009. Verfügbar unter: ⟨https://www.flp.tu-berlin.de/fileadmin/fg53/KIT-Reports/r156.pdf⟩, letzter Zugriff 3. 5. 2019.

von Partikeln im Zytoplasma von Säugetierzellen und von Hefe durch die Gruppen um Albert Claude am Rockefeller Institute in New York und um Jean Brachet an der Freien Universität Brüssel.[23] Aufgrund ihrer geringen Größe konnte das Lichtmikroskop diese Partikel nicht mehr sichtbar machen; ihre Darstellung blieb der differentiellen Auftrennung des Zellsaftes im Schwerefeld der Ultrazentrifuge vorbehalten. Hier bildeten sie das Material, das gerade noch sedimentiert werden konnte. Noch kleinere Molekülkomplexe und Moleküle blieben im Überstand. Im Gegensatz zu den Mitochondrien, der nächstgrößeren Klasse von einheitlich zentrifugierbaren Zellkompartimenten, zeigten die Mikrosomen jedoch kein reguläres Muster einer messbaren Enzym-Aktivität. Ihre Funktion im Stoffwechsel blieb daher zunächst ein Rätsel. Klar war einzig, dass sie hauptsächlich aus Ribonukleinsäure einerseits und Proteinen andererseits bestanden.

Erst etwa ein Jahrzehnt später begannen verschiedene Gruppen – unter ihnen die von Paul Zamecnik am Massachusetts General Hospital in Boston – den Hinweisen von Brachet und seinen Kollegen nachzugehen, dass die aus Rattenleber oder Hefe gewonnenen Mikrosomen die zellulären Orte der Proteinsynthese sein könnten. Eines der frühesten und rudimentärsten Funktionsmodelle zeigt in weitestmöglicher Abstraktion ein einfaches, lineares sogenanntes Template, also eine Art Vorlage oder Matrize, entlang derer die Proteinfäden sukzessive zusammengefügt werden sollten (Abb. 2.1). Die Abbildung stammt aus einer Veröffentlichung des britischen Biochemikers Charles Dalgliesh aus dem Jahre 1953. Außer der linearen Syntheseabfolge anhand einer hinsichtlich ihres molekularen Charakters nicht weiter spezifizierten Vorlage weist dieses Papiermodell keinerlei weitere strukturelle Charakteristiken auf. An Energieverbrauch gekoppelte Modelle dieser Art begannen damals gerade, das klassische Enzymmodell der Proteinsynthese als einer Umkehrung der Proteolyse unter Bedingungen, die diese Umkehrung ermöglichen sollten, abzulösen. Letzteres verschwand dann innerhalb weniger Jahre gänzlich aus dem Repertoire.

Die Daten, die diesen und auch den folgenden Funktionsmodellen

23 Hans-Jörg Rheinberger, »Cytoplasmic particles in Brussels (Jean Brachet, Hubert Chantrenne, Raymond Jeener) and at Rockefeller (Albert Claude), 1935-1955«, in: *History and Philosophy of the Life Sciences* 19 (1997), S. 47-67.

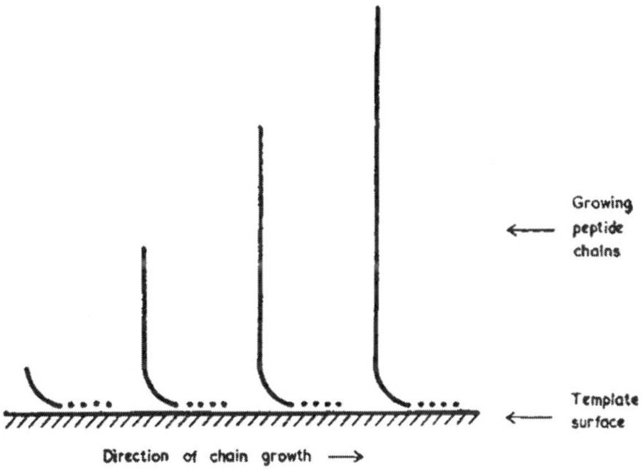

Abbildung 2.1: Einfaches »Modell« der Proteinbiosynthese aus dem Jahre 1953.

Quelle: Charles E. Dalgliesh, »The template theory and the role of transpeptidation in protein biosynthesis«, in: *Nature* 171 (1953), S. 1027-1028, auf S. 1028.

zugrunde liegen, beruhen wiederum auf einer Kondensierung der Primärspuren der in Kapitel 1 beschriebenen Methode der radioaktiven Markierung im Datenraum. Ihre Erhebung wurde nach dem Zweiten Weltkrieg möglich, als der biomedizinischen Forschung biologisch relevante Isotope – wie Kohlenstoff, Wasserstoff, Schwefel oder Phosphor – zugänglich wurden, mit denen Biomoleküle wie zum Beispiel Aminosäuren oder Nukleotide markiert werden konnten. Die Reaktionsprodukte konnte man mit geeigneten Filtrierungs- und Fällungsmethoden aus dem Reaktionsgemisch isolieren und zunächst mit sensitiven Geigerzählern, später mit auf Photomultiplikation beruhenden Szintillationszählern in *counts*, also in Zähleinheiten verwandeln, die Daten, auf denen alle diese Modelle beruhten. Hier sind die Daten demnach numerischer Natur, im Gegensatz zu den im ersten Kapitel beschriebenen autoradiographischen Daten. Es bedurfte vor allem kinetisch gewonnener

Reihen von Daten und Mehrfachmarkierungen mit verschiedenen Isotopen sowie deren Kombinationen, um das Funktionsmodell der Proteinbiosynthese schrittweise zu differenzieren.

Es sollte jedoch noch ein gutes weiteres Jahrzehnt dauern, bis eine Reihe von zusätzlichen molekularen Komponenten identifiziert war, von denen man vermutete, dass sie eine wichtige Funktion im Prozess der Kondensation von Aminosäuren zu Polypeptiden hatten. Eine besondere Rolle kam dabei zwei Ribonukleinsäure-Molekülen zu, die um 1960 als labile »Boten-RNA« und stabile »Transfer-RNA« bekannt wurden. Der Boten-RNA kam die Funktion einer Matrize zu, an der entlang die Bausteine der Proteine aneinandergefügt wurden, der Transfer-RNA wurde die Aufgabe zugeschrieben, diesen Verkettungsprozess gemäß dem ihn vermittelnden genetischen Code zu bewerkstelligen. Es zeigte sich immer deutlicher, dass man es mit einer komplexen und stark asymmetrischen makromolekularen Assemblage zu tun hatte. Um diese Zeit war es der damals schnell anwachsenden Zahl der in der Proteinsyntheseforschung tätigen Laboratorien gelungen, die Ribosomen sowohl prokaryotischen (bakteriellen) als auch eukaryotischen Ursprungs in eine große und eine kleine Untereinheit aufzutrennen und die beiden Hälften wieder so zusammenzusetzen, dass sie im Reagenzglas radioaktive Aminosäuren in Eiweiße einbauten. Nach ausgedehnten *In-vitro*-Experimenten vor allem unter Einsatz des Antibiotikums Puromycin, das den Prozess der Proteinsynthese hemmte, konnten an den Ribosomen funktionell zwei Bindungsstellen für die Transfer-RNA unterschieden werden. Eine Vielzahl solcher Experimente, die es erlaubten, Teilreaktionen des Prozesses der Knüpfung von Peptidbindungen darzustellen, führte zu einem sehr viel detaillierteren, wenn auch immer noch rein formalen Funktionsmodell der bakteriellen Maschinerie der Eiweißsynthese (Abb. 2.2).

James Watson, der damals an der Harvard University forschte und lehrte, publizierte diese Zusammenschau des funktionellen Ablaufs der Proteinsynthese auf dem Stand des Jahres 1964. Das Modell geht davon aus, dass die Eiweißsynthese ein zyklischer Vorgang ist, in dessen Verlauf eine Aminosäure nach der anderen an eine wachsende Peptidkette, ein sogenanntes Polypeptid, angefügt wird. Das Modell unterstellt des Weiteren, dass der Verknüpfungsvorgang an der großen Hälfte des Ribosoms stattfindet. Die Ab-

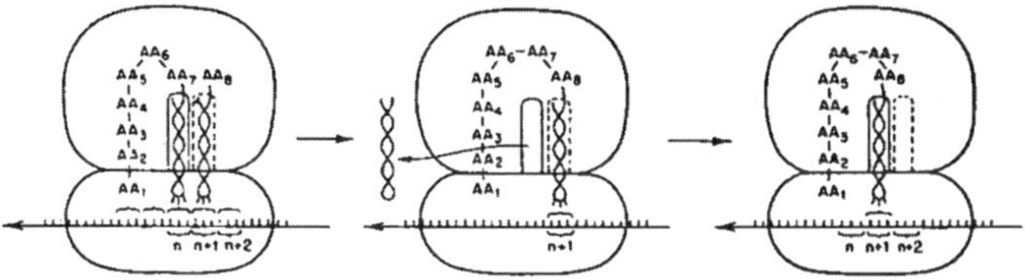

Abbildung 2.2: Modell der Proteinbiosynthese aus dem Jahre 1964.

Quelle: James D. Watson, »The synthesis of proteins upon ribosomes«, in: *Bulletin de la Société de Chimie Biologique* 46 (1964), S. 1399-1425, Abb. 20 (S. 1419).

folge der Aminosäuren, die zur Verknüpfung gelangen, wird durch die Sequenz von Tripletts – den Codons – der Boten-RNA diktiert, wobei Letztere mit der kleinen Hälfte der Organelle assoziiert ist. Der Syntheseprozess als Ganzes wird durch Adaptoren vermittelt, den Transfer-RNA-Molekülen, die mit einem ihrer Extreme – dem Anticodon – die Codons abgreifen und mit dem anderen die Aminosäuren dergestalt an das enzymatische Zentrum des Partikels heranführen, dass eine energieabhängige Kondensationsreaktion stattfinden kann.

Mit Watsons erstem Lehrbuch der Molekularbiologie – *Molecular Biology of the Gene* – wurden graphische Funktionsmodelle dieser Art beispielhaft für den neuen Blick auf Lebensprozesse auf molekularer Ebene.[24] Sie betonten ein Bild der mikroskopisch unsichtbaren molekularen Strukturen und Prozesse in der Form von Mechanismen. Der experimentelle Apparat dieser neuen Wissenschaft brachte vorwiegend derartige mechanistische Phänomenologien hervor, die molekulare Szenerien, die optisch nicht zugänglich waren, in mechanische Bilder umsetzten. Innerhalb eines Jahrzehnts ersetzten reich illustrierte Lehrbücher dieser Art die biochemischen Lehrbücher aus der ersten Hälfte des 20. Jahrhunderts. Letztere hatten vorwiegend noch auf dem geschriebenen Text und auf der Sprache sowie der Bildlichkeit chemischer Strukturformeln beruht – ein Erbe aus der zweiten Hälfte des 19. Jahrhunderts. Die neuen

24 James D. Watson, *Molecular Biology of the Gene*, New York 1965.

Modelle hatten jedoch nicht nur eine vermittelnde – kommunikative und didaktische – Funktion. Sie stellten zugleich Mittel dar, um eine ständig wachsende Anzahl experimenteller Befunde und damit Wissenskomponenten über diese komplexen molekularen Prozesse zu einem synthetischen Gesamtbild zu *kondensieren*, das man auf einen Blick erfassen konnte und das auf der Basis dieser synoptischen Prämissen weitere, in Experimente umsetzbare Fragen suggerierte. Man könnte auch sagen, dass sie in Bezug auf die Experimente, aus denen sie hervorgingen, Affordanzcharakter hatten. Sie funktionierten nicht nur als Überblicksdarstellungen, sondern auch als Orientierungsinstrumente für die Forschung der folgenden Jahrzehnte.

Man möchte versucht sein, diese Art von Bildlichkeit als eine Beschränkung, ein Manko solcher Modelle anzusehen, und sie ist in der Tat eine Illusion im Sinne von Lévi-Strauss, die gelegentlich in der Literatur auch als »Fiktion« angesprochen wird.[25] Doch diese Beschränkung erweist sich zugleich als Vorteil. Auf ihrer Basis – der so fixierten Zustände – können Voraussagen getroffen werden, die man ihrerseits experimentell aufgreifen kann, womit die eingangs bereits erwähnte Zirkularität zwischen Modell und Experiment erneut in ihrer ganzen Ambiguität sinnfällig wird. Das Modell dient somit als eine indirekte Quelle für einen iterativen Prozess der Erzeugung neuer experimenteller Spuren, die, in Daten überführt, erneut auf ihre Kompatibilität mit dem existierenden Modell überprüft werden können. Sie werden ihrerseits daraufhin in das Modell inkorporiert, verfeinern es, modifizieren es oder stellen es mitunter ganz in Frage. Es kommt also letztlich weniger auf seinen repräsentationalen Charakter im Sinne einer wie auch immer gearteten Naturtreue an, sondern auf seinen interventionalen.[26] In diesem Sinne kann man dem zustimmen, was Alain Badiou in seinem frühen Buch über den *Begriff des Modells* gesagt hat: »Man wird bemerken, dass es [das Modell] als transitorische Zutat eigentlich dazu bestimmt ist, sich selbst zu entlarven, und dass der wissen-

25 Vgl. Peter Godfrey-Smith, »The strategy of model-based science«, in: *Biology and Philosophy* 21 (2006), S. 725-740; Roman Frigg, »Models and fiction«, in: *Synthese* 172 (2010), S. 251-268; Mauricio Suarez (Hg.), *Fictions in Science. Philosophical Essays on Modeling and Idealization*, London 2009.

26 Vgl. Ian Hacking, *Representing and Intervening. Introductory Topics in the Philosophy of Natural Science*, Cambridge 1983.

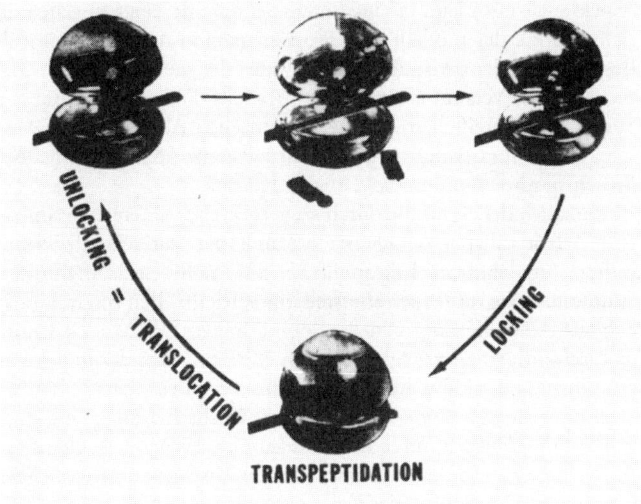

Abbildung 2.3: Metallisches Funktionsmodell eines Ribosoms.

Quelle: Alexander S. Spirin, »A model of the functioning ribosome: Locking and unlocking of the ribosome subparticles«, in: »The Mechanism of Protein Synthesis«, *Cold Spring Harbor Symposia on Quantitative Biology* 34 (1969), S. 197-207, Abb. 4 (S. 201).

schaftliche Prozess, weit davon entfernt, es zu fixieren, es vielmehr dekonstruiert.«[27]

Es ist charakteristisch für die hier besprochenen Funktionsmodelle, dass sie molekulare Prozesse mit ihren biochemischen und biophysikalischen Interaktionen in eine Bildwelt transponieren, die uns aus der Alltagsmechanik vertraut ist. Das hat sich auch im Sprachgebrauch durchgesetzt – es ist durchgehend von molekularen Mechanismen oder molekularen Maschinen die Rede, die nun auch in Wissenschaftsphilosophie und Wissenschaftsgeschichte zunehmend diskutiert werden.[28] Dabei treten die biochemischen

27 Alain Badiou, *Le Concept de modèle*, Paris ²2007, S. 58.

28 Peter Machamer u. a., »Thinking about mechanisms«, in: *Philosophy of Science* 67 (2000), S. 1-25; Carl Craver, Lindley Darden (Hg.), »Mechanisms in Biology«

Aspekte wie etwa katalytische Eigenschaften oder energetische Gesichtspunkte der modellierten Prozesse ganz in den Hintergrund. Besonders evident wird das beim Anblick der metallischen, dreidimensionalen Version eines solchen Modells (Abb. 2.3). Alexander Spirin, ein Proteinchemiker der Sowjetischen Akademie der Wissenschaften, präsentierte das Modell auf einem Symposium über Proteinsynthese 1969 in Cold Spring Harbor.

Diese Modelle und die durch sie vermittelte weitere experimentelle Arbeit führten zwischen 1960 und 1990 zur Identifizierung weiterer molekularer Faktoren, die eine Rolle im sogenannten Synthesezyklus der Proteinherstellung spielen – der wiederholten Schleife der Knüpfung von Peptidbindungen. Das Modell wurde dadurch differenzierter und der zyklische Charakter der molekularen Grundoperation wurde in der Darstellung deutlicher. Überdies fand die Annahme einer allosterischen Wechselwirkung, die dem ganzen Kreislauf zugrunde liegt, Eingang in das Modell. Um diese Entwicklung zu verdeutlichen und diesen Abschnitt abzuschließen, sei hier die Darstellung des Zyklus aus einem aktuellen Lehrbuch gegeben (Abb. 2.4). Insgesamt zeigt diese Serie von Visualisierungen, wie ein molekulares Modell, das in einen breit gefächerten Experimentalprozess eingebettet ist und von ihm sozusagen mitgeschleppt wird, die Forschung über Jahrzehnte zu fokussieren vermag, durchaus auch unter Vernachlässigung von Aspekten, die unter den gegebenen Experimentalbedingungen nicht ins Blickfeld geraten. Aber es werden so dennoch ständig neue Fragen erzeugt, die ebenso beständig das Modell modifizieren, manchmal eher kosmetisch, manchmal abrupt, bisweilen zur gänzlichen Preisgabe führend. Ich verzichte an dieser Stelle auf weitere Details, von denen die Geschichte beliebig viele bereithält.

Studies in History and Philosophy of Biological and Biomedical Sciences 36 (2005), Sonderheft (2); William Bechtel, *Discovering Cell Mechanisms. The Creation of Modern Cell Biology*, Cambridge 2006; Mathias Grote, *Membranes to Molecular Machines. Active Matter and the Remaking of Life*, Chicago 2019; kritisch Daniel J. Nicholson, »Is the cell really a machine?«, in: *Journal of Theoretical Biology* 477 (2019), S. 108-126.

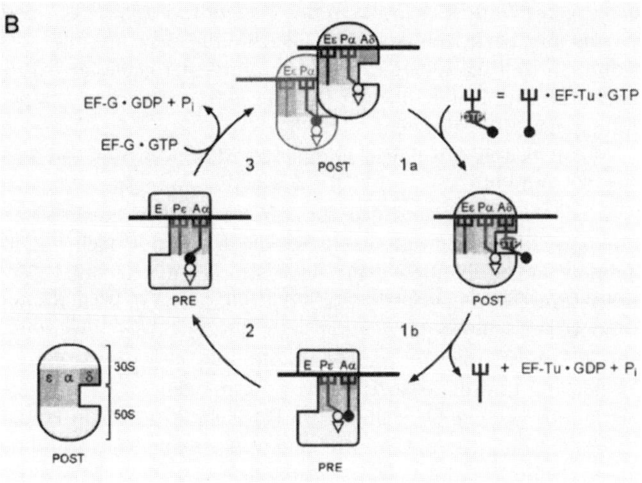

Abbildung 2.4: Differenziertes Modell des ribosomalen Elongationszyklus.

Quelle: Knud H. Nierhaus, »The elongation cycle«, in: ders., Daniel Wilson (Hg.), *Protein Synthesis and Ribosome Structure. Translating the Genome*, Weinheim 2004, S. 323-366, Abb. 8-2B (S. 327).

Strukturmodelle

In den sechziger und siebziger Jahren des vergangenen Jahrhunderts wurde die hier im Zentrum stehende komplexe zelluläre Organelle in ihre Nukleinsäure- und Proteinbestandteile zerlegt. Eine Komponente nach der anderen wurde mit ausgeklügelten biophysikalischen und biochemischen Verfahren isoliert und charakterisiert. Zum einen ging es darum, nicht nur die Primärsequenz der Aminosäuren und Nukleotide, sondern auch die Gestalt dieser Komponenten im dreidimensionalen Raum zu bestimmen. Zum anderen wollte man verstehen, wie die einzelnen Komponenten miteinander verbunden sind und interagieren und was für Abhängigkeiten man zwischen ihnen bei dem Versuch beobachten kann, die Organelle im Reagenzglas in ihre Bestandteile zu zerlegen und sie aus ihnen wiederaufzubauen. Gleichzeitig versuchte man, die Konturen und die Oberflächencharakteristik der gereinigten Partikel und ihrer Untereinheiten mittels elektronenmikroskopischer Aufnahmen zu bestimmen.

Wir haben es mit einem komplexen Muster zu tun, das sich aus den mittels einer ganzen Reihe von Forschungstechnologien gewonnenen Spuren und den daraus resultierenden numerischen und optischen Daten zusammensetzt, die in diesen Modellen kondensiert und zur Synopse gebracht werden. Zu den Techniken gehören die Isolierung hochmolekularer Komponenten; Protein- und Ribonukleinsäure-Sequenzierung sowie die zugehörige Ermittlung von Sekundärstrukturen der Moleküle; die selektive chemische Vernetzung und die Assoziation von Komponenten; die elektronenmikroskopische Darstellung von Partikeln; Neutronenstreudaten sowie Röntgenstrukturmuster und andere mehr. Es kann auf sie hier nicht im Einzelnen eingegangen werden.

Aus diesem Komplex von Versuchsanordnungen und den daraus gewonnenen vielfältigen und vielgestaltigen Daten resultierte eine Proliferation von Strukturmodellen. Abbildung 2.5 zeigt ein frühes dreidimensionales Kugelmodell der Anordnung der Proteine der kleinen ribosomalen Untereinheit, das Robert Traut und seine Kollegen an der University of California in Davis Anfang der 1970er Jahre anfertigten. Größere und kleinere, von 1 bis 21 durchnummerierte Styroporkugeln stehen für die einzelnen Proteinkomponenten. Die Verbindungsstäbchen zwischen ihnen sind unterschiedlich schattiert und schraffiert. Sie symbolisieren die unterschiedlichen experimentellen Zugänge, die jeweils gewählt wurden, um Daten über die räumlichen Nachbarschaften zwischen den Komponenten zu gewinnen. Zu den avancierten Methoden, die in den 1970er Jahren dazu verwendet wurden, zählten die kovalente chemische Vernetzung nach einer Behandlung der Partikel mit Vernetzungsreagenzien *in situ*; die Darstellung von Nachbarschaften als Ergebnis einer teilweisen Rekonstitution zuvor isolierter Komponenten im Reagenzglas; sowie der differentielle Schutz tieferliegender Komponenten vor Oberflächenreagenzien bei der sukzessiven Rekonstitution *in vitro* – je weiter innen eine Komponente zu liegen kam, desto weniger zugänglich war sie. Modelle dieser Art wurden komplexer und differenzierter, als in den 1980er Jahren auch die

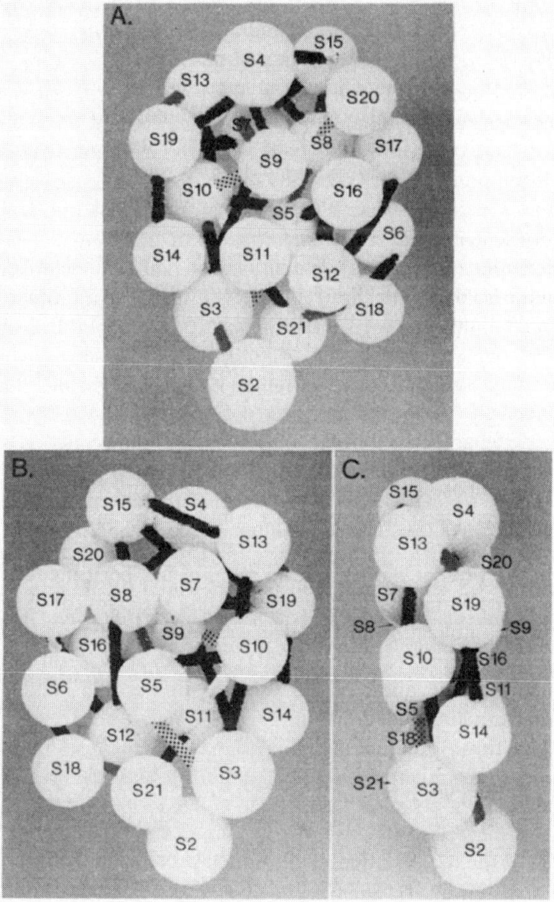

Abbildung 2.5: Proteintopographie der kleinen bakteriellen ribosomalen Untereinheit.

Quelle: Robert R. Traut u. a., »Protein topography of ribosomal subunit from Escherichia coli«, in: Masayasu Nomura u. a. (Hg.), *Ribosomes*, New York 1974, S. 271-308, Abb. 1 (S. 273).

Strukturbestimmung der Ribonukleinsäuren durch die in Kapitel 1 beschriebene Sequenzanalyse massiv erleichtert wurde.

Obwohl solche Modelle natürlich eine räumliche Oberfläche aufweisen, konnte über diese aus den vorhandenen Daten doch wenig abgeleitet werden. Diese Modelle zielten auf die internen, intermolekularen Verbindungen und Wechselwirkungen zwischen den Komponenten der Organelle – von der Forschergemeinschaft auch als Quaternärstruktur adressiert. Sie ergab sich auf der Basis der Tertiärstruktur der einzelnen Komponenten, also der Gestalt der Komponenten im dreidimensionalen Raum, diese wiederum auf der Basis der Sekundärstruktur des sie aufbauenden Makromoleküls, und diese schließlich als Konsequenz aus der Primärsequenz des linearen Molekülfadens. Parallel dazu wurden aber auch Versuche unternommen, um die äußere Gestalt der Partikel zu modellieren. Die Methode der Wahl, die dafür die Daten bereitstellte, war eine geraume Zeit lang ausschließlich die bereits erwähnte Transmissions-Elektronenmikroskopie. Hier werden die vom Elektronenstrahl erzeugten Streuspuren auf einem Schirm sichtbar gemacht und von dort als mikrofotografische Daten abgespeichert. Der anschließende Vergleich ganzer Serien von Partikeln und die Überlagerung von Hunderten einzelner Bilder führte zu präparationsbedingt konkurrierenden Modellen ihrer Konturen im dreidimensionalen Raum. Eines davon verteidigte James Lake an der Medical School der New York University (Abb. 2.6). Auch dieses Modell war aus Styropor gefertigt und zeigt die beiden Untereinheiten, die eine über der anderen, mit deutlich asymmetrischen, aber sehr weichen Konturen – ein Ergebnis des Bildfilterungsprozesses, auf dem das Modell beruhte.

Damit sind die beiden Hauptparameter benannt, die der Konstruktion dieser Strukturmodelle zugrunde lagen: Es sind einerseits die äußere Gestalt im dreidimensionalen Raum und andererseits die interne Artikulation und Positionierung von Dutzenden makromolekularer Komponenten gegeneinander – eine nur kollektiv und über einen längeren Zeitraum zu bewältigende Aufgabe, bei insgesamt beinahe 60 verschiedenen Bestandteilen. Parallel zur Analyse der Quaternärstruktur wurde aber auch an Modellen der dreidimensionalen Struktur der einzelnen Komponenten, insbesondere der beiden großen RNA-Komponenten, gearbeitet, denn jede von ihnen besitzt selbst eine komplexe Konfiguration im Raum. Zur

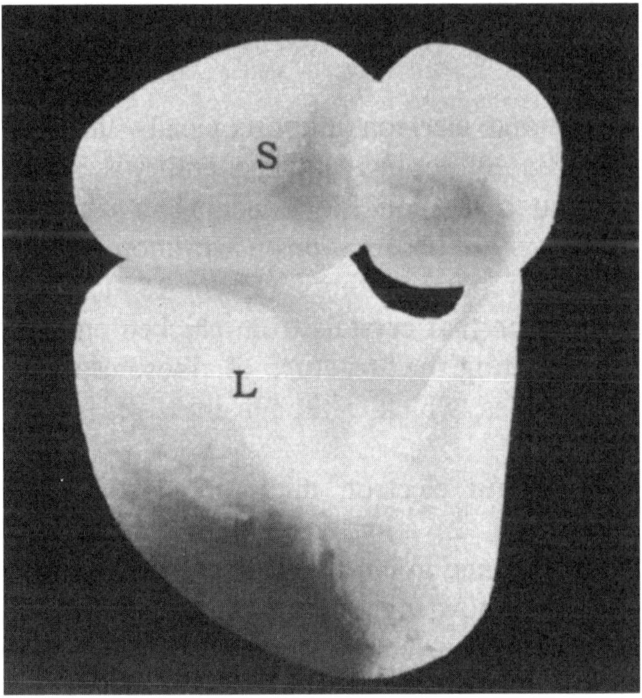

Abbildung 2.6: Aus Elektronenmikrographien gewonnenes Strukturmodell des Ribosoms.

Quelle: James A. Lake u. a., »Ribosome structure as studied by electron microscopy«, in: Masayasu Nomura u. a. (Hg.), *Ribosomes*, New York 1974, S. 543-557, Abb. 1 (S. 544).

Modellbildung wurden Daten über die verfügbaren Primärsequenzen zusammen mit den Faltungsregeln und die Nachbarschaftsanalysen ihrer Bausteine herangezogen, denn einzelne Bausteine, die in der Primärsequenz weit voneinander entfernt sind, können in den räumlich gefalteten Proteinen oder Nukleinsäuren nahe beieinanderliegen. Die für diese Nachbarschaftsanalysen verwendeten

Methoden waren denen ähnlich, die man auch für die Artikulation zwischen den makromolekularen Komponenten verwendete. Diese Modelle sollen hier jedoch ausgeblendet bleiben, da sich aus ihnen keine grundsätzlich neuen Aspekte für die Modelldiskussion ergeben. Es wird aber aus dieser Liste klar, was es angesichts einer solchen Proliferation von Daten – über Tausende von Protein- und Nukleinsäurebausteinen – bedeutet, Synopsen bzw. Datenkondensationen in der Form von Modellen vorzunehmen.

Von Anfang an wurden Funktionsmodelle der Art, wie ich sie im vorangehenden Abschnitt dieses Kapitels vorgestellt habe, auch mit den Strukturmodellen in Verbindung gebracht. Dabei ging es darum, einzelne Funktionszustände eiweißsynthetisierender Ribosomen auf einzelne Komponenten und Regionen der Untereinheiten – die sogenannten funktionellen Zentren – zu beziehen, einschließlich der korrespondierenden Positionen von Boten- und Transfer-RNA an der Schnittstelle zwischen den beiden ribosomalen Hälften (Abb. 2.7). Am hier vorliegenden Beispiel kann exemplarisch nachvollzogen werden, dass in einem artikulierten Forschungsfeld, in dem ganze Batterien von Forschungsmethoden verteilt auf ebenso viele Arbeitsgruppen zur Anwendung gelangen, die beteiligten Mitglieder einer *scientific community* beginnen, vermittels ihrer Modelle miteinander zu kommunizieren. Das bedeutet zum einen, dass zumindest ein Teil der Kommunikation in einer solchen weitläufigen Gemeinschaft gar nicht mehr entlang der Ausgangsspuren oder auch der Datensammlungen nahe am Experiment verläuft, sondern bereits vermittelt auf der Ebene der Synopse.

Zum anderen hat dies zur Konsequenz, dass es nicht nur zwischen Modellen und der zu ihnen führenden experimentellen Produktion von Daten ein zyklisches Feedback gibt, sondern auch ein Feedback zweiter Ordnung *zwischen Modellen*, die sich auf ein epistemisches Objekt beziehen, aber auf verschiedenen Sets von Daten beruhen, die entweder die gleichen oder auch verschiedene Aspekte des epistemischen Gegenstandes beleuchten. Eine derartige Konfrontation von Modellen untereinander kann wiederum, sofern sie Anlass zur Identifizierung von Inkongruenzen gibt, zu einer gegenseitigen Anpassung der Modelle und zu einer Produktion neuer experimenteller Daten führen. Es geht hier nicht mehr um die Beziehung einer Repräsentation zu einem unterstellten Phänomen,

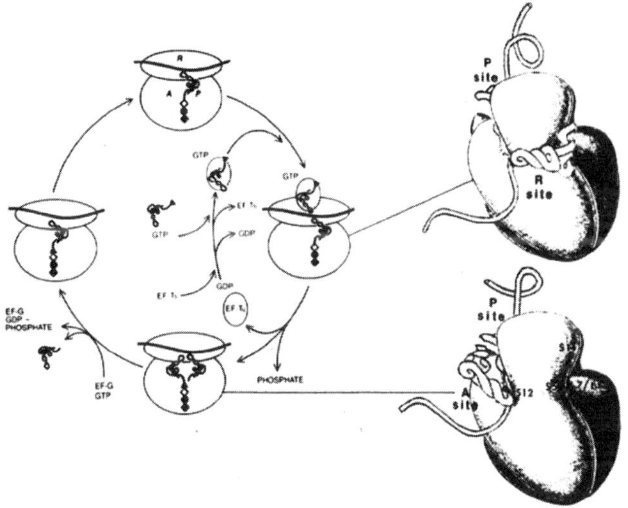

Abbildung 2.7: Beziehung eines ribosomalen Strukturmodells auf ein Funktionsmodell.

Quelle: Melanie Oakes u. a., »Ribosome structure, function, and evolution: Mapping ribosomal RNA, proteins, and functional sites in three dimensions«, in: Boyd Hardesty, Gisela Kramer (Hg.), *Structure, Function, and Genetics of Ribosomes*, New York 1986, S. 47-67, Abb. 3.10 (S. 57).

bei der man nach der *Bedeutung* des Modells fragt, das auf die zugrunde liegende Erscheinung verweist, sondern um eine Beziehung zwischen verschiedenen Repräsentationen – um einen Raum zweiter Ordnung also, in dem, um eine Unterscheidung von Gottlob Frege aufzugreifen, etwas eher *Sinn* ergibt oder nicht.[29] Oder um es mit den Worten Richard Levins' zu sagen: Wir haben es

29 Gottlob Frege, »Über Sinn und Bedeutung«, in: ders., *Funktion, Begriff, Bedeutung. Fünf logische Studien*, hg. v. Günther Patzig, Göttingen 1962, S. 38-63.

mit einem Versuch zu tun, das gleiche Problem mit verschiedenen alternativen Modellen zu behandeln, die alle verschiedene Vereinfachungen beinhalten, aber von einer gemeinsamen biologischen Grundannahme ausgehen. Wenn diese Modelle dann trotz ihrer unterschiedlichen Voraussetzungen zu vergleichbaren Ergebnissen führen, haben wir es mit etwas zu tun, das wir als robustes Theorem bezeichnen können. [...] Unsere Wahrheit liegt also an der Schnittstelle voneinander unabhängiger Lügen.[30]

Die Funktion eines Modells in der wissenschaftlichen Forschung ist demnach nicht allein und wohl nicht einmal vorrangig Repräsentation: Das Modell ist auch und insbesondere ein Werkzeug der weiteren Erkenntnisproduktion. Es fungiert als temporäre Reifizierung eines epistemischen Dings, das Gegenstand der Untersuchung ist. Die Betonung liegt hier auf *temporär*. Denn Reifizierung bedeutet immer auch Restriktion, Abstraktion, Simplifizierung. Modelle zeigen nicht nur, sie lassen auch weg. Die epistemische Gefahr eines Modells besteht darin, seinen Partialcharakter vergessen zu lassen – und damit auch seine Parteilichkeit. Die Vervielfachung von Modellen ist eines der möglichen epistemischen Heilmittel für diese Beschränkung. Georges Canguilhems Bemerkungen über die grundsätzliche Defizienz von Modellen und die damit verbundene Gefahr in der Forschung zielen genau in diese Richtung, wenn er bemerkt, dass die Funktion des Modells »darin besteht, einem anderen Objekt einen Mechanismus zu unterstellen« und dabei gleichzeitig darauf zu verzichten, »als der ultimative Kanon zu gelten«.[31] In ihrer ganzen Daseinsweise verkörpern Modelle demnach Vorläufigkeit.

Computergraphische Modelle

In den späten 1970er Jahren tauchte in der Forschungsliteratur zur Proteinbiosynthese der überraschende Befund auf, dass die Ribosomen am endoplasmatischen Retikulum von Eizellen der überwinternden süditalienischen Eidechse *Lacerta sicula* flächige, kristalline Strukturen ausbilden.[32] Das gab Anlass zu der Vermutung, dass dies

30 Levins, »Strategy of model building«, S. 423.

31 Georges Canguilhem, »Modèles et analogies dans la découverte en biologie«, in: ders., *Etudes d'histoire et de philosophie des sciences*, Paris 1968, S. 305-318, hier S. 313.

32 Vgl. P. Nigel T. Unwin, C. Taddei, »Packing of ribosomes in crystals from the lizard Lacerta sicula«, in: *Journal of Molecular Biology* 114 (1977), S. 491-506.

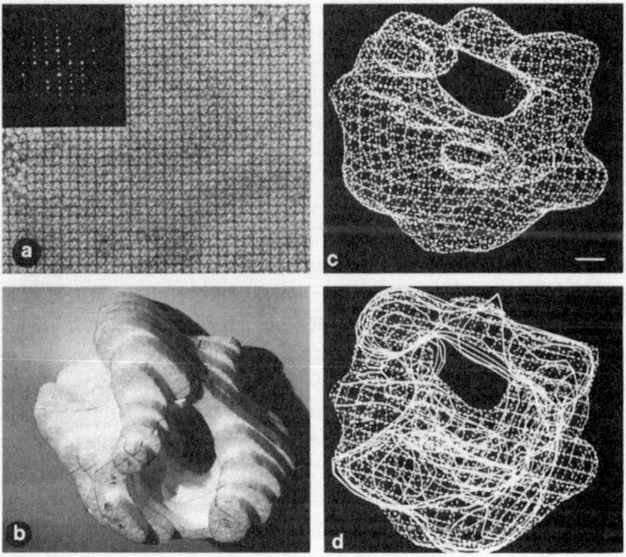

Abb. 2.8: Kristallographie und Bildrekonstruktion von Ribosomen.

Quelle: Ada Yonath u. a., »Crystallography and image recontructions of ribosomes«, in: Walter E. Hill u. a. (Hg.), *The Ribosome. Structure, Function, and Evolution*, Washington 1990, S. 134-147, Abb. 5 (S. 142).

auch *in vitro* möglich sein müsste. Dementsprechend wurden seit dem Beginn der 1980er Jahre Versuche unternommen, Ribosomen *in vitro* zu kristallisieren, damit den Weg für eine Strukturanalyse durch Röntgendiffraktion freizumachen und folglich den Vorstoß in atomare Dimensionen zu ermöglichen, der bis dahin undenkbar erschienen war. Anfänglich sahen die Bemühungen nicht sehr vielversprechend aus, und in der Gemeinschaft der Ribosomen- und Proteinsyntheseforschenden war die Meinung verbreitet, dies als verlorene Mühe anzusehen und besser auf andere, grobmaschigere Methoden wie etwa die Neutronen- oder Kleinwinkelstreuung zu setzen. Wie die damals existierenden Strukturmodelle zeigten, waren die Partikel hoch asymmetrisch, und die Anzahl ihrer Atome ging in die Hunderttausende. Die grundsätzliche Frage war, ob man diese Partikel überhaupt in eine kristalline Form bringen konnte, die für eine Röntgenstrukturanalyse geeignet war. Zunächst erhielt man immerhin zweidimensionale parakristalline Anordnungen, deren Diffraktionsmuster ausgewertet und mit Hilfe computergraphischer Verfahren auf ein physikalisches Modell projiziert werden konnten (Abb. 2.8).

Diese Abbildung stammt aus einem zusammenfassenden Bericht aus dem Jahre 1990, also ein Jahrzehnt nach dem Beginn der ersten Kristallisierungsexperimente. Es sollte ein weiteres Jahrzehnt dauern, bis genügend große und reguläre dreidimensionale Kristalle von ribosomalen Untereinheiten gewonnen werden konnten, deren Analyse wiederum aus Diffraktionsmustern abgeleitete Daten für Modelle mit einer Auflösung etwa in der Größenordnung von zehn Ångström lieferten. Mittlerweile waren es drei Gruppen, die weltweit um eine immer höhere Auflösung wetteiferten. Neben Ada Yonath und Heinz-Günter Wittmann (Rehovot/Berlin/Hamburg) waren es zusätzlich die Gruppe von Venkatraman Ramakrishnan (Salt Lake City) und die von Thomas Steitz (New Haven), die sich dem Rennen angeschlossen hatten. Die folgenden Abbildungen aus deren Arbeiten zeigen die Breite der Möglichkeiten von computergraphischen, mehr oder weniger atomaren Darstellungen, die im Verlauf zweier Jahrzehnte entwickelt worden waren. Abbildung 2.9 ist eine Stereodarstellung der kleinen ribosomalen Untereinheit mit einer Auflösung von 5.5 Ångström, auf welcher die Ribonukleinsäure und die Proteine in der Standardform ihrer Sekundärstruktur gezeigt werden – Doppelhelixbereiche für die RNA, Alpha-Helices und Beta-Faltblätter für die Proteine. Abbildung 2.10 zeigt eine kompakte Oberflächenrepräsentation der großen Untereinheit, die auf Strukturdaten mit einer Auflösung von 5 bis 9 Ångström beruht. Auf ausgewählte Proteine und die Bindungsstellen für Elongationsfaktoren wird durch die entsprechenden Abkürzungen hingewiesen. Abbildung 2.11 schließlich zeigt ein Elektronendichtemodell der kleinen ribosomalen Untereinheit auf der Basis einer Strukturauflösung von 7 bis 12 Ångström. Am unteren Rand der Abbildung wird es mit einem aus elektronenoptischen Daten gewonnenen, also auf einer anderen, unabhängigen Forschungstechnologie beruhenden Modell verglichen.

Dieses letzte Bild reflektiert die Praxis, auf verschiedene Daten-

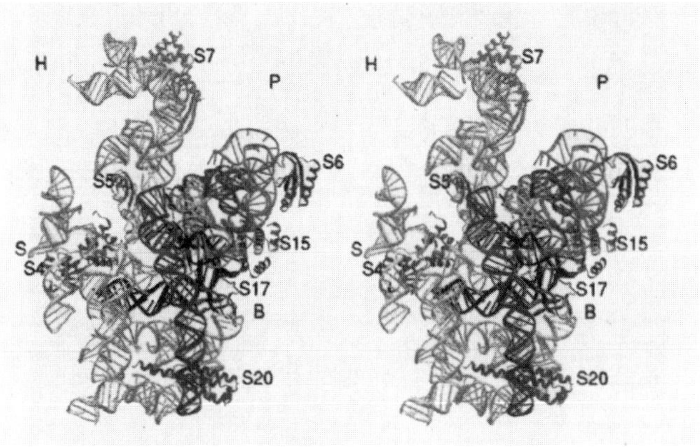

Abbildung 2.9: Aus Röntgenstrukturdaten gewonnene Stereosicht einer kleinen bakteriellen ribosomalen Untereinheit.

Quelle: Venkatraman Ramakrishnan u. a., »Progress toward the crystal structure of a bacterial 30S ribosomal subunit«, in: Roger Garrett u. a. (Hg.), *The Ribosome. Structure, Function, Antibiotics, and Cellular Interactions*, Washington 2000, S. 3-9, Abb. 6 (S. 7)

sets zurückgehende Modelle miteinander zu vergleichen, die sich aus alternativen Technologien der Sichtbarmachung ergeben. Dieses bereits beschriebene Verfahren zeigt hier erneut sein wissenstreibendes Potential. Da die verschiedenen Forschungstechniken unterschiedliche Präparationsverfahren für die Proben erfordern, um eine geeignete, Spuren generierende Schnittstelle zwischen dem Instrument und dem Untersuchungsobjekt zu schaffen, greifen sie alle in der einen oder anderen Weise in die Konfiguration der Partikel ein, die man als nativ bezeichnet und von der man annimmt, dass sie in der Zelle vorliegt. Native und unangetastete Partikel kann man aber weder sehen noch sichtbar machen, und so ist die Manipulation ihrer Gestalt unerlässlich und die permanente Triangulation zwischen den Ergebnissen solcher Manipulation die einzige Möglichkeit, ein robustes Bild der Partikel auf indirektem Weg zu erlangen. Im Raum solcher Triangulationen treffen not-

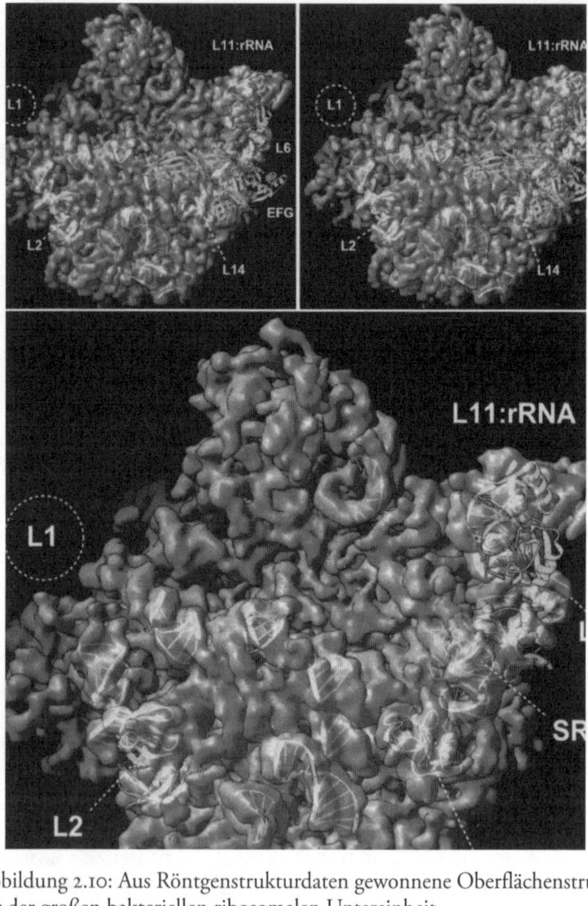

Abbildung 2.10: Aus Röntgenstrukturdaten gewonnene Oberflächenstruktur der großen bakteriellen ribosomalen Untereinheit.

Quelle: Nenad Ban u. a., »Crystal structure of the large ribosomal subunit at 5-Ångstrom Resolution«, in: Roger Garrett u. a. (Hg.), *The Ribosome. Structure, Function, Antibiotics, and Cellular Interactions*, Washington 2000, S. 11-20, Abb. 2 (S. 15).

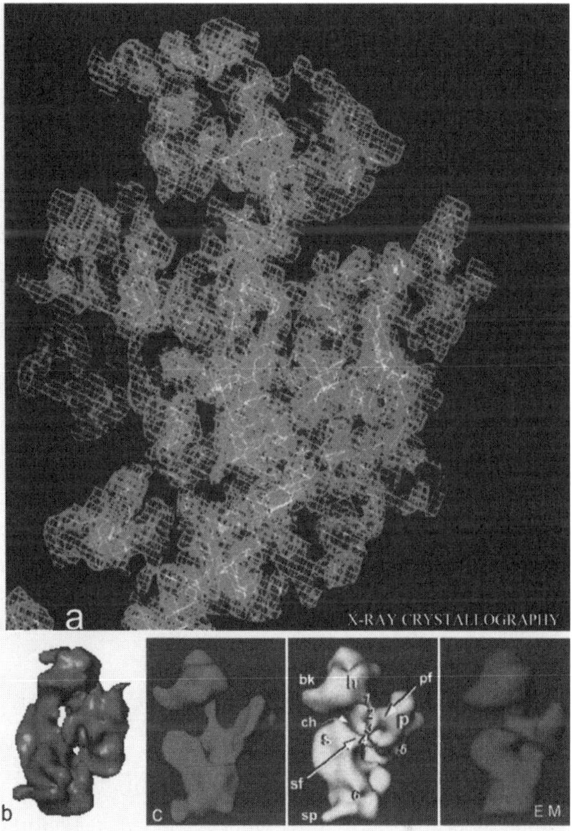

Abbildung 2.11: Aus Röntgenstrukturdaten gewonnene Elektronendichtekarte der kleinen bakteriellen ribosomalen Untereinheit.

Quelle: Anat Bashan u. a., »Identification of selected ribosomal compounds in crystallographic maps of procaryotic ribosomal subunits at medium resolution«, in: Roger Garrett u. a. (Hg.), *The Ribosome. Structure, Function, Antibiotics, and Cellular Interactions*, Washington 2000, S. 21-33, Abb. 1 (S. 23).

wendigerweise unterschiedliche Modelle aufeinander, und es arbeiten sich die Repräsentationen aneinander ab.

Die Ressourcen für computergraphisches Modellieren sind, wie allein schon diese wenigen Bilder zeigen, außerordentlich vielfältig und vielgestaltig. Die Darstellungskonventionen für die Sekundärstruktur von Nukleinsäuren und Proteinen, die lange vor der Zeit der Computermodellierung etabliert waren, wurden wie auch andere Charakteristika klassischen dreidimensionalen molekularen Modellierens – etwa die Kalotten- und Stäbchenmodelle der Chemie – Bestandteil ihres Repertoires. Einer der wohl innovativsten Aspekte dieser Art computergraphischer Modellierung kann jedoch nicht mehr in der Form eines traditionellen, statischen Modells präsentiert werden: Es ist die freie Beweglichkeit von Computermodellen als Ganze einschließlich ihrer Teile im Raum. Diese zusätzliche Option bietet nicht nur neue Möglichkeiten, atomare Passungen zu testen, sondern erlaubt es auch, Funktionszustände und ihre Abfolge in der Zeit darzustellen. Computermodelle dieser Art können aber nicht besser als die experimentell erzeugten Daten sein, auf deren Basis sie erstellt werden. Gefragt nach der Rolle des Computers für ihre Strukturuntersuchungen, gab Ada Yonath mir einmal zur Antwort: »Vergiss es, es ist alles Chemie.«[33] Mit anderen Worten: Man sollte die Rolle von Computermodellen nicht überschätzen.

Simulationen

An dieser Stelle sei noch ein kurzer Exkurs zum Begriff der Computersimulation angefügt. Simulationen in dem präzisen Sinn, dass Computerbilder nicht nur auf computergesteuerten Algorithmen beruhen, sondern auch mit Daten arbeiten, die rechnergeneriert sind, stellen eine Form von Epistemologica dar, die sich von dem hier betrachteten Modellbegriff qualitativ unterscheidet. Sie gehören in die Kategorie der eingangs erwähnten und hier ausgesparten Modelle *für*. Wie Jean Baudrillard das einmal treffend formuliert hat, sind Simulationen charakterisiert durch eine »Präzession«, also

33 »Forget it, it's all chemistry.« Gespräch anlässlich der Tagung zum 50-jährigen Bestehen des Max-Planck-Instituts für Molekulare Genetik in Berlin im Dezember 2014.

eine Vorgängigkeit des Modells.[34] Ich habe mich hier mit Modellen in den empirischen Wissenschaften beschäftigt, die sich, abgesehen davon, dass sie immer von einem Medienwechsel begleitet sind, aus zu Daten transformierten experimentellen Spuren speisen. Simulationen können aber mit eigengenerierten Daten operieren und damit Herkünfte und Zukünfte vorstellen, die dem Realexperiment verschlossen bleiben – virtuelle Zeit im virtuellen Raum.

Simulationen in diesem Sinn gab es natürlich auch im Zeitalter vor dem Computer, jedoch hatten diese einen sehr begrenzten Manipulationsradius. Computerimplementiert eröffnen sie einen zusätzlichen Experimentalraum, in dem Modelle selbst in einem Ausmaß zum Gegenstand der Forschung werden können, das aufgrund der Verwendung virtuell erzeugter Daten die Arbeit an und mit klassischen Modellen bei weitem übersteigt.[35] Ob die in diesem Raum konfigurierten technischen und epistemischen Elemente als eine alternative Art von Experimentalsystem angesehen werden können – *In-silico*-Systeme oder »Simulationssysteme«, wie Margaret Morrison oder »Modellierungsexperimente«, wie Evelyn Fox Keller sie nennt[36] – oder ob sie im Grunde nur die technischen Bedingungen »nassen« Experimentierens erweitern, ist eine Frage, die auf der Basis des hier diskutierten Materials zwar gestellt, aber nicht beantwortet werden kann. Franck Varenne ist jedenfalls der Meinung, dass die »*integrative software-basierte Computersimulation*«, wie sie sich seit den 1970er Jahren entwickelte, qualitativ über die rechnergestützte Implementierung formaler Modelle hinausgeht und damit nicht nur die Tradition des Umgangs mit formalen Modellen – also Modellen *für* – mit erweiterten Mitteln fortsetzt, wie sie sich seit Beginn des 20. Jahrhunderts entwickelte, und sie auf eine neue Stufe hebt, sondern »Experimente mit Simulation« oder »virtuelle Experimente« ermöglicht,[37] die als solche sogar noch »dem Modell vorgängig sind«.[38] Das wäre dann eine Vorgängigkeit zweiter Ordnung. Wir hätten es demnach mit Experimental-

34 Jean Baudrillard, *Simulations*, New York 1983, S. 31-32.

35 Gramelsberger, *Computerexperimente*.

36 Morrison, *Reconstructing Reality*, S. 218; Evelyn Fox Keller, »Models, simulations, and computer experiments«, in: Hans Radder (Hg.), *The Philosophy of Scientific Experimentation*, Pittsburgh 2003, S. 198-215, hier S. 205.

37 Varenne, *From Models to Simulations*, S. 9.

38 Ebd., S. 10.

systemen im virtuellen Raum zu tun, die es ihrerseits nicht nur erlauben, Modelle zu manipulieren, sondern sie zu erzeugen und zu gestalten.

Wir kennen die Präzession des Modells in ihren materiellen, analogen Gestalten aus anderen Bereichen der Kultur, aus denen sie uns sehr vertraut sind: der Kunst und der Architektur. Hier ist das Verhältnis von Modell und Modelliertem immer schon invertiert, wenn auch in für jeden dieser Bereiche jeweils charakteristischen Formen. Was die Präzession von Modellen nun auch in den Wissenschaften insbesondere für das Verhältnis der Wissenschaften zu den Künsten bedeutet, kann hier nur als Desiderat einer künftigen Diskussion formuliert werden.

3. Sichtbarmachen

Dieses Kapitel beschäftigt sich mit der Geste des Sichtbarmachens im Zusammenhang mit dem Experiment. Visualisierungen waren bereits in den ersten beiden Kapiteln zwar eher beiläufig, doch ständig präsent. Hier sollen sie nun in den Mittelpunkt der Überlegungen gestellt werden.[1] Es ist gewiss nicht zu weit hergeholt, wenn man behauptet, dass das Sichtbarmachen von Dingen, die sich dem Betrachter nicht von alleine zeigen, die also nicht unmittelbar evident sind und vor Augen liegen, zum Grundriss und Grundgestus der modernen Wissenschaften überhaupt gehört. Visualisieren – im deutschen Ausdruck des Sichtbarmachens ist das Machen direkt und prominent angesprochen – ist immer schon mit mannigfachen Formen des Eingreifens in das Darzustellende und der Manipulation seiner Bestandteile verbunden. Ebendeshalb hat sich in der wissenschaftlichen Erkenntnisproduktion der Neuzeit historisch eine so enge Verbindung zwischen dem Wissen und den Wissenstechniken herausgebildet. Man kann in diesem Sinn – der Werkzeuggebundenheit des wissenschaftlichen Wissens – von einer grundsätzlichen technologischen Verfasstheit der naturwissenschaftlichen Erkenntnisproduktion sprechen. Es gibt also im Innersten der naturwissenschaftlichen Formen des Wissensgewinns so etwas wie ein technisches Momentum. Wie im ersten Kapitel beschrieben, manifestiert es sich im instrumentellen Zugriff zunächst als wahrnehmbare, registrierbare Spur, die der Eingriff hinterlässt und die zum Ausgangspunkt des Sichtbarmachens wird.

1 Die Literatur zur Visualisierung in den Wissenschaften ist umfangreich. Vgl. einführend Michael Lynch, Steve Woolgar (Hg.), *Representation in Scientific Practice*, Cambridge/MA 1990, sowie Catelijne Coopmans u. a. (Hg.), *Representation in Scientific Practice Revisited*, Cambridge/MA 2013. Dazu auch Michael Lynch, »The production of scientific images: Vision and re-vision in the history, philosophy, and sociology of science«, in: *Communication & Cognition* 31 (1998), S. 213-228; Norton Wise, »Making visible«, in: *Isis* 97 (2006), S. 75-82; Klaus Sachs-Hombach (Hg.), *Bildtheorien. Anthropologische und kulturelle Grundlagen des Visualistic Turn*, Frankfurt/M. 2009. Einen Überblick über neuere Literatur geben Regula Valérie Burri, Joseph Dumit, »Social studies of scientific imaging and visualization«, in: Edward J. Hackett u. a., *The Handbook of Science and Technology Studies*, Cambridge/MA 2008, S. 297-317.

An den Begriff der Spur und den mit ihr verbundenen Graphismus gilt es hier anzuknüpfen. Die Spur ist eine Form der Manifestation, die, wie gezeigt, sowohl von der Nähe zum bearbeiteten Material als auch von der Nähe zum Werkzeug lebt, dessen Einwirkung sie sich verdankt. Sie ist also noch diesseits aller Bildkritik und Schriftkritik angesiedelt. Von dieser Vorgängigkeit her lässt sich am besten verstehen, was in den materiellen Transformationsvorgängen des Experiments epistemisch vor sich geht – und was mit ihnen auf dem Spiel steht. Das bedeutet zugleich, die Reflexion von der technischen Verfasstheit Spuren erzeugender Erkenntnisumgebungen her zu organisieren. Genau diese Vermitteltheit und damit die Sicht auf das, was sich in dem Raum *zwischen* dem Erkennenden und dem Erkenntnisgegenstand abspielt – eben die mannigfachen Formen des Versuchs –, ist jedoch bis heute – trotz der sogenannten Praxiswende in der Wissenschaftsforschung – epistemologisch unterbelichtet geblieben. Ausgerechnet der sonst eigentlich immer für das Schauen bemühte und angeführte Johann Wolfgang von Goethe war einer der Ersten, die bereits am Ausgang des 18. Jahrhunderts mit aller Klarheit auf diese Mitte und Vermittlung hindeuteten, auf den »Apparat«, den es unter »bestimmten Bedingungen« und mit »erforderlicher Geschicklichkeit« zu handhaben gelte.[2] Diese Einsicht war die Frucht seiner Auseinandersetzung mit Newtons Farbenlehre.[3] Anders als die meisten seiner Zeitgenossen[4] weigerte sich Goethe, diese Vermitteltheit der Erkenntnis im Ergebnis verschwinden zu lassen und sie damit in der vermeintlichen Transparenz des Durchblicks auf die Objekte, die sie gewährt, auszulöschen.

In diesem Kapitel sollen exemplarisch einige Verfahren der Sichtbarmachung durchgegangen werden. Es geht nun also nicht wie im letzten Kapitel um Modelle als besondere Formen der Reifizierung epistemischer Dinge, sondern um die Verfahren des Dar-

2 Johann Wolfgang von Goethe, »Der Versuch als Vermittler von Objekt und Subjekt«, in: ders., *Gedenkausgabe der Werke, Briefe und Gespräche*, Band 16, Zürich 1949, S. 844-855, hier S. 848.

3 Vgl. dazu Friedrich Steinle, »Das Nächste ans Nächste reihen. Goethe, Newton und das Experiment«, in: *Philosophia naturalis. Archiv für Naturphilosophie und die philosophischen Grenzgebiete der exakten Wissenschaften und Wissenschaftsgeschichte* 39 (2002), S. 141-172.

4 Vgl. dazu Christoph Hoffmann, *Unter Beobachtung. Naturforschung in der Zeit der Sinnesapparate*, Göttingen 2006.

stellens selbst, die den Modellen – ebenso wie den Präparaten – zugrunde liegen und derer sich beide bedienen. Zum einen handelt es sich um die bereits im ersten Kapitel kurz angesprochenen Verfahren der räumlichen und zeitlichen Kompression und Dilatation. Man kann sie am besten unter dem Begriff der Konfigurierung zusammenfassen. Sodann geht es zweitens um Verfahren der Verstärkung oder des *enhancement*. Schließlich werden drittens Verfahren der Schematisierung thematisiert. Damit ist zugleich zumindest so etwas wie die Andeutung einer Typologie wissenschaftlicher Sichtbarmachung geschaffen.

Alle Beispiele von Formen der Visualisierung, die ich im Text näher beschreibe, sind dem Umkreis von fünf Experimentaltechniken entnommen, die für die Entstehung der molekularen Biowissenschaften um die Mitte des 20. Jahrhunderts von entscheidender Bedeutung waren und meist in Kombination miteinander zum Einsatz kamen. Es handelt sich zum einen um die in den ersten beiden Kapiteln bereits ausführlicher zur Sprache gebrachte Verwendung radioaktiver Isotope, mit deren Hilfe sowohl Stoffwechselvorgänge wie auch Zell- und Gewebestrukturen sowie Makromoleküle sichtbar gemacht werden können. Das physikalische Prinzip hinter dieser Technik der Sichtbarmachung besteht darin, dass unbeständige Isotope von Atomen wie Kohlenstoff, Wasserstoff, Schwefel oder Phosphor in Biomoleküle eingebaut und die Signale, die ihr Zerfall auslöst, mit geeigneten Messinstrumenten registriert werden. Zum Zweiten ist es die Technik der Ultrazentrifugation, die es erlaubt, verschiedene makromolekulare Zellkomponenten räumlich isoliert voneinander zur Darstellung zu bringen. Das schafft nicht nur die Möglichkeit, sie separat zu analysieren, sondern auch, die zytoplasmatischen Bestandteile im Experiment unter kontrollierten Bedingungen zur Wechselwirkung zu bringen. Drittens sind es Techniken der Chromatographie, mit denen die Auftrennung von Molekülen gelingt, die nur in verschwindend geringen Mengen vorliegen und damit durch das Raster der klassischen chemischen Analytik fallen. Viertens ist es die Technik der ebenfalls bereits kurz angesprochenen Elektronenmikroskopie, mit deren Hilfe zelluläre Ultrastrukturen bis in den Nanobereich sichtbar gemacht werden können. Schließlich ist es fünftens die sogenannte Plaque-Technik, ein molekulargenetisches Verfahren, mit dem Bakterienviren (und ihre Mutanten) sichtbar gemacht werden können. Alle in den nächsten beiden Abschnitten angeführten Beispiele sind der historischen Originalliteratur entnommen und gaben zu ihrer Zeit zu Beobachtungen und Befunden Anlass, die neue Einblicke in Molekularstrukturen ermöglichten, die sich den bis dahin zum Einsatz kommenden Techniken der Sichtbarmachung entzogen hatten.

Konfigurierung – Kompression und Dilatation

Ob es sich um die experimentelle Sichtbarmachung von Strukturen im Raum oder um die Visualisierung von Prozessen in der Zeit handelt, immer ist dabei entweder eine Kompression oder eine Dilatation im Spiel. Es ist keineswegs eine Übertreibung, wenn man behauptet, dass die Kunst des wissenschaftlichen Experimentierens wesentlich darin besteht, sich solche Zusammenziehungen und Ausweitungen, Verlangsamungen oder Beschleunigungen auszudenken und die hierfür nötigen Mittel zu erzeugen, um damit die untersuchten Phänomene in den Bereich des Sichtbaren zu bringen. Das kann sowohl im Spurenraum als auch im Datenraum geschehen. Kleine Strukturen müssen aufgebläht, große müssen zusammengepresst werden. Zu schnelle Vorgänge müssen gebremst, zu langsame Abläufe müssen beschleunigt werden.

Beginnen wir mit der *Spreitung*. Eine der typischen Formen einer Dilatation von *Strukturen* ist die optische Vergrößerung. Abbildung 3.1 zeigt eine elektronenoptische Vergrößerung eines Präparates des Zellplasmas von Pankreaszellen einer Ratte. George Palade, der diesen 73 000-fach vergrößerten Schnitt durch die Zelle 1955 veröffentlichte, gilt als der Entdecker jener zytoplasmatischen Strukturen, die unter dem Namen des endoplasmatischen Retikulums bekannt wurden. Dieses Membransystem eukaryotischer Zellen war bis dahin in den Präparaten der lichtmikroskopisch betriebenen Histologie unsichtbar geblieben. Das ließ diese Publikation damals als spektakulär erscheinen. Man sieht auch, dass die Begrenzungen dieser Zellstrukturen mit kleinen, dunklen und damit elektronendichten Partikeln besetzt sind, die man um ebendiese Zeit als Mikrosomen mit der zellulären Herstellung von Eiweißen in Verbindung brachte. Ihre Sichtbarmachung als Zellbestandteile gelang auf diese Weise erstmals. Deren weiter aufgelöste Darstel-

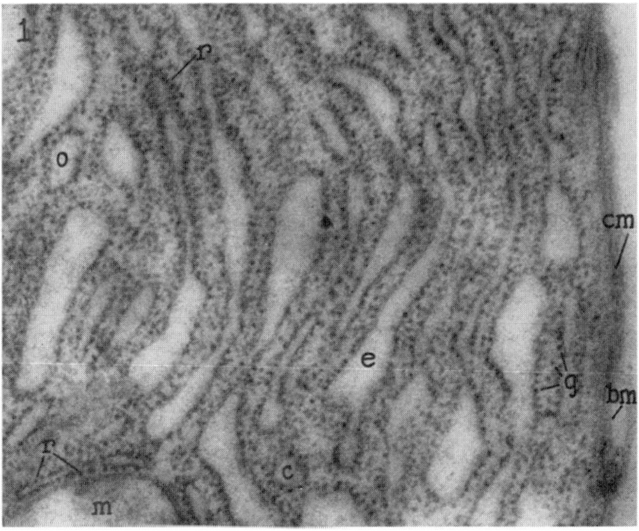

Abbildung 3.1: Elektronenmikrographie eines Zytoplasma-Ausschnitts einer Pankreaszelle der Ratte mit Zellmembran und endoplasmatischem Retikulum.

Quelle: George E. Palade, »A small particulate component of the cytoplasm«, in: *Journal of Biophysical and Biochemical Cytology* 1 (1955), S. 59-68, Abb. 1.

lung durch Modelle im Verlauf der Forschung der nächsten zwei Jahrzehnte habe ich im vorangehenden Kapitel bereits eingehender besprochen.

Eine der typischen Formen einer *Kompression* von *Strukturdaten* ist die Karte.[5] Natürlich denkt man dabei zunächst an geologische Karten mit ihren teils extremen maßstäblichen Verkleinerungen. Aber auch andere Strukturen, einschließlich molekularer, sind der Kartierung zugänglich, wenn auch nicht in der typischen Form der Verkleinerung, denn Molekulares wörtlich genommen noch einmal zu verkleinern, ergäbe nicht viel Sinn. So zeigt sich, dass die räum-

5 Rasmus Grønfeldt Winther, *When Maps Become the World*, Chicago 2020.

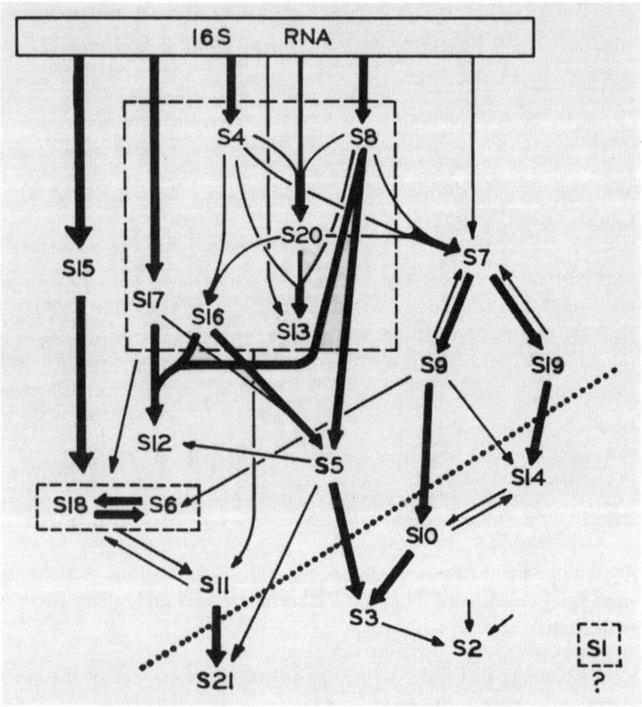

Abbildung 3.2: Assoziationskarte der kleinen ribosomalen Untereinheit von *Escherichia coli.*

Quelle: Masayasu Nomura, William A. Held, »Reconstitution of ribosomes: Studies of ribosome structure, function and assembly«, in: Masayasu Nomura u. a. (Hg.), *Ribosomes,* New York 1974, S. 193-223, Abb. 1.

liche Reduktion nur einen Spezialfall von Kompression darstellt. Im vorliegenden Fall haben wir es mit einer Kondensation durch Überlagerung von Dutzenden von experimentellen Einzelvorgängen und der dabei gewonnenen Daten, also mit einer Verdichtung im Datenraum zu tun. Das hier gezeigte Beispiel (Abb. 3.2) ist die Aufbaukarte – *assembly map* genannt – der uns bereits aus Kapitel 2 vertrauten kleinen Untereinheit des Bakterienribosoms. Die Karte zeigt, über welche sukzessiven Bindungsvorgänge dieser Aufbau – soweit er im Reagenzglas verfolgt werden kann – verläuft. Masayasu Nomura war es zu Beginn der 1970er Jahre gelungen, diese Zellorganelle in ihre Nukleinsäure- und Proteinkomponenten zu zerlegen und sie dann in einem als Rekonstitution bezeichneten Vorgang wieder zu funktionsfähigen Partikeln zusammenzusetzen. Gleichzeitig bestimmte er in Hunderten von Bindungsversuchen, welche der 21 Proteine sich jeweils mit welchen anderen in diesem Vorgang assoziierten. Die Karte repräsentiert also nicht nur strukturelle Verbindungen zwischen den Komponenten, sondern darüber hinaus verweist sie auch auf die zeitliche Dynamik des molekularen Aufbauvorgangs. Diesen einzelnen Bestimmungen lagen ihrerseits Ultrazentrifugation und Chromatographie zur Isolierung und Darstellung von Komponenten und Komponentenkomplexen der Zellorganelle zugrunde. Die Genkarten der klassischen und der molekularen Genetik sind weitere, klassische Beispiele für eine Kompression von Strukturdaten.[6]

Eine typische Möglichkeit sowohl für die Kompression wie auch Dilatation von *Prozessdaten*, also von zeitlichen Vorgängen, ist die Kurve. In der Physiologie hat sie seit dem 19. Jahrhundert geradezu Emblemcharakter. Exemplarisch heißt es dazu schon bei dem Physiologen Emil Du Bois-Reymond 1848: »Die Abhängigkeit der Wirkung von einem jeden Umstande stellt sich unter dem Bilde einer Kurve dar, deren Abszissen die Größe des willkürlich veränderten Umstandes, deren Ordinaten die der beobachteten Wirkung bedeuten.«[7] Auch in einem Kurvenverlauf können ganze Serien von Messungen einer oder mehrerer Variablen zur Synopse gebracht werden. Auf diese Weise lassen sich Muster von Verläufen erkennen, sei es von Verteilungen oder Konzentrationen einer Substanz im Raum, beispielsweise eines Moleküls in einem Gradi-

6 Zur Geschichte der Kartierung in der Genetik vgl. Hans-Jörg Rheinberger, Jean-Paul Gaudillière (Hg.), *The Mapping Cultures of Twentieth Century Genetics*, Bd. I, *Classical Genetic Research and Its Legacy*, sowie Jean-Paul Gaudillière, Hans-Jörg Rheinberger (Hg.), *The Mapping Cultures of Twentieth Century Genetics*, Bd. II, *From Molecular Genetics to Genomics*, London 2004.

7 Emil Du Bois-Reymond, »Über die Lebenskraft. Aus der Vorrede zu den Untersuchungen über tierische Elektrizität (1848)«, in: ders., *Vorträge über Philosophie und Gesellschaft*, Hamburg 1974, S. 3-24, hier S. 4.

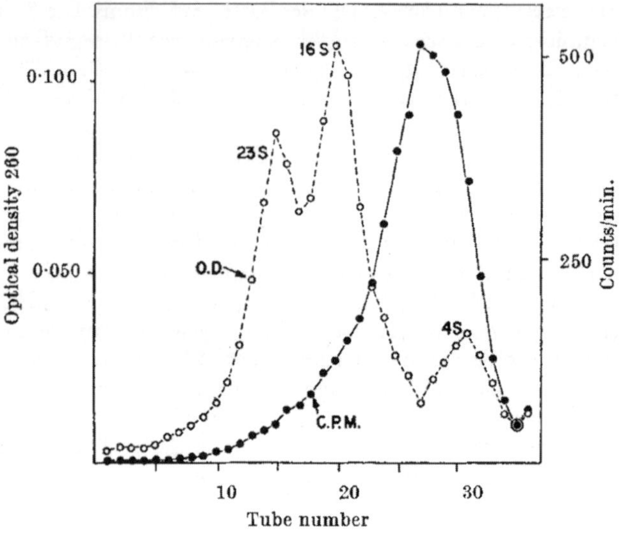

Abbildung 3.3: Sedimentation von instabiler, mit radioaktivem Uracil pulsmarkierter RNA in *Escherichia coli.*

Quelle: François Gros u. a., »Unstable ribonucleic acid revealed by pulse labelling of E. coli«, in: *Nature* 190 (1961), S. 581-585, Abb. 8.

enten, sei es von zeitlichen Verläufen eines periodisch gemessenen Parameters, wie das bei Kinetiken der Fall ist. Bei hinreichender Komplexität würde man diese Muster in den Datentabellen, die diesen Kurven zugrunde liegen, vergebens suchen. Die zweidimensionale Darstellung im Raum ist hier unverzichtbar für die Mustererkennung.

Abbildung 3.3 zeigt ein zwar vergleichsweise einfach aussehendes, bei näherer Betrachtung aber dennoch ziemlich komplexes Beispiel einer solchen zusammengesetzten Kurve. Die Darstellung ergibt sich aus dem Zusammenspiel zweier Techniken: radioaktive Puls-Markierung von Bakterienzellen *in vivo* und Ultrazentrifugation des Zellsaftes durch einen Zuckergradienten, der anschließend in 35 Fraktionen zerlegt wurde. Mit diesem Experiment zeigten François Gros und seine Kollegen in Harvard zu Beginn der 1960er Jahre, dass in der Bakterienzelle eine instabile Form der Ribonukleinsäure vorkommt, die man bis dahin nicht identifiziert hatte und die später unter dem Namen der Boten-RNA oder Messenger-RNA in die Textbücher der Molekularbiologie Eingang fand. Wir sind diesem Molekül bereits in Kapitel 2 als ein integrales Element der ribosomalen Funktionsmodelle begegnet. Im Beispiel stellt die Kurve mit den weißen Kreisen die stabilen Formen der Ribonukleinsäure in der Zelle dar: zwei ribosomale RNAs (bezeichnet mit 23S und 16S gemäß ihren Sedimentationskoeffizienten) und die Transfer-RNA (mit einem Sedimentationskoeffizienten von 4S). Die sich darüberlagernde Kurve mit den schwarzen Punkten zeigt einen radioaktiven Peak genau dort, wo die optische Dichtemessung der Ribonukleinsäure einen Tiefpunkt anzeigt. Er verweist also auf die Präsenz einer Form der RNA, die in der Zelle in sehr geringer Konzentration rasch entsteht und auch rasch wieder zerfällt und die deshalb mit einem radioaktiven Puls markiert werden kann, der die stabilen Formen der Ribonukleinsäure gar nicht erreicht.

Das Beispiel zeigt in elementarer Form nicht nur eine kompakte Anordnung von Daten in Kurven, sondern auch die Macht und erkenntnistreibende Funktion der Synopse durch die Überlagerung von Kurven mit unterschiedlichen, aber aufeinander beziehbaren Messdaten. Es wird so ein Darstellungsraum aufgespannt, in dem sich Daten zu Mustern fügen lassen, die ihrerseits wieder Anlass zu neuen Experimenten und Rekonfigurationen ebendieser Muster geben können. In diesem Sinn fungiert diese Darstellung ganz analog zu den im vorherigen Kapitel beschriebenen Modellen selbst wiederum als Forschungsinstrument. Was zur Darstellung kommt, ist jedoch nicht ein Vorgang oder eine Struktur in der Zelle, sondern ein im Experimentalraum erzeugter Versuchsverlauf. Zur Kurve kompaktifiziert, wird er zum Ausgangspunkt neuer experimenteller Zyklen. Zugleich wird an diesem Beispiel aber auch sinnfällig, dass wir es hier nicht mit Modellen zu tun haben. Nicht jede Sichtbarmachung ist ein Modell, und nicht jedes Modell ist eine Visualisierung. Modelle wie die in Kapitel 2 beschriebenen sind somit nicht die einzigen Figurationen, die den experimentellen Datenraum bevölkern. Dieser Raum ist viel reicher an Darstellungsoptionen, von denen viele gewissermaßen noch näher am

Experimentalverlauf liegen und ihrerseits zu Momenten von Modellen werden können. Wir können sie als Musterbildungen zusammenfassen, die auf den hier zur Sprache kommenden Verfahren der Sichtbarmachung beruhen. So kommt es dann auch zu Darstellungen, denen keine Abbildhaftigkeit im engeren Sinne zukommt. Das Sichtbarmachen in den Wissenschaften ist eine Geste, die das Ikonische zwar umschließt, aber keineswegs in ihm aufgeht.

Verstärkung – *enhancement*

Ein weiteres, ebenso verbreitetes Verfahren der Visualisierung ist das *enhancement* oder die Verstärkung. Die in diesem Abschnitt vorgestellten Verfahren führen in der Regel zu einer Klasse von epistemischen Objekten, die man unter dem bereits im ersten Kapitel eingeführten Begriff des Präparates subsumieren kann. Präparate sind besonders in den biologischen Wissenschaften sowie in Pharmazie und Chemie weit verbreitet und können je nach eingesetzter Technik ganz unterschiedliche Formen annehmen.[8] Auf Skalpell und Konservierung beruhende anatomische und physiologische Präparate gehörten seit dem 17. Jahrhundert zum Kernbestand des zoologischen Forschens und Lehrens. Die Botanik hat in den Herbarien eine eigene Form des getrockneten Präparates entwickelt. Die Lichtmikroskopie, besonders seit der zweiten Hälfte des 19. Jahrhunderts, hat mit den *slides*, den Präparaten zwischen Objektträger und Deckglas, ein ganzes Universum an dauerhaft gemachten Mikro-Objekten hervorgebracht. Sie haben in der Histologie, in der Pathologie, in der Embryologie, in der Taxonomie und Systematik, aber auch in der Geologie und den Materialwissenschaften, also in ganz unterschiedlichen Forschungszusammenhängen ebenso unterschiedliche Funktionen ausgeübt.[9] Die Biochemie und die Molekularbiologie des 20. Jahrhunderts haben ihrerseits eine Mannigfaltigkeit von analytischen Präparaten hervorgebracht, für die hier das weiter unten gezeigte Beispiel (vgl. Abb. 3.6) eines gelelektrophoretischen Chromatogramms steht. Für Letzteres gilt,

8 Vgl. dazu ausführlicher Rheinberger, *Epistemologie des Konkreten*, Kapitel 11.

9 Ilana Löwy (Hg.), »Microscopic Slides: Reassessing a Neglected Historical Resource«, *History and Philosophy of the Life Sciences* 35 (2013), Sonderheft (3).

dass der Untersuchungsgegenstand eine analytische Rekonfiguration erfährt, die etwa ein mikroskopisches Präparat ganz unbrauchbar machen würde.

Präparate sind also selbst noch einmal von sehr unterschiedlicher Natur. Jeder dieser Präparatformen wohnt eine eigene Darstellungslogik inne, deren spezifische Reichweite jeweils auszuloten und historisch zu realisieren ist. Für Präparate als visuelle Formen von Objekten des Wissens gilt aber zum einen, dass sie aufgrund ihrer Indexikalität noch eher dem Spurenraum als dem Datenraum zuzuordnen sind. Zum anderen entwickeln sie sich in enger Resonanz mit den Instrumenten, auf deren analytische Anforderungen sie jeweils spezifisch antworten und an deren Schnittstellen zum Untersuchungsgegenstand sie Gestalt annehmen.[10] Sie sind also gewissermaßen geronnene Zwischendinge, Objekte, die ihr Dasein jenen Räumen zwischen Subjekt und Objekt verdanken, die ihrerseits wiederum dem instrumentell vermittelten Wissensgewinn ihr Dasein schulden, der dem eingangs erwähnten Reich des Versuchs seine historisch variablen Konturen verleiht. Ihre wissensfördernde Funktion ist demnach auch von endlicher Dauer. So wie sie prominent werden können, so können sie auch wieder verschwinden, wenn vorteilhaftere Alternativen für sie gefunden wurden.

Beim *enhancement* werden Strukturen – wie auch Prozesse – durch Färbung oder durch das Setzen von Kontrasten, zuweilen durch Versteifung, also durch Überhöhung vorhandener Formen sichtbar gemacht. Die Farb-, Kontrast- oder Verstärkungsmittel werden bei diesem Vorgang selbst zum Bestandteil des Dargestellten. Dem Verfahren inhärente Verformungen sind die Folge. Wiederum ist es deren variationelle Vervielfältigung, die eine Triangulation erlaubt und Rekursivität in den Forschungsprozess einführt.

Eine für die Molekularbiologie der vergangenen Jahrhunderthälfte typische Form des *enhancement* haben wir bereits in der radioaktiven Markierung kennengelernt. Einer der großen Vorteile der Arbeit mit Isotopen besteht darin, dass die radioaktiven Elemente sich in ihren chemischen Eigenschaften nicht merklich von ihren stabilen Varianten unterscheiden und damit auch die Stoffwechselvorgänge – jedenfalls in den meist verwendeten minimalen Konzentrationen – nicht beeinflussen, zu deren Aufklärung sie

10 Vgl. dazu Rheinberger, *Epistemologie des Konkreten*, Kapitel 12.

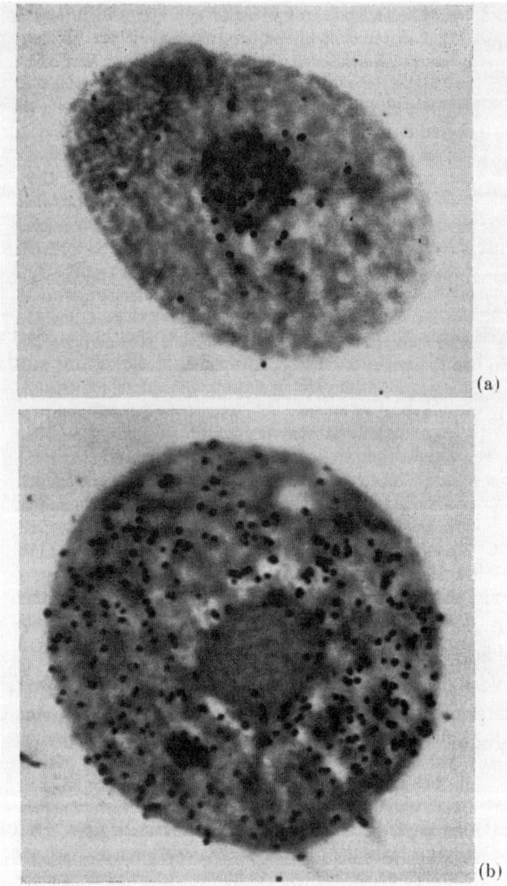

Abbildung 3.4: Autoradiogramm einer Zelle von *Tetrahymena*.

Quelle: David M. Prescott, »Cellular sites of RNA«, in: *Progress in Nucleic Acid Research and Molecular Biology* 3 (1964), S. 33-57.

eingesetzt werden. Stabile atomare Bestandteile von Biomolekülen werden dementsprechend gegen instabile Isotope ausgetauscht, die bei ihrem Zerfall Energie abstrahlen, welche dann an den Stellen, an denen sich die Zerfälle ereignen, eine über das Präparat gelegte Fotoplatte schwärzen kann.

Abbildung 3.4 zeigt das Autoradiogramm – manchmal auch Radioautogramm genannt – der *In-situ*-Markierung einer Zelle von *Tetrahymena*, eines freilebenden einzelligen Wimpertierchens. Sie stammt von David Prescott, einem Pionier in der Verwendung von Radioisotopen in Verbindung mit der Mikromanipulation einzelner Zellen. Die Zelle im oberen Teil der Abbildung wurde 15 Minuten lang einem mit radioaktivem Wasserstoff markierten Baustein der Ribonukleinsäure, dem Cytidin, ausgesetzt. Der Ort des Einbaus von Cytidin in Zellstrukturen konzentriert sich auf den Kern der Zelle, wie man der Darstellung entnehmen kann. Im unteren Teil sieht man eine Zelle, die nach einer kurzen Pulsmarkierung mit radioaktivem Cytidin in Gegenwart von nicht-markiertem Cytidin für weitere 90 Minuten ihren Stoffwechsel fortführen konnte. Nun hat sich die in die RNA eingebaute Radioaktivität über die ganze Zelle verteilt, woraus geschlossen werden kann, dass die RNA im Kern synthetisiert wird und dann von dort in das Zytoplasma gelangt. Die Gegenüberstellung der beiden Zustände lässt so den Ort der Synthese der RNA – an der DNA der Chromosomen im Kern – vom Ort ihrer Funktion – an den Ribosomen im Zytoplasma – unterscheiden und in einen sinnfälligen Kontrast setzen. Autoradiogramme sind exemplarische Formen des *enhancement*. Eine weitere Form habe ich in Kapitel 1 im Zusammenhang mit der Darstellung der Nukleinsäure-Sequenzierung bereits beschrieben (Abb. 1.1). Heute ist die Fluoreszenzmarkierung von Makromolekülen zur Alternative der Radiomarkierung geworden.[11] Es können mit ihr verschiedene Zellkomponenten differentiell gefärbt und nicht nur am fixierten Präparat *in situ* visualisiert werden. Auch dynamische Vorgänge in lebenden Zellen können so sichtbar gemacht und durch Videoaufzeichnung nachvollzogen werden.

Auch in vielen Formen der Licht- und Elektronenmikroskopie

11 Hanna Lucia Worliczek, *Wege zu einer molekularisierten Bildgebung. Eine Geschichte der Immunfluoreszenzmikroskopie als visuelles Erkenntnisinstrument der modernen Zellbiologie (1959-1980)*, Dissertation, Wien 2020.

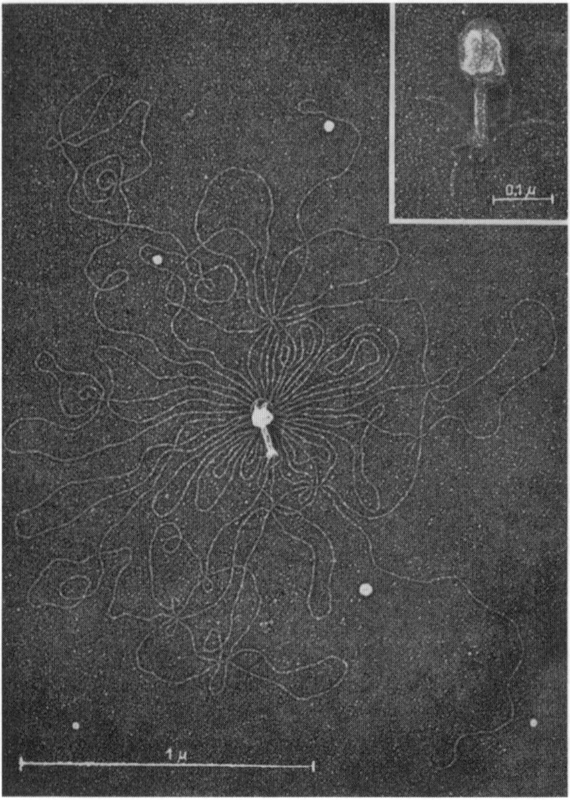

Abbildung 3.5: Elektronenmikrographie der DNA des Phagen T_2 bei einer Vergrößerung von 100 000 x.

Quelle: Albrecht K. Kleinschmidt u. a., »Darstellung und Längenmessung des gesamten Desoxyribonucleinsäure-Inhaltes von T_2-Bakteriophagen«, in: *Biochimica et Biophysica Acta* 61 (1962) S. 857-864, Abb. 1.

spielen Kontrastverstärkung und Färbung der Spezimina eine zentrale Rolle. Die Histologie der zweiten Hälfte des 19. Jahrhunderts wäre ohne diese – damals neuen – Verfahren undenkbar gewesen.

Elektronenmikroskopische Darstellungen insbesondere von subzellulären Membranen, Organellen und Makromolekülen, wie sie um die Mitte des 20. Jahrhunderts möglich wurden, bedürfen meist der Kontrastierung. Hier geschieht das oft durch Zusetzen von Schwermetallsalzen, die sich dann selektiv an Membranen und Molekülen anlagern und so deren Elektronenstreuung verstärken. In der Abbildung 3.5 sieht man die DNA eines geplatzten Bakteriophagenkopfes in Form eines Knäuels von Schleifen – die DNA des Bakterienvirus wird so als ein langes, verschlungenes Fadenmolekül sichtbar gemacht, dessen Länge vermessen werden kann. Die Aufnahme stammt von Albrecht Kleinschmidt von der Universität Frankfurt und erregte bei ihrer Veröffentlichung erhebliches Aufsehen.

Kontrastierung und Verstärkung gehen in der Mikroskopie mit einer entsprechenden Dilatation einher. Das nun zu besprechende Verfahren der zweidimensionalen Chromatographie holt ebenfalls Molekulares in den Bereich des Sichtbaren und ist damit als eine Vergrößerung eigener Prägung aufzufassen. Es trennt eine Makromolekülmischung auf, ordnet ihre Bestandteile gemäß zweier Parameter – Ladung und Größe – und macht sie durch Färbung als einzelne Flecken sichtbar. Es ist in der Regel so, dass die hier besprochenen Verfahrensweisen in unterschiedlicher Kombination miteinander zur Anwendung kommen. Im vorliegenden Beispiel (Abb. 3.6) sind Dilatation und Verstärkung kombiniert. Hier geht es um die Darstellung der Proteinkomponenten des Ribosoms von *Escherichia coli*. Die Organelle besteht aus insgesamt drei RNA- und über 50 Proteinkomponenten. Mit dieser Aussage wird jedoch, genau genommen, ein Befund vorweggenommen, der sich durch Anwendung des hier vorgestellten chromatographischen Visualisierungsverfahrens überhaupt erst etablierte.

Bei dem Verfahren, das von Heinz-Günter Wittmann in die Ribosomenforschung eingeführt wurde und sich auf die Proteinkomponenten konzentriert, werden diese in einer ersten Dimension nach ihrer elektrischen Ladung und in der zweiten Dimension nach ihrem Molekulargewicht aufgetrennt. Damit allein werden sie allerdings noch nicht sichtbar. Die Proteine müssen anschließend mit einem geeigneten Farbstoff – wie etwa Methylenblau – gefärbt werden, erst dann scheinen sie auf der chromatographischen Platte als Flecken auf. Sie werden somit aufgrund von zwei physikalisch-

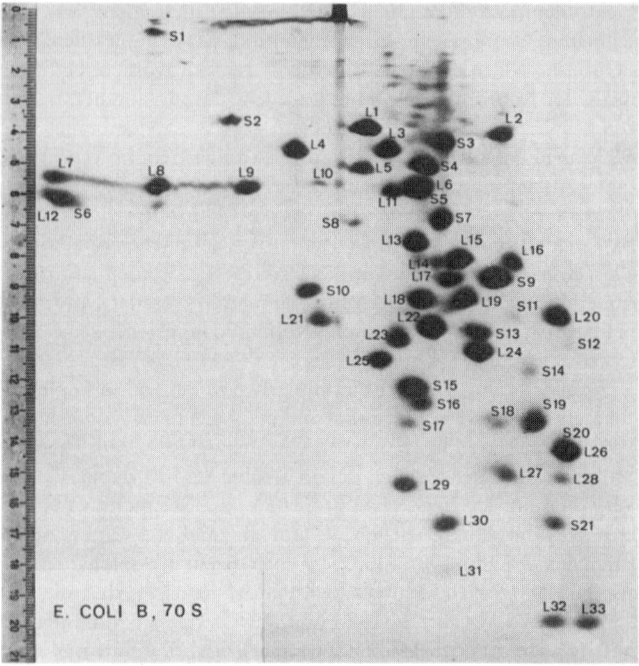

Abbildung 3.6: Zweidimensionales Elektrophoretogramm der Proteine des Ribosoms von *Escherichia coli*. Erste Dimension: 4 % Acrylamid, basisches Milieu; zweite Dimension: 18 % Acrylamid, saures Milieu.

Quelle: Eberhard Kaltschmidt, Heinz-Günter Wittmann, »Ribosomal proteins. XII. Number of proteins in small and large ribosomal subunits of Escherichia coli as determined by two-dimensional gel electrophoresis«, in: *Proceedings of the National Academy of Sciences of the United States of America* 67 (1970), S. 1276-1282, Abb. 4.

chemischen Parametern ausgerichtet und in einer zweidimensionalen Fläche neu angeordnet. Diese Anordnung hat mit ihrem dreidimensionalen Zusammenhalt im Makromolekülverbund der Organelle so gut wie nichts gemein. Diesen sichtbar zu machen, bedarf es ganz anderer Verfahren, von denen eines uns die Aufbau-

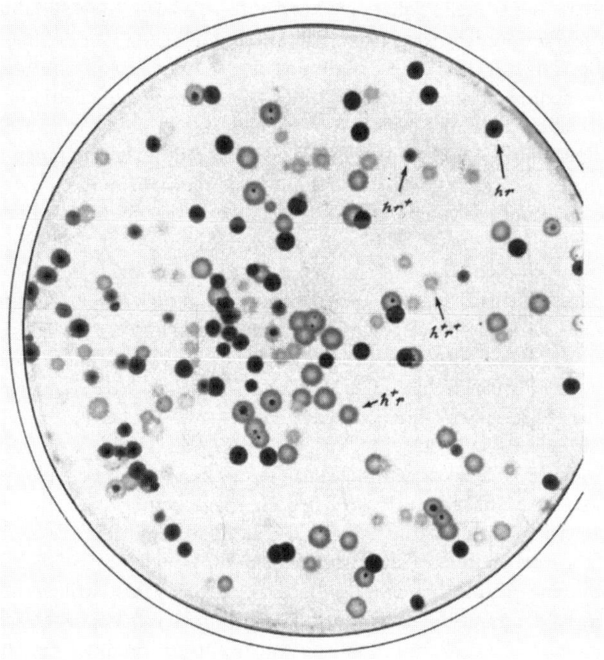

Abbildung 3.7: Mit T_2-Bakteriophagen infizierte Kultur von *Escherichia coli*-Bakterien.

Quelle: Gunther S. Stent, *Molecular Biology of Bacterial Viruses*, San Francisco 1963, S. 185.

karte der kleinen Untereinheit der Organelle (Abb. 3.2) in diesem Kapitel gezeigt hat. Es können jedoch mit der zweidimensionalen chromatographischen Darstellung andere wesentliche Eigenschaften wie Anzahl und Größen- sowie Ladungsverteilung der Komponenten in Erfahrung gebracht werden. Einmal etabliert, kann das Verfahren im Anschluss als Standardprozedur zur Identifizierung und zur Kontrolle der Reindarstellung einzelner Komponenten dienen – es geht selbst in das Arsenal der molekularen Techniken ein.

An dieser Stelle soll noch kurz auf ein Darstellungsverfahren Bezug genommen werden, welches beim Übergang von der klassischen zur molekularen Genetik um die Mitte des 20. Jahrhunderts eine Schlüsselrolle spielte. Das Bild (Abb. 3.7) zeigt eine Petrischale, auf der ein Bakterienrasen – *Escherichia coli*-Bakterien – mit vereinzelten Bakteriophagen infiziert wurde. Bakteriophagen können als winzige molekulargenetische Packungen angesehen werden, die für sich genommen völlig inert sind. Um sich zu vermehren, bedürfen sie einer Bakterienzelle. Haben sie einmal eine solche Zelle befallen, so können sie den genetischen Apparat des Bakteriums dazu veranlassen, sich mit der Vermehrung des molekularen Parasiten zu beschäftigen, anstatt sich selbst zu vermehren. In der Folge füllt sich das Bakterium mit Viruspartikeln, bis es birst. Dadurch werden die Phagen freigesetzt und können in benachbarte Bakterienzellen gelangen, wodurch sich der Zyklus wiederholt.

Dieses Prinzip kann nun ausgenützt werden, um diese winzigen molekularen Packungen sichtbar zu machen. Das geschieht wie folgt: Eine mit einem Agar-Nährboden versehene Petrischale wird mit einem gleichmäßig verteilten Bakterienrasen präpariert. Auf der so vorbereiteten Platte ist weiter nichts zu sehen. Als Nächstes wird eine entsprechend verdünnte Lösung von Viruspartikeln über den Rasen gesprüht. Die Verdünnung muss derart bemessen sein, dass einzelne Bakteriophagen räumlich gut voneinander getrennt auf die Platte fallen. Nun können die Phagen damit beginnen, ihre Arbeit zu tun. Sie penetrieren das nächstliegende Bakterium, vermehren sich, werden freigesetzt, wiederholen den Zyklus und bilden allmählich Löcher im kontinuierlichen Bakterienrasen. Diese Plaques genannten Löcher entstehen um den Punkt herum, an dem ein einzelnes Virus seine Vermehrung begann. Je nach Typus des Phagen und seinen Varianten können diese Plaques unterschiedlich schattiert, granuliert, gefärbt und geändert sein. Dementsprechend unterscheidet sich ihre Morphologie, und die Unterschiede können den entsprechenden Phagentypen zugeordnet werden.

Im vorliegenden Beispiel wurden die *Escherichia-coli*-Bakterien mit dem Bakteriophagen T_2 und einer seiner genetischen Mutanten infiziert. Auf die Charakterisierung dieses Bakterienvirus hatten sich die Gruppen um Max Delbrück und Salvador Luria in den 1940er Jahren spezialisiert und dabei die Plaque-Technik etabliert. Die vorliegende Abbildung stammt aus einem Lehrbuch der frühen 1960er Jahre zur Molekularbiologie von Bakterienviren von einem Schüler Delbrücks am California Institute of Technology in Pasadena, Gunther Stent. Im Experiment wurden zwei Typen von T_2-Phagen – die Doppelmutante hr und der Wildtyp h^+r^+ – verwendet,[12] es konnten aber vier verschiedene Typen von Plaques auf der Petrischale identifiziert werden. Die Präparation verweist also darauf, dass im Verlauf der Virusvermehrung zur Überraschung der Beteiligten eine genetische Rekombination zwischen den Phagentypen stattgefunden haben musste: Zu den Typen hr und h^+r^+ waren zwei Mischformen – h^+r und hr^+ – mit unterschiedlichen Phänotypen hinzugekommen.

Sehen wir uns dieses Präparat unter dem Gesichtspunkt der Verstärkung etwas näher an. Dabei können vier Aspekte unterschieden werden. Der erste betrifft die Aktivität der biologischen Agenten. Die Plaques, also das, was man sehen kann, sind das Resultat einer Massenverwüstung. Die Myriaden von Viren hinterlassen unzählige tote Bakterien in jedem dieser Löcher. Der zweite Aspekt betrifft die Form der Sichtbarkeit. Indem sie sich vermehren und zerstören, schaffen die molekularen biologischen Agenten selbst ihre supramolekulare Visualisierung. Mikro-Präparationen dieser Art verleihen den Viren, also Partikeln, die selbst unter den besten Lichtmikroskopen unsichtbar bleiben, eine makroskopische Gestalt. Die Morphologie der Plaques hat jedoch nichts mit der molekularen Morphologie der Bakteriophagen zu tun, sie ist vielmehr das Ergebnis ihrer molekulargenetischen Eigenschaften. Mit ihrer Hilfe gelingt es, molekulare Varianten, das heißt Mutanten des Virus, voneinander zu unterscheiden.

Drittens ist auch hier das *enhancement* mit einer Ausbreitung, einer Dilatation verbunden. Was man sieht, sind nicht einzelne mikroskopische Bakterien oder submikroskopische Viren, sondern es ist der makroskopische Raum, den die zerstörten Bakterien und die vermehrten Viren einnehmen. Viertens schließlich erteilt uns das Präparat eine Lektion über die molekulargenetische Forschung. Es repräsentiert nicht nur genetisches Wissen in einer kompakten Form – es wird selbst zu einem Werkzeug der Forschung, durch welches der experimentelle Prozess der molekulargenetischen Wissensgewinnung vorangetrieben wird, und zugleich ein Forschungs-

12 »h« steht hier für den Genort »host range«, »r« für »rapid lysis«.

objekt. Es oszilliert zwischen Technizität und Epistemizität. Durch die permanente differentielle Iteration des experimentellen Verfahrens werden neue Differenzen sichtbar, die wiederum zu neuen Charakterisierungen führen und den weiteren Verlauf der Experimente bestimmen. Wir sehen, dass in diesem Fall ein vermeintlich simples Verfahren – die Plaque-Technik – selbst ein komplettes Experimentalsystem zur Erforschung der Phagengenetik darstellt. Es lässt molekulargenetische Prozesse in einer Form sichtbar werden, die zwar nichts mit der traditionellen Vorstellung von Repräsentation zu tun hat, die in Frage stehenden molekularen Vorgänge aber dennoch – oder gerade deshalb – der weiteren Untersuchung zugänglich macht.

Schematisierung

Ein drittes Verfahren der Visualisierung, das insbesondere bei der Darstellung von komplexen Prozessen zum Einsatz kommt, ist das Schematisieren. Es stellt ein Charakteristikum vieler Modelle dar. Gelegentlich überwiegt der Aspekt des Schematisierens bei Modellen derart, dass die beiden Begriffe synonym verwendet werden können. So kann etwa der in Abb. 2.4 dargestellte Proteinsynthesezyklus zum einen als Modell, zum anderen aber auch als Schema gesehen werden. Dennoch ist beides begrifflich auseinanderzuhalten. Solchen Schemata ist in jüngerer Zeit unter dem Begriff der Diagrammatik verstärkt kulturwissenschaftliche Aufmerksamkeit zuteilgeworden.[13] Auf sie soll hier aber nicht im Einzelnen eingegangen werden. Ich begnüge mich an dieser Stelle mit ein paar prägnanten Beispielen aus der jüngeren Biologiegeschichte.

13 So gibt es seit dem Jahr 2000 alle zwei Jahre die bei Springer dokumentierte internationale Tagung »Diagrammatic Reasoning and Inference«. Zum kultur-, medien- und bildwissenschaftlichen Kontext in Deutschland vgl. Matthias Bauer, Christoph Ernst, *Diagrammatik. Einführung in ein kultur- und medienwissenschaftliches Forschungsfeld*, Bielefeld 2010; Eckart Lutz u. a. (Hg.), *Diagramm und Text. Diagrammatische Strukturen und die Dynamisierung von Wissen und Erfahrung*, Wiesbaden 2014; *Diagrammatik-Reader. Grundlegende Texte aus Theorie und Geschichte*, Berlin u. a. 2016; Sybille Krämer, *Figuration, Anschauung, Erkenntnis: Grundlinien einer Diagrammatologie*, Berlin 2016; Astrit Schmid-Burkhardt, *Die Kunst der Diagrammatik. Perspektiven eines neuen bildwissenschaftlichen Paradigmas*, Bielefeld 2017.

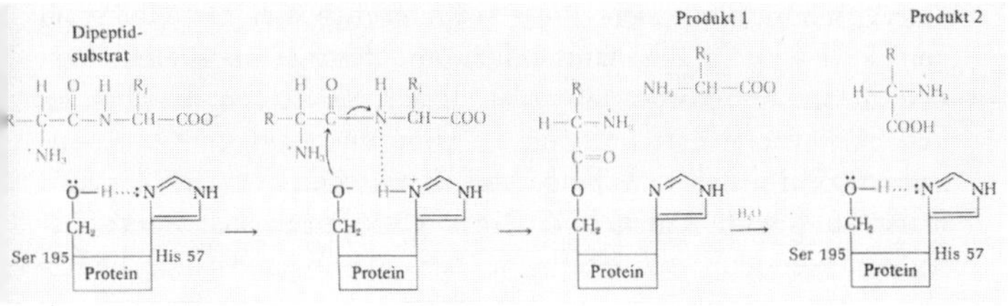

Abbildung 3.8: Mechanismus für die Wirkung von Chymotrypsin auf ein Dipeptid.

Quelle: Albert Lehninger, *Biochemie*, Weinheim 1977 (1. englische Ausgabe: 1970), Abb. 9-15, S. 186.

Wie die bereits erwähnten Visualisierungsformen sind auch Schemata vielgestaltig in ihren Ausformungen. Die folgenden Beispiele betreffen das Schematisieren biologischer Mechanismen, welches sich im 20. Jahrhundert zu einer eigenen Bildsprache entwickelt hat. Diese Bildsprache bildete sich parallel zur Entstehung der Molekularbiologie heraus und bedarf noch näherer historischer Untersuchungen. Sie fand in James Watsons *Molecular Biology of the Gene* von 1965, dem ersten umfassenden Lehrbuch der Molekularbiologie, ihren frühen paradigmatischen Ausdruck.[14] Bis in die 1960er Jahre war für die sich im Entstehen befindende Molekularbiologie die Formelsprache der Biochemie die verbindliche Richtschnur. In der zweiten Hälfte des 20. Jahrhunderts hat die neue Form der Schematisierung nicht nur in Lehrbücher Eingang gefunden, wo sie heute die Darstellung molekularer Einheiten und ihrer Wirkweisen als Nanomaschinen beherrscht, sondern auch in die Forschungsliteratur.

Alle drei hier vorgestellten Beispiele betreffen den biologischen Grundvorgang einer Enzymreaktion. Die Biokatalyse steht para-

14 Watson, *Molecular Biology of the Gene*; vgl. dazu beispielhaft Reinhard Wendler, »Visuelles Denken in James Watsons ›The Molecular Biology of the Gene‹«, in: Christoph Windgätter, Claudia Mareis (Hg.), *Long Lost Friends. Zu den Wechselbeziehungen zwischen Design-, Medien- und Wissenschaftsforschung*, Zürich 2013, S. 23-37.

digmatisch für biologische Prozesse im Stoffwechsel. Der Übergang von der Formelsprache zum Bildregime des Schematisierens lässt sich an der Abbildung 3.8 verdeutlichen. Sie ist dem Biochemie-Lehrbuch von Albert Lehninger entnommen und stellt eine Enzymreaktion durch eine Folge von chemischen Formeln dar. Die Darstellung wird begleitet von einer blockartigen, den Reaktionsstufen folgenden Beschreibung der Veränderungen, welche die Reaktion hervorruft (hier nicht gezeigt). Man kann verfolgen, wie die reaktive Gruppe des Enzyms, dessen ganzer Rest nur schematisch angedeutet wird, mit dem Substrat interagiert und welche Übertragungsreaktionen dabei stattfinden. Insgesamt befinden wir uns hier noch in einer Darstellungswelt, wie sie aus der Chemie der zweiten Hälfte des 19. Jahrhunderts in die Biochemie der ersten Hälfte des 20. Jahrhunderts übernommen wurde und die Lehrliteratur bis um die Jahrhundertmitte dominierte. Sie stellte ihrerseits bereits die Ablösung einer noch stärker textorientierten Literatur dar.[15] Außer den Formeln gibt es noch keine figurativen Komponenten, aber die Lesbarkeit des Vorgangs wird durch das Auslassen der für die betreffende Teilreaktion nicht relevanten Formelteile erhöht.

Abbildung 3.9 ist dem oben genannten Lehrbuch von Watson entnommen. Obwohl um die gleiche Zeit wie Lehningers Lehrbuch geschrieben, vollzog Watson in seiner Monographie so etwas wie einen Paradigmenwechsel in den Darstellungsformen der Molekularbiologie und grenzte sie damit nicht nur begrifflich, sondern auch bildlich von der klassischen Biochemie ab.[16] Das Lehrbuch bediente sich neben elektronenmikroskopischem Fotomaterial vorzugsweise graphischer Schematisierungen. Die Abbildung zeigt ebenfalls eine – nun anonymisierte – Enzymreaktion. Man sieht hier auf den ersten Blick, dass die Passförmigkeit der beteiligten Substanzen – Enzym und Substrat – nach dem Schlüssel-Schloss-Prinzip vorgestellt wird, wobei der Kontakt des Enzyms mit dem Substrat eine Veränderung der Konfiguration bewirkt: eine indu-

15 Zur Entstehung der Darstellung chemischer Prozesse durch Formeln im 19. Jahrhundert vgl. Ursula Klein, *Experiments, Models, Paper Tools. Cultures of Organic Chemistry in the Nineteenth Century*, Stanford 2002.

16 Zur Verachtung der Biochemie durch die erste Generation der Molekularbiologen vgl. Mahlon Hoagland, *Toward the Habit of Truth. A Life in Science*, New York 1990; vgl. auch Pnina Abir-Am, »The politics of macromolecules: Molecular biologists, biochemists, and rhetoric«, in: *Osiris* 7 (1992), S. 164-191.

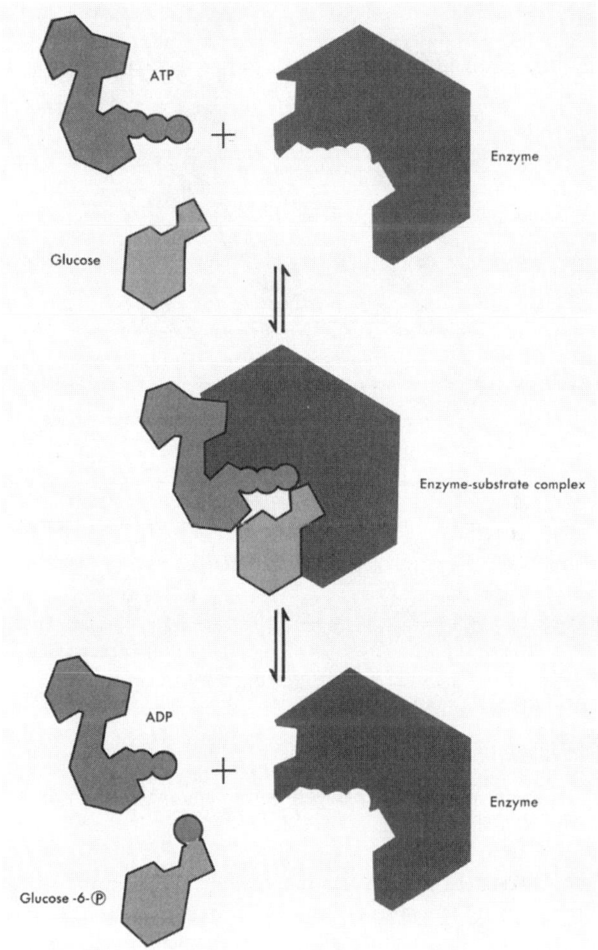

Abbildung 3.9: Die Bildung eines Enzym-Substrat-Komplexes mit anschließender Katalyse.

Quelle: James D. Watson, *Molecular Biology of the Gene*, New York, Amsterdam 1965, Abb. 2-8, S. 52.

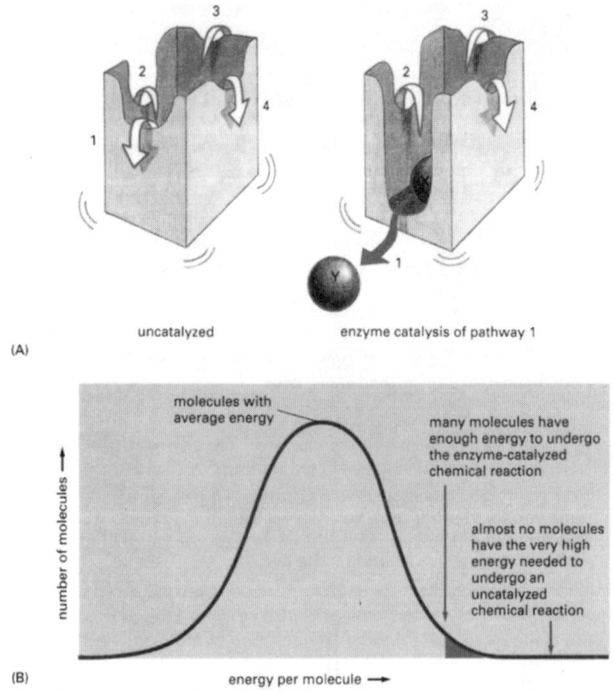

Abbildung 3.10: Enzymkatalyse.

Quelle: Bruce Alberts et al., *Molecular Biology of the Cell*, New York, London ^{3}1994, Abb. 2-16, S. 64.

zierte Passung. Es werden also nicht Moleküle als Atomverbände, sondern es wird ein stereochemisches Prinzip schematisch ins Bild gesetzt. Die Formeln sind nun ganz aus dem Bild verschwunden, und es kommt mit einem absoluten Minimum an Benennungen aus. Es ist vielleicht nicht uninteressant, noch anzumerken, dass die Vorstellung einer Schlüssel-Schloss-Passung in das ausgehende 19. Jahrhundert zurückreicht.[17] Ihre schematische Darstellung

17 Emil Fischer, »Einfluss der Configuration auf die Wirkung der Enzyme«, in: *Berichte der Deutschen Chemischen Gesellschaft* 27 (1894), S. 2985-2993; vgl. dazu

$$E + S \rightarrow [ES] \rightarrow E + P$$

Abbildung 3.11: Schematische Formel einer Enzymreaktion.

konnte sich jedoch unter dem alten Formelregime nicht durchsetzen und erfolgte in der Biochemie und Molekularbiologie erst über ein halbes Jahrhundert später, auch wenn sie in die Immunologie schon um 1900 Eingang fand.[18]

Eine nochmals andere Darstellung der Enzymkatalyse (Abb. 3.10) findet man etwa in dem Lehrbuch *Molecular Biology of the Cell*, das Watsons *Molecular Biology of the Gene* nachfolgte. Diese Repräsentation konzentriert sich auf den energetischen Aspekt einer Enzymreaktion. Der untere Teil zeigt die Verteilung des Energiegehalts von Biomolekülen, von denen nur ein kleiner Teil biokatalytisch umgewandelt werden kann, während das bei der Mehrzahl der Moleküle nicht der Fall ist. Und nur eine verschwindend geringe Menge reagiert spontan. Die obere Hälfte visualisiert die Energiebarriere, die für eine Reaktion überwunden werden muss, sowie die Herabsetzung dieser Barriere bei einer enzymatischen Katalyse in Form einer Schachtel mit Ausgängen, die in verschiedener Höhe angebracht sind. Die hier gezeigte Schematisierung ist bemerkenswert hinsichtlich ihrer Kombination einer intuitiven Zeichnung einerseits und einer semiquantitativen Kurve andererseits. Obwohl beide Darstellungen in derselben Abbildung zusammengefasst sind, zeigen sie doch ganz verschiedene Dinge, die nicht direkt miteinander verbunden sind. Beide spielen jedoch mit qualitativen Figurationen quantitativer Verhältnisse.

Eine noch weitergehende Form der Schematisierung verzichtet nicht nur auf Einzelheiten der chemischen Struktur und sämtliche mit der Reaktion verbundenen energetischen Gesichtspunkte, son-

Frieder W. Lichtenthaler, »Hundert Jahre Schlüssel-Schloss-Prinzip: Was führte Emil Fischer zu dieser Analogie?«, in: *Angewandte Chemie* 106 (1994), S. 2456-2467.

18 Paul Ehrlich, »On immunity, with special reference to cell life«, in: *Proceedings of the Royal Society London* 66 (1900), S. 424-448.

dern auch auf alle stereochemischen Sinnfälligkeiten. Übrig bleibt eine durch Buchstaben bezeichnete Reaktionsfolge – nicht zu verwechseln mit einer chemischen Formel –, bei der Enzym, Substrat, Enzym-Substrat-Komplex und Produkt nur noch durch Buchstaben gekennzeichnet sind (Abb. 3.11).

Der Physiker Heinrich Hertz, Schüler von Hermann von Helmholtz in Berlin, hat einmal davon gesprochen, dass sich die Wissenschaften »innere Scheinbilder« von den Dingen der Welt machen, wobei »verschiedene Bilder derselben Gegenstände« möglich sind, wie er betont. Um als wissenschaftliche gelten zu könnten, hat er an solche Bilder drei Anforderungen gestellt. Sie müssen erstens »zulässig« sein, das heißt, sie sollten nicht frontal den »Gesetzen unseres Denkens« zuwiderlaufen. Zweitens müssen sie »richtig«, das heißt mit dem aktuellen Stand des Wissens vereinbar sein, der seinerseits jedoch – wie eben auch die »richtigen« Bilder – mit einem historischen Index versehen ist. Drittens sollten sie »zweckmäßig« sein, was für Hertz im Wesentlichen hieß, einem Ökonomieprinzip der Darstellung – im Sinne von Ernst Mach – zu folgen.[19] Auf dieser Ebene hielt Hertz Konventionen für ausschlaggebend.[20]

Ich fasse zusammen: Der im ersten Abschnitt dieses Kapitels besprochene Visualisierungsmodus der Kondensation und Dilatation ist oft an den experimentellen Aufbau und die involvierten Forschungstechniken selbst gebunden und durch sie bereits vorgegeben. Der Modus der Verstärkung erweist sich als eng mit einer bestimmten Klasse von epistemischen Objekten, den Präparaten, verbunden. Den Visualisierungsmodus der Schematisierung kann man hingegen vorzugsweise mit Modellen und dort vor allem mit Funktionsmodellen und Mechanismen in Verbindung bringen. Die Schematisierung eignet sich auch besonders dazu, die in Frage stehenden Wissensobjekte aus den Forschungsprozessen schrittweise in die Zirkulationsprozesse von Wissen zu verlagern. Das Sichtbarmachen durchzieht also den ganzen Experimentalraum.

Die hier im Überblick vorgestellten und keineswegs Vollständigkeit beanspruchenden Verfahren der Visualisierung experimentel-

19 Ernst Mach, *Die Mechanik historisch-kritisch dargestellt*, Damstadt 1976; Ernst Mach, *Die Analyse der Empfindungen und das Verhältnis des Physischen zum Psychischen*, Berlin 2008.

20 Heinrich Hertz, *Prinzipien der Mechanik in neuem Zusammenhange dargestellt*, Leipzig 1910, S. 1-3.

ler Befunde kommen zudem in der Regel nicht isoliert voneinander vor. Sie werden vielmehr in einem gegebenen Experimentalzusammenhang aufeinander bezogen; sie stützen und ergänzen sich gegenseitig mit ihren jeweiligen Eigenheiten. Es ist durchaus üblich, dass alle drei beschriebenen Verfahren der Sichtbarmachung den Text eines einzigen Originalartikels begleiten. Sofern das Prinzip der Visualisierung zum dominanten Modus des naturwissenschaftlichen Reports geworden ist, sollte jedoch besser umgekehrt gesagt werden, dass es nun der Text ist, der eine kürzere oder längere Serie von solchen Darstellungen begleitet. Sie bilden Darstellungsketten oder Darstellungsnetze, in denen sie aufeinander verweisen. Sofern ihnen voneinander unabhängige Techniken zugrunde liegen, können sie als jeweils unabhängige Evidenzen für das in Frage stehende Phänomen angesehen werden. Je besser sie sich aufeinander beziehen lassen, umso stabiler wirkt ein Befund. Es kann aber auch die eine Darstellung das Rohmaterial für eine andere bilden. Die Gegenstände der Forschung werden so im Raum der Spuren und Daten in einem wörtlich zu nehmenden Sinne zur Erscheinung gebracht. Diese Erscheinungen sind jedoch letztlich nicht von den Techniken zu lösen, denen sie ihre Manifestation verdanken. Hier liegt der Kern, um den eine Phänomenologie des Experiments kreist. Hinter den Darstellungen die Forschungstechniken präsent zu halten, die ihnen letztlich zugrunde liegen, ist eines der wesentlichen Anliegen einer Epistemologie von unten.

4. Pfropfen

Lagen die bisher besprochenen Effekte des Spurenerzeugens, des Modellierens und des Sichtbarmachens mehr auf der epistemischen Seite des Experimentiervorgangs, so ist das Verfahren, das in diesem Kapitel näher betrachtet werden soll und in der experimentellen Arbeit allgegenwärtig ist, aufseiten der Techniken zu verorten, die diese Effekte überhaupt erst ermöglichen. Es handelt sich um das Einfügen neuer Apparate oder Prozeduren in ein bereits bestehendes Experimentalsystem. Es kommt selten vor, dass ein Experimentalsystem von Grund auf neu angelegt wird. Meist erfahren in Verwendung befindliche Systeme eine Transformation durch eine Hinzufügung. Das ist jedoch eine delikate, oft viel Feinarbeit erfordernde Operation, soll sie doch einerseits den bisherigen Stand der Dinge erhalten und andererseits dennoch prospektiv etwas Neues ermöglichen, das sich aus dem bisherigen Stand der Dinge nicht ergeben hat, weil man also an die Grenzen des Systems gestoßen ist. Ich beschreibe die Prozedur als Pfropfen. Eingebettet werden diese Überlegungen zum Pfropfen im Experiment in einen breiteren Kontext von Kulturtechniken der Ausweitung und Propagation.

Pfropfen als biologische Kulturtechnik

Ich beginne mit einem Blick auf die *biologische* Kulturtechnik des Pfropfens und verwandter Techniken. Es geht darum, sich des besonderen Sinnes zu vergewissern, der diese Techniken auszeichnet, um vor diesem Hintergrund dann das Pfropfen in Experimentalsystemen zu untersuchen. Zudem wird geklärt, in welcher Beziehung die Technik des Pfropfens zu weiteren biologischen Techniken wie dem Impfen, dem Transplantieren und dem Hybridisieren als ebenso vielen unterschiedlichen Formen organischer Allomorphie steht.[1] Es versteht sich dabei von selbst, dass es auf diesem Feld um Praktiken geht, die sich über lange historische Zeiträume hinweg entwickelt und verändert haben. Dementsprechend müs-

1 Vgl. dazu auch François Delaporte, *Figures de la médecine*, Paris 2009; Uwe Wirth, Veronika Sellier (Hg.), *Impfen, Pfropfen, Transplantieren*, Berlin 2011.

sen die semantischen Verschiebungen beachtet werden, die mit der zeitlichen Aufeinanderfolge der Techniken zusammenhängen, die das Feld einmal bestimmt haben und die es heute bestimmen. Ein solcher Exkurs bietet sich umso mehr an, als viele dieser Begriffe gegenwärtig in den Kulturwissenschaften produktiv verwendet werden, ohne dass in der Regel ihre Herkunft noch wahrgenommen wird. Anstatt wie üblich solche Verschiebungen im Vokabular der Metaphorologie oder des Analogisierens zu beschreiben, folge ich hier Isabelle Stengers und fasse sie als erkenntnisfördernde Wanderungsbewegungen und die beteiligten Begriffe als ambulant.[2]

Das Pfropfen ist ein Ausdruck, der vor allem in der Pomologie, der Obstbaukunde, zur Bezeichnung einer speziellen Form der vegetativen Vermehrung Verwendung findet. Die Pfropftechnik kommt insbesondere bei Fruchtgewächsen zur Anwendung und ist auch bei der Anzucht von Zierpflanzen weit verbreitet. Es kann hier aus zwei Gründen nötig werden. Entweder sind die Früchte das Ergebnis einer Hybridisierung und würden bei sexueller Vermehrung in der folgenden Generation großenteils wieder in ihre Ausgangsformen zurückkehren; oder die Früchte sind nicht mehr in der Lage, sich durch ihre eigenen Samen fortzupflanzen, da diese im Ergebnis ihrer Züchtungsgeschichte degeneriert sind. Von Interesse ist das Pfropfen aber auch, wenn es gilt, Eigenschaften der Unterlage und des Reises miteinander zu kombinieren. Das Prinzip ist dabei folgendes: Auf eine artverwandte, aber nicht artidentische Unterlage wird entweder ein Reis oder eine Knospe der gewünschten Sorte so aufgebracht, dass die beiden Teile, Pfropf und Unterlage, im Ergebnis miteinander verwachsen. Das kann durch Anschäften, Anblatten, Einkerben oder auch durch »Okulieren auf das schlafende Auge« geschehen, und wie die Varianten alle sonst heißen.[3] Letzteres wird von dem bekannten französischen Pfirsichkultivator Alexis Lepère aus Montreuil in seiner Schrift über die *Kultur des Pfirsichbaumes* dargestellt (Abb. 4.1). Traditionell spricht man dabei, so heißt es auch in dem hier zitierten Text, von »Veredlung«. Streng genommen ist diese Bezeichnung jedoch irreführend.

2 Isabelle Stengers (Hg.), *D'une science à l'autre. Des concepts nomades*, Paris 1987; vgl. auch Mieke Bal, *Travelling Concepts in the Humanities: A Rough Guide*, Toronto 2002, und Peter Howlett, Mary S. Morgan (Hg.), *How Well Do Facts Travel? The Dissemination of Reliable Knowledge*, Cambridge 2010.

3 Alexis Lepère, *Die Kultur des Pfirsichbaumes*, Weimar 1861, S. 13.

Fig. 12.

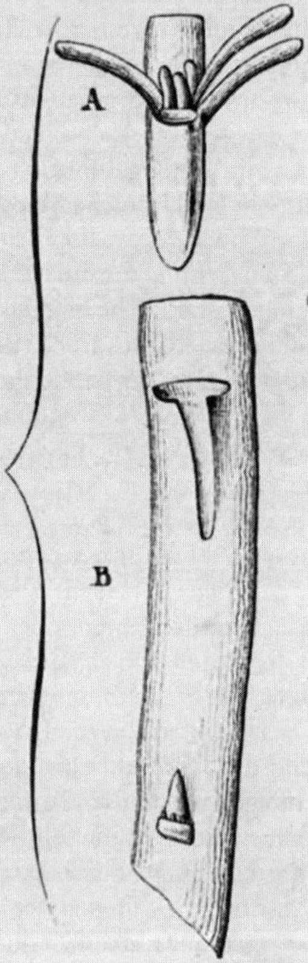

Abbildung 4.1: Okulieren von Pfirsichbäumen.

Quelle: Alexis Lepère, *Die Kultur des Pfirsichbaumes*, Weimar 1861, Tafel I, Abb. 12.

Der ganze Witz des Pfropfens besteht ja gerade darin, dass die beiden Teile die jeweiligen Eigenschaften bewahren, aufgrund derer sie zusammengefügt wurden.

Das folgende Beispiel mag dies deutlich machen. Am Ende des 19. Jahrhunderts wurden die Wurzeln der traditionellen europäischen Rebsorten von der aus Amerika eingeschleppten Reblaus *Phylloxera vastatrix* befallen und gingen massenweise ein.[4] Die in Amerika heimischen Reben waren hingegen immun gegen den Befall durch das Insekt. Durch Pfropfen der europäischen Kultursorten auf amerikanische Rebstämme war am einen Ende der Pflanze, den Wurzeln, die Resistenz der neuen Unterlage gegen den Schädling entscheidend, am anderen Ende gab es aber Früchte, aus denen man weiter den bewährten Blauburgunder oder den Riesling keltern konnte. Trotz enger Verwachsung an der Schnittstelle, die oft auch als solche sichtbar bleibt, behalten also die Teile beim Pfropfen ihre spezifische genetische Identität, auch wenn zum Beispiel die Unterlage durchaus das Wachstum und die Qualität des Pfropfes – kräftiger oder weniger kräftig, mehr oder weniger Früchte tragend – beeinflussen kann.[5] Was ihr Erbgut angeht, bleiben sie einander jedoch prinzipiell heteronom. Die Kulturtechnik des Pfropfens machte sich diese genetische Mosaikbildung schon in der Antike zunutze, lange bevor deren zelluläre Grundlagen aufgeklärt wurden. So ist das Pfropfen ein merkwürdiger Anschluss. Die Verwachsung ist vollständig, mitunter sogar nicht mehr wahrnehmbar. Andererseits vermittelt und vermischt sie nichts, sondern belässt den Teilen ihre jeweilige Identität; und dennoch nützt der Pfropf die Unterlage für sein eigenes Wachstum, und die Unterlage partizipiert beispielsweise an dessen photosynthetischer Aktivität.

Um die Besonderheit des Pfropfens noch einmal kontrastiv zu verdeutlichen, seien diesem Verfahren im Folgenden eine Reihe weiterer biologischer Kulturtechniken der Übertragung gegenübergestellt. Sie spielen nicht nur in der Medizin eine bedeutende Rolle, sondern sind auch zu einem integralen Bestandteil biologischen Experimentierens geworden. In den letzten Jahrzehnten sind sie aber auch alle von den Kulturwissenschaften aufgegriffen

4 Sarah Jansen, »An American insect in Imperial Germany: Visibility and control in making the Phylloxera in Germany, 1870-1914«, in: *Science in Context* 13 (2000), S. 31-70.

5 Neuere Untersuchungen zeigen, dass gelegentlich auch ein Austausch relevanter Biomoleküle zwischen den beiden Systemen stattfinden kann. Vgl. Lei Yang u. a., »m^{5}C methylation guides systemic transport of messenger RNA over graft junctions in plants«, in: *Current Biology* 29 (2019), S. 1-12.

worden, um Pendants in anderen Bereichen kultureller Praktiken zu beleuchten. Darauf werde ich nicht näher eingehen, einige markante Texte jedoch beiläufig erwähnen. Ich fange mit dem Impfen an. Der Begriff des Impfens wurde in früheren Zeiten durchaus weithin synonym mit dem Begriff des Pfropfens oder Okulierens verwendet. Im späten 19. Jahrhundert durchlief er allerdings einen entscheidenden Bedeutungswandel.[6] Unter Impfen versteht man heute das gezielte Einbringen eines seiner Virulenz beraubten Krankheitserregers oder eines Teils desselben in einen höheren Organismus. Man stimuliert damit das Immunsystem des Empfängers und schützt ihn so gegen die virulente Form des Keimes. Es handelt sich also um ein vorübergehendes Eindringen eines Organismus in einen anderen, wobei der Letztere als Reaktion auf den Eintrag vergleichsweise dauerhaft eine seiner Eigenschaften ändert: Er wird, wie man sagt, gegenüber zukünftigen Attacken des Krankheitserregers resistent. Das Impfen unterscheidet sich dementsprechend wesentlich vom Pfropfen. Beim Rebstock war die Resistenz mit der neuen Wurzel gegeben und nicht vom Pfropfreis induziert. Beim Impfen, so wie man es heute versteht und praktiziert, ist hingegen genau dies der Fall: Der Impfstoff veranlasst den Impfling, sich selbst zu verändern, er macht ihn immun.

Eine dritte biologische Kulturtechnik der Übertragung ist das Transplantieren.[7] Unter dem Transplantieren versteht man in der heutigen medizinischen und biologisch-experimentellen Praxis das Verpflanzen und Einwachsenlassen eines Teils, typischerweise eines Organs, eines Individuums in ein anderes. Das Ziel einer medizinischen Transplantation ist es in der Regel, ein nicht mehr funktionierendes Organ oder Gewebe durch ein funktionierendes, mit dem zu ersetzenden in seinem gesunden Zustand möglichst identisches, auszutauschen. Im Idealfall ist dabei der Organismus nach der Transplantation so gut wie unverändert. Er ist wieder der Alte. Wenn das Pfropfen das Ziel hat, ein Teil mit einer neuen Ei-

6 Vgl. Anne-Marie Moulin, *L'Aventure de la vaccination*, Paris 1996; Christine Holmberg, *The Politics of Vaccination: A Global History*, Manchester 2017; beispielhaft für Frankreich: Bruno Latour, *The Pasteurization of France*, Cambridge/MA 1993.

7 Thomas Schlich, *The Origins of Organ Transplantation: Surgery and Laboratory Science, 1880-1930*, Rochester NY 2010; zum kulturhistorischen Kontext vgl. François Delaporte u. a. (Hg.), *Transplanter. Une approche transdisciplinaire: art, médecine, histoire et biologie*, Paris 2015.

genschaft zu übertragen und dauerhaft einwachsen zu lassen, so bezweckt das Transplantieren umgekehrt, den intakten Zustand einer gegebenen Eigenschaft durch Austausch des Teils möglichst gleichbleibend zu erhalten.

Schließlich muss noch das Hybridisieren als eine biologische Kulturtechnik erwähnt werden.[8] Es unterscheidet sich noch einmal signifikant von den soeben beschriebenen Verfahren. Beim Hybridisieren oder Bastardieren werden zwei in ihren Eigenschaften konstant differierende, sich jedoch sexuell miteinander fortpflanzende Organismen gekreuzt. Das Ziel ist dabei, im hybriden Organismus die Eigenschaften der beiden Elternteile zu verbinden und damit, wenn es sich um mehrere, verschiedene Merkmale handelt, einen Organismus zu schaffen, der sich qualitativ von jedem der beiden Elternteile unterscheidet. Im Gegensatz zum Pfropfen würde es demnach beim Hybridisieren Sinn machen, von Veredlung zu sprechen. Man denke etwa an einen durch Kreuzung entstandenen Apfel, der nicht nur gut schmeckt und das richtige Verhältnis von Süße und Säure hat, sondern auch noch lange aufbewahrt werden kann. In der klassischen Genetik wurde das Hybridisieren aus der Landwirtschaft und in die Wissenschaft importiert und zu einer Experimentaltechnik umgewandelt, mit der es möglich wurde, Vererbungsvorgänge zu untersuchen.[9] Zwar erfuhr der Ausdruck dabei eine Bedeutungsänderung, doch die Hybridisierung von Nukleinsäuren avancierte in der Folge zu einer der entscheidenden Experimentaltechniken zur Aufklärung der molekularen Struktur und Funktion des Erbmaterials im Rahmen der molekularen Genetik.[10] Man sieht, dass nicht nur Begriffe aus einem Bereich der

8 Zur Bedeutung der Hybridisierung für die Geschichte der Genetik vgl. u. a. Hans-Jörg Rheinberger, Staffan Müller-Wille, *Vererbung. Geschichte und Kultur eines biologischen Konzepts*, Frankfurt/M. 2009; zur Verwendung des Begriffs im postkolonialen Diskurs vgl. Néstor García Canclini, *Hybrid Cultures*, Minneapolis 1990; zum anthropologischen Diskurs generell vgl. auch Bruno Latour, *Wir sind nie modern gewesen. Versuch einer symmetrischen Anthropologie*, Berlin 1995; vgl. dazu auch Yvonne Spielmann, *Hybridkultur*, Frankfurt/M. 2009.

9 Hans Stubbe, *Kurze Geschichte der Genetik*, Jena 1963; Leslie C. Dunn, *A Short History of Genetics: The Development of Some of the Main Lines of Thought, 1864-1939*, New York 1965; Robert Olby, *Origins of Mendelism*, New York 1967.

10 Edna Suarez Díaz, »Variation, differential reproduction and oscillation: The evolution of nucleic acid hybridization«. in: *History and Philosophy of the Life Sciences* 35 (2013), S. 39-44.

Kultur in einen anderen wandern, sondern auch damit verbundene Sachverhalte und Verfahren.[11] Hier nur von Metaphern oder Analogien zu sprechen, würde diesen historischen Bewegungen also nicht gerecht. Solche Wanderungen haben selbst ein eminentes Erkenntnispotential. Das Pfropfen soll nun etwas näher in den Blick genommen werden, zunächst im Zusammenhang einer Poietik der Schrift, dann im Kontext des wissenschaftlichen Experimentierens.

Der Pfropf der Schrift

Alle hier aufgeführten Kulturtechniken stellen sich als Manipulationen dar, bei denen zwischen zwei voneinander getrennten, eigenständigen Entitäten ein Austausch oder eine neue Verbindung hergestellt wird. Sie sind also in einem ganz allgemeinen Sinn »Operationen der Propagation« und »Operationen des Übergangs«. Ich benütze hier Ausdrücke, die Isabelle Stengers zur Beschreibung und zur Analyse von begrifflichen Transaktionen innerhalb eines bestimmten Wissensgebietes und von Begriffswanderungen zwischen unterschiedlichen Disziplinen und wissenschaftlichen Feldern verwendet hat.[12] Solche von Stengers auch als »nomadisch« bezeichneten Bewegungen sind gleichfalls die Voraussetzung dafür, dass kulturtechnische Verfahren ihre jeweiligen Äquivalente gegenseitig zu erhellen vermögen, die für ganz unterschiedliche Praktiken charakteristisch sind – von Praktiken im Umgang mit Organismen bis zu Schreibpraktiken, von künstlerischen bis zu wissenschaftlichen Praktiken des Experiments.[13]

Jacques Derrida hat im Zusammenhang mit Verpflanzungen von Diskurspartikeln von einem diskursiven Kontext in einen anderen von einer – unersättlichen – »Iteration« gesprochen,[14] und auch er hat im Rückgriff auf die biologische Sprachwelt Begriffe

11 Vgl. dazu exemplarisch Georges Canguilhem, *Die Herausbildung des Reflexbegriffs im 17. und 18. Jahrhundert*, München 2008.

12 Isabelle Stengers, »La propagation des concepts«, in: dies. (Hg.), *D'une science à l'autre. Des concepts nomades*, Paris 1987, S. 9-26.

13 Vgl. zum Beispiel Jacques Ascher, Jean-Pierre Jouet, *La Greffe, entre biologie et psychanalyse*, Paris 2004.

14 Jacques Derrida, »Signatur Ereignis Kontext«, in: ders., *Randgänge der Philosophie*, Frankfurt/M., Berlin u. a. 1976, S. 124-155.

wie »Dissemination« und »Pfropfen« verwendet,[15] um jenes Spiel mit dem Heterokliten, dem Heteronomen und dem Heterogenen zu bezeichnen, das er als das entscheidende Merkmal der Kulturtechnik der Schrift ansieht, als das ihr innewohnende Angebot zu einer dauernden Fortschreibung.[16] Dissemination ist eine besondere Operation der Propagation, bei der die Ausbreitung, zum Beispiel einer Krankheitserscheinung im Körper, mehr oder weniger erratisch verläuft, also nicht von linearem Charakter ist und damit auch nicht exakt vorhergesehen werden kann. Pfropfen hingegen bezeichnet das Setzen eines Anderen, das nicht organisch aus dem Vorangegangenen hervorgeht, obwohl es das Vorangegangene braucht, um sich als ein Anderes zu artikulieren. Für Derrida sind beides nicht nur Figuren einer räumlichen, sondern auch Figuren einer temporalen Propagation im Feld des Schreibens und der Schrift.

Beim Pfropfen geht es nicht nur um das Zitieren als ein spezieller skripturaler Insertionsvorgang. »Schreiben meint Pfropfen«, heißt es ganz grundsätzlich und lapidar in *La Dissémination*, sowohl im Sinne des Aufbringens auf eine Unterlage als auch im Sinne einer Dekontextualisierung und Rekontextualisierung von Versatzstücken. Hier bringt Derrida das Pfropfen auch mit dem Anbringen einer »überwendigen Naht« (*surjet*) in Verbindung.[17] Das Pfropfen impliziert, heißt das, eine Kontaktfläche, bei der es zu einer dauerhaften Verknüpfung kommt, man aber nicht von einer Fusion sprechen kann.

In seinem Buch *Das Wasser und die Träume* hat auch Gaston Bachelard im Zusammenhang mit seiner Charakterisierung des poetischen Arbeitens an und mit den Bildern der Elemente Feuer, Wasser, Erde, Luft den Begriff des »Pfropfes« verwendet, um der Bewegungsform sowie dem Bewegungsablauf der poetischen Bilder im Prozess des Schreibens Ausdruck zu verleihen.[18] Auch ihm geht es im Rahmen seines »philosophischen Studiums« des »poetischen

15 Jacques Derrida, »Die Dissemination«, in: ders., *Dissemination*, Wien 1995, S. 323-414, hier S. 402.

16 Vgl. Uwe Wirth, »Zitieren Pfropfen Exzerpieren«, in: Martin Roussel (Hg.), *Kreativität des Findens – Figurationen des Zitats*, München 2012, S. 79-98.

17 Derrida, »Dissemination«, Abschnitt 10.

18 Vgl. dazu auch Hans-Jörg Rheinberger, *Der Kupferstecher und der Philosoph. Albert Flocon trifft Gaston Bachelard*, Zürich, Berlin 2016.

Schaffens« darum,[19] dass der Pfropf der Unterlage Neues, nicht aus ihr Ableitbares im Sinne innerbildlicher Verschiebungen zufügt. Und doch ist er auf die Unterlage angewiesen, um sein Eigenes auszutreiben. Die »materielle Imagination« ist das Ergebnis einer Hinzufügung. Von den »*direkten* Bildern der *Materie*« heißt es: »Der Blick benennt sie, aber die Hand erkennt sie.«[20] »Auch die poetischen Bilder«, heißt es an anderer Stelle, »sind von einer materiellen Natur«.[21] Bachelard will den »Pfropf« hier ausdrücklich nicht als eine »bloße Metapher« verstanden wissen: Für ihn bezeichnet er vielmehr eine Figur und eine Bewegungsform der »materiellen Imagination«. Anders gesagt: Er nimmt die Metapher beim Wort. Materielle Imagination ist wesentlich ereignishaft: Sie ist nicht bloßer Ausdruck der Einbildungskraft, sie ist von einer vegetativen Kraft getrieben, selbst materiehaft und zugleich das Ergebnis einer Auseinandersetzung mit der Materie, eines Engagements, das über sich hinauswächst. »Es ist der Pfropf, welcher der materiellen Imagination die Exuberanz der Formen zu geben vermag.«[22] Exuberanz ist ein passendes Wort für die Art des Überschusses, mit dem wir es hier zu tun haben. Damit aber das »geschriebene Werk« nicht einfach »die Vakanz einer flüchtigen Stunde bleibt, muss es seine Materie finden«.[23] Und obwohl Bachelard sich in diesem Zusammenhang konkret mit dem poetischen, also dem schriftlich verfassten Kunstwerk beschäftigt, fügt er verallgemeinernd und geradezu kategorisch hinzu: »Die Kunst ist von gepfropfter Natur.«[24] Sie ist nicht aus einem Guss, sondern sie lebt aus dem Verbund und dem Versatz der spezifischen, jeweils in sie eingehenden Materialien mit ihrer jeweiligen unverwechselbaren und unersetzbaren Intransigenz.

19 Gaston Bachelard, *L'Eau et les rêves. Essai sur l'imagination de la matière*, Paris 1942, S. 2.

20 Ebd., S. 2, Hervorhebung im Original.

21 Ebd., S. 4.

22 Ebd., S. 14.

23 Ebd., S. 5.

24 Ebd., S. 15. Pierre Alechinsky, seit 1949 Mitglied der Gruppe CoBrA, hat sich in einem Beitrag für deren Künstlerzeitschrift Cobra mit Bachelards Versuch in diesem Eingangskapitel des Buches befasst, »die Materie auszuloten« – *de peser une matière* (S. 26). Pierre Alechinsky, »Abstraction faite«, in: *Cobra* No. 10, automne 1951, S. 4-8. Alechinsky spricht dort vom »Unvorhersehbaren« ihrer »hartnäckigen Präsenz« (S. 6).

Im geschriebenen Werk sind dabei das Bildmaterial und das im engeren Sinne linguistische Material, Semantik und Syntax verzahnt; sie greifen ineinander. Auch im Schreiben bringt man nicht einfach etwas Fertiges zum Ausdruck. Man fügt sozusagen von außen etwas zu. Im Schreiben *unterlaufen* einem die Formulierungen. Dieser Vorgang des Unterlaufenwerdens hängt mit dem materiellen Dispositiv des Schreibens zusammen. Es ist eine Versuchsanordnung, eine praktische Erzeugungsdisposition im Sinne Pierre Bourdieus,[25] eine Kultur der Emergenz im Sinne Bachelards.[26] Man kann in ihren Sog geraten. Am Hingeschriebenen lässt sich differentiell weiterarbeiten, appositionieren, es ereignen sich Erkenntniseffekte im Iterativen. Sie bedürfen dieses Hingeschrieben-Werdens, sie passieren erst in ihm. Was hier mit Bachelard über den literarischen Text gesagt werden kann, das trifft umso mehr auch auf das experimentiernahe Schreiben im Raum des Protokollierens zu. Hier wird ebenfalls gepfropft, wird Unverbundenes versuchsweise zueinander in Beziehung gesetzt. Darauf soll im nächsten Kapitel näher eingegangen werden.[27]

Pfropfen im Experimentalsystem

In diesem Buch geht es um die Erscheinungsweisen der Artikulation und der Dynamik, die das wissenschaftliche Experimentieren in seiner materiellen Verfasstheit charakterisieren. Man kann auch hier mit guten Gründen sowohl den Begriff der Pfropfung als auch den Begriff der Hybridisierung einführen. Der zwischen den beiden Techniken im biologischen Bereich bestehende Unterschied lässt sich kurz wie folgt fassen: Ein Hybrid zeichnet sich durch Amalgamierung – nicht Verschmelzung – zweier vormals separater Entitäten aus, während ein Pfropf zwar verwächst, den beiden Entitäten aber ihre Individualität belässt. Beides hat seine Äquivalenz im Feld der experimentellen Techniken. Experimentaltechniken sind eine besondere Form von Kulturtechniken im

25 Pierre Bourdieu, *Sozialer Sinn. Kritik der theoretischen Vernunft*, Frankfurt/M. 1987; Pierre Bourdieu, Loïc J. D. Wacquant, *Reflexive Anthropologie*, Frankfurt/M. 2006.

26 Bachelard, *Rationalisme appliqué*, S. 133.

27 Vgl. auch Rheinberger, *Epistemologie des Konkreten*, Kapitel 13.

Bereich der Wissensproduktion. Dabei handelt es sich nicht um das, was man üblicherweise als Methode bezeichnet. Unter einer Methode versteht man in der Regel eine widerspruchsfreie Anweisung zum Handeln, die auf ein vorliegendes Problem *angewendet* werden kann. Beim forschenden Experimentieren geht es vielmehr um die in der Regel widerspruchsvolle Verzahnung von heterokliten Forschungstechniken zu prekären und fragilen Ensembles, die zusammen als Experimentalsystem funktionieren können.

Claude Lévi-Strauss sah es als das Charakteristikum des Bastlers an, aus einem Repertoire zu schöpfen, dessen »Komposition« »heteroklit« ist.[28] Das gleiche Kompositionsprinzip sah er auch im »wilden Denken« am Werk. Im Kontrast dazu stand für ihn die einer vereinheitlichenden Disziplin unterworfene Arbeit des Ingenieurs – nicht des Wissenschaftlers. Und in der Tat, ein Brikolieren, ein wildes Denken ist im Innersten des wissenschaftlichen Forschungsprozesses – im Innersten also einer Wissenschaft im Werden – am Werk. Ich werde darauf im vorletzten Kapitel dieses Buches noch einmal ausführlich zurückkommen. Das Problem ist, ein Vokabular zu finden, das es erlaubt, dieses Basteln in seinen phänomenalen Artikulationen zu erfassen und diese in ihrer Dynamik zur Darstellung zu bringen.

Experimentalsysteme können als die kleinsten funktionsfähigen Einheiten der modernen empirischen Forschung angesehen werden. Sie sind zudem wesentlich temporal verfasst: Zeitlichkeit ist in sie eingeschrieben. Sie sind in einem ständigen Prozess der differentiellen Reproduktion begriffen – auch das übrigens ein Begriff, der auf den Bereich des Organischen Bezug nimmt, der aber auch in der Ökonomie eine zentrale Bedeutung erlangt hat. Experimentalsysteme müssen sich ständig differenzieren, wenn sie ihre Funktion behalten sollen, Generatoren von neuen Erkenntnissen zu sein. Neutraler könnte man sagen und damit vermeiden, Differenzierung mit Komplexitätszunahme gleichzusetzen und ihr damit zugleich eine Richtung vorzuschreiben: Ein Experimentalsystem muss beständig differieren, es muss permanent iterieren.[29]

28 Claude Lévi-Strauss, *La Pensée sauvage*, Paris 1962, S. 27; in der deutschen Übersetzung mit »heterogen« wiedergegeben; vgl. Lévi-Strauss, *Das wilde Denken*, S. 30.

29 Zum Begriff der Iteration vgl. Derrida, *Grammatologie*; Derrida, »Signatur Ereignis Kontext«.

Sobald ein solches System sich auf sich selbst einschwingt, ist es nur noch zur Demonstration seiner selbst – als Test – fähig und hat seine Forschungsfunktion verloren. Wir haben es also mit Systemen besonderer Art zu tun: Sie sind nicht auf ein Maximum an Kohärenz angelegt, sondern auf ein Minimum an Kohäsion.

Um dem Einschwingen auf sich selbst und damit dem Ausklinken des Systems aus der Forschungsfront entgegenzuwirken, wird an den technischen Bestandteilen eines Experimentalsystems ständig gearbeitet und gebastelt. Experimentalsysteme kreisen um epistemische Dinge, um Konturen annehmende Gegenstände des Wissens. An die technischen Bedingungen, unter denen ein epistemisches Ding Gestalt anzunehmen vermag, können neue Elemente angeflanscht werden. Wenn es sich dabei nicht nur um die Modifizierung oder die inkrementelle Veränderung eines bereits existierenden Elements handelt, sondern um die Einführung eines qualitativ neuen Apparates in das System, kann man das durchaus mit dem Vorgang des Pfropfens vergleichen. Auch wenn wir es hier nicht mit einem organischen, sondern mit einem epistemisch-technischen Ensemble zu tun haben, so erfüllt es doch formal vergleichbare Voraussetzungen. Der Pfropf soll mit Hilfe der Unterlage sein eigenes Potential zum Vorschein bringen und diese Unterlage gleichzeitig in ihrem Funktionieren intakt lassen. Hinzu kommt, worauf gleich noch näher einzugehen sein wird, dass in Experimentalsystemen, in deren Zentrum epistemische Entitäten aus dem Bereich des Biologischen stehen, die Forschungstechnologien auf charakteristische Weise mit Organischem in Kontakt kommen. Sie bilden prekäre, organisch-anorganische Schnittstellen mit Ermöglichungscharakter: Sie sollen das Objekt nicht vereinnahmen, sondern dazu beitragen, seinen Eigenwert manifest werden zu lassen in dem Sinne, wie der Medientheoretiker *avant la lettre* Fritz Heider das einmal formuliert hat, dass nämlich »in der physikalischen Struktur selbst – ganz ohne Beziehung auf ein bestimmtes Subjekt – schon Unterschiede vorhanden sind, die gewisse Dinge zur Vermittlung, andere zum Objekt vorherbestimmen«.[30]

30 Fritz Heider, *Ding und Medium*, Berlin 2005, S. 24–25.

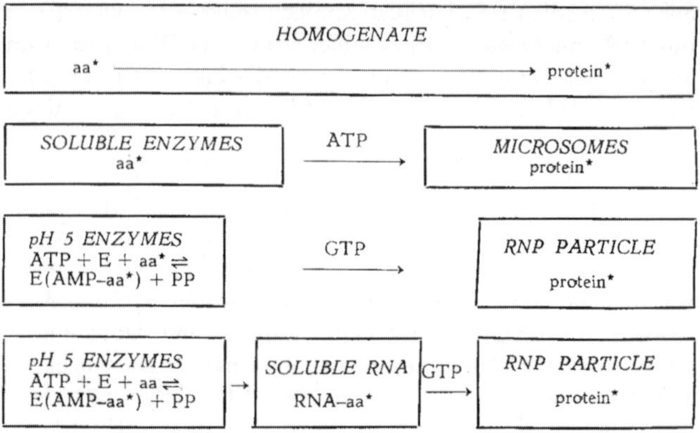

Abbildung 4.2: Stadien der Zerlegung des Systems zum zellfreien Aminosäureeinbau in Proteine auf der Basis von Rattenleber.

Quelle: Mahlon Hoagland, »On an enzymatic reaction between amino acids and nucleic acid and its possible role in protein synthesis«, in: *Recueil des Travaux Chimiques des Pays-Bas et de la Belgique* 77 (1958), S. 623-633, Abb. 1.

Experimentalsystemen können also neue technische Bedingungen aufgepfropft werden. Einige Beispiele mögen das Gesagte verdeutlichen. In *Experimentalsysteme und epistemische Dinge* habe ich ausführlich die Geschichte des Experimentalsystems der *In-vitro*-Proteinsynthese beschrieben, in das erst Mitte der 1950er Jahre ein neues Instrument, die Ultrazentrifuge, eingeführt wurde, das die bisherigen Laborzentrifugen ersetzte und einen qualitativen Sprung zu höheren Sedimentationsgeschwindigkeiten erlaubte.[31] Sie ermöglichte es, ein neues Fraktionierungsmuster des untersuchten Zellsaftes zu produzieren, das innerhalb weniger Jahre seinerseits wiederum zur Identifizierung bisher unbekannter molekularer Komponenten führte, die im zellulären Mechanismus der Eiweißherstellung eine Rolle spielen (Abb. 4.2). Die Abbildung ist einem Überblicksartikel entnommen, den Mahlon Hoagland, der

31 Vgl. dazu ausführlich Rheinberger, *Experimentalsysteme*, Kapitel 5.

an diesen Arbeiten maßgeblich beteiligt war, in der Rückschau verfasste. Sie verdeutlicht in historischen Schritten den Sprung, den die Einführung dieser Technik in der Differenzierung der Komponenten des Systems aus der Perspektive des im Fokus der Forschung stehenden epistemischen Objekts bewirkte. Hintergrund für die Differenzierung der Abbildungskästchen mit den molekularen Komponenten ist die Verfeinerung der Fraktionen. Bis zur Stufe II wurde eine Standard-Laborzentrifuge eingesetzt, ab Stufe III zusätzlich die Hochgeschwindigkeitszentrifuge. Man sieht hier, wie eine apparative Pfropfung, die sich zunächst nur wie eine lineare Erweiterung der bestehenden Experimentalbedingungen – die Erhöhung der Zentrifugiergeschwindigkeit – ausnimmt, von einer iterativen Differenzierung in eine qualitative Transformation eines Wissensobjektes umschlägt. Vor allem gelang es dadurch, den Energiebedarf des Prozesses zu lokalisieren, und es nahm ein gänzlich neuer Forschungsgegenstand Gestalt an, der hier als »soluble RNA« bezeichnet wird und später Transfer-RNA genannt wurde.

Ein zweites Beispiel soll andeuten, wie unterschiedlich sich derartige Pfropfungen auswirken können. In das auf Mutanten der Mehlmotte *Ephestia kühniella* beruhende System zur Untersuchung physiologischer Genwirkungen von Alfred Kühn, das ich an anderer Stelle ausführlich beschrieben habe,[32] wurde in den späten 1930er Jahren ein biochemisches Analyseverfahren eingeführt. Bis dahin hatten die verwendeten Untersuchungsverfahren im Wesentlichen auf Transplantationen von Organen zwischen Augenpigment-Mutanten des Insekts beruht. Im Unterschied zur medizinisch motivierten Transplantation ist ihre Verwendung als Experimentaltechnik nicht auf *Ersetzung*, sondern vielmehr auf *Versetzung* von Organen angelegt. Im gegebenen Fall wurde nicht eine bereits in Gebrauch befindliche Technik erweitert – Zentrifugation –, sondern es wurde ein zusätzliches Verfahren – Transplantation – in das experimentelle Ensemble integriert. Beides zusammen erlaubte es der Gruppe um Kühn, den bereits vorher identifizierten, aber nicht isolierten und zunächst als Hormon angesprochenen Genwirkstoff molekular als das Derivat einer Aminosäure zu charakterisieren.

32 Rheinberger, *Epistemologie des Konkreten*, Kapitel 6.

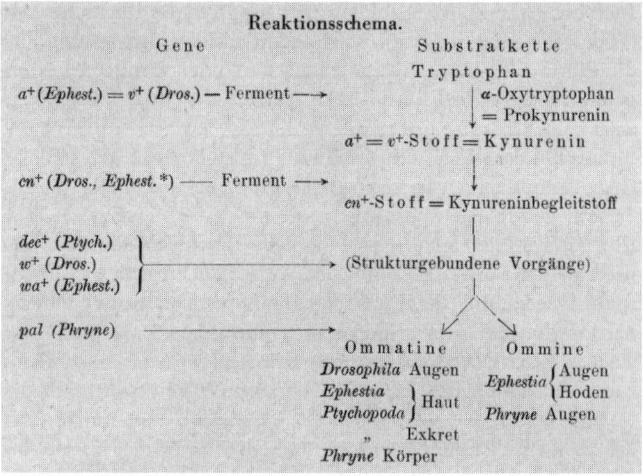

Abbildung 4.3: Reaktionsschema der Beziehung zwischen Gen-Wirkketten und Substratketten.

Quelle: Alfred Kühn, »Über eine Gen-Wirkkette der Pigmentbildung bei Insekten«, in: *Nachrichten der Akademie der Wissenschaften in Göttingen, Mathematisch-Physikalische Klasse* (1941), S. 231-261, Schema auf S. 255.

Dieser Befund zog zugleich eine für die zukünftige Forschung grundlegende Unterscheidung nach sich: Kühn und seine Mitarbeiter konnten nunmehr zwei »Wirkketten« der Genphysiologie unterscheiden. Die eine davon betraf die putativen Gene mit den ihnen zugeordneten Fermenten (Enzymen) als den direkten Genprodukten. Die andere betraf die physiologischen Substrate, die von den Enzymen in Kaskaden transformiert wurden (Abb. 4.3). Auch hier sieht man wieder, wie sich eine technische Pfropfung in der iterativen Differenzierung des Untersuchungsobjektes niederschlägt. Der entscheidende Sprung von einer eindimensionalen, linearen Darstellung der Genwirkung zu einer zweidimensionalen, vernetzten Darstellung war wiederum das Ergebnis einer technischen Implementation. Diese enge Kopplung von technischen und epistemischen Dingen ist charakteristisch für den modernen

Forschungsprozess. Der Pfropf muss also nicht nur das technische System erweitern, er muss auch auf der epistemischen Seite ein für diese Erweiterung charakteristisches Ergebnis liefern. Andernfalls wäre er den Aufwand nicht wert.

Schnittstellen

Hier kommt nun noch ein weiterer Begriff ins Spiel, auf den schon mehrmals Bezug genommen wurde: Es ist der Begriff der Schnittstelle. Die Schnittstelle nimmt im Zusammenhang mit dem Pfropfen in Experimentalsystemen eine doppelte Form an. Zum einen geht es um die Nahtstelle zwischen der aufgepfropften neuen Technik und den bereits vorhandenen, das betreffende Experimentalsystem bestimmenden technischen Bedingungen. Der Pfropf muss an das existierende technische System anschlussfähig sein. Er muss mit ihm so verbunden werden können, dass er seine Wirkung entfalten kann. Die neuen Spuren und Daten, die mit seiner Hilfe erzeugt werden, müssen auf die bereits existierenden Daten und Spuren bezogen werden können. Ist diese Kompatibilität nicht gegeben, so ist die Pfropfung als misslungen zu betrachten, das System hat den Pfropf abgewiesen.

Zum anderen gilt es, die Schnittfläche zwischen dem neuen Instrument oder der neuen Prozedur und dem epistemischen Objekt zu betrachten. Auch hier muss produktive Anschlussfähigkeit oder Kompatibilität gegeben sein, es muss zumindest die Aussicht bestehen, dass sie geschaffen werden kann. In der Regel ist Letzteres der Fall, denn es sind gerade diese Anschlüsse, die das Basteln an Experimentalsystemen besonders herausfordern. Insbesondere bei biologischen Forschungsobjekten sind solche Verfugungen in der Regel der kritische Punkt, an dem sich die Möglichkeit des Einsatzes einer neuen Technologie entscheidet. Es kommt nicht selten vor, dass sich die Gestaltung der Schnittstelle selbst zu einem ganzen Forschungsfeld ausweitet. Die Herstellung lichtmikroskopischer Präparate in der zweiten Hälfte des 19. Jahrhunderts oder die Herstellung elektronenmikroskopischer Specimina um die Mitte des 20. Jahrhunderts sind gute Beispiele für eine solche Ausweitung, bei der gar nicht mehr so sehr die Physik des Instrumentes, sondern vielmehr die Schnittstellengestaltung zum bestimmenden Moment für die Ausschöpfung der Optionen einer neuen Technik wird. Denn hier gilt es, mehr oder weniger weiches organisches Material mit einer mehr oder weniger starren technischen Vorrichtung so zur Interaktion zu bringen, dass der Kontakt zu materialspezifischen Spuren führt. Was hier zu bewältigen ist, ist nichts weniger als die Schaffung einer leitfähigen Berührungsfläche oder eines Berührungspunktes zwischen einem Organismus – oder einem Teil desselben – und einem technischen Apparat, und zwar so, dass der Apparat Auskunft über das epistemische Objekt geben kann, auf das sich sein analytisches Differenzierungspotential richtet. Solche Schnittstellen können ganz unterschiedliche Formen annehmen, wie ich an anderer Stelle ausführlicher gezeigt habe.[33] Beim physiologischen Experiment am lebenden Tier kann es wohl etwa ein mit Quecksilber gefüllter Schlauch sein; bei der Analyse biologischer Makromoleküle durch die Röntgenstrukturanalyse nimmt die Schnittstelle hingegen die Gestalt eines organischen Kristalls an. Eine Typologie solcher Schnittstellen wäre aufschlussreich, ist aber bisher Desiderat geblieben.

Hybridisieren

Ich möchte nun noch auf eine weitere Bewegungs- und Artikulationsform von Experimentalsystemen zu sprechen kommen, die man als Hybridisierung betrachten kann. Wenn sich das Pfropfen innerhalb des technischen Rahmens eines einzelnen, in Entwicklung befindlichen Experimentalsystems bewegt, so steht das Hybridisieren für den Vorgang der Fusionierung zweier getrennt voneinander entwickelter Experimentalsysteme zu einem neuen Ganzen. Komplementär dazu gibt es auch den Vorgang der Verzweigung eines einzelnen Experimentalsystems, seine Aufspaltung in zwei oder mehr für sich bestehende Einheiten zur Darstellung hinreichend unterschiedlicher epistemischer Objekte. Nicht diese Form der Dissemination, sondern ihr inverses Komplement, die Hybridisierung, soll hier etwas näher betrachtet werden. Bei solchen Amalgamierungen kommt es meist zur Emergenz eines neuen, bis zu diesem Zeitpunkt nicht existierenden wissenschaftlichen

33 Rheinberger, *Epistemologie des Konkreten*, Kapitel 11.

Untersuchungsobjekts. Nicht selten führt die Hybridisierung von Experimentalsystemen zur Eröffnung ganz neuer Forschungsfelder. In der Zusammenführung bisher getrennter Forschungstrajektorien durch Fusionierung von Experimentalsystemen liegt überhaupt eine der reichsten Quellen wissenschaftlicher Innovation.

Ein Paradefall für einen solchen Hybridisierungsvorgang in der Geschichte der Molekularbiologie ist die Fusionierung von Jacques Monods Experimentalsystem zur Untersuchung der Zuckerstoffwechsel-Regulation am Beispiel des bakteriellen Laktose-Metabolismus und von François Jacobs System zur Untersuchung der Genübertragung bei der sexuellen Konjugation von Bakterien.[34] Beide Forscher arbeiteten in den 1950er Jahren an der gleichen Institution, dem Institut Pasteur in Paris, und beide benützten den gleichen Modellorganismus, das Bakterium *Escherichia coli*, aber sie bearbeiteten zunächst ganz unterschiedliche Projekte. Monod interessierte es, wie Bakterien physiologisch auf unterschiedliche Nahrungsangebote reagieren und für deren Verarbeitung notwendige Enzyme produzieren oder die Produktion überflüssiger Enzyme einstellen. Jacob hatte sich im Labor von André Lwoff in das Phänomen der Lysogenie vertieft: Lysogene Viren, die ein Bakterium befallen haben, können in das Wirtsgenom integriert und über viele Generationen quasi schlafend weitergegeben werden, bevor sie dann plötzlich virulent werden und die befallene Bakterienzelle zerstören. Der Zusammenschluss der Systeme wurde dadurch möglich, dass beide Forscher auf der Basis des gleichen Modellorganismus arbeiteten. Durch differentielle Genübertragung zwischen genetisch verschiedenen Bakterienstämmen gelang es Monod und Jacob in Zusammenarbeit mit Arthur Pardee und Monica Riley aus Berkeley zwischen 1958 und 1960, die beim Laktose-Abbau beteiligten Gene auf dem Bakterienchromosom zu kartieren und ein Modell ihrer Regulierung zu entwerfen. Sie gelangten dabei aber auch zu dem für die Grundlegung der molekularen Genetik entscheidenden Befund, dass die Genexpression allgemein durch ein

34 Die wissenschaftshistorische Literatur hierzu ist dementsprechend umfangreich. Zu einem Überblick vgl. Michel Morange, *The Black Box of Biology. A History of the Molecular Revolution*, Cambridge/MA 2020, Kapitel 14; detailliert Kay, *Das Buch des Lebens*, Kapitel 5; zuletzt Laurent Loison, Michel Morange (Hg.), *L'Invention de la régulation génétique. Les Nobel 1965 (Jacob, Lwoff, Monod) et le modèle de l'opéron dans l'histoire de la biologie*, Paris 2017.

– in der Bakterienzelle kurzlebiges – Zwischenprodukt vermittelt wurde, eine von der DNA transkribierte Ribonukleinsäure, die bald als Messenger-RNA bekannt wurde und in die Lehrbücher Eingang fand. So betraten als Ergebnis dieser Hybridisierung zweier Experimentalsysteme gleich drei neue epistemische Objekte die Bühne der sich damals stürmisch entwickelnden Molekularbiologie: die Unterscheidung von Strukturgenen und Regulatorgenen, das Operon als Einheit der bakteriellen Genregulation und die Boten-RNA als Vermittlerin und Zwischenprodukt der Genexpression. Mit der Hybridisierung der Experimentalsysteme ging zugleich eine Hybridisierung des Experimentaldiskurses einher.[35] Die hybride Sprache, die bei solchen Fusionierungen entsteht, erlaubte mit ihrer Mehrschichtigkeit wiederum die Erkundung weiterer Modulationen bei der Fortschreibung des neu entstandenen Experimentalsystems.

Die zwei hier beschriebenen Artikulationsformen der Pfropfung und der Hybridisierung spielen bei der Iteration von Experimentalsystemen eine entscheidende Rolle. Die Pfropfung betrifft die Erweiterung von Experimentalsystemen um neue Techniken. Die Hybridisierung betrifft die Fusionierung von vormals getrennten Experimentalsystemen. Beide Artikulationsformen sind Orte des Bastelns, an denen es zu unvorhergesehenen Effekten und damit zu ebenso unvorhergesehenen Wissenserweiterungen kommen kann. Es geht bei dieser Charakterisierung weniger darum, ein biotechnisches Vokabular in die Beschreibung der Dynamik der modernen empirischen Forschung einzuführen, als vielmehr darum, darauf aufmerksam zu machen, dass es hier wie dort um Kulturtechniken geht, und dass diese gelegentlich durchaus auch vom einen in den anderen Bereich migrieren können. Ihre Konnotation ist eine materielle, nicht eine linguistische. Bei der Beschreibung des Experimentalsystems von Alfred Kühn wurde erwähnt, dass eine frühe, in das System integrierte Technik im kreuzweisen Transplantieren von Insektenorganen in die Raupen verschiedener Mutanten bestand. Hier wird die medizinische Technik des Transplantierens also zum Bestandteil des experimentellen Verfahrensarsenals der genetischen Forschung und kann dabei auch Weiterungen und Umdeutungen erfahren, die im traditionellen Kontext ausgeschlossen wären. Das ist auch bei der Hybridisierung der Fall. Die aus der

35 Vgl. dazu Rheinberger, *Epistemologie des Konkreten*, Kapitel 10.

Landwirtschaft lange bekannte und praktizierte Bastardierung von Sorten einer Spezies wurde neben der Züchtung reiner Linien die entscheidende Experimentaltechnik bei der Etablierung der klassischen Genetik um die Wende vom 19. zum 20. Jahrhundert.[36] Im Forschungszusammenhang geht es allerdings nicht um die Manipulation der biologischen Reproduktion oder anderer biologischer Funktionen zu Kultivationszwecken, sondern vielmehr um Verfahren der Erkenntnisproduktion. In den Biowissenschaften haben jedoch manche dieser Verfahren eine lange Geschichte in der Kultur und Manipulation von Tieren und Pflanzen hinter sich. Als ebenso viele Verfahren des Experiments besitzen sie nun aber ihr eigenes iterierbares Potential.

36 Vgl. dazu Rheinberger, Müller-Wille, *Vererbung*.

5. Protokolle

Das Protokollieren ist ein integraler Bestandteil eines jeden Experiments. Sowohl in den Kapiteln über Spuren und Modelle als auch im Kapitel über das Sichtbarmachen ist die Aktivität des Protokollierens, zumindest implizit, immer wieder gestreift worden. Hier soll nun daran angeschlossen und der Versuch unternommen werden, diese noch experimentiernahe Form der Verschriftung zu explizieren und sie in ihren Facetten etwas genauer zu erfassen und zu verorten. Die Phänomenbreite solcher Primärverschriftungen ist groß und vielgestaltig: Es können Exzerpte aus der Forschungsliteratur sein; Notizen zu Grundideen; Gedankenfetzen, Einfälle; Bemerkungen zu auffälligen Überschneidungen; Skizzen zu experimentellen Anordnungen; Datenstreifen, die ein einzelner Experimentalverlauf geliefert hat; versuchsweise Interpretationen experimenteller Ergebnisse, Überschreibungen dieser Interpretationen; vorläufige Berechnungen; Kalibrierungsergebnisse einzusetzender Apparate; Entwürfe zu neuen Vorrichtungen. All diese Kritzeleien sind die ständigen Begleiter des Experimentators; sie sind angesiedelt *zwischen* den Materialitäten eines Experimentalaufbaus einerseits und den begrifflichen und narrativen Gebäuden andererseits, die schließlich als sanktionierte Forschungsberichte den unmittelbaren Kontext des Labors verlassen und in die Zirkulationssphäre des Wissens eintreten.[1]

Obwohl ohne solche Registraturen ein geordnetes Experimentieren unmöglich und gar nicht denkbar ist, wurden diese primären Formen des Anschreibens und Aufschreibens im Labor lange einfach als ein notwendiges Festhalten und Ablegen von Daten, als ein schlichtes Zwischenspeichern auf dem Weg zum definitiven Ergebnis aufgefasst. Es wurde ihnen dementsprechend auch wenig epistemologische Beachtung geschenkt. Das hat sich erst in neuerer Zeit geändert.[2] Diese literarischen Zwischenspeicher sind keineswegs das

1 Hier geht es nur um das Protokollieren im Labor. Zum Protokoll als Kulturtechnik in seinen vielfältigen weiteren Formen vgl. Michael Niehaus, Hans-Walter Schmidt-Hannisa (Hg.), *Das Protokoll. Kulturelle Funktionen einer Textsorte*, Frankfurt/M. 2005.

2 Aus der Perspektive der Wissenschaftsstudien vgl. Latour, Woolgar, *Laboratory*

inerte Hilfsgerüst für die definitive Darstellung eines Befundes. Sie stellen vielmehr ein produktives Medium zwischen den Gegenständen des Experiments und den Erkenntnisvorgängen dar, die sich mit ihnen verbinden. Das Labor ist ein Ort, an dem neues Wissen entsteht; hier vermitteln ins Unreine formulierte Notizen, bekritzelte Zettel, ausgefüllte und überschriebene Protokolle die konkreten Wissensbildungsprozesse. Hier herrscht noch keine autoritative Stimme, die bereits entschieden hat. Die produktive Funktion solcher Dokumente in der Ordnung der Wissenserzeugung wurde allerdings in den meisten mikrohistorischen Rekonstruktionen, die sich auf Labortagebücher und andere Dokumente der Forschung stützen, vernachlässigt.[3] In ihnen ging und geht es meist darum, die rekonstruktiven Lücken zu schließen, die die publizierten Dokumente und Überbleibsel hinterlassen, also – um es mit einem Wort von Frederic Holmes zu sagen – eine Feinkartierung der »Forschungspfade« vorzunehmen[4] oder Entdeckungsvorgänge formal zu modellieren[5] sowie Forschungsressourcen bereitzustellen.[6]

Grundsätzlich können zwei Formen und zugleich Phasen unterschieden werden, denen Laboraufzeichnungen, also laborbank-

Life. Einen neueren Überblick aus wissenschaftshistorischer Sicht geben Frederic L. Holmes u. a. (Hg.), *Reworking the Bench. Research Notebooks in the History of Science*, Dordrecht 2003; vgl. dazu auch Christoph Hoffmann, *Die Arbeit der Wissens*chaften, Zürich, Berlin 2013.

3 Zu den Ausnahmen gehören Christoph Hoffmann, *Schreiben im Forschen*, Tübingen 2018; vorher Christoph Hoffmann, Peter Berz (Hg.), *Über Schall. Ernst Machs und Peter Salchers Geschossfotografien*, Göttingen 2001; Jürgen Renn, *The Genesis of General Relativity*, Bd. 1 u. 2, *Einstein's Zurich Notebooks*, Dordrecht 2007.

4 Im Bereich der Biowissenschaften ist Holmes in dieser Hinsicht der wohl produktivste Historiker, mit Büchern über Wissenschaftler vom 18. bis zum 20. Jahrhundert (Antoine Laurent de Lavoisier, Claude Bernard, Hans Krebs, Matthew Meselson und Seymour Benzer). Als ein Beispiel vgl. Frederick L. Holmes, *Hans Krebs: Architect of Intermediary Metabolism*, Oxford 1993; generell vgl. Frederick L. Holmes, *Investigative Pathways: Patterns and Stages in the Careers of Experimental Scientists*, New Haven 2004.

5 Gerd Grasshoff u. a., *Zur Theorie des Experiments. Untersuchungen am Beispiel der Enteckung des Harnstoffzyklus*, Bern 2001; Kärin Nickelsen, Gerd Grasshoff, »Concepts from the bench. Krebs and the urea cycle«, in: Giora Hon u. a. (Hg.), *Going Amiss in Experimental Research*, Boston 2009, S. 91-117.

6 Vgl. etwa Mirko Grmek (Hg.), *Claude Bernard, Cahier de notes 1850-1860*, Paris 1965; Gerd Grasshoff, Kärin Nickelsen, *Dokumente zur Entdeckung des Harnstoffzyklus*, Bd. 1, *Laborbuch Hans Krebs und Erstpublikationen*, Bern 2001.

nahe Arten der Notation, zugeordnet werden können. Zum einen sind dies Aufzeichnungen, die dazu dienen, ein Experiment vorzubereiten. Sie können entweder die Form mehr oder weniger flüchtiger, nicht formatierter Notizen haben. Sie können aber auch die Form halbstandardisierter Schemata annehmen. Zum anderen sind es Niederschriften und Vermerke, die im Rahmen der Auswertung von Experimenten gemacht werden. Die einen dienen der Vorbereitung, die anderen der Nachbereitung von Experimenten. Diesen beiden Formen sind die folgenden Abschnitte dieses Kapitels gewidmet. Bis in die Anfänge des Zeitalters des Desktop-Computers wurden solche proleptischen Aufzeichnungen und anschließenden Auswertungen vorwiegend von Hand und auf Papier – meist in gebundenen Kladden oder in Ordnern – vorgenommen. Auf deren Bedeutung für ein adäquates Verständnis wissenschaftlichen Arbeitens hat schon früh Peter Medawar hingewiesen.[7] Im Zuge der immer weitergehenden und immer massiveren digitalen Bereitstellung von Daten findet heute deren Verarbeitung häufig ebenfalls am Computer statt. Damit drängt sich aber auch die Frage auf, ob sich dadurch grundsätzlich etwas im Regime der experimentiernahen Verschriftung verändert. Diese Frage greife ich im letzten Abschnitt dieses Kapitels noch einmal auf.

Notate

Ich wende mich zunächst den Verschriftlichungen im Vorfeld des Experiments zu. Hier kommt die klassische Funktion des Notizbuches ins Spiel.[8] In intensiven Phasen des Experimentierens sind

7 Peter B. Medawar, *The Art of the Soluble*, London 1967. Vgl. Auch Frederic L. Holmes, »Wissenschaftliches Schreiben und wissenschaftliches Entdecken«, in: Sandro Zanetti (Hg.), *Schreiben als Kulturtechnik*, Frankfurt/M. 2012, S. 412-440.

8 Vgl. dazu Lorraine Daston, »Taking notes«, in: *Isis* 95 (2004), S. 443-448. Ein bekanntes Beispiel aus dem 18. Jahrhundert sind die *Sudelbücher* des Naturforschers Georg Christoph Lichtenberg, in: *Schriften und Briefe*, hg. v. Wolfgang Promies, Band I und II, München 1967. Dazu Rüdiger Campe, »Kritzeleien im Sudelbuch. Zu Lichtenbergs Schreibverfahren« in: Christian Criesen u. a. (Hg.), *Über Kritzeln*, Zürich 2012, S. 165-188; Rüdiger Campe, »›Unsere kleinen blinden Fertigkeiten‹. Zur Entstehung des Wissens und zum Verfahren des Schreibens in Lichtenbergs Sudelbüchern«, *Lichtenberg-Jahrbuch* 2011 [2012], S. 7-32.

die Experimentierenden so etwas wie Gefangene des Verfahrens. In wissenschaftlichen Forschungsprozessen geht es darum, neues Wissen zu erzeugen. Es geht nicht nur um Weiterungen, die aus dem vorhandenen Wissen abgeleitet werden können, sondern vor allem auch um nicht antizipierbare Wisseneffekte. In einem hinreichend komplexen Experimentierprozess machen sich Wissensdinge bemerkbar, die der Experimentator selbst bei der Einrichtung der Experimente gar nicht im Visier haben konnte. Alles dreht sich um diese experimentelle Kontingenz. Auf diese Dinge dann in angemessener Weise zu reagieren, macht die Kunst des Experimentierens aus. Aufseiten des Subjekts, das sich auf diesen Umgang einlässt, bedarf es dazu einer auf den ersten Blick paradox erscheinenden doppelten Voraussetzung. Eine dieser Voraussetzungen ist Vertrautheit mit dem Stoff. Es geht um den Punkt, an dem die Experimentatoren dem Stoff so nahe gekommen sind, dass sie das Gefühl haben können, sie könnten gewissermaßen aus diesem heraus handeln. Gleichzeitig ermöglicht diese Bedingung den Experimentierenden, dem Stoff Souveränität zu verleihen. Um ein bekanntes topologisches Bild zu verwenden: Es gibt, wie bei einem Möbiusband, einerseits eine scheinbare Unterscheidung zwischen innen und außen, zwischen Vorder- und Rückseite, zwischen Subjekt und Objekt, andererseits kann kein Punkt angegeben werden, an dem sich eine Grenzlinie ziehen ließe, an der die beiden einander klar und deutlich gegenüberstünden.

Zu dieser Art von Nähe in Distanz und Distanz in Nähe, die das Dispositiv des Experiments charakterisiert, gehört auch eine bestimmte Form von schwebender Aufmerksamkeit aufseiten der Experimentierenden. Sie geraten in eine Art Dauerbefassung, die sie nicht nur im Experimentiervorgang selbst, sondern auch in ihren darum herum sich abspielenden Alltagshandlungen begleitet. Genau hier ist der logische und der topologische Ort des Notates. Ein handliches Notizbuch war lange – und ist es wohl auch heute noch – die bevorzugte Form, in der neben Trivialem auch direkt oder indirekt mit dem Experiment in Zusammenhang stehende Überlegungen, Eingebungen, Wendungen und Gedankengänge festgehalten werden. Exemplarisch sei hier Ernst Machs Notizbuch Nr. 25 genannt, dessen in Zusammenhang mit seinen und Peter Salchers Geschossfotografien stehende Seiten, aufgezeichnet zwischen Februar und April 1887, Christoph Hoffmann und Peter Berz eingehend analysiert haben.[9] In der Regel erscheinen solche Notate zunächst als kryptisch, elliptisch, dekontextualisiert und daher nicht leicht in den Strom der experimentellen Ereignisse einzubetten; sie können aber entscheidende Aufschlüsse gerade über unerwartete Wendungen im Experimentierprozess geben. Manchmal sind die Einträge aber auch auf äußere Ereignisse wie Ortsveränderungen zurückzuführen, so etwa, wenn die durch ein Schiff verursachte Wellenbewegung im Wasser zu Beginn seines Aufenthaltes bei Peter Salcher in Fiume an der Adria Ernst Mach zu einer Zeichnung derselben anregt.[10]

Ein etwas anders geartetes Notizbuch aus der Mitte des 19. Jahrhunderts haben wir in Claude Bernards *Cahier rouge* vor uns.[11] Es begleitete die Laborarbeit des französischen Physiologen neben seinen Experimental-Laborbüchern in den Jahren zwischen 1850 und 1860, also in den produktivsten Jahren seiner Experimentiertätigkeit an der Sorbonne und am Collège de France. Dieses Notizbuch ist voll von Überlegungen zu Anschlussversuchen, die Bernard bei seinen Experimentalserien im Labor durch den Kopf gingen, und zu denen er oft auch gleich erste Skizzen mitlieferte. Auch hier ist keine systematische Ordnung zwischen den Einträgen zu beobachten. Mirko Grmek, der die kritische Ausgabe des Laborhefts besorgte, konstatiert vorsichtig »eine gewisse Abwesenheit von Ordnung«.[12] Die Experimentiergedanken folgen aufeinander, ohne sich jeweils direkt aufeinander zu beziehen. Jedoch ließ Bernard auf den Seiten oft Platz für spätere Einträge, und er konnte so gelegentlich mit nachträglichen Bemerkungen auf frühere zurückkommen. Die Notate sind von »scheinbar heteroklitem Charakter«, wie der Herausgeber bemerkt.[13] Meistens nehmen sie die Form einer Frage an und betreffen entweder zu konstruierende Experimentalvorrichtungen oder zu präparierende Organe. Dazwischen eingestreut finden sich immer wieder generalisierende Überlegungen zum Experimentieren wie auch Grundsätzliches zur Physiologie als Wissenschaft. Grmek konstatiert: »Wir stehen

9 Hoffmann, Berz (Hg.), *Über Schall*, S. 47-141.

10 Ebd., S. 85 und S. 133-134.

11 Bernard, *Cahier de notes*.

12 Mirko D. Grmek, »Introduction«, in: Claude Bernard, *Cahier de notes 1850-1860*, Gallimard, Paris 1965, S. 11-25, hier S. 17.

13 Ebd., S. 18.

vor einem Denken, das dabei ist, sich zu formieren, nicht vor einem Denken, das fertig ausgebildet ist«, und an anderer Stelle: »Er [Bernard] bedient sich manchmal widersprüchlicher Annahmen, er zögert, entscheidet sich nicht.«[14] Das Notizbuch legt Zeugnis ab von einem Experimentalregime, das mehr Optionen enthielt, als sich unter Bernards Händen jemals realisieren ließen, und es wirft seine Schatten voraus auf sein synthetisches, sowohl epistemologisches als auch allgemein-physiologisches Spätwerk, zum einen seine *Introduction à l'étude de la médecine expérimentale* von 1865[15] und zum anderen seine *Leçons sur les phénomènes de la vie communs aux animaux et aux végétaux* von 1878-1879.[16]

Experimentalblätter

Ein Experiment kommt selten allein. Darauf komme ich in Kapitel 6 noch einmal ausführlicher zurück. Experimentalserien können sich über einen Zeitraum von Jahren erstrecken und dabei immer wieder einem Schema mit geringfügigen Modifikationen folgen. Eine solche Verlaufsform hat literale Konsequenzen. Es entsteht ein Genre von Papierarbeit, das man als »halbstandardisiert« bezeichnen kann. Es sind dies Schemata, die einerseits das Gerüst der immer wiederkehrenden Schritte im Experimentalverlauf vorgeben, andererseits dieses aber je nach Ausrichtung des Versuchs flexibel auszugestalten erlauben. Diese Kategorie kollektiver Anschreibetechniken umfasst zum einen Formulare, die einem Verlaufsprotokoll folgen, das auf ein bestimmtes Experimentalsystem zugeschnitten ist und in der Regel die Räume eines Labors nicht verlässt, aber innerhalb desselben gemeinschaftlich verwendet wird. Es umfasst zum anderen aber auch Labormanuale, die einer ganzen Experimentalkultur – dazu mehr in Kapitel 7 – ihr Gepräge geben können. Man kann diese Verschriftungsformen auch als literale Experimentaltechniken bezeichnen.

14 Ebd., S. 13, S. 21.

15 Claude Bernard, *Introduction à l'étude de la médecine expérimentale*, Flammarion, Paris 1984.

16 Claude Bernard, *Leçons sur les phénomènes de la vie communs aux animaux et aux végétaux*, Paris 1966.

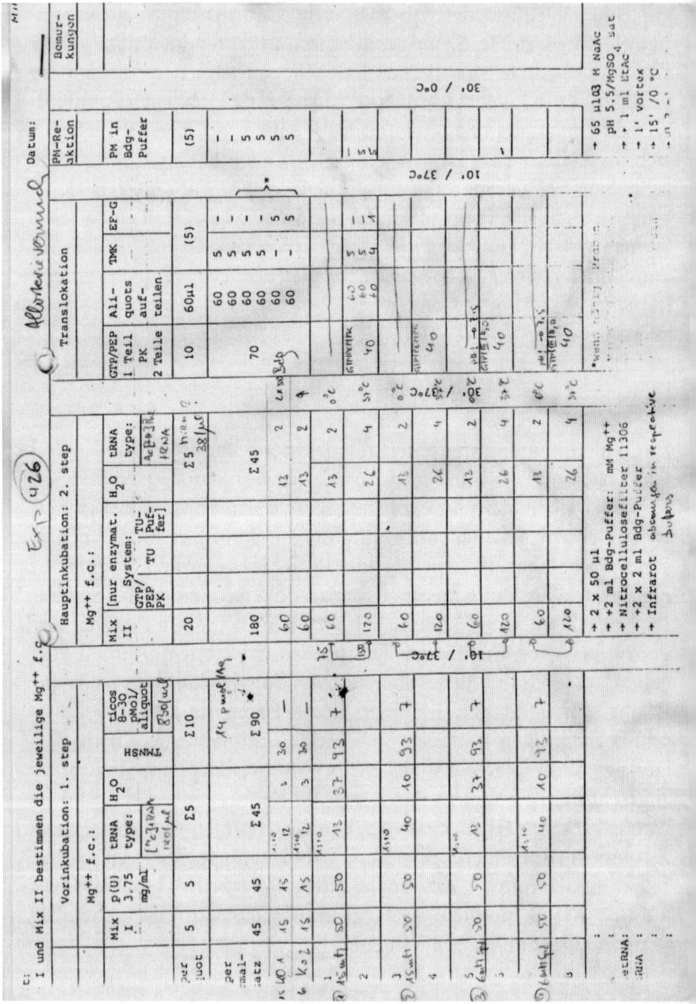

Abbildung 5.1: »Allosterieversuch«, Experiment 426, Verlaufsschema.

Quelle: Archiv des Autors.

Bleiben wir zunächst noch einen Augenblick bei den laborbanknahen Verlaufsprotokollen. Abbildung 5.1 zeigt ein solches semikodifiziertes Arbeitsschema. Es handelt sich um die Anlage eines *In-vitro*-Versuchs zur molekularen Erforschung der Proteinsynthese aus einem Labor des Max-Planck-Instituts für Molekulare Genetik in Berlin aus den 1980er Jahren. Es ist eine vervielfältigte schematische Vorgabe, die dem Zweck eines bestimmten Experiments entsprechend handschriftlich ausgefüllt, ergänzt und mit präzisen Angaben zur Ausführung versehen worden ist, etwa Pipettier-Vorschriften in Mikrolitern oder Angaben darüber, wie lange die Ansätze (vier zu Beginn, plus zwei Kontrollen) in ein auf 37 °C temperiertes Wasserbad gestellt werden sollen, wo Proben entnommen oder aufgeteilt werden müssen. Einerseits verleiht dieses »Halbzeug« des Experiments, wie man mit Hans Blumenberg sagen könnte,[17] der Laboraktivität insbesondere von größeren Gruppen die für einen Forschungszusammenhang notwendige Kohärenz und Vergleichbarkeit. Andererseits ermöglicht es aber genau jene generative Inkraftsetzung einer differentiellen Reproduktion, die für den mikroperformativen Vorgang der empirischen Erkenntnisgewinnung charakteristisch ist. Denn nur durch solche halbkodifizierten, den einzelnen Experimentator übergreifende Konventionen können Abweichungen Signifikanz gewinnen. Nur so können Stockungen konstatiert und aufgelöst, Iterationen fruchtbar gemacht oder umgelenkt, Verzweigungen aufgespürt und Nebengeräusche ausgeschaltet oder aufgeschaukelt und zu Signalen entwickelt werden. Dazu bedarf es dieser Halterungen, die auf dem Papier die Grundkonstellation von Experimentalsystemen mit ihren technischen Einbettungen von epistemischen Komponenten repräsentieren.

Solche literalen Techniken gehen oft auch mit einer gewissen idiosynkratischen Identität eines Labors einher. Die Gruppe identifiziert sich mit diesen Formen des Verfahrens. Sie tradieren Elemente einer Laborpraxis, die sich unter bestimmten lokalen Bedingungen als erfolgreich erwiesen haben und die doch nicht umstandslos verallgemeinert werden können. Das sollen sie auch gar nicht, denn sie richten sich nicht an die Wissenschaftlerge-

17 Hans Blumenberg, »Paradigment zu einer Metaphorologie«, in: *Archiv für Begriffsgeschichte* 6 (1960), S. 7-142, S. 301-305.

meinschaft ganzer Experimentalkulturen, sondern haben die Funktion, die Aktivitäten eines Labors zusammenzuhalten, sie für alle Mitglieder überschaubar zu machen und – nicht zuletzt – Neuankömmlinge in die Laborpraxis einzuführen.

Hier ist nun eine Bemerkung über Laborhandbücher oder Labormanuale anzuschließen. Sie sind im Gegensatz zu den Verfahrensprotokollen nicht auf der Ebene einzelner Experimentalsysteme angesiedelt, sondern richten sich an die Gemeinschaft ganzer Experimentalkulturen. Ein gutes Beispiel dafür ist das von Joseph Sambrook, Edward Fritsch und Tom Maniatis bei der Cold Spring Harbor Laboratory Press erstmals 1982 als Ringbuch veröffentlichte Laborhandbuch *Molecular Cloning: A Laboratory Manual*.[18] Es verstand sich als protokollarische Handreichung, dazu bestimmt, die im Jahrzehnt zuvor entwickelten molekularen Techniken der Rekombination von DNA aus verschiedenen Organismen und ihre Amplifikation durch molekulares Klonen in Bakterien in den Laboratorien weltweit zu verbreiten. Seither haben Generationen von Molekularbiologen die mit dem molekularen Klonen verbundenen Techniken und Verfahren anhand dieses Labormanuals eingeübt, das in immer neuen Auflagen den experimentellen Entwicklungen angepasst wurde und noch heute als *Maniatis* in Gebrauch ist, obwohl seine Autoren schon längst gewechselt haben. Erst kürzlich ist diese bemerkenswerte Geschichte eines Laborpraxis-Handbuches auf wissenschaftshistorisches Interesse gestoßen.[19] Es unterscheidet sich von der üblichen naturwissenschaftlichen Handbuchliteratur, indem es keiner theoriegeleiteten Systematik folgt, die ein Spezialgebiet im Überblick darstellt, sondern sich an den Praktiken und vor allem auch ihren Tücken orientiert, die mit der Rekombination und allgemeiner der Manipulation von Nukleinsäuren im Reagenzglas sowie ihrer Vermehrung in experimentierfähigen Mengen in bakteriellen Bioreaktoren einhergehen. Es transportiert also Laborwissen und liegt entweder als Ganzes oder in Blätter auseinandergenommen auf dem Labortisch.

18 Joseph Sambrook u.a., *Molecular Cloning: A Laboratory Manual*, Cold Spring Harbor 1982.

19 Vgl. Angela N. H. Creager, »Recipes for recombining DNA. A history of molecular cloning: A laboratory manual«, in: dies. u.a. (Hg.), »Learning by the Book: Manuals and Handbooks in the History of Knowledge«, *British Journal of the History of Science Themes* 5 (2020), S. 225-243.

Mit Blick auf solche literalen Anschreibetechniken, die iterativ immer wieder überschrieben werden, kann man das Labor als wissenschaftliches Schreibkollektiv betrachten. Es handelt sich hier um mehr als die bloße Tatsache, dass eine Gruppe von Menschen zusammenarbeitet, um bestimmte Ergebnisse zu erzielen. In ihren Literalien bewahren Labore eine bestimmte Tradition, einen identifizierbaren experimentellen Stil, der im ständigen Wechsel der involvierten Personen und deren individuellen Vorlieben in Protokollform bearbeitet und fortgeschrieben wird – ob nun im Modus der Konkurrenz oder der Kooperation. Genau diese Funktion des Labors ist in der schon seit langem geführten wissenschaftshistorischen und wissenschaftssoziologischen Diskussion über Forschungstraditionen oder Forschungsschulen immer unterbelichtet geblieben.[20] Hier standen immer soziale Merkmale wie etwa der charismatische Vordenker, die Aura einer lokalen Institution oder die Besonderheit einer interdisziplinären Konstellation im Vordergrund des Interesses. Für eine Phänomenologie der Laborsituation erscheint es jedoch unerlässlich, eine Ebene darunter, an der Laborwirklichkeit anzusetzen und die kollektiven Notationstechniken ins Auge zu fassen, die bei der Entstehung solcher Traditionen und Schulen eine tragende Rolle spielen. Forschungstraditionen sind nicht zuletzt das Ergebnis der materiellen Reproduktion lokaler Forschungskulturen. Die verschriftlichten Eigentümlichkeiten der Labore – Rezepte, Handlungsvorschriften, Logblätter, halbstandardisierte Experimental-Schemata, selbstgebastelte Software – sind für diesen Prozess konstitutiv. Die Ökonomie dieser Verschriftungen ist noch weitgehend unerforscht. Für eine Phänomenologie des Experiments ist sie aber in ihren historischen ebenso wie in ihren aktuellen Dimensionen ein unverzichtbarer Bestandteil diskursiver Materialität, die es in den Vordergrund zu rücken und als ein Schreibgenre eigener Art auszuleuchten gilt.

20 Einen guten Überblick über die Literatur findet man in Gerald L. Geison, Frederic L. Holmes (Hg.), *Research Schools: Historical Reappraisals*, Chicago 1993

Protokolle

Während Notizen, Experimentalblätter und Labormanuale ein Experiment vorzubereiten und durchzuführen helfen und es in einer handlichen, übersichtlichen Form zur Darstellung bringen, gilt es nun, die laborbanknahen Formen des Aufschreibens als Ergebnis und im Anschluss an ein Experiment in den Blick zu nehmen. Es handelt sich dabei um Notate, die man als Protokolle im engeren Sinne bezeichnet. Diese Protokolle halten die Ergebnisse von Experimenten fest. Sie sind erste Kontextualisierungen der sich aus den Spuren eines Experiments ergebenden Daten. Sie verschriftlichen und verbildlichen diese in der einen oder anderen, einmal mehr, einmal weniger geregelten Form. Dabei sind auch Mischformen von Spuren und Daten gängig, bei denen noch materialförmige Spuren in schreibförmige Notate eingebettet werden, wenn etwa ein Papierchromatogramm oder ein getrocknetes Sequenzgel auf ein Protokollblatt geklebt wird. Meist liegen die Daten jedoch in Form von Numeralien vor, das heißt, sie besitzen die Form von Quantifizierungen oder nehmen verwandte, diskretisierte Formen der Darstellung an, wie ich sie in Kapitel 1 ausführlicher beschrieben habe.

Der sich an den Raum des Experiments anschließende Raum des Protokolls, der sich zwischen die experimentellen Vorgänge und die wissenschaftliche Veröffentlichung schiebt, ist nicht einfach die Fläche einer passiven Aufzeichnung des im Experiment Gegebenen, er ist vielmehr der Raum der produktiven Auseinandersetzung mit dem Stoff. Hat sich der Experimentator aus dem Geschäft der Spurenerzeugung zurückgezogen, so ist er hier erneut zum Eingreifen genötigt. Hier werden Anordnungen von Daten ausprobiert. Hier wird, was zunächst disparat erscheint, versuchsweise in Muster übersetzt. Hier wird auf separate Bereiche verteilt, was zunächst miteinander zusammenzuhängen scheint, und zusammengestellt, was zunächst auseinanderzuliegen scheint. Hier kommen typische skripturale und graphische Formen einer kondensierten Darstellung ins Spiel: Listen,[21] Tabellen, Kurven und Graphen.

21 Zur Theorie der Notation allgemein Nelson Goodman, *Sprachen der Kunst. Entwurf einer Symboltheorie*, Frankfurt/M. 1995, Kapitel IV; der anthropologische *locus classicus* zur Liste ist Jack Goody, »What's in a list?«, in: ders., *The Domestication of the Savage Mind*, Cambridge 1977, S. 74-111 (Kapitel 5); vgl. auch James Delbourgo, Staffan Müller-Wille (Hg.), Focus Section »Listmania«, in: *Isis* 103

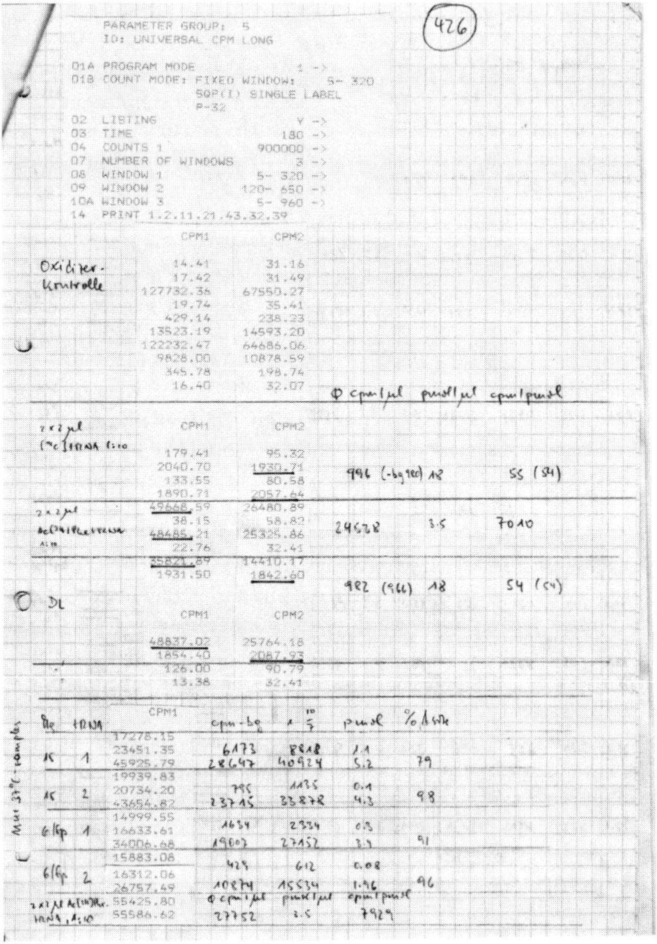

Abbildung 5.2: Experiment 426, Auswertung in Form einer Liste.

Quelle: Archiv des Autors.

(2012), S. 710-752, darin besonders: Staffan Müller-Wille, Isabelle Charmantier, »Lists as research technologies«, S. 743-752.

Sehen wir uns das an einem Beispiel etwas näher an (Abb. 5.2). Es handelt sich dabei um eine Auswertung der Art von Versuchen, deren Verlaufsform bereits die erste Abbildung dieses Kapitels zur Darstellung gebracht hat. Das Protokollmaterial stammt aus dem gleichen Laborzusammenhang, dem auch die Abbildung 5.1 entnommen ist. Es sind Versuche, in denen das Bindungsverhalten von kleineren Molekülen (Transfer-RNAs) an einen polymolekularen Komplex (Ribosomen) untersucht wird. Die Auswertung lässt dabei drei Schritte erkennen, die zugleich als Stufen der Visualisierung angesprochen werden können, wie sie im Kapitel über Modelle und über das Sichtbarmachen bereits eingehender erläutert wurden.

In einem ersten Schritt wird eine solche Auswertung in die Form von Listen gebracht, die ihren Ausgang von Datenstreifen nehmen. Im vorliegenden Fall handelt es sich um Zählstreifen radioaktiver Proben, so wie sie das verwendete Gerät, ein Flüssigkeits-Szintillationszähler, nach einer Zählung über Nacht ausgegeben hat.

Es darf aber nicht vergessen werden, dass diesen Zählkolonnen bereits eine Reihe von Schritten zur Verarbeitung der aus dem Experiment resultierenden Proben vorausgegangen sind, die sich noch im Bereich der materiellen Spurenverarbeitung bewegen. Zuerst müssen die radioaktiven Proben einzeln über einen geeigneten Filter abgesaugt werden, auf dem die Bindungskomplexe – aber nicht die ungebundene Radioaktivität – hängen bleiben. Um die im Experiment eingesetzten zwei Arten von Isotopen – radioaktiver Wasserstoff und radioaktiver Kohlenstoff – voneinander zu trennen, werden die Rundfilter sodann in einer speziellen Apparatur verbrannt. Diese trennt das dabei entstehende radioaktive Wasser vom radioaktiven Kohlendioxid, sodass beide Isotope anschließend auch getrennt gezählt werden können. Diese Daten werden dann gemittelt, hintergrundbereinigt und in molekulare Mengenangaben umgerechnet. Im Ergebnis ist dies zunächst einmal nichts weiter als eine Reihe von Bindungszahlen.

Listen dieser Art können zu Tabellen verdichtet werden. Tabellen stellen Synopsen von Listen dar. Abbildung 5.3 zeigt eine solche Tabelle, die einen Vergleich mehrerer gleichartiger Experimente enthält. Die Variable, um die es dabei vornehmlich geht, ist die Konzentration der zweiwertigen Magnesium-Ionen im verwendeten Puffer. Sie hat einen wesentlichen Einfluss auf das Bindungs-

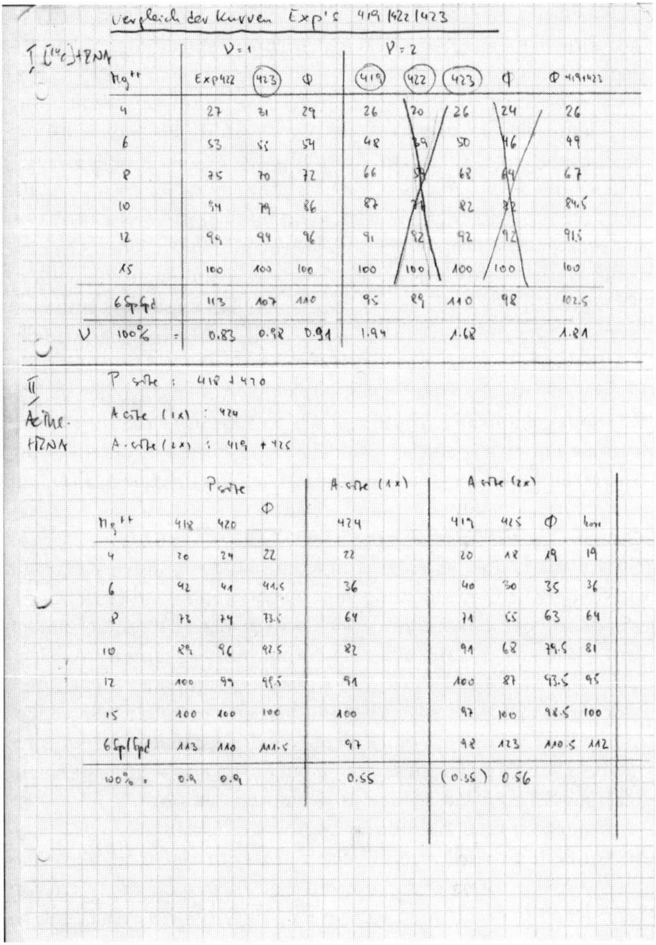

Vergleich der Kurven Exp's 419/422/423

I [14C]-tRNA

Mg++	V = 1: Exp422	(423)	Φ	V = 2: (419)	(422)	(423)	Φ	Φ 419+423
4	27	31	29	26	20	26	24	26
6	53	55	54	48	59	50	46	49
8	75	70	72	66	[illegible]	68	64	67
10	94	79	86	87	[illegible]	82	82	84.5
12	99	94	96	91	92	92	92	91.5
15	100	100	100	100	100	100	100	100
6 Spfpd	113	107	110	95	89	110	98	102.5
V 100% =	0.83	0.92	0.91	1.94		1.68		1.81

II AcPhe-tRNA

P site: 418 + 420

A site (1x): 424

A site (2x): 419 + 425

Mg++	P site: 418	420	Φ	A site (1x): 424	A site (2x): 419	425	Φ	korr
4	20	24	22	22	20	18	19	19
6	42	41	41.5	36	40	30	35	36
8	73	74	73.5	64	71	55	63	64
10	89	96	92.5	82	91	68	79.5	81
12	100	99	99.5	91	100	87	93.5	95
15	100	100	100	100	97	100	98.5	100
6 Spf/Spd	113	110	111.5	97	98	123	110.5	112
100% =	0.9	0.9		0.55	(0.35)	0.56		

Abbildung 5.3: Vergleich ähnlich gearteter Experimente (Nr. 419, 422, 423) in Form einer Tabelle.

Quelle: Archiv des Autors.

verhalten der Transfer-RNA an die Ribosomen und wird daher in ausführlichen Serien von Experimenten zu Teilreaktionen der Proteinbiosynthese untersucht.

Eine noch einen Schritt weiter gehende Form der Verdichtung und damit der Sichtbarmachung von Daten sind Graphen wie die in Abbildung 5.4 gezeigten. Hier nimmt, was in Listen und Tabellen noch gewissermaßen formlos numeral nebeneinandersteht, eine erkennbare Gestalt an. Man kann nun beispielsweise zwei Versuchsreihen in Form einer Kurve miteinander vergleichen, die eine zweite Variable einführt, sodass sich, wiederum magnesiumabhängig, zwei Kurven ergeben. Sie zeigen die Reaktion des Antibiotikums Puromycin (hier mit PM abgekürzt) in Abhängigkeit von der Zugabe eines Protein-Faktors (dem sogenannten Elongationsfaktor G, hier als EF-G angeschrieben) mit der Aminosäure der an das Ribosom gekoppelten Transfer-RNA. Kurven begleiten die physiologische Forschung als die wohl wichtigste Form der Orientierung bereits seit der Mitte des 19. Jahrhunderts. Wie bereits erwähnt, hat schon Emil Du Bois-Reymond in seiner Vorrede zu den *Untersuchungen über tierische Elektrizität* von 1848, die seine frühen elektrophysiologischen Arbeiten zusammenfassen, das Lob der Kurve für physiologische Untersuchungen gesungen und ihr im Forschungsprozess an der Grenze zum Nichtwissen den Vorzug gegenüber dem – wie er sich ausdrückte – »Formelwesen« gegeben.[22] Gleichzeitig aber weigerte er sich, das »Verfahren« in eine »Anweisung« oder Vorschrift zu gießen: »Bekanntlich gibt es nichts Schwierigeres, und meist zugleich Nutzloseres, als dergestalt die Regeln einer verwickelten Tätigkeit zu abstrahieren, die man so wenig mit einem Schlage erlernt, wie man sie mit Bewußtsein ausübt.«[23]

Schließlich zeigt Abbildung 5.5, wie solche Kurvenverläufe sich in ikonische Darstellungen übersetzen lassen, die anschaulich machen können, mit welcher Form von molekularen Bewegungen man bei solchen Experimenten rechnet. Sie sind in die Visualisierungsform der Schematisierung einzuordnen. In diesem weiteren Schritt werden die experimentellen Daten zu einem schematischen Bild kondensiert, das die Bewegungsverläufe einer Transfer-RNA durch das Ribosom zeigt, welches dabei unterschiedliche Konformationen annehmen kann. Diese sind durch runde und eckige Konturen

22 Du Bois-Reymond, »Über die Lebenskraft«, S. 8.

23 Ebd., S. 6.

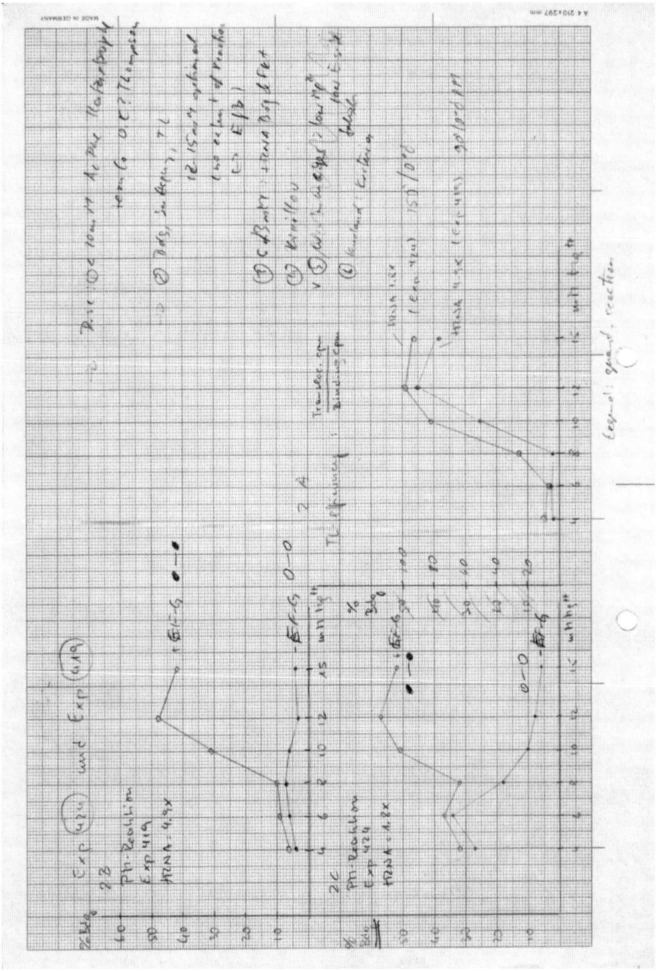

Abbildung 5.4: Experimente 419 und 424, Auswertung in Form einer Kurve.

Quelle: Archiv des Autors.

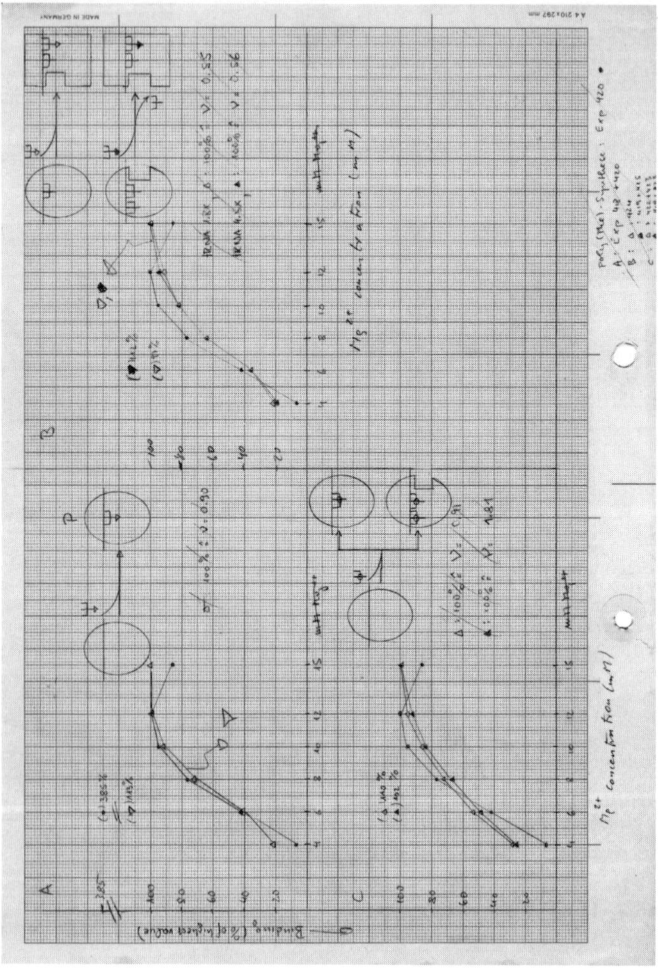

Abbildung 5.5: Experimente Nr. 418 bis 425, Auswertung in Form von Kurven und Ikonen.

Quelle: Archiv des Autors.

sowie durch Aussparungen symbolisiert. Diese Art der Sichtbarmachung eines molekularen Bewegungsvorgangs ist zugleich eine, die von einer quantitativen Darstellung – in der Form von Listen, Tabellen und Kurven – zu einer qualitativen Darstellung überleitet, die in diesem Fall schematisch-ikonischen Charakter hat. Die Daten transformieren sich zu einem Bild aufeinanderfolgender molekularer Zustände des Ribosoms bei der Synthese von Proteinen, wie es bereits im dritten Kapitel in seiner historischen Entwicklung zur Sprache kam.

Diese oft ins Unreine gekritzelten, gelegentlich durchgestrichenen, überschriebenen und oft auch Spuren gemeinsamer Betrachtung und Bearbeitung aufweisenden Papiere – zu erkennen an unterschiedlichen Handschriften – reichen noch keineswegs in die Sphäre der gedruckten Mitteilung an die Wissenschaftlergemeinde außerhalb des Labors, sie bleiben eine der tastenden Funktionen des experimentellen Engagements. Sie gehören noch gänzlich zum Erkenntnisregime des Labors und sind in ihrer Vorläufigkeit nicht zur Verbreitung bestimmt.

Eine der entscheidenden Funktionen des Anschreibens und Aufschreibens an der Laborbank ist die Redimensionalisierung des experimentellen Arrangements. Im trivialen Sinne bedeutet dies, dass die raumzeitliche Anordnung des Experiments auf einen zweidimensionalen Rahmen gezogen wird. Dadurch wird das Labor nicht nur sozusagen in eine handhabbare und transportable Form gebracht.[24] Was an Dimensionen verloren geht, wird dabei an Beweglichkeit gewonnen. Die Reduktion auf die Fläche fordert und fördert die Erkundung neuer Möglichkeiten der Anordnung: Sukzessive Ereignisse können simultan dargestellt, simultane Vorgänge können auseinandergezogen, temporale Beziehungen als räumliche Relationen aufgezeichnet werden. Analog zum Experiment selbst produzieren die in Laborprotokollen zur Anwendung kommenden Verfahren Erstreckungs- oder Verdichtungseffekte. Letztere können, wie aus den obigen Abbildungen ersichtlich, verschiedene Grade durchlaufen, wobei – je nach Datenordnung und Datenkompression – neue Muster wahrnehmbar werden, die das Experimentieren in seinem Fortgang bestimmen und sich als phänomenrelevant oder als insignifikant herausstellen können.

24 Vgl. dazu Latour, »Drawing things together«; vgl. auch Hoffmann, Berz, *Über Schall.*

Für ein gut geführtes Laborprotokoll ist es wesentlich, dass alle diese Deduktionen und Reduktionen reversibel bleiben. Epistemisch produktiv ist das Protokoll, wenn die Kette der Transformationen auch wieder rückwärts aufgerollt und an bestimmten Stellen wiederum gelöst und neu geknüpft werden kann.[25] Im Regelfall repräsentieren Laborprotokolle das Gedächtnis ganzer Serien oder Schichten von Experimenten; sie ermöglichen allererst das Versehen von Einzeldaten mit Kontextsignifikanz. Die Umwandlung des Labors in eine Schreibfläche, die Umwandlung des Erinnerungsraums von einer bloßen Chronologie in ein Zeichen-Flickwerk aus Indizes, Ikonen und Symbolen hat dementsprechend deutlich mehr als nur verknappende und aufweitende Funktionen. Labornotizen und Laborprotokolle bringen im Gegenteil neue Ressourcen und Materialien hervor, die der Forschung erst ihre charakteristischen Konturen verleihen und ihre vorzeitige Schließung verhindern. Sie haben als Darstellungsraum eminent produktiven und für das Experimentieren unverzichtbaren Charakter. Zudem strukturieren sie den Erinnerungsraum, der die Trajektorien von Experimentalsystemen begleitet.

Im Bereich dieses noch ungerichteten, da nicht von einem bestimmt vorgestellten Produkt geleiteten wissenschaftlichen Schreibens können sich auch individuelle Stile in der Hervorbringung von wissenschaftlich Neuem entfalten. Im Gegensatz zu den weitgehend standardisierten Schreibformen in wissenschaftlichen Veröffentlichungen, die solche Idiosynkrasien gerade eliminieren, wird hier das Protokoll zum Raum »neuer Combinationen«,[26] in dem sich die gezähmte Phantasie der Forschung entfalten und ausleben kann.

Forschungsnotizen sind Residuen von Suchbewegungen auf dem Papier. Wir befinden uns hier im Raum des Vor-Normativen, in dem sich der Opportunismus des Erkenntnisprozesses unge-

25 Ein schönes Beispiel für eine derartige Reversibilität gibt Latour, »Der ›Pedologen-Faden‹«.

26 So zu finden beim Berliner Physiologen Johannes Müller, »Jahresbericht über die Fortschritte der anatomisch-physiologischen Wissenschaften im Jahre 1833«, in: *Archiv für Anatomie, Physiologie und wissenschaftliche Medicin* 1834, S. 1-201, hier S. 3-4; vgl. dazu auch Hans-Jörg Rheinberger, »Vom Urphänomen zum System der pelagischen Fischerei. Über das Verhältnis von Physiologie und Philosophie bei Johannes Müller«, in: Michael Hagner, Bettina Wahrig-Schmidt (Hg.), *Johannes Müller und die Philosophie*, Berlin 1992, S. 125-141.

hindert entfalten kann, im Raum des Versuchs in jenem tieferen Wortsinn, der für die naturwissenschaftliche[27] – aber auch für die geisteswissenschaftliche[28] – Forschung konstitutiv ist. Ein Versuch in diesem Sinne ist kein Test, keine Prüfung, die ihrem Zweck nach immer nur auf ein Mehr oder Weniger und im Grenzfall ein Ja oder Nein hinauslaufen kann. Er ist vielmehr eine Bewegung des Erkundens, ein Spiel mit möglichen Stellungen, ein offenes Arrangement, ein Kontingenzraum. Im Forschungsvorgang überführen solche Suchbewegungen das noch unausgelotete Erklärungspotenzial von Experimentalsystemen in eine Kombinatorik von Graphismen. Sie entfalten es in einem Darstellungsraum, der durch keine starren Kompatibilitätsgrenzen und Ausschlusskriterien eingeschränkt und nicht der Mitteilungslogik von mehr oder weniger definitiven Ergebnissen unterworfen ist.

Repositorien

Gibt es kollektive Äquivalente zu diesen individuellen wissenschaftlichen Aufschreibebewegungen? Gibt es Formen der schriftlichen Spurensicherung, die nun nicht mehr ein singuläres Experiment oder eine Serie von Experimenten begleiten, aber auch keine definitiven Aussagen bilden und selbst noch im Raum der epistemischen Dinge angesiedelt bleiben, deren Untersuchung sie begleiten und kommentieren? Und was könnten, um mit Michel Foucault zu sprechen, die Charakteristika solcher »Diskurs-Objekte« (*discours-objets*) einer Laborarchäologie sein?[29]

Im Raum zwischen der Laborbank und dem professionell organisierten Diskurs der Wissenschaftsgemeinschaften mit ihren Kongresspostern, Zeitschriftenartikeln, Übersichten und Lehrbüchern finden sich verschiedene Kategorien des kollektiven Schreibens und des Bewahrens von Daten, die hier noch einer abschließenden kurzen Betrachtung unterzogen werden sollen. Traditionell haben

27 Vgl. Friedrich Steinle, *Explorative Experimente: Ampère, Faraday und die Ursprünge der Elektrodynamik*, Stuttgart 2005.

28 Vgl. Thomas Macho, Annette Wunschel (Hg.), *Science & Fiction. Über Gedankenexperimente in Wissenschaft, Philosophie und Literatur*, Frankfurt/M. 2004.

29 Michel Foucault, *Archäologie des Wissens*, Frankfurt/M. 1973, S. 200, dort übersetzt mit »Diskurs als Objekt«.

Listen und Tabellen und andere Formen dessen, was man im weitesten Sinne als wissenschaftliche Buchhaltung bezeichnen kann, diese Funktion ausgeübt.[30] Für die weiter zurückliegende Wissenschaftsgeschichte denke man etwa an meteorologische Aufzeichnungen, zu denen auch Laien-Meteorologinnen und -Meteorologen ihre Beiträge leisteten,[31] an astronomische Datenkataloge von Sternwarten[32] oder an die Tabellarien von Anstalten und Asylen.[33] In den jeweils damit verbundenen Forschungsprozessen bilden sie einerseits so etwas wie Register oder Archive, demnach Systeme der Vergegenwärtigung, die Sammlungen von Informationselementen bereitstellen, mit deren Hilfe Experimente aufgebaut oder Beobachtungen fortgesetzt werden können. Andererseits dienen sie als ständig aktualisierte Primärdatenbanken, in die neue Forschungsergebnisse und Beobachtungen laufend eingetragen und damit für die kollektive Arbeit ganzer Netzwerke von Laboratorien oder Krankenanstalten verfügbar gemacht werden können.

Diese erweiterte Funktion erfüllen die Zähltechniken von Laboratorien und Observatorien heute vor allem in der Form elektronischer Speicherung, Darstellung, Abrufung und Weitergabe von Daten in Datenbanken. Ein prominentes Beispiel aus den Biowissenschaften sind die Sequenz-Datenbanken,[34] auf die sich Molekulargenetiker und Gentechnologen bei der Probenkonstruktion und beim Vergleich ihrer Ergebnisse stützen und in die sie – früher oder später – ihre eigenen Sequenzierungsergebnisse einspeisen. Solche

30 Vgl. dazu Christian Licoppe, *La Formation de la pratique scientifique. Le discours de l'expérience en France et en Angleterre* (1630-1820), Paris 1996.

31 Einen Einblick für Deutschland und Österreich geben Heinz Fortak, Paul Schlaak (Hg.), *100 Jahre Deutsche Meteorologische Gesellschaft in Berlin 1884-1984*, Berlin 1984; vgl. auch Stefan Emeis, Cornelia Lüdecke (Hg.), *From Beaufort to Bjerknes and Beyond. Critical Perspectives on Observing, Analyzing, and Predicting Weather and Climate*, Augsburg 2005.

32 Vgl. etwa Hoffmann, *Unter Beobachtung*.

33 Vgl. Theodore M. Porter, *Genetics in the Madhouse. The Unknown History of Human Heredity*, Princeton 2018; Bernd Gausemeier, »Pedigrees of madness: The study of heredity in nineteenth and early twentieth century psychiatry«, in: *History and Philosophy of the Life Sciences* 36 (2015), S. 467-483.

34 Früh schon Stephen Hilgartner, »Biomolecular databases: New communication regimes for biology?«, in: *Science Communication* 17 (1997), S. 506-522; neuerdings Leonelli, *Data-Centric Biology*; Bruno Strasser, *Collecting Experiments: Making Big Data Biology*, Chicago 2019.

digitalen Informations-Pools stellen eine besondere Form der Vernetzung des Forschungsprozesses dar. Sie werden jedoch auch zum Ort einer Art von Daten-Experimenten, die mittels algorithmischer Werkzeuge neue Forschungsfragen erzeugen, die überhaupt erst auf einer solchen massiven digitalen Datenbasis möglich werden.[35] Es scheint mir dessen ungeachtet aber keine Frage zu sein, dass ebenso wie in der Architektur das Skizzieren mit dem Bleistift durch das computerassistierte Zeichnen nicht verdrängt worden ist,[36] auch das tentative Schreiben und Zeichnen im Datenraum, als »Verfahren der Forschung«, bestehen bleiben wird.[37]

Zusammenfassend kann man sagen, dass das Labor in seiner literalen und numeralen Verfasstheit nicht nur ein Ort materieller Experimentierverläufe, Präparationen, Analysen, Modellierungen und Visualisierungen ist, sondern vor allem auch, um mit Friedrich Kittler zu sprechen, ein »Aufschreibesystem«,[38] ein unabdingbarer Notationsraum für emergentes Wissen.

35 Ein Beispiel dafür gibt Hans Hofmann in: Fischer u. a., *Datennaturen*, S. 125-148.

36 Sabine Ammon, *Epistemologie des Entwerfens. Operative Artefakte und Visualisierungstechniken in Architektur und Ingenieurwesen*, Habilitationsschrift, Technische Universität Darmstadt 2018; Barbara Wittmann (Hg.), *Werkzeuge des Entwerfens*, Zürich, Berlin 2018.

37 Zum Zeichnen und Schreiben als Verfahren der Forschung vgl. Christoph Hoffmann (Hg.), *Daten sichern. Schreiben und Zeichnen als Verfahren der Aufzeichnung*, Zürich, Berlin 2008.

38 Friedrich Kittler, *Aufschreibesysteme 1800/1900*, München 1985.

Teil II:
Supra-Experimentalität

Im ersten Teil des Buches wurden Aspekte von Experimenten verhandelt, welche die Konstitution und die Dynamik von epistemischen Dingen und die technischen Bedingungen betreffen, unter denen Wissensgegenstände Gestalt annehmen und zu experimentell provozierten Erkenntniseffekten führen. Im zweiten Teil stehen nun Aspekte im Vordergrund, die das Experimentieren in größere räumliche und zeitliche Zusammenhänge stellen und es damit in seinen expansiven Dimensionen darzustellen erlauben. Der Übergang von der Mikro-Ebene zur Meso-Ebene des Experimentierens, die Passage von einer punktuellen zu einer vielmaschigen und netzartigen, regionalen und chronotopischen Betrachtungsweise ist der Folgeschritt einer Phänomenologie der experimentellen Praxis mit dem Anspruch, sich aus einer Perspektive »von unten« herzuleiten. Es geht hier also um die temporalen und räumlichen Beziehungen von Experimentalsystemen untereinander, ihre Synchronie und Diachronie sowie ihre Einbettung in historische Konjunkturen.

Das sechste Kapitel beschäftigt sich mit den Formen der Zeit, in denen sich die Dynamik von Experimentalsystemen realisiert und die diese auch hervorbringt. Ich werde sie zugleich mit den Formen der Zeit kontrastieren, die der künstlerischen Aktivität eigen sind. Die Figurationen der Zeit jenseits der Chronologie, die mit den experimentellen Wissensformen verbunden sind, in gewissem Sinne ihr Eigenleben, haben bislang in der Epistemologie eher ein Schattendasein geführt. Experimentalsysteme, das wurde bereits in Kapitel 4 angedeutet, können Ensembles bilden. Man kann sie auch als Experimentalkulturen apostrophieren, die auf die Schaffung von wissensrelevanten Begegnungen orientiert sind. Sie bilden Familien, die ein Wissensfeld über kürzere oder längere Zeiträume dominieren können. Einer solchen Experimentalkultur – der *In-vitro*-Kultur der Biochemie des 20. Jahrhunderts – spürt exemplarisch das siebte Kapitel nach. Es thematisiert dabei zugleich den Begriff der Kultur mit ihren materiellen Bedingungen und seine Bedeutung für die Organisation von Feldern des Wissens. Im ersten Teil des darauffolgenden achten Kapitels rückt die narrative Dimension in den Mittelpunkt, die dem wissenschaftlichen Experimentieren und seinen Verlaufsformen eigen ist. Im zweiten Teil des Kapitels frage ich nach dem Erzählcharakter einer Wissenschaftsgeschichte, die sich von der experimentellen Praxis herschreibt und damit ebenfalls beansprucht, eine experimentelle Dimension zu besitzen. Im neunten Kapitel geht es darum, noch einmal auf den Kern des wissenschaftlichen Erkenntnisprozesses zurückzukommen und zu zeigen, dass sich dort etwas Unzähmbares verbirgt, ohne das sich die Schübe des Neuen, die sich im Experiment verkörpern und fortschreiben, nicht ereignen und nicht zur Entfaltung kommen könnten. Es geht also letztlich um das Wilde im wissenschaftlichen Tun und Denken. Das zehnte Kapitel schließlich ist eine kurze Eloge des Fragmentarischen, das allem Experimentieren inhärent ist und in unterschiedlichen Gestalten sowohl die Praxis der Naturwissenschaften als auch die der historischen Wissenschaften beherrscht. Damit schließt sich der Bogen zum ersten Teil des Bandes. Das Buch endet mit einem Nachspiel anstelle einer Zusammenfassung.

6. Formen der Zeit

In diesem Kapitel nehme ich die Formen in den Blick, die der zeitliche Verlauf von epistemischen Prozessen generieren und annehmen kann. Es geht damit um eine Phänomenologie der Zeit, nicht um Zeit als epistemischer Untersuchungsgegenstand.[1] Helga Nowotny hat sich darüber beklagt, dass »der diskursive Austausch über die Zeit unterentwickelt« sei,[2] und in der Tat liegt seit den Pionierarbeiten von Hayden White,[3] Krzysztof Pomian,[4] Georges Didi-Huberman[5] und Reinhart Koselleck[6] das Feld der Reflexion über die Verlaufsformen des Historischen bis heute weitgehend brach. Hier geht es weniger um Erzählformen – davon mehr im 8. Kapitel – als vielmehr um Verlaufsmuster materieller Systeme. Den Einstieg in das Kapitel bildet eine Reminiszenz an den Versuch des Kunsthistorikers George Kubler, den Formen der Zeit in der Geschichte der Künste nachzuspüren und sie zugleich mit der Geschichte der Wissenschaften zu verknüpfen. Im zweiten Teil skizziere ich dann einige Figurationen der Zeit, die mit Experimentalsystemen, epistemischen Dingen und Kulturen des Experimentierens verbunden sind.

George Kubler: Die Form der Zeit

Zwei Dinge waren es, die mich vor allem faszinierten, als ich vor nunmehr drei Jahrzehnten die Bekanntschaft mit George Kublers *Die Form der Zeit* machte.[7] Das Erste waren die Skansionen der

1 Vgl. dazu Henning Schmidgen (Hg.), *Lebendige Zeit*, Berlin 2005; ders., *Hirn und Zeit*, Berlin 2014.

2 Helga Nowotny, *Eigenzeit. Entstehung und Entwicklung eines Zeitgefühls*, Frankfurt/M. 1989, S. 7.

3 Vgl. Hayden White, *The Content of the Form. Narrative Discourse and Historical Representation*, Baltimore, London 1987.

4 Krzysztof Pomian, *L'Ordre du temps*, Paris 1984.

5 Georges Didi-Huberman, *Devant le temps. Histoire de l'art et anachronisme des images*, Paris 2000.

6 Vgl. Reinhart Koselleck, *Zeitschichten. Studien zur Historik*, Frankfurt/M. 2000.

7 George Kubler, *Die Form der Zeit. Anmerkungen zur Geschichte der Dinge*, Frankfurt/M. 1982.

Zeitlichkeit, in denen sich künstlerische ebenso wie wissenschaftliche Entwicklungsprozesse vollziehen, oder eben besser, *durch die* diese Prozesse Gestalt annehmen. Das Zweite war die Vehemenz, mit der Kubler die Rolle verteidigte, die *Dinge* in diesen Entwicklungsprozessen spielen, mit anderen Worten: die Materialität der ästhetischen und epistemischen Objekte, um die sich diese Prozesse drehen, und ihre Rolle als genuine Akteure in der Gestaltung der entsprechenden Formen der Zeit. Beide Themen sind nicht voneinander zu trennen und werden durch den Titel und den Untertitel von Kublers Buch sinnfällig aufeinander bezogen.

Der amerikanische Kunsthistoriker George Kubler war wie sein Zeitgenosse, der Wissenschaftshistoriker Thomas Kuhn, ein Denker von Strukturen. Auch wenn man die Parallelen nicht übertreiben und die Unterschiede nicht vernachlässigen darf, so können beide doch mit zwei Autoren in Parallele gesetzt werden, die zeitgleich ihre Spuren im kontinentalen Denken hinterlassen haben: Michel Foucault und Jacques Derrida. Auch sie werden in diesem Buch immer wieder aufgerufen. Sie markieren eine Konjunktur, die bis heute in ihren Ausweitungen nicht verstanden ist.[8] Foucault war mehr an den Konturen einer *episteme*, also eines Wissensraums interessiert und ist in dieser Beziehung mit Kuhn und seinem Interesse an der Struktur wissenschaftlicher Paradigmen zu vergleichen. Derrida hingegen beschäftigten eher die diachronen Verlaufsstrukturen des historischen Prozesses und ihre Konzeptualisierung, was ihn auf die Seite Kublers mit seinem Interesse an den Formen der Zeit im Kunstgeschehen stellt. Wir können hier also Denker von eher vertikalen und Denker von eher horizontalen Verknüpfungen unterscheiden.

Kubler sah den Fluss der Zeit im Kunstgeschehen nicht als einen massiven, homogenen Strom mit anschwellenden und abschwellenden Phasen, Ruhepunkten und Kaskaden, sondern eher als eine aus elementaren Einheiten zusammengesetzte Struktur, von denen jede ihre eigene Zeitlichkeit mit sich führt. Man könnte sie auch als Kontingenzgeflechte adressieren: »Stellen wir uns den Fluß der Zeit so vor, dass er die Form von Faserbündeln annimmt [...] Die kulturellen Bündelungen bestehen also aus einer Vielfalt von faserigen Ereignissträngen, die überwiegend lang und manchmal auch kurz

8 Zu einer aufschlussreichen rezenten Analyse vgl. Onur Erdur, *Die epistemologischen Jahre. Philosophie und Biologie in Frankreich, 1960-1980*, Zürich 2018.

sind. Sie sind weitgehend zufällig nebeneinander geordnet und nur selten durch Vorbedacht oder gezielte Planung.«[9] Im Bild des Faserbündels kommen beide Strukturdimensionen und Verknüpfungsformen, die sich im Längsschnitt und im Querschnitt der Bündel manifestieren, zusammen.

Die allgemeine Geschichtsschreibung ebenso wie die Historiographien der Künste und der Wissenschaften haben zur Charakterisierung von historischen Zeiten immer wieder auf die *longue durée* der biologischen Evolution oder auf die *courte durée* der Individualentwicklung mit ihren spezifischen Stadien rekurriert. Von beiden Versuchen distanziert sich Kubler dezidiert. Ihm geht es darum, genuin *kulturhistorische* Prozesse zwischen diesen Extremen in ihrer Bewegungsform zu erfassen, kurz, die Formen einer kulturellen Zeit *sui generis* zwischen Ontogenese und Phylogenese, zwischen biographischem Verlauf und Evolution.[10] Dabei zielt Kubler zugleich auf die besonderen Charaktere und Eigenschaften der Kultur*gegenstände*, mit denen er sich befasst.[11] Vor allem ist er nicht – wie es so viele Kultur- und Kunsthistoriker vor ihm waren – daran interessiert, irgendwelche wiederkehrenden Stufen oder gar Gesetze der kulturellen Entwicklung zu definieren. Es geht ihm vielmehr um die Bereitstellung eines begrifflichen Arsenals, das es ermöglicht, sich in der Zeit erstreckende Muster oder Trajektorien von Objektsequenzen zu erfassen. Kublers Interesse richtet sich darauf – um es mit einem Ausdruck aus der Komplexitätstheorie zu formulieren –, Muster von »moderater Kompressibilität« auszumachen,[12] also Figuren temporaler Kondensation mittlerer Reichweite, die er selbst als »Formen« – *shapes* – bezeichnet.

Der Anspruch, die Kategorien zu reflektieren, in denen die Geschichte von Werken der Kunst sich darstellen lässt, zielt nicht nur darauf ab, bedeutungsvolle temporale Figurationen in ihrem formal-symbolischen Gehalt zu erfassen, sondern zu so etwas wie

9 Kubler, *Form der Zeit*, S. 190-191.

10 Vgl. dazu auch Edgar Zilsel, »Geschichte und Biologie, Überlieferung und Vererbung«, in: ders., *Wissenschaft und Weltauffassung. Aufsätze 1929-1933*, Wien 1998, S. 101-144.

11 Esther Pasztory, *Thinking with Things. Toward a New Vision of Art*, Austin 2005; vgl. auch Sarah Maupeu u. a. (Hg.), *Im Maschenwerk der Kunstgeschichte. Eine Revision von George Kublers »The Shape of Time«*, Berlin 2014.

12 Peter Coveney, Roger Highfield, *Frontiers of Complexity*, London 1995, S. 39.

einer materialen Semantik der Dinge vorzustoßen. Ernst Cassirer hat ebendieses Anliegen in seinen späten Göteborger *Studien zur Logik der Kulturwissenschaften* einmal wie folgt formuliert: »Dieses Erscheinen eines ›Sinnes‹, der nicht vom Physischen abgelöst ist, sondern an ihm und in ihm verkörpert ist, ist das gemeinsame Moment aller jener Inhalte, die wir mit dem Namen ›Kultur‹ bezeichnen.«[13] Angesichts dieser Formulierung mag es wie eine kleine Ironie der Geschichte anmuten, dass es sich Kubler gleich im ersten Satz seiner Abhandlung zur Aufgabe stellte, »Cassirers einseitige Definition der Kunst als einer symbolischen Sprache«, welche »die Kunstforschung unseres Jahrhunderts beherrscht« hat, zu überwinden.[14] Offensichtlich kannte Kubler, als er zu Beginn der 1960er Jahre seinen Traktat niederschrieb, nur den Cassirer der *Philosophie der symbolischen Formen*.[15] Auf die drei Bände dieses monumentalen Werkes war er wahrscheinlich während seines Studiums in Berlin und München anfangs der 1930er Jahre gestoßen, vielleicht war er ihnen auch im Kontext des Exilaufenthaltes des Philosophen in Yale zu Beginn der 1940er Jahre begegnet. Das muss dahingestellt bleiben.

Kubler entwirft in seiner kurzen Abhandlung eine Geschichte der Kunst, die weit über eine eng am symbolischen Gehalt von Kunstwerken ausgerichtete Geschichte hinausgeht. Was noch provokanter ist, er plädiert auch dafür – wenn auch nur programmatisch –, die Geschichte der Künste und der Wissenschaften unter einem gemeinsamen Nenner zu bedenken:

> Obwohl Kunst- und Wissenschaftsgeschichte ihren Ursprung in der Aufklärung des achtzehnten Jahrhunderts haben, ist es doch eine überkommene Gewohnheit, Kunst und Wissenschaft voneinander zu trennen. Diese Trennung geht zurück auf die alte Unterscheidung zwischen freien und angewandten Künsten und hatte äußerst bedauerliche Folgen. Eine sehr wesentliche ist, daß wir sehr lange gezögert haben, die Prozesse, die Kunst und Wissenschaft gemeinsam sind, unter derselben historischen Perspektivierung in den Blick zu nehmen.[16]

13 Ernst Cassirer, *Zur Logik der Kulturwissenschaften. Fünf Studien*, in: ders., *Gesammelte Werke*, Band 24, Hamburg 2007, S. 357-486, hier S. 400.

14 Kubler, *Form der Zeit*, S. 29.

15 Ernst Cassirer, *Philosophie der symbolischen Formen*, Erster Teil, *Die Sprache*; Zweiter Teil, *Das mythische Denken*; Dritter Teil, *Phänomenologie der Erkenntnis*, *Gesammelte Werke*, Bände 11-13, Hamburg 2001-2002.

16 Kubler, *Form der Zeit*, S. 42.

Damit wollte Kubler keineswegs die Unterschiede zwischen künstlerischen und wissenschaftlichen Dingen verwischen, und schon gar nicht die zwischen Kunstwerken und technischen Dingen. Im Gegenteil, er betonte die Unterschiede ihrer Formen: »Obwohl ein gemeinsamer Nenner Nutzen und Schönheit verbindet, sind doch beide grundsätzlich verschieden.«[17] Vergleichbarkeit erblickte er hingegen in den Prozessen des Entstehens epistemischer Dinge mit den aus ihnen hervorgehenden technischen Dingen und von Kunstwerken, in dem also, was er ihre »gemeinsamen Innovationsmomente« nannte:[18] in der zeitlichen Dynamik ihres Werdens, in den Strukturen ihrer Emergenz.

Das veranlasste Kubler zu einer radikalen Wende. Die Kunstgeschichte ebenso wie die Wissenschaftsgeschichte sind bis auf den heutigen Tag voll mit Berichten über große Männer im Modus dessen, was Edgar Zilsel einmal treffend »Geniereligion« nannte.[19] Das Neue wird hier nicht nur als das Ergebnis von Geniestreichen eines außergewöhnlichen Individuums repräsentiert, sondern zumeist auch als eine Kopfgeburt: als Gedankenblitz eines begnadeten Ingeniums. Dagegen wendet sich Kubler. In seinem Buch wird das Neue nicht als das Ergebnis der unerhörten Erleuchtung eines Genies präsentiert, sondern, wenn man es so sagen kann, als das unvorwegnehmbare Ergebnis einer Retrojektion. Er vergleicht die Situation der Künstler mit der von Erzgräbern, die, am Ende eines Schachtes stehend, zwar die Wege überblicken können, denen andere vor ihnen gefolgt sind, die aber keine Garantie dafür haben, dass die Richtung, die sie einzuschlagen im Begriff sind, sie nicht ins Abseits führen wird.[20] Kublers Künstler – und Wissenschaftler – bewegen sich also in einem Gelände, mit dessen Materialität sie unerbittlich konfrontiert sind. Statt von ihren Träumen sind sie gezeichnet von den Pfaden, die vor ihnen betreten wurden und die ihre künftigen Optionen nur freigeben, wenn man bereit ist, das Risiko einer Entscheidung auf sich zu nehmen und sich der Herausforderung des Materials am Ort zu stellen. Das bedeutet keineswegs, den Kunstwerken ihre jeweilige Einzigartigkeit abzu-

17 Ebd., S. 43-44.

18 Ebd., S. 43.

19 Edgar Zilsel, *Die Geniereligion. Ein kritischer Versuch über das moderne Persönlichkeitsideal, mit einer historischen Begründung*, Frankfurt/M. 1990.

20 Kubler, *Form der Zeit*, S. 194.

sprechen: »Kunstwerke sind so einzigartig und unersetzbar, wie Werkzeuge weitverbreitet und abnutzbar sind«,[21] betont Kubler in einem Vergleich zwischen nützlichen Dingen und Dingen, die nicht vorrangig zum Gebrauch und zum Verbrauch bestimmt sind. Aber, und das ist hier der entscheidende Punkt, er sieht die Künste – ebenso wie Kuhn die Wissenschaften – als »einen Prozess, der sich zwar stetig von primitiven Angängen *fort*, aber nicht auf ein Ziel *hin* bewegt«.[22] Wir haben es also nicht mit einer »Evolution-zu-dem-was-wir-wissen-möchten« zu tun, sondern mit einer »Evolution-(weg)-von-dem-was-wir-wissen«;[23] einer Entwicklung, deren Fortgang allein durch den Zugriff im Rahmen der vorwaltenden Möglichkeitsbedingungen bestimmt ist. Er ist damit immer auch als ein Ergebnis der Pfade anzusehen, die bereits eingeschlagen wurden und aus denen sich dennoch nicht ableiten lässt, ob und wo sich die nächste Fundgrube auftun wird, ob und wo man der nächsten Abbruchkante begegnet.

Genau hier liegt der entscheidende Punkt von Kublers Vision eines Rapprochements von Wissenschafts- und Kunstgeschichte. An diesem Punkt bringt er den Begriff der »Serie« oder der »Sequenz« mit ihren Varianten ins Spiel. Er unterscheidet offene und geschlossene, intermittierende, blockierte, erweiterte, wandernde und gleichzeitige Reihen und Klassen von Gegenständen der Kunst, von denen jede durch ihre besondere Manifestationsform ausgezeichnet ist.[24] Solche Serien oder Sequenzen von Kunstwerken oder formalen Problemlösungen sind, um in der Bildwelt Kublers zu bleiben, als zeitlich erstreckte Fibern im Fiberbündel der Kunst aufzufassen. Kublers eigener Anlauf zu einer Definition des Sequenzbegriffs liest sich wie folgt:

> Die genaueste Definition der formalen Sequenz, die wir bis jetzt geben können, lautet, daß sie ein historisches Maschenwerk von graduell veränderten Wiederholungen desselben Merkmals ist. Insofern kann man von der Sequenz sagen, sie habe ein Gerüst. Im Querschnitt zeigt es, wenn man so sagen darf, ein Maschenwerk, ein Geflecht oder eine Bündelung

21 Ebd., S. 51.

22 Thomas S. Kuhn, *Die Struktur wissenschaftlicher Revolutionen*, Frankfurt/M. 1973, S. 225.

23 Ebd., S. 224.

24 Kubler, *Form der Zeit*, besonders die Kapitel 2 und 4.

von subordinierten Merkmalen; im Längsschnitt zeigt sich eine faserartige Struktur der zeitlichen Absätze, die alle unverkennbar ähnlich sind, sich jedoch in ihrer Maschenweite vom Anfang bis zum Ende verändern.[25]

Sequenzen bilden demnach Ensembles, sie können proliferieren, sie können sich erschöpfen, sie können sich verzweigen und neue Serien begründen, sie können fusionieren, sie können sich verschlingen, sie können zeitlich und räumlich transponiert werden – es gibt ein ganzes Arsenal zeitlicher Bewegungsformen, die mit ihnen verbunden sind. Immer sind es ihre materiellen Charakteristiken, die den aktuell vollzogenen Bewegungsformen zugrunde liegen. Es wird sich zeigen, dass solche zeitlichen Bewegungsformen auch für Experimentalsysteme charakteristisch sind.

Epistemische Trajektorien

Ich möchte nun im zweiten Teil dieses Kapitels Kublers Ansichten über »Reihen«, »Sequenzen« und »Lösungsketten« im Formenreich von Kunstwerken mit meinen eigenen Überlegungen zu epistemischen Dingen, ihren Ummantelungen und ihren Trajektorien in der Geschichte der Wissenschaften in Beziehung setzen. Strikte Äquivalenzen sind nicht zu erwarten, wohl aber Familienähnlichkeiten in den Temporalstrukturen. Bevor ich das tue, will ich jedoch noch die diesbezüglichen Überlegungen kurz darstellen, die wir Ludwik Fleck verdanken und auf die bereits zu Beginn des zweiten Kapitels hingewiesen wurde. Hätte Kubler Flecks Werk gekannt, er hätte auf ihn als einen Gewährsmann aus der Geschichte und Epistemologie der Wissenschaften verweisen können. In Flecks *Entstehung und Entwicklung einer wissenschaftlichen Tatsache* können wir lesen:

Die Geschichte eines Wissensgebietes [...] besteht aus vielen sich überkreuzenden und wechselseitig sich beeinflussenden Entwicklungslinien der Gedanken, die alle erstens als stetige Linien und zweitens in ihrem jedesmaligen Zusammenhange miteinander darzustellen wären. Drittens müßte man die Hauptrichtung der Entwicklung, die eine idealisierte Durchschnittslinie ist, gleichzeitig separat zeichnen.[26]

25 Ebd., S. 76.
26 Fleck, *Entstehung und Entwicklung*, S. 23

An einer anderen Stelle seines erst spät epochemachenden Buches verweist Fleck darauf, dass Einzelexperimente nur in Reihen oder »Systemen« Bedeutung erlangen.[27] Das bedeutet aber gleichzeitig, dass im Laufe einer solchen Fleck'schen »Entwicklungslinie« die Experimente dazu tendieren, »vom System *früherer Experimente und Entscheidungen geschleppt*« zu werden.[28]
Kublers Bilderwelt von den Tunnels und Schächten eines Bergwerks findet sich hier in der Metapher eines Schlepptaus begradigt. In dieser Form scheint das Bild allerdings eher geeignet, zukünftige Wege zu verstellen als sie freizulegen. Fleck hat solchen Schließungen und der »Harmonie der Täuschungen«, die mit ihnen einhergeht, denn auch besonderes Augenmerk geschenkt.[29] Derartige Serien – »geschlossene Sequenzen«[30] – von Kunstwerken werden auch von Kubler beschrieben, und so führen eben auch wissenschaftliche Experimentalserien nicht selten in Sackgassen, eine Gefahr, die jedem im Labor Tätigen ständig vor Augen steht. Ich möchte jetzt kurz fünf Arten von Trajektorien oder Sequenzen vorstellen, die in den empirischen Wissenschaften spezifiziert werden können und die ebenso viele Formen der Zeit konstituieren, die ihre je eigenen Charakteristiken mit sich führen.

Trajektorien von Experimentalsystemen

Zunächst einmal bilden Experimentalsysteme, die in Kapitel 1 bereits als die Rahmenformen dargestellt wurden, innerhalb derer sich die Produktion experimenteller Spuren und Daten vollzieht, in der Regel Trajektorien, die sich über längere Zeiträume erstrecken können.[31] Ihre Lebensdauer fällt oft mit dem Produktivitätszyklus einer bestimmten Forschungsgruppe zusammen. Experimentalsysteme sind lockere Artikulationen von Materialien, Forschungstechnologien und Verfahren, deren Kopplungen aber ausreichen, um einen Forschungsprozess – im Rahmen eines bestimmten Entwicklungs-

27 Ebd., S. 126.
28 Ebd., S. 114, Hervorhebung im Original.
29 Ebd., S. 122 et passim.
30 Kubler, *Form der Zeit*, S. 73-78.
31 Vgl. zur Trajektorie eines *In-vitro*-Systems zur Erforschung der Proteinbiosynthese Rheinberger, *Experimentalsysteme*, sowie Rheinberger, *Epistemologie des Konkreten*, Kapitel 4 bis 7 zu weiteren Beispielen.

standes eines Forschungsfeldes und um einen Forschungsgegenstand herum – so zu gestalten, dass Aussicht darauf besteht, etwas Neues über diesen Gegenstand herauszufinden. Experimentalsysteme sind zwar zeitlich begrenzte und lokale Forschungsumgebungen, aber sie sind innerhalb eines solchen begrenzten Zeitraums mit einer sich durchziehenden, materiell unterlegten Kontinuität ausgestattet. Entlang dieser Kontinuitätsachse verändern sie sich zwar permanent, jedoch in einer eher differentiellen, Verschiebungen erzeugenden und nicht abrupten Weise.

Allerdings kann es immer zu einem abrupten Ende eines solchen Systems kommen, wenn ein alternatives System verspricht, den gleichen Problemkomplex auf effizientere Weise voranzutreiben. Die Geschichte der Wissenschaften ist voll von solchen verlassenen Systemen. So positionierten sich etwa, um ein Beispiel zu nennen, im Umkreis des Problems der Aufklärung des genetischen Codes gegen Ende der 1950er Jahre drei solcher Systeme: das um die Analyse der Nukleinsäure von Bakteriophagen zentrierte von Sydney Brenner und Francis Crick, das um die Analyse von Tabakmosaikvirus-(TMV)-Mutanten kreisende von Heinz Günter Wittmann und das um die Analyse der bakteriellen Proteinbiosynthese herum entstandene, zunächst gar nicht in dieser Absicht konstituierte System von Marshall Nirenberg und Heinrich Matthaei. Dennoch machte Letzteres zu Beginn der 1960er Jahre die beiden anderen obsolet.[32] Geschuldet war das wesentlich einer zeitlichen Charakteristik des *In-vitro*-Proteinsynthesesystems: Es erlaubte eine entschieden dichtere Abfolge von Experimenten und eine viel direktere Interpretation der Ergebnisse. Damit bewirkte es eine temporale Kondensierung der experimentellen Arbeit um mehrere Größenordnungen. Der zeitliche Aufwand etwa des Infizierens von Tabakpflanzen mit TMV-Mutanten und die anschließende mühsame Analyse der Sequenz ihres Hüllproteins stand in keinem Verhältnis zur Isolierung der Komponenten der Proteinsynthese aus Bakterienzellen und der Laborsynthese der für die Code-Experimente benötigten Oligonukleotide.

32 Vgl. Rheinberger, *Experimentalsysteme*; Lily E. Kay, *Das Buch des Lebens. Wer schrieb den genetischen Code?*, München 2002; Christina Brandt, *Metapher und Experiment. Von der Virusforschung zum genetischen Code*, Göttingen 2004.

Mit diesem Beispiel wird auch sinnfällig, dass Experimentalsystem und epistemischer Gegenstand voneinander unterschieden werden müssen. Die epistemischen Gegenstände sind die materiell und theoretisch unterbestimmten Entitäten, denen das wissenschaftliche Interesse der am Betreiben eines Experimentalsystems Beteiligten gilt. Dieses besteht seinerseits aus den Forschungstechnologien, mit deren Hilfe versucht wird, den Dingen von epistemischem Interesse Konturen zu verleihen. In einer konkreten Forschungsumgebung sind Untersuchungsphänomen und Forschungstechnik spezifisch aufeinander bezogen, ja sie bedingen einander sogar. Und doch können sie materiell von sehr verschiedener Natur sein, wie etwa ein Enzym und eine Ultrazentrifuge. Wie in Kapitel 4 dargelegt, gibt es ohne epistemisch produktive Schnittstelle zwischen Phänomen und Technik keine Systemeffekte. Ein Instrument, das sich nicht auf ein epistemisches Objekt ausrichten lässt, hat keinen wissenschaftlichen Wert; ein epistemisches Objekt, das nicht in der einen oder anderen Weise dem Instrument gefügig gemacht werden kann, ist kein Phänomen, das unter epistemischen Vorzeichen untersucht werden kann.

Der Begriff des Epistemischen ist hier doppelt konnotiert. Auf der einen Seite bezeichnet er den Wissensgegenstand in seiner wesentlich unterdeterminierten Form, ein Umstand, der ihn überhaupt erst forschungsinteressant macht. Ich spreche deshalb auch von epistemischen *Dingen*. Die Bezeichnung »Ding« führt etwas von der Unbestimmtheit mit sich, die den Kern von Forschungsgegenständen ausmacht. Das liegt nicht zuletzt in der Etymologie des Wortes begründet, die darauf verweist, dass die Sache zur Debatte steht. Mit dem Begriff eines technischen Objektes hingegen verbinden wir in der Regel feststehende und scharfe Konturen. Es steht nicht zur Debatte, es hat einen geschlossenen Charakter. Auf der anderen Seite verweist der Begriff des Epistemischen in seiner Gegenüberstellung zum Technischen auf den Umstand, dass epistemische Dinge nur in medial vermittelter Form Gestalt annehmen und existieren und die deshalb ontologisch von transitorischer Form und Dauer sind. Das Epistemische und das Technische bleiben also eng aufeinander bezogen und beziehen aus dieser Gegenüberstellung ihre jeweilige Eigenheit.

Wie soeben angedeutet, ist es zum einen so, dass die materielle Kontinuität eines Experimentalsystems nicht die Kontinuität der in ihm verhandelten epistemischen Dinge impliziert. Im Gegenteil, an bestimmten Wendepunkten in der Entwicklung eines Experimentalsystems können sich im Epistemischen abrupte Wendungen vollziehen, ohne dass diese sich disruptiv auf das System auswirken müssen. So hatte etwa Carl Correns 1894 begonnen, Mais- und dann auch Erbsenvarietäten zu kreuzen, in der Hoffnung, das biologische Phänomen der Xenien – die Fremdeinwirkung des Pollens auf die Mutterpflanze – zunächst experimentell in ausgeprägter Form hervorzubringen, um es dann physiologisch genauer untersuchen zu können.[33] Das gelang ihm zwar bei seinen Maispflanzen, nicht jedoch bei den Erbsen, wo ihm andererseits in der zweiten Kreuzungsgeneration die Regularität auffiel, mit der die Charaktere desjenigen Elternteils wieder auftauchten, die in der ersten Kreuzungsgeneration verschwunden waren. Um die neue Spur zu verfolgen, konnte er sein Experimentalregime mit geringfügigen Modifikationen, die hauptsächlich die Vervielfältigung einzelner Kreuzungen betrafen, fortsetzen und so zu belastbaren statistischen Aussagen über die Nachkommenverhältnisse gelangen. Sogar die unter dem Xenienaspekt zunächst gesammelten Beobachtungen konnten unter der neuen epistemischen Perspektive aufgegriffen und wiederverwertet werden. So wurde die Suche nach Merkmalen der Vaterpflanze an den Samen und Früchten der Mutterpflanze abgelöst durch die Wiederentdeckung der Befunde von Gregor Mendel und die experimentelle sowie theoretische Untermauerung ihrer Korollarien. Das neue epistemische Ding waren die voneinander unabhängig weitervererbten »Anlagen« – in der Correns'schen Terminologie –, die für die Ausprägung einzelner Pflanzencharaktere verantwortlich zu sein schienen und die bald unter dem Etikett der »Gene« ihre Trajektorie durch die biologischen Experimentalsysteme der Genetik des 20. Jahrhunderts antreten sollten.[34]

Mit diesem weiteren Weg ist bereits auch der zweite Punkt angesprochen, der hier anzuführen ist. Die Trajektorien epistemischer Dinge sind auch deshalb nicht mit den Trajekten von Experimentalsystemen identisch, weil sie nicht nur aus einem bestehenden

33 Vgl. dazu ausführlich Rheinberger, *Epistemologie des Konkreten*, Kapitel 4.

34 Vgl. dazu Evelyn Fox Keller, *Das Jahrhundert des Gens*, Frankfurt/M., New York 2001.

System verdrängt und durch ein anderes ersetzt werden, sondern auch von einem Experimentalsystem zum anderen springen können. In der Regel gehen sie aus einem Experimentalsystem hervor und entwickeln sich dort bis zu einem gewissen Grad. Es kommt aber eher selten vor, dass ein epistemischer Gegenstand gänzlich im Rahmen eines einzigen Experimentalsystems verbleibt. Um beim eben genannten Beispiel der Gene – eines der kardinalen epistemischen Dinge der Lebenswissenschaften des 20. Jahrhunderts – zu bleiben, so beherrschten experimentelle Kreuzungssysteme die ersten vier Jahrzehnte des Jahrhunderts, ergänzt durch die zytologische Darstellung von Riesenchromosomen. Mit dem Aufkommen der Molekularbiologie kamen biophysikalische Systeme wie die Röntgenstrukturanalyse von biologischen Makromolekülen und die strahleninduzierte Mutagenese von Bakterien und Viren sowie biochemische *In-vitro*-Systeme wie die bereits genannte Proteinbiosynthese hinzu, um nur einige aus der Vielfalt von Experimentalsystemen herauszugreifen, die dazu beitrugen, die Gene als Dinge epistemischen Interesses zu analysieren und darzustellen. Mit dem Aufstieg der Gentechnologie ab den 1970er Jahren kam dann noch die Manipulation von Genen in lebenden Zellen durch die molekularen Techniken der Molekularbiologie dazu, die selbst das Ergebnis der Verwandlung molekularer epistemischer Dinge in molekulare technische Werkzeuge waren.

Das alles kann und muss hier nicht im Einzelnen ausgeführt werden.[35] Hier möchte ich nur festhalten, dass epistemische Dinge von einem experimentellen Kontext zum anderen wandern können. Diese Wanderungen sind nicht linear und gerichtet, sondern verzweigt und vielfältig sich überkreuzend. Sie führen einerseits dazu, dass die betreffenden epistemischen Dinge im Hinblick auf bestimmte ihrer Eigenschaften stabilisiert werden und damit selbst Instrumentalcharakter annehmen können.[36] So funktionieren maßgeschneiderte Gene heute in biotechnologischen Produktionszusammenhängen als molekulare Replikationsmaschinen. An-

35 Ich habe dieser Entwicklung über das lange 20. Jahrhundert hinweg zusammen mit Staffan Müller-Wille ein eigenes Buch gewidmet: Staffan Müller-Wille, Hans-Jörg Rheinberger, *Das Gen im Zeitalter der Postgenomik. Eine wissenschaftshistorische Bestandsaufnahme*, Frankfurt/M. 2009.

36 Vgl. dazu auch Howlett, Morgan, *How Well Do Facts Travel?*, zur Wanderung von Daten vgl. Leonelli, *Data-Centric Biology*.

dererseits kommen sie aber gewissermaßen auch nicht zur Ruhe, denn diese Multiplikation ihrer Einsätze als Werkzeuge geht einher mit dem Auftauchen neuer blinder Flecken. Durch Wanderungen dieser Art werden aber auch die betroffenen Experimentalsysteme untereinander vernetzt, sodass vielfach verzahnte, über materielle Bahnen miteinander verbundene Geflechte entstehen. So können im Rahmen von Experimentalkulturen auch Experimentalsysteme miteinander kommunizieren, die nur marginal verbunden sind, da sie sich in ihren maßgeblichen technischen Bestandteilen voneinander unterscheiden.

Die Bahnen technischer Dinge

Die technischen Bestandteile von Experimentalsystemen, die Forschungstechnologien und die sonstigen standardisierten Komponenten solcher Systeme, haben zudem ihre eigenen Wanderungsbewegungen und Trajektorien. Über die Geschichte von Forschungstechnologien gibt es, im Gegensatz zu derjenigen von Experimentalsystemen und epistemischen Dingen, eine ausgebreitete Literatur, auf die in diesem Zusammenhang nicht im Einzelnen eingegangen werden muss.[37] Hier interessieren allein die Temporalformen, die zeitlichen Bewegungen, die Forschungstechnologien im Raum des Epistemischen vollziehen. Im vierten Kapitel habe ich bereits gezeigt, dass Experimentalsysteme durch das Einpfropfen neuer Forschungstechnologien in ihrem Aktionsradius erweitert und verändert werden können. In ihrer Entstehungsphase kristallisieren sich neue Forschungstechnologien meist aus dem Umgang mit Materialien, Verfahren und Energieformen heraus, die ihre Kernstruktur bestimmen, wie das am Beispiel der Mikroskopie exemplarisch immer wieder gezeigt worden ist.[38] Dabei sind es oft

37 Um hier nur die molekularbiologischen Forschungstechnologien zu erwähnen, so hat fast jede von ihnen eine oder mehrere monographische Darstellungen erfahren. Erwähnt seien Paul Rabinow, *Making PCR: A Story of Biotechnology*, Chicago 1996; Nicolas Rasmussen, *Picture Control: The Electron Microscope and the Transformation of Biology in America, 1940-1960*, Stanford 1997; Bruno Strasser, *La Fabrique d'une nouvelle science. La biologie moléculaire à l'âge atomique*, Florenz 2006; Creager, *Life Atomic*; García-Sancho, *History of Molecular Secquencing*. Zu Forschungstechnologien generell: Bernward Joerges, Terry Shinn (Hg.), *Instrumentation between Science, State, and Industry*, Dordrecht 2001.

38 Vgl. aus neuerer Zeit zur Lichtmikroskopie etwa Jutta Schickore, *The Microscope*

zunächst unbedachte Effekte des Materials, die Perspektiven auf eine neue Technologie eröffnen, wie etwa bei der Elektronenmikroskopie die Verwendung von beschleunigten Elektronen zur Herstellung von vergrößerten Darstellungen materieller Strukturen. In der weiteren Entwicklung können dann Instrument und Untersuchungsobjekt in eine enge Wechselwirkung miteinander treten. Im Falle der Elektronenmikroskopie ist das besonders deutlich an ihrer Verwendung zur vergrößerten Darstellung organischer Materialien zu sehen. Hier treten epistemisches Objekt und Forschungstechnologie in einen Prozess gegenseitiger Instruktion, der sowohl epistemische als auch technische Effekte auszulösen vermag. Es ist dabei nicht ungewöhnlich, dass sich Forschungstechnologien – ein gutes Beispiel dafür ist die hier angeführte Elektronenmikroskopie – für längere Zeiträume selbst in einem experimentellen und damit, so könnte man sagen, wesentlich epistemischen Zustand bewegen und sogar zu so etwas wie technischen Experimentalsystemen *sui generis* werden können. Die meisten Forschungstechnologien werden jedoch früher oder später zu mehr oder weniger geschlossenen Paketen geschnürt. Das macht sie einerseits für ihre Anwender zu *black boxes*.[39] Sie entziehen sich damit der Bastelei im Labor, einzig ihre Anschlüsse an das jeweilige System stehen dem experimentellen Zugriff noch offen. Andererseits erweitert sich ihr Anwendungshorizont. Sie können ihrerseits leichter wandern und in eine Vielzahl von Experimentalsystemen integriert werden.

Etwas Ähnliches kann auch mit Experimentalsystemen selbst passieren: Sie werden zu Testsystemen transformiert und als Subroutinen zu Bestandteilen weiterer Experimentalsysteme. Wir sehen hier, dass es sich bei all diesen unterscheidbaren Bestandteilen und Konfigurationen des Experimentierprozesses nicht um für immer fixierte Elemente handelt, sondern um solche, die dynamisch ihre Plätze wechseln können. Was für eine Funktion ein Element

and the Eye: A History of Reflections, 1740-1870, Chicago 2007; zur Raster-Tunnelmikroskopie vgl. Jochen Hennig, *Bildpraxis. Visuelle Strategien in der frühen Nanotechnologie*, Bielefeld 2011; zur Elektronenmikroskopie vgl. Eric Lettkemann, *Stabile Interdisziplinarität. Eine Biografie der Elektronenmikroskopie aus historisch-soziologischer Perspektive*, Baden-Baden 2016; sowie Falk Müller, *Jenseits des Lichts. Siemens, AEG und die Anfänge der Elektronenmikroskopie in Deutschland*, Habilitationsschrift, Frankfurt/M. 2018.

39 Vgl. dazu Latour, *Science in Action*.

in einem gegebenen Zusammenhang hat, kann jeweils nur die konkrete historische Analyse zeigen.

Zur Bewegungsform von Experimentalkulturen

Derartige Wanderungsphänomene, seien es solche von epistemischen Dingen oder von Forschungstechnologien, tragen entscheidend zum Aufbau von Experimentalkulturen bei und lassen diese als vielfältig vernetzte Ensembles von Experimentaltrajektorien der verschiedenen weiter oben beschriebenen Komponenten erscheinen. Deren Hauptcharakteristika sollen im nächsten Kapitel am Beispiel der biologischen *In-vitro*-Kulturen des 20. Jahrhunderts ausführlicher beschrieben werden. Ich kann mich deshalb hier entsprechend kurzfassen. In derartigen Experimentalverbünden, wie ich sie bereits im vierten Kapitel ausführlicher beschrieben habe, kann es zu Fusionen oder Hybridisierungen zunächst voneinander getrennt entwickelter Experimentalsysteme kommen. Ebenso können sich aber an Optionen zu reichhaltig gewordene Experimentalsysteme aufspalten. Solche Bifurkationen oder gar Ramifikationen führen innerhalb einer Experimentalkultur zu Nischen, in denen sich der Austausch zwischen den Systemen besonders intensiv gestaltet. Es zeigt sich hier übrigens auch wieder das Fließende einer jeden Klassifizierung. Die Ramifikation von Experimentalsystemen hätte ebenso gut in Kapitel 4 Platz finden können wie die in Kapitel 4 beschriebene Hybridisierung in diesem. Das hängt damit zusammen, dass der Übergang von der Infra-Experimentalität zur Supra-Experimentalität bei aller Signifikanz der Unterscheidung ein fließender ist. Liegt der Fokus in diesem Kapitel auf den zeitlichen Streckungen, zu denen sich die Formen des Experimentellen fügen, so lag er im vierten Kapitel des ersten Teils auf den Mechanismen des Experimentellen und der ihnen jeweils eigenen mikrologischen Bewegungsform.

Organismische Wanderungen

Den weiten Bogen dieser Zeitformen möchte ich mit einem besonderen Fallbeispiel schließen. Es handelt sich weder um ein Experimentalsystem noch um eine Experimentalkultur, weder um ein epistemisches noch um ein ausschließlich technisches Ding. Man könnte es vielleicht am besten mit dem Begriff des »strategischen Forschungsmaterials« bezeichnen, den wir Robert Merton verdanken.[40] Merton versteht darunter Materialien, die aus jeweils besonderen Gründen besonders geeignet sind, um Naturphänomene zu studieren, die sich an ihnen in besonders prägnanter Form zeigen oder auf besonders anschauliche Weise zugänglich gemacht werden können. Solche Materialien haben oft selbst eine lange Vorgeschichte, die sich keineswegs immer schon im Raum des Epistemischen abgespielt haben muss. Sie können auf ihrem Weg durch ganz andere kulturelle Zusammenhänge schließlich in die Wissenschaft gelangt sein.

In den biologischen Wissenschaften hat man es dabei oft mit Organismen zu tun. Für sie waren im frühen 20. Jahrhundert zunächst wechselnde Ausdrücke wie »Material für experimentelle Zwecke«,[41] »Laboratoriumsobjekt«,[42] »Laboratoriumstier«[43] oder Experimentalorganismus in Umlauf, bis sich schließlich der Begriff der Modellorganismen durchsetzte. Auf sie wurde bereits in Kapitel 3 ein Blick geworfen. Modellorganismen sind in ganz spezieller Weise Träger von Formen der Zeit, die wesentlich durch ihre Reproduktionszyklen gegeben sind. In der Geschichte der Biologie des 20. Jahrhunderts lässt sich eine Tendenz zur Ökonomisierung der Zeit und damit des Übergangs zu sich immer rascher reproduzierenden Modellorganismen beobachten. Arbeitete die frühe klassische Genetik noch mit Pflanzen, die einem reproduktiven Jahresrhythmus unterlagen, so wurden in der Zoologie mit Insekten – insbesondere der Fruchtfliege *Drosophila melanogaster*[44] – Modellorganismen ins Labor geholt, deren Vermehrungszyklus sich auf Monate oder Wochen beschränkte. Die frühe Molekularbiologie spezialisierte sich schließlich auf einzellige Organismen wie niedere Pilze oder Bakterien mit einem Vermehrungszyk-

40 Merton, »Three fragments from a sociologist's notebooks«.

41 Phineas Whiting, »Rearing meal moths and parasitic wasps for experimental purposes«, in: *The Journal of Heredity* 12 (1921), S. 255-261, hier S. 258.

42 Alfred Kühn, Karl Henke, *Genetische und entwicklungsphysiologische Untersuchungen an der Mehlmotte Ephestia kühniella Zeller,* I-VII, Berlin 1929, S. 2.

43 Albrecht Hase, »Insekten«, in: *Methodik der wissenschaftlichen Biologie*, Bd. 2, hg. v. Tibor Péterfi, Berlin 1928, S. 265-289.

44 Vgl. dazu Robert E. Kohler, *Lords of the Fly. Drosophila Genetics and the Experimental Life*, Chicago 1994.

lus im Stundenbereich. Man darf nicht unterschätzen, was diese organismusspezifischen Zeitregimes für die Rhythmik von Experimentalsystemen bedeuten.

Um einen Modellorganismus aus dem mittleren Bereich handelt es sich in dem Beispiel, auf das ich hier näher eingehen möchte: die Mehlmotte *Ephestia kühniella* (Zeller). Mit ihren grau melierten Flügeln ist sie ein unscheinbarer Schmetterling aus der Familie der Zünsler. Ihre ursprüngliche Heimat, so wird angenommen, ist Mittelamerika. Im Schlepptau des Kolonialverkehrs kam sie irgendwann im 19. Jahrhundert nach Europa. Der genaue Zeitpunkt ist unbekannt. Dort erregte sie zuerst als ungewollter Gast von Getreidemühlen und mehlverarbeitenden Gewerben Aufmerksamkeit, wo sie es unter mitteleuropäischen Wetterverhältnissen immerhin auf drei Generationen pro Jahr bringt. Ihre wissenschaftliche Karriere begann somit als Schadinsekt, als Untersuchungsobjekt der angewandten Entomologie zum Zwecke ihrer Kontrolle oder gar Beseitigung.

Als ein solches schädliches Objekt fiel die Mehlmotte zunächst in die Hände des Agrarwissenschaftlers und Phytopathologen Julius Kühn. Kühn lehrte und forschte seit 1862 an der Universität Halle (Saale), wo er 1863 das Landwirtschaftliche Institut der Universität gründete. Er sammelte im Sommer 1877 etliche Exemplare der Motte aus einer Mühle auf, die amerikanischen Weizen verarbeitete, und schickte sie zur Bestimmung an den Entomologen Philipp Christoph Zeller nach Stettin. Zeller hatte an der Berliner Universität studiert, war Spezialist für Kleinschmetterlinge und langjähriger Sekretär des Entomologischen Vereins zu Stettin. Seine Beschreibung des Insekts unter der wissenschaftlichen Bezeichnung *Ephestia kühniella* (Zeller) erschien 1879 in der Stettiner entomologischen Zeitung. Sowohl die Stettiner Entomologische Zeitung als auch der Verein waren ihrerseits durch den Zuckersieder und Käfersammler Carl August Dohrn ins Leben gerufen worden, nachdem dieser 1837 von einer Weltreise in seine Heimatstadt Stettin zurückgekehrt war. Die Reise, die er 1831 angetreten hatte, führte ihn unter anderem auch nach Südamerika. (Sie verlief zeitlich parallel zu der ungleich prominenteren Reise von Charles Darwin auf der Beagle. Carl Augusts Sohn Anton, der Begründer der zoologischen Meeresstation in Neapel, sollte später ein lebenslanger Verehrer Darwins werden.)

Während des Ersten Weltkriegs wurde der Mehlmotte eine erhöhte Aufmerksamkeit geschenkt. Sie konzentrierte sich in den im Zuge des Krieges zentralisierten Großmühlen und vermehrte sich dort massenhaft. Der auf Insektizide spezialisierte – aber auch in der Kampfstoffforschung tätige – Parasitologe Albrecht Hase erprobte an der Biologischen Reichsanstalt in Berlin-Dahlem in den frühen 1920er Jahren erstmals ihre Massenzucht als »Laboratoriumstier«. Ihn interessierte vor allem die biologische Bekämpfung der Mehlmotte durch die Schlupfwespe *Habrobracon juglandis*, die ihre Eier in die Raupen von *Ephestia* ablegt.

Auf dieses Massenzuchtverfahren (im fabrikmäßigen Maßstab, wie Hase nicht ohne Stolz betonte) griff der – mit Julius Kühn nicht verwandte – Göttinger Zoologe Alfred Kühn in den 1920er Jahren zurück, den damals unter anderem die Variation in der Pigmentierung der Schlupfwespe interessierte, über die sein Student Egon Schlottke gerade promovierte.[45] Vermutlich zogen dabei zufällig beobachtete Flügelmutanten des Futtertiers – der Mehlmotte – Kühns Aufmerksamkeit auf sich. Mit seinem Doktoranden Karl Henke ließ er sich jedenfalls 1924 auf ein Projekt zur genetisch-physiologisch-entwicklungsbiologischen Erforschung der Färbung und des Musters der Flügel von *Ephestia* ein. Der langjährigen Arbeit, in deren Verlauf die beiden nach eigenen Berichten über hunderttausend Motten inspizierten, war jedoch nur ein mäßiger Erfolg beschert.

Das änderte sich, als fünf Jahre später in Kühns Massenzuchten eine rotäugige Mutante der Mehlmotte auftauchte. Bald stellte sich heraus, dass die rote Augenfarbe in ihrem Erbgang dem einer rezessiven Mendel'schen Verteilung folgte. Der Mutante fehlte ein Stoff, der im Körper des Wildtyps offensichtlich frei zirkulierte, wie Kühns Mitarbeiter Ernst Caspari durch eine Reihe ebenso genialer wie einfacher Transplantationsexperimente zeigte. Damit war *Ephestia kühniella* zum Modellorganismus der beginnenden, von Kühn so genannten physiologischen Entwicklungsgenetik avanciert. Es sollte jedoch weitere zehn Jahre dauern, bis der unter Beobachtung stehende Stoff biochemisch charakterisiert war. Es handelte sich dabei nicht um ein Hormon, wie anfänglich angenommen, sondern um ein Zwischenprodukt im Aufbau des Au-

45 Vgl. dazu ausführlicher Rheinberger, *Epistemologie des Konkreten*, Kapitel 6.

genpigments. Dieses wiederum konnte von seinem Edukt nicht gebildet werden, wenn aufgrund eines Gendefekts ein Enzym fehlte, das diesen Zwischenschritt katalysierte. Damit waren alle Ingredienzien der biochemischen Genetik identifiziert: Genwirkketten aus Genen und Genprodukten (Enzymen) sowie Stoffwechselketten, deren Zwischenschritte die Enzyme – Fermente in der Sprache der Gruppe – katalysierten.

Das Problem war nur, dass man in dem um *Ephestia* aufgebauten Experimentalsystem zwar an die Stoffwechselketten, nicht aber an die Gene und ihre Produkte herankam. Dafür war das Genom der Motte mit seinen vielen Chromosomen zu kompliziert. So blieb das Leben der Mehlmotte als genetisch-physiologischer Modellorganismus auf ein schmales Forschungsfenster zwischen den beiden Weltkriegen beschränkt. Sie wurde bald von Pilzen wie der Hefe oder *Neurospora crassa*, Bakterien wie *Escherichia coli* und Viren wie dem Tabakmosaikvirus sowie Bakteriophagen als den neuen Modellorganismen der in Entstehung begriffenen Molekularbiologie und Molekulargenetik abgelöst.

Die wissenschaftliche Existenz der Mehlmotte bildete damit eine Kette, die um die Mitte des 19. Jahrhunderts ihren Anfang nahm und um die Mitte des 20. Jahrhunderts endete. Als Objekt des Wissens begann sie ihre Karriere als ungewollter kolonialer Import, der sich zunächst als Nahrungsschädling bemerkbar machte; avancierte zu einer taxonomischen Einheit in der Entomologie; gewann neues Leben als Experimentalorganismus in der biologischen Insektenbekämpfung; mutierte schließlich zum Modellorganismus im epistemischen Raum einer in Entstehung begriffenen physiologischen Genetik. Dann verschwand die Motte als Modellorganismus von der Bühne des Wissens. Über die epistemischen Ketten der Physiologie hat der französische Physiologe Claude Bernard einmal in seinen Notizen festgehalten: Sie seien zwar Ketten, bildeten also einen historischen Zusammenhang, ihre Glieder gingen aber keineswegs notwendigerweise auseinander hervor.[46]

Eine ähnliche Geschichte ließe sich über das Tabakmosaikvirus erzählen.[47] Sie nahm als ein *contagium vivum fluidum*, also als nicht

46 Claude Bernard, *Philosophie. Manuscrit inédit*, Paris 1954, S. 14.

47 Zu den einzelnen Etappen vgl. die Zusammenstellung von Originalarbeiten in Karen-Beth, G. Scholthof u. a. (Hg.), *Tobacco Mosaic Virus. One Hundred Years of Contributions to Virology*, St. Paul/MN 1999.

filtrierbares Agens, in den Händen von Martinus Willem Beijerinck an der Landwirtschaftlichen Hochschule von Wageningen am Ende des 19. Jahrhunderts ihren Anfang. Im Rockefeller-Labor des Biochemikers Wendell Stanley avancierte das Virus zum ersten Biomolekül-Komplex, der kristallisiert werden konnte. Von dort setzte es seine Karriere als strategisches biologisches Forschungsmaterial in der frühen Elektronenmikroskopie fort, bevor es in der Molekularbiologie zum Modell einer Nukleinsäure wurde, an der genetische Mutationen nachgewiesen werden konnten. Nachdem es auf dem Höhepunkt der Molekularbiologie seinen Beitrag zur Entschlüsselung des genetischen Codes geleistet hatte, kehrte es in die Landwirtschaft zurück, wo Teile seines Genoms heute gentechnisch dazu verwendet werden, um pflanzliche Resistenzen zu generieren.

Eine Wissenschaftsgeschichte, die sich an einer Geschichte der Dinge orientiert, muss solchen Wanderungen nachgehen und aus solchen Kontingenzketten und -geflechten Funken schlagen. Vor einem solchen Hintergrund mögen auch die bereits erwähnten »Begriffsnomaden« von Isabelle Stengers ebenso wie die Wanderungen von Entitäten in einem neuen Licht erscheinen, die Peter Howlett und Mary Morgan mit der traditionellen Kategorie von »Fakten« beschrieben haben.[48]

Epistemisches, Artistisches

Bei aller Vielfältigkeit der Vernetzungen, die sich in wissenschaftlichen Experimentalkulturen über längere Zeiträume beobachten lassen, steht es aber außer Zweifel, dass die Dynamik der Einzelsysteme, die in Experimentalkulturen interagieren, letztlich von der Form ihrer Eigenzeiten bestimmt wird.[49] Diese Eigenzeiten bestimmen auch die Zeitpunkte, zu denen sich in den einzelnen Systemen epistemische Effekte ereignen können, ohne dass es eine Garantie dafür gäbe, dass sich solche Effekte materialisieren. Auch hier könnte man mit Kubler sagen: »Die Klassifizierung in Sequen-

48 Stengers, »Concepts nomades«; Howlett und Morgan, *How Well Do Facts Travel?*

49 Vgl. dazu James Griesemer, Grant Yamashita, »Zeitmanagement bei Modellsystemen. Drei Beispiele aus der Evolutionsbiologie«, in: Henning Schmidgen (Hg.), *Lebendige Zeit*, Berlin 2005, S. 213-241.

zen setzt einen inneren Zusammenhang der Ereignisse voraus und erweist dabei gleichzeitig das Sporadische, Unvorhersehbare und Unregelmäßige ihres Eintretens.«[50] Und so kann man mit ihm auch für die Wissenschaften schlussfolgern: »Es gibt in der Geschichte viele Kreisläufe, die sich niemals schließen. Selbst wenn alle Bedingungen für ein Ereignis vorhanden sind, garantieren sie nicht das Eintreten dieses Ereignisses.«[51] Wenn wir für einen Augenblick die Perspektive der Handelnden einnehmen, so bedeutet das, dass Wissenschaftler sich mit den mikrologischen Gegebenheiten eines bestimmten Systems und der ihm eigenen Zeitlichkeit vertraut machen müssen, um sich in die Lage zu versetzen, die Optionen eines solchen Systems von innen heraus aufzugreifen. Die »genialen Ideen«, von denen in Hagiographien die Rede ist, bestehen in der Regel im Innewerden einer Option, die ein derartiges System durch die Möglichkeiten der Verschiebung seiner Elemente oder des Einschubs einer neuen Technik oder des Aufgreifens eines Signals bietet, das sich in einer verborgenen Ecke des Systems bemerkbar gemacht hat. Das gilt auch für die luftigeren Regionen der theoretischen Physik, woran nicht zuletzt Werner Heisenberg eindringlich erinnert hat:

> Die modernen Theorien sind nicht aus revolutionären Ideen entstanden, die sozusagen von außen her in die exakten Naturwissenschaften hereingebracht wurden; sie sind der Forschung vielmehr bei dem Versuch, das Programm der klassischen Physik konsequent zu Ende zu führen, durch die Natur aufgezwungen worden. […] Es ist selbstverständlich, daß die experimentelle Forschung überall die notwendige Vorbedingung für theoretische Erkenntnisse bildet, und daß prinzipielle Fortschritte nur unter dem Druck experimenteller Resultate, nicht durch Spekulationen errungen werden.[52]

Um dazu in der Lage zu sein, muss der Forschende aber eine besondere Affinität zu dem System, in und mit dem er oder sie arbeitet, entwickelt haben. So sieht es denn Kubler auch im Falle der Künstler: »Jede Sequenz eröffnet die Möglichkeiten ihres jeweiligen systematischen Alters nur der Gruppe von Künstlern, die über die

50 Kubler, *Form der Zeit*, S. 74.

51 Ebd.

52 Werner Heisenberg, *Wandlungen in den Grundlagen der Naturwissenschaft. Zwei Vorträge*, Leipzig 1935, S. 7, S. 16-17.

spezielle Veranlagung für den richtigen Einstieg verfügt.«[53] In etwas kolloquialerer Form hört man in Wissenschaftlerkreisen dazu auch immer wieder, man habe das Glück gehabt, »zur rechten Zeit am rechten Ort« gewesen zu sein. Diese Redewendung verweist implizit auf zwei Punkte, die mit dem hier über den epistemischen Raum Gesagten übereinstimmen: auf die vielfältig gegliederte Feinstruktur einer Experimentalkultur und den je spezifischen Entwicklungszustand oder das Alter eines Experimentalsystems. Sie verweist zudem darauf, dass in der Interaktion des Wissenschaftlers mit seinem System diesem das jeweils entscheidende Wort zukommt.

Es gibt hierbei natürlich keine strikte Parallele im Sinne einer Eins-zu-eins-Homologie zwischen den exploratorischen Bewegungen und Systemen in beiden Bereichen, dem epistemischen und dem artistischen. So können Kublers Sequenzen, die sich als Ansätze zur Lösung eines Formproblems etwa in der Architektur oder der bildenden Künste darstellen und sich über Jahrhunderte erstrecken können, weder direkt mit Experimentalsystemen noch mit Experimentalkulturen verglichen werden, die sich der Lösung epistemischer Probleme verschrieben haben und deren Bewältigung sie nicht selten sogar schuldig bleiben zugunsten neu auftauchender Probleme. Aber sowohl Kublers Sequenz-Perspektive auf die Künste als auch die Experimentalsystem-Perspektive auf die Wissenschaften sind getragen von einer gemeinsamen Suche nach den »Formen der Zeit« – einer Suche nach neuen kategorialen Möglichkeiten, die historische Zeit in ihren verschiedenen Materialisierungen sichtbar und erfahrbar werden zu lassen. Kubler hat dieser Suche mit den folgenden Worten Nachdruck verliehen: »Wir benötigen ein Netzwerk aus anderen Maschen, das sich grundsätzlich von allen bisher üblichen unterscheidet.« Und im Hinblick auf den in diesem Zusammenhang oft bemühten Begriff des Stils hat er sarkastisch hinzugefügt: »Die Vorstellungen von Stil haben nicht mehr Maschen als die von Packpapier oder Konservendosen.«[54] Dieses Buch versteht sich insgesamt als ein Beitrag zur Ausarbeitung eines derartigen konzeptuellen Netzwerks.

Die konkreten und speziellen Formen der Zeit, in denen sich menschliche Erfindungen, das heißt kulturell Neues in der Ge-

53 Kubler, *Form der Zeit*, S. 149.

54 Ebd., S. 71.

schichte, realisieren, sind letztlich, verstanden als Geschichte von Dingen, eng gebunden an die jeweiligen Materialien und die Optionen, die von diesen Materialien ausgehen. Gerade weil wir es hier mit einem Zugang zu tun haben, der davon geprägt ist, der Logik der Materialien den Platz zuzuschreiben, den sie verdient, werden sich die Formen der Zeit, die sie mit sich führen und in denen sie sich entfalten, je nach den ins Auge gefassten kulturellen Aktivitäten mehr oder weniger signifikant unterscheiden. Gleiches gilt dann *ceteris paribus* auch für die Differenzierungen innerhalb des Bereichs des Epistemischen. Es geht demnach nicht darum, diese Differenzen einzuebnen, sondern vielmehr darum, einen gemeinsamen Grund zu finden, auf dem sie vergleichbar gemacht und weiterführend begrifflich eingeholt werden können.

7. Experimentalkulturen

Standen in Kapitel 6 die Formen der Zeit im Mittelpunkt, so beschäftigt sich Kapitel 7 mit den spezifischen Formen der räumlichen Ausbreitung von Experimentalsystemen. Wie bereits im vorigen Kapitel angesprochen, können Experimentalsysteme Ensembles oder Bündel bilden, die sich in eine oder mehrere der diese Systeme aufbauenden technischen, epistemisch-materiellen oder sozialen Komponenten teilen. Diese Ensembles kann man als Experimentalkulturen bezeichnen.[1] Der Begriff des *Sich-Teilens-in* ist hier zentral. Er enthält im Kern, was es rechtfertigt, in diesem Kontext von Kulturen zu sprechen. Aspekte des Experimentierens, die dieser einzelne Systeme einbettenden und sie überlagernden Ebene zugeordnet werden können, sind in der einschlägigen Literatur unter den Stichworten »Stile wissenschaftlichen Denkens«[2] oder »Stile wissenschaftlicher Praxis«[3] sowie »Wege des Wissens« und »Wege des Tuns«[4] diskutiert worden. Was mit dem Begriff der Kultur hier besonders betont werden soll, ist die Seite der materiellen Wechselwirkung zwischen Experimentalsystemen – eine Wechselwirkung, deren Bedeutung erst im Zusammenhang mit der Entfaltung dieser Systeme hervortritt. So sind also Experimentalsysteme und Experimentalkulturen eng aufeinander bezogen. Entgegen einer lange

1 Zum Begriff der Experimentalkultur vgl. Ursula Klein, »Paper tools in experimental cultures«, in: *Studies in History and Philosophy of Science Part A* 32 (2001), S. 265-302; zum Begriff der Wissenskulturen oder epistemischen Kulturen vgl. Karin Knorr Cetina, *Wissenskulturen. Ein Vergleich naturwissenschaftlicher Wissensformen*, Frankfurt/M. 2002.

2 Der *locus classicus* ist Alistair Crombie, *Styles of Scientific Thinking in the European Tradition: The History of Argument and Explanation Especially in the Mathematical and Biomedical Sciences and Arts*, London 1995.

3 Vgl. beispielhaft Ian Hacking, »›Style‹ for historians and philosophers«, in: *Studies in History and Philosophy of Science Part A* 23 (1992), S. 1-20; zu einer neuen Wendung vgl. Caroline Ehrhardt, »E uno plures? The many Galois theories (1832-1900)«, in: Karine Chemla, Evelyn Fox Keller, *Cultures without Culturalism. The Making of Scientific Knowledge*, Durham, London 2017, S. 327-351.

4 John V. Pickstone, *Ways of Knowing. A New History of Science, Technology and Medicine*, Manchester 2000; John V. Pickstone, »A brief introduction to ways of knowing and ways of working«, in: *History of Science* 49 (2011), S. 235-245.

vorherrschenden Bedeutung des Begriffs der Kultur, die dem Raum des Symbolischen verpflichtet ist,[5] zielt die hier angestrebte Verwendung des Begriffs auf die Materialitäten des wissenschaftlichen Arbeitsprozesses. Der Fokus auf Experimentalkulturen ermöglicht es zudem, längere Zeitspannen der Entwicklung einzelner Wissenschaften oder Wissenschaftszweige ins Auge zu fassen, ohne die Ebene der wissenschaftlichen Praxis zugunsten einer ideengeschichtlichen Perspektive zu verlassen.

Im ersten Teil dieses Kapitels werfe ich beispielhaft einen näheren Blick auf eine besondere Experimentalkultur in den biologischen Wissenschaften: das Reagenzglas- oder *In-vitro*-Experiment. Dieser Teil ist weniger systematisch angelegt, vielmehr wird der Begriff der Experimentalkultur historisch-epistemologisch an einem konkreten Beispiel entfaltet. Das Beispiel ist jedoch mit Bedacht gewählt, denn das Experimentieren *in vitro* erlangte in der Biochemie des 20. Jahrhunderts eine entscheidende Bedeutung. Die hervorstechendsten der vielfältigen Formen, die diese Art von Analyse biologischer Funktionen im Reagenzglas über das Jahrhundert hinweg annahm, werden im Folgenden kurz dargestellt. Dabei kommen auch die Einwände zur Sprache, die dieser experimentelle Zugriff auf das Leben in seinen verschiedenen Etappen hervorrief.

Frühe Formen des *In-vitro*-Experimentierens basierten einerseits auf dem Versuch, Gewebekulturen in künstlichen Nährmedien zu ziehen und ihre Stoffwechselumsätze zu messen, andererseits darauf, einzelne Zellen aus Geweben in Kultur zu nehmen. Parallel dazu begann man, mit Zellhomogenaten zu arbeiten. Ab den 1930er Jahren schob sich die differentielle Fraktionierung von Zellinhalten mittels der Ultrazentrifuge und in Verbindung damit die Aufreinigung bestimmter zellulärer Substanzen bzw. Organellen in den Vordergrund. Nach dem Zweiten Weltkrieg verhalf die radioaktive Markierung von Biomolekülen der Verfolgung metabolischer Prozesse wie der Synthese von Nukleinsäuren oder Proteinen im Reagenzglas zu ganz neuen Dimensionen.

Der zweite Teil des Kapitels bezieht den Begriff der Experimentalkultur auf und verortet ihn in einer breiteren Diskussion über den Begriff der Kultur in der Moderne. Daran anschließend wird das

5 Klassisch dazu Cassirer, *Philosophie der symbolischen Formen*; vgl. auch Clifford Geertz, *The Interpretation of Cultures*, New York 1973.

historiographische Potential des Arbeitens mit Experimentalkulturen umrissen. Im Gegensatz zur Disziplinengeschichte mit ihren institutionellen Interessen unterstreicht eine Kulturgeschichte der Wissenschaften in dem hier vorgestellten Sinne die epistemische Dimension in der Auseinandersetzung mit wissenschaftlichen Gemeinschaften. Anstatt wissenschaftliche *communities* über gemeinsam geteilte Paradigmen zu definieren, wie es in der Nachfolge von Thomas Kuhn gerne geschah,[6] wird hier versucht, sie über eine geteilte experimentelle Lebensform zu erfassen, in der sich der einzelne Forschende bewegt und in deren Nischen und Interstitien ein Raum für Widerstand und konzeptionelle Alternativen strukturell angelegt ist, was somit nicht als Anomalie, sondern vielmehr als das treibende Moment einer ganzen Wissenskultur verstanden werden muss.

Experimentalkulturen: *in vitro*

Das biologische Experimentieren *in vitro* hatte einen tiefen und nachhaltigen Einfluss auf die Entwicklung der biologischen Wissenschaften des 20. Jahrhunderts. Mit gutem Grund lässt sich argumentieren, dass die Reagenzglaskultur biologischen Experimentierens die Konjunkturen zwischen Biologie, Physik und Chemie erst möglich machte, die der Molekularisierung der Biowissenschaften um die Mitte des Jahrhunderts den Weg ebneten. Die sprachliche Unterscheidung zwischen *in vitro* und *in vivo* ist selbst ein Produkt der Entwicklung des biologischen Experimentierens am Ausgang des 19. Jahrhunderts. Das *Oxford English Dictionary* zitiert George Goulds *Illustrated Dictionary of Medicine, Biology and Allied Sciences* von 1894 als die früheste Quelle für eine Definition von »*in vitro*«. Dort heißt es: »Im Glas; wird für Phänomene verwendet, die man in Laborexperimenten mit Mikroorganismen, Verdauungsfermenten und anderen Wirkstoffen beobachtet, die aber nicht notwendigerweise auch im lebenden Körper vorkommen.«[7] Die Definition ist ebenso *ad hoc* und unspezifisch wie sie vielsagend ist;

6 Kuhn, *Structure of Scientific Revolutions.*

7 George M. Gould, *Illustrated Dictionary of Medicine, Biology, and Allied Sciences*, Philadelphia 1894, S. 623b; vgl. auch Kijan Espahangizi, »From topos to oikos: The standardization of glass containers as epistemic boundaries in modern laboratory research (1850-1900)«, in: *Science in Context* 28 (2015), S. 397-425.

abgesehen vom Verweis auf den Ursprung des Reagenzglas-Experimentierens in der Mikrobiologie benennt sie auch unumwunden das Gespenst hinter aller Manipulation biologischer Vorgänge im Reagenzglas. Als Frage formuliert: Ist das, was wir außerhalb des Körpers oder der Zelle beobachten können, mit dem identisch, was innerhalb des Körpers oder der Zelle abläuft? Diese Frage benennt auch eine Scheidelinie, die nun nicht mehr wie um 1800 auf die *ontische* Grenze zwischen dem Organischen und dem Inorganischen zielt und die zum Ausgangspunkt für die Biologie als einer Wissenschaft *sui generis* wurde. Um 1900 geht es vielmehr um die Fixierung der *epistemischen* Bedingungen, unter denen es – noch – für möglich gehalten wird, innerhalb des Organismus ablaufende Prozesse außerhalb des Organismus manifest werden zu lassen und sie unter diesen veränderten Bedingungen der Analyse zugänglich zu machen. Der Einsatz besteht in der Schaffung von Reagenzglas-Umgebungen, in denen – auf immer prekäre Weise – biologische Entitäten oder Prozesse der Messung zugeführt werden können; Entitäten oder Prozesse, die für gewöhnlich dem wissenschaftlichen Blick entzogen tief im Inneren der Zelle oder des Organismus als Ganzem verborgen sind.

Im Folgenden sollen in kompakter Form einige Etappen und exemplarische Konfigurationen in der historischen Entwicklung der Reagenzglas-Kultur umrissen werden. Eine umfassende historische Darstellung dieser biologischen Experimentalkultur steht bis heute aus. Es wird sich jedoch zeigen, dass die Experimentiertätigkeit *in vitro* einen entscheidenden Einfluss auf die Rekonfigurierungen der Biowissenschaften im Laufe des 20. Jahrhunderts nahm. Nicht nur die Hybriddisziplin der Biochemie ist durch diese Form biologischer Experimente geradezu definiert,[8] auch die Molekularbiologie insgesamt in ihrer nun als klassisch bezeichneten Phase zwischen 1940 und 1970 ruhte auf diesen Voraussetzungen.

Homogenate

Die kanonische Geschichte der modernen Biochemie beginnt zumeist mit dem 1897 publizierten Bericht Eduard Buchners über die

8 Vgl. Robert E. Kohler, *From Medical Chemistry to Biochemistry. The Making of a Biomedical Discipline*, Cambridge 1982.

»Alkoholische Gährung ohne Hefezellen«.[9] Zwar wurde die Herstellung von Extrakten sowohl aus tierischem Gewebe als auch aus pflanzlichen Materialien für medizinische, technische und Zwecke der Ernährung seit alters her praktiziert – sie geht bis in prähistorische Zeiten zurück. Es war jedoch nicht einfach die Manipulation organischer Substanzen *extra corpore*, die das Charakteristikum der neuen Reagenzglas-Kultur ausmachte. Wirklich neu war Herbert Friedmann zufolge der Anspruch und Aufweis, dass Gewebeextrakte nicht nur sogenannte Naturprodukte enthielten, das heißt organische *Verbindungen*, die in Geweben und Organen entstanden waren und die man außerhalb des Körpers reinigen und anreichern konnte, sondern dass in ihnen tatsächlich organische *Prozesse* abliefen.[10] Nimmt man Friedmanns Bemerkung ernst, dass »von nun an der Extrakt einen Prozess wiederholt oder spiegelt«,[11] so geht es bei dem Übergang von einem lebenden System zu einem Reagenzglas-System nicht einfach um den Übergang von der Biologie zur organischen Chemie oder, um es anders auszudrücken, von physiologischen Prozessen zu organischen Substanzen, sondern um so etwas wie eine Verdopplung des Lebens – also um Lebensvorgänge unter anderen Bedingungen. Dieser Prozess der Wiederholung oder Spiegelung von Leben steht jedoch unter der dauernden Gefahr einer Verzerrung, die seine Betreiber mit der ebenso ständigen Frage konfrontierte, wie weit wir im Spiegel immer noch *Natur* sehen und wie wir schließlich darüber befinden sollen, ob das noch der Fall ist oder nicht mehr.

Das flüssige externe Milieu zu definieren und zu stabilisieren, erwies sich als die entscheidende Aufgabe der sich zu Beginn des 20. Jahrhunderts herausbildenden *In-vitro*-Kultur, zunächst vor

9 Eduard Buchner, »Alkoholische Gährung ohne Hefezellen«, in: *Berichte der Deutschen Chemischen Gesellschaft* 30 (1897), S. 117-124. Auf den Prioritätsstreit um dieses Ereignis soll hier nicht eingegangen werden. Vgl. Robert E. Kohler, »The background to Eduard Buchner's discovery of cell-free fermentation«, in: *Journal of the History of Biology* 4 (1971), S. 35-61; Milton Wainwright, »Early history of microbiology«, in: *Advances in Applied Microbiology* 52 (2003), S. 333-355.

10 Herbert C. Friedmann, »From Friedrich Wöhler's urine to Eduard Buchner's alcohol«, in: Athel Cornish-Bowden (Hg.), *New Beer in an Old Bottle: Eduard Buchner and the Growth of Biochemical Knowledge*, València 1997, S. 67-122, hier S. 108.

11 Friedmann, *Wöhler's urine to Buchner's alcohol*, S. 108.

allem der Enzymanalyse. Noch eine Generation zuvor hatte der französische Physiologe Claude Bernard auf der Lebensnotwendigkeit dessen bestanden, was er das »flüssige innere Milieu« nannte, in dem die Bestandteile der Gewebe gewissermaßen badeten und das er für die Lebensvorgänge als unerlässlich erachtete. Er war überzeugt davon, dass insbesondere das, was er als die für Lebewesen charakteristischen »organischen Synthesen« bezeichnete, nur in diesem Milieu ablaufen konnte.[12] »Wenn ich es recht sehe, war ich der Erste«, so betonte er rückblickend, »der auf der Vorstellung bestand, dass für das Tier zwei Milieus bestehen: ein *äußeres Milieu*, in das der Organismus gestellt ist, und ein *inneres Milieu*, in dem die Bestandteile der Gewebe leben.«[13] Bernard schlussfolgerte daraus, dass organische Synthesen nur durch Experimente am – und im – lebenden Tier untersucht und erfasst werden konnten. Er wurde denn auch bekannt und berühmt – um nicht zu sagen berüchtigt – für die Entwicklung einer *In-vivo*-Physiologie, die auf ausgeklügelten, massiv invasiven Operationstechniken und Vorkehrungen beruhten, um den Transport und die Verwandlung von Nährstoffen und anderen Substanzen wie Medikamenten und Giften in den Organen zu verfolgen[14] – und zwar vorwiegend bei Hunden, die damals herrenlos in den Straßen von Paris herumliefen. Zwar beruhte sein Experimentalregime auf – gelegentlich außerordentlich drastischen – Eingriffen von außen in den tierischen Körper, aber diese geschahen in der Absicht, physiologische Veränderungen zu registrieren, die innerhalb des lebenden Organismus vor sich gingen. Für Bernard wäre also das Reagenzglas-Experiment an dieser Stelle entschieden kontraindiziert gewesen. Reagenzgläser durften nur herangezogen werden, wenn es darum ging, Substanzen *ex post* chemisch zu analysieren und zu quantifizieren, nachdem sie im Körper selbst prozessiert worden waren.

Um die Jahrhundertwende begann eine neue Generation von Medizinerinnen, Biologen und Chemikerinnen mit der Suche nach einem Äquivalent von Bernards innerem Milieu, das es ihnen erlauben würde, das zelluläre Innere nach außen zu kehren. Allmäh-

12 Bernard, *Leçons*, S. 202-203.

13 Ebd., S. 113.

14 Mirko D. Grmek, *Raisonnement expérimental et recherches toxicologiques chez Claude Bernard*, Genf, Paris 1973; Frederic L. Holmes, *Claude Bernard and Animal Chemistry*, Cambridge/MA 1974.

lich bildete sich eine international breit gestreute Gemeinschaft von Forschenden heraus, deren Arbeit um die Analyse von Wirkstoffen kreiste, vor allem die Untersuchung der Struktur und Funktion von Enzymen, diesen biologischen Wirkstoffen *par excellence*. Sie umfasste, um nur einige ihrer prominenten Vertreterinnen und Vertreter sowie Institutionen zu nennen, Auguste Fernbach und Louis Hubert am Pasteur-Institut in Paris, Søren Sørensen an den Carlsberg-Laboratorien in Kopenhagen sowie Leonor Michaelis und Maud Menten an der Charité in Berlin.[15] Sie alle suchten nach Bedingungen, unter denen isolierte Enzyme, insbesondere solche, die nicht durch Drüsen in Körperhöhlen sekretiert wurden, sondern in den Zellen selbst ihre Wirkung entfalteten, ihre metabolische Funktion beibehalten oder gar steigern würden.[16]

Solche flüssigen Umgebungen zu schaffen, die nicht auf einer puren Nachahmung des Zellsaftes beruhen mussten – soweit man dessen Bestandteile denn überhaupt bestimmen konnte –, sondern das Zytoplasma der lebenden Zelle funktional zu ersetzen vermochten, avancierte zu einer der größten technischen Herausforderungen der Reagenzglas-Biologie des frühen 20. Jahrhunderts. Es ging um die die Realisierung eines Regimes, das sich grundlegend von der organischen Chemie mit ihren drastischen Synthesen unter meist hohem Druck und hohen Temperaturen unterschied, unter denen biologische Prozesse undenkbar waren. Es ging, um noch einmal Friedmann zu zitieren, um »die Verdopplung eines zellulären chemischen Vorgangs außerhalb eines intakten biologischen Systems«.[17] Um dieses Ziel zu erreichen, war es nicht nötig, das

15 Auguste Fernbach, Louis Hubert, »De l'influence des phosphates et de quelques autres matières minérales sur la diastase protéolytique du malt«, in: *Comptes Rendus des Séances de l'Académie des Sciences* 131 (1900), S. 293-295; Søren P. L. Sørensen, »Enzymstudien. II. Mitteilung. Über die Messung und die Bedeutung der Wasserstoffionenkonzentration bei enzymatischen Prozessen«, in: *Biochemische Zeitschrift* 21 (1909), S. 131-200; Leonor Michaelis, Heinrich Davidsohn, »Die Abhängigkeit der Trypsinwirkung von der Wasserstoffionenkonzentration«, in: *Biochemische Zeitschrift* 36 (1911), S. 280-290; Leonor Michaelis, Maud Menten, »Die Kinetik der Invertinwirkung«, *Biochemische Zeitschrift* 49 (1913), S. 333-369.

16 Zu einer Geschichte der Biochemie aus disziplinärer Perspektive siehe neben Kohler, *From Medical Chemistry to Biochemistry*, Joseph S. Fruton, *Molecules and Life. Historical Essays on the Interplay of Chemistry and Biology*, New York 1972.

17 Friedmann, »Wöhler's urine to Buchner's alcohol«, S. 110.

komplette »innere Milieu« im Reagenzglas möglichst eins zu eins zu rekonstruieren; es kam vielmehr darauf an, eine funktionelle Umgebung zu schaffen, in der eine biologische Funktion isoliert dargestellt werden und deren Zwischenschritte im Idealfall nachvollzogen werden konnten. Eine völlig neue Kultur, mit biologischen Prozessen umzugehen, war im Entstehen. Obwohl sie über Jahrzehnte hinweg kontrovers blieb, begann sie, in die biologischen und medizinischen Laboratorien auf der ganzen Welt Einzug zu halten und deren Ambiente gründlich zu verändern.

Die meisten Prozesse, die im Kontext der neuen Reagenzglas-Biochemie des frühen 20. Jahrhunderts verfolgbar wurden – unter ihnen wiederum prominent die alkoholische Fermentation –, erwiesen sich im Lauf der Zeit als komplexe Stoffwechselkaskaden, die sich über mehrere Zwischenschritte hinweg erstreckten und an denen nicht nur eines, sondern mehrere Enzyme oder Enzymkomplexe und Co-Enzyme beteiligt waren. Oft stellte sich auch heraus, dass diese Enzyme an bisher schlecht charakterisierte subzelluläre Strukturen – Membranen, Organellen – gebunden waren, von denen sie nicht ohne Funktionsverlust getrennt werden konnten. Die Frage, ob der Verlauf und das Aktivitätsmuster eines Prozesses im Reagenzglas dem biologischen Vorgang in der Zelle entsprachen, konnte dabei in der Regel nicht eindeutig beantwortet werden. Die experimentellen Ergebnisse mussten immer wieder neu verhandelt werden, aber diese permanente Infragestellung hielt auch den Forschungsprozess in Gang. Viele biologisch orientierte Chemikerinnen und Chemiker – und vor allem auch chemisch orientierte Biologinnen und Biologen – hielten es denn auch für problematisch, die traditionelle physiologische Chemie, die mit Zellen und Geweben arbeitete, durch die neue Reagenzglas-Biochemie zu ersetzen. Noch 1940, um nur ein gewichtiges Beispiel zu nennen, fand Richard Willstätter, der 1915 den Nobelpreis für seine Arbeiten über das Chlorophyll erhalten hatte, dafür recht drastische Worte. In einer seiner letzten Arbeiten über die enzymatischen Systeme der Zuckerkonversion, die er zusammen mit Margarete Rohdewald verfasst hatte, können wir lesen: »Die postmortalen Veränderungen erfolgen ungleichmäßig, regellos, sinnlos. Die Fleischmaschine ist eine Klippe der physiologischen Chemie. Beobachtungen am Muskelbrei oder mit Extrakten erlauben nicht ohne weiteres, auf den natürlichen Zustand und die Lebensvorgänge im Muskel zu schließen.«[18] Über Eduard Buchners Experimente urteilten Rohdewald und Willstätter wie folgt: »Die Ansicht war willkürlich und sie ist jetzt als widerlegt zu betrachten, daß Hefemacerationssaft mit Kohlehydrat so reagiere wie lebende Hefe. Für den Buchner'schen Preßsaft gilt das gleiche.«[19]

Gewebe- und Zellkulturen

Vor dem Hintergrund dieser dezidierten Äußerungen einer Physiologin und eines Physiologen vier Jahrzehnte nach Buchners Pionierexperiment verwundert es nicht, dass sich eine alternative Form der *In-vitro*-Kultur parallel zur Reagenzglas-Enzymologie und ihren Zellextrakten entwickelte: die extrakorporale Kultivierung von einzelnen, aus vielzelligen Lebewesen gewonnenen Zellen sowie alternativ dazu von ganzen Gewebeteilen. Letzteres, die Technik der Gewebeschnitte, fand verbreiteten Eingang in die Laboratorien der Physiologie der ersten Hälfte des 20. Jahrhunderts. Mit ihr konnten die metabolischen Umsätze von Organen wie der Leber mit Mikromethoden und in einer kontrollierten Umgebung quantitativ erfasst werden.

In diesem Zusammenhang nimmt der Begriff der Kultur die spezifische Bedeutung einer Kultivation an. In diesem Sinne wurde der Begriff bereits in der Bakteriologie des ausgehenden 19. Jahrhunderts verwendet und ging im frühen 20. Jahrhundert auf das *Ex-corpore*-Studium isolierter Zellen höherer Organismen über. Man konnte dabei in die Fußstapfen der medizinischen und biotechnologischen Mikrobiologie mit ihren Methoden zur Züchtung bakterieller »Reinkulturen« einerseits[20] und der Protozoologie mit

18 Richard Willstätter, Margarete Rohdewald, »Über enzymatische Systeme der Zucker-Umwandlung im Muskel«, in: *Enzymologia* 8 (1940), S. 1-63, hier S. 20.

19 Ebd., S. 51-52.

20 Die umfangreiche Literatur zur Geschichte der Bakteriologie kann hier nicht in den Blick genommen werden. Vgl. allgemein Thomas D. Brock, *The Emergence of Bacterial Genetics*, New York 1990, sowie Silvia Berger, *Bakterien in Krieg und Frieden. Eine Geschichte der medizinischen Bakteriologie in Deutschland 1890-1933*, Göttingen 2009; vgl. speziell William C. Summers, »From culture as organism to organism as cell: Historical origin of bacterial genetics«, in: *Journal of the History of Biology* 24 (1991), S. 171-190; Andrew Mendelsohn, »›Like all that lives‹: Biology, medicine and bacteria in the age of Pasteur and Koch«, in: *History and Philosophy of the Life Sciences* 24 (2002), S. 3-36.

ihren Kulturversuchen an einzelligen Eukaryonten wie Hefe, Amöben oder Euglenozoen andererseits treten.[21] Hier ging es um die Schaffung eines externen Milieus, in dem einzellige Organismen Wachstumserscheinungen zeigten und zur Teilung oder sexuellen Fortpflanzung angeregt werden konnten.

Einige Beispiele in historischer Reihenfolge mögen hier genügen, um den Sachverhalt zu verdeutlichen. Zwischen 1906 und 1910 gelang es dem Embryologen Ross Harrison, der zunächst an der Johns Hopkins University in Baltimore und dann an der Yale University in New Haven arbeitete, das Auswachsen von Axonfasern in Explantaten aus dem Nervengewebe von Froschembryonen in einer *In-vitro*-Kultur zu beobachten. Was sich für diesen Erfolg als entscheidend herausstellte, war die Wahl des Substrats. Die Zellen begannen zu wachsen, als Harrison sie in koagulierte Lymphe in einem hängenden Tropfen einbettete.[22] Alexis Carrel, auf den der Begriff der »Gewebekultur« zurückgeht, arbeitete am Rockefeller Institute in New York in eine ähnliche Richtung.[23] Es gelang ihm, menschliches Gewebe und Zellen aus solchen Geweben, insbesondere Herzmuskelzellen, in Kultur zu nehmen. Er sprach in diesem Zusammenhang von der Bildung »eines neuen Typs von Körper, in dem man eine Zelle wachsen lassen kann«,[24] ein körperfremdes Gefäß also, welches dennoch die Funktion des Körpers übernahm. In dieser Umgebung medizinischer Forschung avancierten isolierte Zellen bald zu diagnostischen und selbst therapeutischen Werkzeugen, wie Hannah Landecker im

21 Vgl. Frederick B. Churchill (Hg.), »Special Section on Protozoology«, in: *Journal of the History of Biology* 22 (1989), S. 185-323; vgl. auch Rheinberger, *Epistemologie des Konkreten*, Kapitel 5.

22 Ross G. Harrison, »The outgrowth of the nerve fiber as a mode of protoplasmic movement«, in: *Journal of Experimental Zoology* 9 (1910), S. 787-846; vgl. dazu auch Jane Maienschein, *Transforming Traditions in American Biology, 1880-1915*, Baltimore, London 1991.

23 Alexis Carrel, Montrose T. Burrow, »Cultivation of tissue in vitro and its technique«, in: *Journal of Experimental Medicine* 13 (1911), S. 387-396; vgl. dazu auch Jan A. Witkowski, »Alexis Carrel and the mysticism of tissue culture«, in: *Medical History* 23 (1979), S. 279-296.

24 Hannah Landecker, »Building ›a new type of body in which to grow a cell‹: Tissue culture at the Rockefeller Institute, 1910-1914«, in: Darwin H. Stapleton (Hg.), *Creating a Tradition of Biomedical Research. Contributions to the History of the Rockefeller University*, New York 2004, S. 151-174.

Detail unter dem suggestiven Titel *Das Leben kultivieren* dargelegt hat.[25]

In Deutschland arbeitete Otto Warburg mit intakten Zellen im Reagenzglas, um den Prozess der biologischen Oxidation aufzuklären. Zusammen mit Otto Meyerhof von der Universität Heidelberg hatte er zunächst versucht, die Atmungsvorgänge in aeroben Bakterienextrakten zu analysieren. Er stellte aber bald fest, dass er nur Ergebnisse bekam, wenn er die zerriebenen Zellen nicht weiter fraktionierte, und auch unter diesen Bedingungen nur unregelmäßig. Wenn er die Extrakte von Zellwandresten befreite, gab es überhaupt kein Signal mehr. Petra Werner bemerkte dazu in ihrer Biographie des Zellphysiologen, dass Warburg sich in der Folge genötigt gesehen habe, »direkt vorzugehen und die ganze Zelle als ›Reagenzglas‹ zu nutzen«.[26] Warburg selbst fasste seine experimentellen Untersuchungen wie folgt zusammen: »Da die Erfahrung lehrt, dass man die Katalysatoren der lebendigen Substanz – die Fermente – von ihren inaktiven Begleitstoffen nicht trennen kann, so liegt es nahe, auf die Methoden der präparativen Chemie zu verzichten, und die Fermente unter ihren natürlichsten Wirkungsbedingungen, in der lebenden Zelle selbst, zu untersuchen.«[27] Zu diesem Zweck konstruierte er die unter diesem Namen bekannt gewordene Warburg-Apparatur, bestehend aus einem temperierbaren Wasserbad, Manometer, Reaktionsgefäß, Auffanggefäßen und Schüttelvorrichtung. In den Jahren der Zwischenkriegszeit wurde sie zum wichtigsten – und emblematischen – Bestandteil der Laborausrüstung der auf Gewebeschnitten basierenden *In-vitro*-Physiologie.

Warburgs Zeitgenosse Alfred Kühn, ein Pionier der experimentellen entwicklungsphysiologischen Genetik, war ebenfalls einer von denen, die gegenüber dem Versuch skeptisch blieben, Zellen zu zerstören, um die in ihnen ablaufenden Reaktionen im Einzelnen zu untersuchen. Er ließ sich selbst in seinen späteren Jahren

25 Hannah Landecker, *Culturing Life: How Cells Became Technologies*, Cambridge/MA 2007.

26 Petra Werner, *Otto Warburg. Von der Zellphysiologie zur Krebsforschung*, Berlin 1988, S. 131.

27 Otto Warburg, »Über die katalytischen Wirkungen der lebendigen Substanz«, in: ders., *Über die katalytischen Wirkungen der lebendigen Substanz. Arbeiten aus dem Kaiser-Wilhelm-Institut für Biologie Berlin-Dahlem*, Berlin 1928, S. 1-13, hier S. 1.

nicht von dieser Haltung abbringen, wie wir einem Brief an seinen früheren Mitarbeiter Ernst Caspari entnehmen können, der das nationalsozialistische Deutschland hatte verlassen müssen und in die USA geflohen war. Nachdem der Zweite Weltkrieg zu Ende war, schrieb ihm Caspari über seine Experimente, mit denen er versuchte, die Bildung der Augenpigmente in Homogenaten von *Drosophila*-Fliegen statt am ganzen Tier oder zumindest im intakten Organ zu untersuchen. In seiner Antwort vom Dezember 1946 erklärte Kühn unmissverständlich: »Es will mir nicht in den Sinn, dass die ganze Synthese, die in vivo von zahlreichen Gliedern einer Gen-Wirkkette abhängt und nicht nur das Kynurenin polymerisiert, sondern auch noch ganz andere Stoffe miteinbezieht und zuletzt an Eiweißgranula gebunden verläuft, im Gewebebrei vor sich gehen kann.«[28] Ganz im Sinne Willstätters und Warburgs und in Übereinstimmung mit vielen seiner Zeitgenossen erachtete Kühn den intakten Organismus oder zumindest die intakte Zelle als ein »Laboratorium besonderen chemischen Geschehens«,[29] obwohl er auch der komplementären biochemischen Analyse aufgeschlossen gegenüberstand, wie wir in Kapitel 4 gesehen haben.

Zellfraktionierung

Über die ersten drei Jahrzehnte des 20. Jahrhunderts hinweg gab es für die Analyse biologischer Zellfunktionen nur die Alternative, entweder rohe oder niedrigtourig zentrifugierte Gewebeextrakte herzustellen oder Zellkonglomerate – Gewebeschnitte – und intakte Einzelzellen als *black boxes* im Reagenzglas zu halten und ihre metabolischen Umsätze an den resultierenden Gasen und einfachen chemischen Verbindungen mikrochemisch zu messen. Erst mit dem Aufkommen der Ultrazentrifugation in den 1930er Jahren begann man teils an physikalisch-chemischen Instituten, teils in medizinisch-klinischen Umgebungen mit Versuchen, nicht nur mit dem gesamten Zellinhalt zu arbeiten, sondern solche Homogenate der Hochgeschwindigkeits-Zentrifugation zu unterwerfen, um so den Zellsaft gemäß der Sedimentierbarkeit seiner Komponenten

28 Brief von Alfred Kühn an Ernst Caspari vom 27.12.1946, Nachlass Kühn, Archiv des Instituts für Medizingeschichte, Universität Heidelberg.

29 Alfred Kühn, »Grenzprobleme zwischen Vererbungsforschung und Chemie«, in: *Berichte der Deutschen Chemischen Gesellschaft* 71 (1938), S. 107-114, hier S. 107.

in mehr oder weniger gut definierte Fraktionen zu separieren, die man strukturell oder funktionell untersuchen konnte. Differentielle Zentrifugation wurde zum neuen Schlüsselwort.

Damit einher gingen auch vermehrte Anstrengungen, die Zellen so schonend wie möglich aufzubrechen, um die im Zytoplasma befindlichen Strukturen und Komplexe so weitgehend wie möglich zu erhalten. Es wurden dazu einerseits ganz verschiedene physikalische Methoden und Instrumente wie Mixer, Mühlen, Mörser, Vibratoren und Ultraschallgeräte sowie feinkörniges Aluminium- oder Siliziumoxid ausprobiert. Andererseits versuchte man es auf chemischem Wege mit Lösungsmitteln und Detergenzien; sogar lytische Enzyme kamen zum Einsatz. Ihre Auswirkungen versuchte man mit den wenigen standardisierten Enzymtests zu messen, die in den 1930er Jahren für einige ausgewählte Zellfunktionen zur Verfügung standen. Man sieht an diesem Beispiel, dass die erfolgversprechende Anwendung einer neuen Hochtechnologie durchaus an die Optimierung eher trivialer Verrichtungen gekoppelt sein, ja sogar davon abhängen kann.

Diese Versuchsreihen standen in der Tradition der Herstellung von Homogenaten. Die Quelle des Zellgewebes für die meisten dieser Versuche war die Leber von klinischen Versuchstieren wie Meerschweinchen, Ratten und Mäusen[30] – aus zweierlei Gründen. Zum einen waren diese Tiere in großer Zahl verfügbar und stammten zumeist aus Inzuchten; sie waren also genetisch zumindest einigermaßen homogen. Zum anderen ist die Leber ein äußerst aktives regeneratives Gewebe, sodass man auf der Basis ihres Zellsaftes robuste Aktivitätsmuster erwarten konnte. Es galt aber auch, die osmotischen Bedingungen zu erkunden, unter denen die isolierten Zellfraktionen – wie etwa Zellkerne oder Mitochondrien – ihre Struktur beibehielten und funktionell aktiv blieben. Um dieser zweifachen Bedingung zu genügen – schonendes Aufbrechen der Zellen, funktionserhaltende Fraktionierung –, wurde ein breites Spektrum an Puffern, Salzen und anderen Ingredienzien getestet. *Trial and error* standen dabei im Vordergrund, denn es gab keine Vorgaben, nach denen man sich hätte richten können. So zogen sich diese Versuche denn auch über Jahrzehnte hin. Nicht zuletzt

30 Jean-Paul Gaudillière, Ilana Löwy (Hg.), *The Invisible Industrialist*, London 1998; Rader, *Making Mice*; Endersby, *Guinea Pig's History of Biology*.

galt es schließlich, die physikalischen Bedingungen des Zentrifugiervorgangs zu bestimmen wie etwa die Umdrehungsgeschwindigkeit, die Länge des Laufes sowie die Form und den Neigungswinkel der Zentrifugenröhrchen, unter denen der Zellsaft in klar voneinander getrennte Fraktionen aufgeteilt werden konnte.[31]

Der belgische Arzt und Zytologe Albert Claude, der damals am Rockefeller Institute in New York arbeitete, gilt als einer der Pioniere der Zellfraktionierung. In den späten 1930er und den frühen 1940er Jahren hatte er die Hochgeschwindigkeits-Zentrifugation eingeführt, um das aktive Prinzip des Rouse-Sarkoms aus Hühnergewebe zu isolieren. Das Tumoragens war jedoch offensichtlich in eine mit ihm sedimentierende Zellkomponente von unbekannter Zusammensetzung und Funktion eingebettet, und es erschien aussichtslos, beide voneinander trennen zu wollen. Die homologe sedimentierende Zellkomponente nicht infizierter Zellen war hingegen der quantitativen Vermessung und Analyse zugänglich, und so wandte sich Claude ihrer Bestimmung zu. Er legte damit den Grundstein für die *In-vitro*-Zytologie.[32] Ausgehend von einem vollständigen Homogenat und getreu dem Prinzip, während der Trennungsprozedur keine der anfallenden Komponenten zu verwerfen, konnte Claude vier hinreichend voneinander getrennte Fraktionen definieren: eine niedertourig sedimentierende Fraktion, die Zellwandfragmente und Kerne enthielt; eine Mitochondrien-Fraktion einschließlich der Atmungsfermente; eine mikrosomale Fraktion, deren Partikel nicht mehr unter dem Lichtmikroskop sichtbar gemacht werden konnten; und einen nicht-sedimentierenden Überstand, der in Lösung bleibende Proteine und den niedermolekularen Rest des Zytoplasmas enthielt.

Claude war bei der Grundlegung dieser Art von *In-vitro*-Zytologie allerdings nicht ganz allein. Er selbst konnte bereits auf die Ar-

31 Zu Beispielen und einer methodologischen Diskussion vgl. William Bechtel, *Discovering Complexity*, Princeton 1993; sowie Bechtel, *Discovering Cell Mechanisms*.

32 Vgl. Ilana Löwy, »Variances in meaning in discovery accounts: The case of contemporary biology«, in: *Historical Studies in the Physial and Biological Sciences* 21 (1990), S. 87-121; Hans-Jörg Rheinberger, »Vom Mikrosom zum Ribosom. ›Strategien‹ der ›Repräsentation‹ 1935-1955«, in: ders., Michael Hagner (Hg.), *Die Experimentalisierung des Lebens. Experimentalsysteme in den biologischen Wissenschaften 1850/1950*, Berlin 1993, S. 162-187.

beiten von Robert Bensley und Normand Hoerr an der University of Chicago zurückgreifen, die sich mit der *In-vitro*-Darstellung von Mitochondrien beschäftigten. In Europa war es die Gruppe um Jean Brachet an der Freien Universität in Brüssel, die sich mit der Fraktionierung und Isolierung von Mikrosomen aus Hefe-Zellextrakten befasste und mit Claude um deren biochemische Charakterisierung wetteiferte.[33] Obwohl die Gruppe am Rockefeller Institute um Rollin Hotchkiss, George Hogeboom und Walter Schneider ihre Testbatterie auf der Basis der Erfassung von Enzymaktivitäten – sie nannten das »biochemische Kartierung«[34] – entscheidend verfeinert hatte, gelang es doch nicht, den Mikrosomenpartikeln eine eindeutige biologische Funktion zuzuschreiben. Es sollte noch ein weiteres Jahrzehnt dauern, bis das schließlich möglich wurde.

Radioaktive Markierung

Erst mit der Einführung der Technik der radioaktiven Markierung von Biomolekülen, die in metabolischen sowie genetischen Umsetzungen eine Rolle spielen, rückte eine zielgenauere funktionelle *In-vitro*-Analyse der Mikrosomenfraktion in den Bereich des Möglichen. Sie wies der gesamten biologischen *In-vitro*-Forschung um die Mitte des 20. Jahrhunderts eine neue Richtung. Ich habe diese Technik bereits im ersten Kapitel herangezogen, um den Vorgang der experimentellen Spurenerzeugung zu erläutern. Nachdem Zählgeräte entwickelt worden waren, die empfindlich genug reagierten, um den Zerfall von radioaktivem Wasserstoff (^{3}H) und radioaktivem Kohlenstoff (^{14}C) sowie radioaktivem Schwefel (^{35}S) zu registrieren – Isotope, die als Nebenprodukte der in den 1940er Jahren entwickelten Atomreaktor-Technologie anfielen –,[35] wurde die Methode der radioaktiven Markierung zu einer Art biochemischem Elektronenmikroskop. Die Einführung radioaktiver Substanzen in die Laborkulturen der Biologie hatte allerdings nicht nur Auswirkungen auf die Experimentalsysteme, in denen

33 Vgl. Rheinberger, »Cytoplasmic Particles«.

34 Zur Verwendung dieses Begriffs vgl. George E. Palade, »Intracellular distribution of acid phosophatase in rat liver cells«, in: *Archives of Biochemistry* 30 (1951), S. 144-158, hier S. 144.

35 Vgl. dazu ausführlich Creager, *Life Atomic*.

sie zur Anwendung kamen, das heißt auf die Experimentalkultur der *In-vitro*-Zytologie, die sich bald als Molekularbiologie etablieren sollte; sie hatte auch Auswirkungen auf die Laborarchitektur und das Laborleben als Ganzes. Die Fähigkeit, radioaktive Spuren von minimaler Intensität in biologischen Proben zu messen, hing entscheidend von den Möglichkeiten ab, eine Kontamination der Umgebung, in der das Experiment stattfand, zu vermeiden. Das erforderte nicht nur ein neues Laborregime mit Isotopenräumen und Schleusen, sondern hatte auch direkte Auswirkungen auf das Design der Experimente.

Diese wenigen Bemerkungen müssen genügen, um zu verdeutlichen, dass sich die Technik der radioaktiven Markierung nicht auf ein Instrument – wie etwa den Flüssigkeits-Szintillationszähler – oder auf eine Substanz – ein Isotop – reduzieren lässt. Es war ein technisches Ensemble, eine verzweigte Forschungstechnologie, die mit ihren verschiedenen Facetten die ganze *In-vitro*-Experimentalkultur imprägnierte und durchdrang. Die entscheidenden Aspekte dieser Kultur können kurz wie folgt zusammengefasst werden.[36] Zum Ersten verwirklichte die Tracertechnik ein Indikatorprinzip, welches die Möglichkeit mit sich brachte, die quantitativen Grenzen der chemischen Mikroanalyse hinter sich zu lassen. Die massive Dämpfung, die biologische Funktionen im Reagenzglas erfuhren, wurde durch die Sensitivität der Technik wieder wettgemacht. Man könnte es auch so sagen: Was der Zellsaft durch seine Präparierung an biologischer Aktivität verlor, das gewann er durch den Zusatz von Radioaktivität. Zum Zweiten brauchte man die Substanzen nicht mehr zu isolieren und reinigen, um sie quantifizieren zu können. Man konnte stattdessen vor einem komplexen Hintergrund messen. Drittens stellte die Markierungstechnik selbst eine treibende Kraft für die Entwicklung neuer radioaktiver Messtechniken wie die Flüssigkeits-Szintillation dar, deren Integration in die Experimentalsysteme der biologischen Chemie nicht nur ihren Umfang massiv erweiterte, sondern auch neue Möglichkeiten des Experimentalaufbaus, wie etwa ausgedehnte kinetische Messreihen, erschloss. Viertens schließlich bildete die Technik so etwas wie eine materielle Vermittlerin des *Know-how* aus Biologie, Chemie, Physik und Ingenieurwissenschaften. Sie war eine Technik, deren

36 Vgl. Rheinberger, *Epistemologie des Konkreten*, Kapitel 9.

Design – die Ballung von Isotopenphysik, Chemie der Flüssigkeitsszintillation und Markierung von Biomolekülen, Elektronik und biologische Probenvorbereitung – die Zusammenführung dieser unterschiedlichen Expertisen erforderte. Damit wies sie auch über die traditionellen Disziplingrenzen hinaus und stellte einen Knotenpunkt dar, der sinnfällig macht, dass und warum diese Grenzen tendenziell an Bedeutung verloren.

Zusammengenommen führte die Kombination von differentieller Zellfraktionierung und radioaktiver Markierung die Kultur der *In-vitro*-Biochemie mit ihren struktur- und ihren funktionsorientierten Experimentalsystemen in die Domäne der zellulären Biosynthese von Makromolekülen und damit ins Zentrum der sich nach dem Zweiten Weltkrieg stürmisch entwickelnden Molekularbiologie.[37] Dieser biochemisch-experimentelle Hintergrund der Molekularbiologie blieb lange im Schatten des Glanzes der in die Biologie eingewanderten Physik und hat in der Historiographie nur zögernd die ihm gebührende Aufmerksamkeit gefunden.[38]

Die Schaffung einer extrazellulären Umgebung für die Analyse der intrazellulären Verdopplung und Verarbeitung genetischer Information stellt ein Paradebeispiel für die Art der Reagenzglas-Biologie dar, die für die ersten drei Jahrzehnte nach dem Zweiten Weltkrieg charakteristisch wurde. So gelang es in den 1970er Jahren, den hochmolekularen Komplex des Bakterienribosoms im Reagenzglas in seine Komponenten zu zerlegen und es aus seinen Bestandteilen unter geeigneten Puffer- und Inkubationsbedingungen wieder zu einem voll funktionsfähigen Partikel zusammenzusetzen. Die *In-vitro*-Rekonstitution funktionsfähiger Ribosomen wie auch die Analyse der Teilreaktionen des komplexen Zyklus der Eiweißsynthese, deren Modelle das dritte Kapitel näher beleuchtet hat, stellte so etwas wie die Apotheose der Reagenzglas-Molekularbiologie dar.[39] Seither hat die Gentechnologie, die selbst ein Resultat

37 Morange, *The Black Box of Biology*; Hans-Jörg Rheinberger, »Kurze Geschichte der Molekularbiologie«, in: Ilse Jahn (Hg.), *Geschichte der Biologie*, Jena 1998, S. 642-663.

38 Vgl. etwa Pnina G. Abir-Am, »From biochemistry to molecular biology«; Seymour Cohen, »The biochemical origins of molecular biology«, in: *Trends in Biochemical Sciences* 9 (1984), S. 334-336; Joseph S. Fruton, *Proteins, Enzymes, Genes: The Interplay of Chemistry and Biology*, New Haven 1999.

39 Vgl. Rheinberger, »History of protein biosynthesis«.

der Entwicklung der Molekularbiologie darstellt, längst ihren Weg zurück in die Zelle angetreten. Mit ihren molekularen Werkzeugen hat sie das Reagenzglas verlassen und ist sie in die intakte Zelle als den Raum ihrer experimentellen Interventionen zurückgekehrt.

Aus der hier eingenommenen Perspektive von Experimentalkulturen lassen sich vorläufig zwei historiographische Schlussfolgerungen ziehen, die uns im achten Kapitel noch eingehender beschäftigen werden. Zunächst einmal sind Experimentalkulturen selbst vergängliche Ensembles. Ihre epistemisch produktive Lebensspanne ist begrenzt. Sie können dominant werden, ihre verschiedenen Ausprägungsformen können eine Zeit lang koexistieren, aber auch marginalisiert werden oder sogar wieder ganz verschwinden. Im Beispiel ersetzte die Fraktionierung die bloße Homogenisierung, aber die Zellkultivierung koexistierte zuerst mit der Homogenisierung und dann mit der Fraktionierung. Heute proliferieren wiederum Zellkulturen,[40] die anderen Formen des *In-vitro*-Experimentierens sind dagegen im Rückgang begriffen. Diese Kulturen ermöglichen es auch, Verbindungen untereinander herzustellen und institutionelle akademische Barrieren wenn nicht zu überwinden, so doch zu unterlaufen. Wenn sie auch diese sozial verfestigten Institutionen nicht beseitigen, so können sie doch deren Begrenzungen neu vermessen und rekonfigurieren. Im Hinblick auf das lange 20. Jahrhundert hatten die Kulturen des *In-vitro*-Experimentierens beispielsweise eine enorme Auswirkung auf den vielschichtigen Verkehr zwischen Biologie und Medizin. Die heutige Biomedizin ist weitgehend ein Ergebnis dieser Rekonfigurationen.[41]

40 Vgl. Nancy Nersessian, »Engineering devices: The culture of physical simulation modeling in biomedical engineering«, in: Karine Chemla, Evelyn Fox Keller (Hg.), *Cultures without Culturalism. The Making of Scientific Knowledge*, Durham, London 2017, S. 117-144.

41 Vgl. dazu Jean-Paul Gaudillière, *Inventer la biomédecine. La France, l'Amérique et la production des savoirs du vivant (1945-1965)*, Paris 2002; Peter Keating, Alberto Cambrosio, *Biomedical Platforms. Realigning the Normal and the Pathological in Late-Twentieth Century Medicine*, Cambridge/MA 2003.

Kultur als epistemologischer Begriff[42]

Der Begriff der Kultur besetzt einen ausgedehnten Horizont an Bedeutungen. Im weitesten Sinne findet sich seine moderne Verwendung an die kategoriale Unterscheidung menschengemachter Dinge von Naturdingen gebunden. Der ungarische Philosoph und Begründer der Kultursoziologie Karl Mannheim hat überzeugend dargelegt, dass diese Unterscheidung selbst sich erst historisch herausbilden musste und in ihrer ausgebildeten Gestalt – der einer scharfen Trennung – zum Kern des kulturellen Selbstverständnisses der Moderne wurde. Für uns Moderne, argumentierte Mannheim, sind »Sein und Sinn, Wirklichkeit und Wert für das Erleben auseinandergegangen«, und erst diese Desintegration in der Lebenswirklichkeit hat »eine Bestimmung der Kultur als Nicht-Natur wirklich konkret und innerlich konsequent« gemacht. Hinfort bedeutete Kultur dasjenige, was als in einem »geistig-historischen Werdegang« begriffen verstanden werden konnte, dessen neuzeitliche Akzeleration überhaupt erst ein Wahrnehmen dieser Unterscheidung ermöglichte. Im Kontrast dazu war »Natur, die den Gegensatz zur modernen ›Kultur‹, ihr Korrelat, ausmacht [...] etwas, das als völlig sinnfrei, wertfrei, nur als Substrat möglichen Sinnes gedacht wird. Sie enthält geradezu die Gesamtheit aller jener Bestimmungen, die dem Kulturellen nicht zukommen. Natur ist so das vom Geistigen Undurchdringbare, Wertindifferente, dem geistig-historischen Werdegang nicht Unterworfene.«[43] Dieser zirkulären Bestimmung liegt somit eine doppelte Negation – Kultur als Nichtnatur, Natur als Nichtkultur – zugrunde.

In seinem Buch über den *Naturvertrag* hat Michel Serres diese Diagnose auf eindringliche Weise zugespitzt:

> Denken Sie sich die Umwelt dieser Kämpfe weg, schauen Sie nur auf die Konflikte und Auseinandersetzungen, die erfüllt von Menschen, aber entblößt von aller Gegenständlichkeit sind – und Sie haben das Theater, das auf unseren Bühnen gespielt wird, die meisten unserer Erzählungen und Philosophien, die Geschichte und die Sozialwissenschaften in ihrer Gesamtheit: jenes interessante Spektakel, genannt ›Kulturschauspiel‹. Wer

42 Vgl. dazu auch Hans-Jörg Rheinberger, *Natur und Kultur im Spiegel des Wissens*, Heidelberg 2015.

43 Karl Mannheim, *Strukturen des Denkens*, Frankfurt/M. 1980, S. 48-49.

aber sagt je, wo sich Herr und Knecht bekriegen? Unsere Kultur hat einen *horror mundi.*[44]

Gegen diesen Horror stemmt sich die unter dem beschriebenen Regime nur als Paradox zu verstehende Forderung nach einem Naturvertrag. Und doch bedarf es nichts weniger als dessen in einer Situation, in der »es der Natur gelingt, in den abgesteckten und eingefriedeten Bereich der Kultur einzudringen. Der Stein fällt vom Firmament auf die Stadt, aus der Physik ins Recht.«[45] In dieser Situation sieht Serres auch und gerade die Wissenschaften in der Pflicht, denn sie haben diesem Einbruch des Realen Vorschub geleistet.

Unter einem vergleichbaren Paradox steht die Rede von Kulturen der Naturwissenschaften, von Kulturen des Experimentierens, deren Ziel es sein soll, eben jene Natur zu verstehen, der vollkommene Sinn- und damit Kulturlosigkeit unterstellt wird. Aber das Paradox deutet auf eine Sicht der Wissenschaften voraus, die sich jenseits dieser modernen Dichotomie anzusiedeln beansprucht. Es transportiert und reflektiert die immer drängendere Anstrengung und den Versuch, die Wissenschaften – hier im angelsächsischen Sinne als das Wissen von der Natur verstanden – nicht einfach umstandslos auf der Seite der Natur selbst zu verorten, das heißt also auf der Seite ihrer Gegenstände, und sie damit selbst als kulturinvariant zu reklamieren. Im Diskurs der Naturwissenschaften über ihre eigenen Verfahren und im öffentlichen Bild, das sie über sich lange Zeit verbreitet haben, geschah – und geschieht – das immer wieder. Dagegen zielen die Argumente für *Wissenschaft als Praxis und Kultur*[46] oder für *Wissens-* bzw. *Wissenschaftskulturen*[47] darauf ab, nicht allein die wissenschaftlichen Institutionen, sondern auch das wissenschaftliche Wissen selbst als ein kulturelles Phänomen in seiner ganzen historischen Wandelbarkeit wahrzunehmen.

Das geht einen entscheidenden Schritt über Mannheim hinaus, für den es in seiner kritischen Reflexion über die moderne Dichotomie von Natur und Kultur noch außer Frage stand, dass allein

44 Michel Serres, *Der Naturvertrag*, Frankfurt/M. 1994, S. 14, Übersetzung geringfügig geändert.

45 Ebd., S. 122.

46 Andrew Pickering (Hg.), *Science as Practice and Culture*, Chicago 1992.

47 Knorr Cetina, *Wissenskulturen*; Karine Chemla, Evelyn Fox Keller (Hg.), *Cultures without Culturalism. The Making of Scientific Knowledge*, Durham, London 2017,

das Wissen über die »historisch-kulturelle Wirklichkeit« als ein Produkt seiner jeweiligen kulturgeschichtlichen Verortung anzusehen war. Das naturwissenschaftliche Wissen war für ihn hingegen nur insofern an seine eigene Geschichte gebunden, »als die spätere Erkenntnis alle jene Ergebnisse, die vorangegangen sind, sozusagen als notwendige Prämissen voraussetzt«.[48] Mannheim sprach dem naturwissenschaftlichen Wissen demnach zwar eine Geschichtlichkeit zu, aber eine rein interne, eine von Kultur freie Geschichte, wenn man so sagen kann.

Pierre Bourdieu hat dieses Dilemma – Objektivitätsanspruch versus Kulturgebundenheit – einmal als das unausweichliche »Doppelgesicht« wissenschaftlichen Wissens charakterisiert. In seinen *Méditations pascaliennes* kleidete er das Dilemma in folgende Worte:

> Eine realistische Sicht der Geschichte verbietet es, die unüberwindlichen Grenzen der Geschichte fiktiv zu überschreiten, und veranlaßt zu der Prüfung, wie und unter welchen historischen Bedingungen überhistorische, nicht auf Geschichte reduzierbare Wahrheiten entstehen können. Wir müssen anerkennen, daß die Vernunft nicht wie eine geheimnisvolle, unerklärlich bleibende Gabe vom Himmel gefallen, daß sie also ganz und gar geschichtlich ist, sind aber keineswegs gezwungen, daraus – wie es gemeinhin geschieht – zu schließen, daß sie auf Geschichte reduzierbar sei. In der Geschichte und nur in ihr ist der Grund der relativen Unabhängigkeit der Vernunft von der Geschichte zu suchen, deren Produkt sie ist; oder genauer: in der genuin historischen, aber ganz und gar spezifischen Logik, aus der heraus jene exzeptionellen Welten entstanden, in denen die singuläre Geschichte der Vernunft sich vollzieht.[49]

Noch einmal: Experimentalkulturen

Ob man es nun mit dem vorsichtigen Bourdieu hält oder eine radikalere Variante historischer Epistemologie vorzieht: In jedem Fall muss man sich auf eine nähere Diskussion über die Verwendung des Begriffs der Kultur zur Charakterisierung der Wissenschaften und ihrer Entwicklung einlassen. Das bedeutet zugleich eine Herausfor-

48 Mannheim, *Strukturen des Denkens*, S. 110-111.

49 Pierre Bourdieu, *Meditationen. Zur Kritik der scholastischen Vernunft*, Frankfurt/M. 2010, S. 138.

derung an die moderne Trennung von Natur und Kultur. Ich beziehe als Ausgangspunkt zunächst eine deskriptive Position. Ich bin davon ausgegangen, dass man Ensembles miteinander verwandter Experimentalsysteme als Experimentalkulturen zusammenfassen kann. Wenn Experimentalsysteme als die kleinsten funktionalen Einheiten der modernen experimentellen Forschung anzusehen sind, die man in einzelnen Laboratorien lokalisieren kann, dann sind Experimentalkulturen als Ensembles miteinander verbundener Experimentalsysteme aufzufassen, die in der Lage sind, miteinander in der einen oder anderen Form zu kommunizieren, und zwar über die bloße Rezeption von schriftlichen Wissensprodukten hinaus. Hier kommt wieder der Begriff der Teilhabe ins Spiel. Wenn ich es richtig sehe, müssen solche Ensembles mindestens drei Bedingungen des Teilens erfüllen; ob diese ausreichen, eine derartige Kultur zu begründen, kann als Frage zunächst offen bleiben. Erstens bedarf es einer gewissen Überlappung der Techniken, auf denen solche Cluster von Experimentalsystemen beruhen und die in ihnen – meist in unterschiedlichen Kombinationen – zur Anwendung kommen. Experimentalkulturen teilen sich demnach in Forschungstechnologien. Zweitens muss es einen Materiefluss zwischen den Systemen geben, die eine Experimentalkultur bilden, mit anderen Worten, ihre epistemischen Gegenstände müssen Überlappungen aufweisen. Drittens zeichnen sich Experimentalkulturen durch die Zirkulation von Forschungspersonal aus. Die Kenntnisse und Fertigkeiten, die dessen Mitglieder in einem dieser Systeme erworben haben, können so auf andere übertragen werden. Aufgrund dieses Kreislaufs gibt es einen ständigen Input, der zwei gegenläufige Optionen miteinander in Verbindung bringt: Anschlussfähigkeit und den Blick von außen. Der Wechsel von einem Experimentalsystem ins andere kann aufgrund der Anschlussfähigkeit gelingen. Er ruft aber aufseiten der Forschenden zugleich gewisse Verfremdungseffekte hervor. Das führt zu Momenten erhöhter Aufmerksamkeit und damit zu Konstellationen, die dem Auftreten epistemischer Ereignisse Vorschub leisten.

Über die formelle und öffentliche wissenschaftliche Kommunikation hinaus zeichnen sich Netzwerke von Experimentalkulturen demnach durch eine dreifache Zirkulation aus: von Techniken, von Untersuchungsobjekten und von an wandernde Personen gebundenen Fertigkeiten. Sie weisen damit eine epistemische Kohäsion auf, die sich entschieden von dem unterscheidet, was wir mit dem Begriff einer wissenschaftlichen Disziplin verbinden, der sich für gewöhnlich über Formen der Institutionalisierung und der Tradierung von Wissen definiert. Der Begriff der Experimentalkultur hingegen fokussiert auf den Forschungs- und damit auf den Wissensgewinnungsprozess in seinen informellen Dimensionen. Disziplinen sind zudem meist – wenn auch nicht immer – ontologisch durch ihren Gegenstandsbereich charakterisiert. Im Gegensatz dazu definieren sich Experimentalkulturen epistemologisch, indem sie einen charakteristischen Zugang zu einem Gegenstandsbereich eröffnen. Die *In-vitro*-Kultur biologischen Experimentierens im 20. Jahrhundert ist in dieser Hinsicht exemplarisch.

Gaston Bachelard argumentierte in eine ähnliche Richtung, wenn er von einer mit der aktuellen Entwicklung der Wissenschaften befassten Epistemologie forderte, deren Regionalisierungsdynamik ernst zu nehmen. Bachelard zufolge schaffen die modernen Wissenschaften Räume, die sich durch »Kerne der Apodiktizität« auszeichnen.[50] Trotz ihres Unbedingtheitsanspruchs und ihrer gelegentlich esoterischen Exklusivität erweisen sich diese jedoch als zeitlich wie auch räumlich begrenzt. Jeder dieser Kerne erfordert seine besondere epistemologische Aufmerksamkeit. In diesem Sinne sprach sich Bachelard in seiner *Philosophie des Nein* für eine »Philosophie des epistemologischen Details« aus: »Es wäre eine Philosophie des epistemologischen Details zu begründen, eine *differentielle* wissenschaftliche Philosophie, die das Gegenstück zur *integralen* Philosophie der Philosophen bildet.« Eine historische Epistemologie also: »Diese differentielle Philosophie hätte die Aufgabe, das Werden eines Denkens zu verfolgen.«[51] Oder um die Worte aus *Le Rationalisme appliqué* zehn Jahre später aufzugreifen: »Wir müssen zu einem konkreten Rationalismus gelangen, der solidarisch ist mit der Besonderheit und Präzision der Experimente, auf die er sich bezieht. Dieser Rationalismus muss auch ausreichend offen sein, um von ebendiesen Experimenten neue Bestimmungen zu erfahren.«[52] Mit anderen Worten: Eine Epistemologie, die beansprucht, der Dynamik wissenschaftlicher Arbeit an der Grenze zum Unbekannten gerecht zu werden, muss ebenso mobil und riskant

50 Bachelard, *Rationalisme appliqué*, S. 132.

51 Gaston Bachelard, *Die Philosophie des Nein*, Wiesbaden 1978, S. 27-28.

52 Bachelard, *Rationalisme appliqué*, S. 4.

sein wie die Wissenschaften, die sie zu verstehen sucht. »Es handelt sich schließlich darum, sich des experimentell Neuen in seiner philosophischen Tiefe zu vergewissern. Diese grundlegende Erneuerung ist nicht ohne Beweglichkeit des philosophischen Geistes zu erlangen.«[53]

Bachelard sprach in diesem Zusammenhang auch von »Kantonen«, Regionen oder Bezirken in der »Stadt des Wissens«.[54] Für ihn stellten sich solche Bezirke oder Quartiere wie Inseln einer wissenschaftlichen Kultur dar, mit ihren jeweils eigenen Codes, ihrer je eigenen Semantik und ihren je eigenen Formen der Emergenz. Er selbst benutzte für sie den Begriff der »wissenschaftlichen Kultur«[55] und versah ihn zugleich mit einer besonderen Bedeutung. Er definierte eine wissenschaftliche Kultur als den »Zugang zu einer Emergenz« – *une accession à une émergence*.[56] Wissenschaftliche Kulturen im Sinne Bachelards sind also spezifische epistemische Milieus, in denen es zur Erzeugung neuen Wissens kommen kann, in denen sich nicht vorwegnehmbare Dinge ereignen können. Es sind Kulturen der Innovation. Wenn, wie Bachelard es sieht, der künstlerische Akt der Schaffung neuer Formen stärker durch das Individuum geprägt ist, dann ist der wissenschaftliche Akt der Schaffung neuen Wissens umso stärker kollektiv ausgerichtet. Wissenschaftliche »Emergenzen« sind, so Bachelard, »entschieden sozial verfasst«.[57] Das bedeutet jedoch auch, dass sie die Form von Kulturen im Sinne einer »Gewerkschaft der Beweisarbeiter«[58] annehmen – einer Gemeinschaft, die mit den Phänomenen ihres epistemischen Interesses in einer sehr spezifischen, aber miteinander geteilten Form umgeht. Diese Kulturen halten den Vorgang der Supplementierung von Phänomenen, von Zugriffen und den sie begleitenden Begriffen in Gang, die für ihren je besonderen Forschungsbezirk charakteristisch sind. Je enger solche Bezirke umrissen sind, desto leichter können Konventionen, Messformen, Beschreibungsweisen und Klassifizierungsraster modifiziert oder verändert, gegebenenfalls auch in andere Forschungsfelder exportiert werden. Regionali-

53 Ebd., S. 43.
54 Ebd., S. 132-133.
55 Ebd., S. 43.
56 Ebd., S. 133.
57 Ebd.
58 Ebd., S. 31.

sierung schafft epistemische Flexibilität. Bachelard konnte in dieser Fragmentierung der Kulturen zeitgenössischer Forschung keinen beklagenswerten Verlust des synthetischen Blicks erkennen – er sah sie vielmehr als eine *Voraussetzung* für die unerhörte Fruchtbarkeit der Wissenschaften seiner Zeit an.

So sind es denn fünf Aspekte in der Charakterisierung der Wissenschaften, die das Konzept der Wissenskulturen tragen. Erstens geht es darum, dem Arbeitsprozess der Wissenschaften und den Bedingungen, unter denen dieser sich artikuliert, gebührende Aufmerksamkeit zu schenken und zu zeigen, dass es gerade seine kreativen Rekonfigurationen sind, welche die Schaffung neuen Wissens bedingen. Dieser Arbeitsprozess bleibt auch in seinen avancierten Formen von artisanalem Wissen begleitet. Zweitens verweist der Begriff der Kultur darauf, dass es sich bei den Wissenschaften generell um einen sozialen, kollektiv verfassten Prozess handelt. Zum einen ist damit das Labor als ein kollektiver Ort der Wissenserzeugung angesprochen. Zum anderen wird damit allerdings auch auf den besonderen Umgang mit Materialien, ihre Kultivierung, die Dinglichkeit verwiesen, die zudem selbst als kollektiver Wissensspeicher verstanden werden muss. Drittens muss die Verwendung des Plurals »Kulturen« betont werden. Der Begriff ist hier durchaus als Kampfbegriff zu verstehen, denn die Rede von den zwei Kulturen wird durch diese Pluralisierung gezielt unterlaufen. Es geht nicht mehr darum, die Wissenschaften in eine eigentliche, harte, tonangebende Kultur und eine uneigentliche, weiche, nicht so wichtige Kultur aufzuteilen, sondern um den Hinweis darauf, dass es gerade auch im Bereich der Wissenschaften von der Natur eine nicht reduzierbare Pluralität von Gegenständen und Verfahrensweisen gibt, welche *die* Wissenschaft von innen her aufbrechen und gleichzeitig zur Ausbildung von interkulturellen Zonen führen, in denen neue Mischformen des Verstehens ausprobiert werden, die ihrerseits wieder zu produktiven Differenzierungen oder Amalgamierungen führen können.[59] Die hier verhandelten Objek-

59 Vgl. z. B. John Dupré, *The Disorder of Things. Metaphysical Foundations of the Disunity of Science*, Cambridge/MA 1993; Peter Galison, David J. Stump (Hg.), *The Disunity of Science. Boundaries, Contexts, and Power*, Stanford 1996; Ida H. Stamhuis u. a. (Hg.), *The Changing Images of Unity and Disunity in the Philosophy of Science*, Dordrecht 2002; Stephen H. Kellert u. a. (Hg.), *Scientific Pluralism*, Minneapolis/MN 2006.

te können nach einem Vorschlag von Susan Leigh Star und James Griesemer auch als »Grenzobjekte« – *boundary objects* – bezeichnet werden.[60] Viertens ist es ein Merkmal von Experimentalkulturen, dass sie nicht nur passiv dem historischen Wandel unterliegen, sondern ihn als Zugänge zu einer Emergenz auch ermöglichen und provozieren. Das Historische ist somit, im Sinne einer immanenten Transzendenz, im Innersten von Wissenschaftskulturen am Werk. Fünftens schließlich soll der Begriff der Kultur in seiner Anwendung auf die Wissenschaften auch die Perspektive eröffnen, die Wissenschaften als spezielle Wissenskulturen mit anderen Wissenskulturen in Beziehung zu setzen, wie etwa den Kulturen der Künste und den Kulturen des Technischen, wie das im sechsten Kapitel aus diachroner Perspektive am Beispiel der Kunst eingehender besprochen wurde.

Zusammenfassend können Kulturen des Experimentierens als Formen der Behandlung ihrer jeweiligen Forschungsgegenstände beschrieben werden, die historisch verortet sind und ihre Stärke in zeitlich umrissenen Konjunkturen ausspielen. Oft genug sind sie es erst, die es ermöglichen, ein bestimmtes Phänomen überhaupt manifest werden zu lassen und damit der Forschung zugänglich zu machen. Experimentalkulturen leben von jenen phänomenotechnischen Ereignissen, die Bachelard als »Emergenzen« bezeichnete, und sie bringen sie gleichzeitig hervor. Sie sind die Arbeitsumgebungen, in denen neues Wissen Gestalt annehmen kann. Wie Experimentalsysteme sind sie – als Ensembles solcher Systeme – Strukturen, die man in ihrer Konkretheit und historischen Kontingenz darstellen muss und in deren Phänomenologie sich epistemische, technische und soziale Momente auf unentwirrbare Weise miteinander verbinden. In diesem Sinne leben sie von Konkretion, nicht von Abstraktion. Einzelne Experimentalkulturen können ganze Epochen in der Entwicklung einer Wissenschaft dominieren. Die *In-vitro*-Kulturen des biologischen Experimentierens, die ich hier in ihren Umrissen vorgestellt habe, spielten um die Mitte des 20. Jahrhunderts genau diese Rolle für die Entstehung der molekularen Biologie.

60 Susan L. Star, James R. Griesemer, »Institutional ecology, ›translations‹ and boundary objects: Amateurs and professionals in Berkeley's Museum of Vertebrate Zoology, 1907-1939«, in: *Social Studies of Science* 19 (1989), S. 387-420.

8. Wissen und Erzählen

In der Reflexion der neuzeitlichen Wissenschaften auf ihr eigenes Gebaren, also auf das, was sie als Wissenschaft auszeichnet, erscheinen die Dinge selbst immer schon als in einer intelligiblen Schrift geschrieben; man muss sie aber entziffern lernen. In diesem Kapitel über Wissen und Erzählen möchte ich diesem traditionellen Bild eine besondere Wendung geben: Ich nehme es auf und unterlaufe es zugleich.

Gemäß der Metapher der Lesbarkeit der Welt sind die Buchstaben, in denen das Buch der Natur geschrieben ist, der Natur inhärent. Es muss nur ein Weg gefunden werden, damit sie sich als solche zeigen können. Wie Hans Blumenberg dargelegt hat, begleitete dieses Bild nicht nur die Schöpfungsgeschichten, sondern auch die Wissenschaften von der frühen Neuzeit bis zur Gegenwart.[1] Von Galileo Galileis mathematischer Vision des Buchs der Natur über die graphische Methode der Physiologie des 19. Jahrhunderts mit ihren Selbstschreibevorrichtungen bis zum Vier-Buchstaben-Universum der molekularen Genetik unserer Zeit wurde es immer wieder und in den unterschiedlichsten Formen aufgerufen.[2] Folgt man dieser Vision, so ergibt sich als Demarkationskriterium für einen Diskurs, der für sich Wissenschaftlichkeit beanspruchen will, es den Dingen zu ermöglichen, sich gemäß ihrer eigenen Grammatik und ihres eigenen Lexikons zu artikulieren. Gelingt das, so wird die wissenschaftliche Rede transparent und ungetrübt vom Medium ihrer Darstellung. Vor diesem Hintergrund stellte sich dann weniger die Frage, ob wissenschaftliche Texte erzählen oder nicht. Ihre Wissenschaftlichkeit bestünde weniger in der Tatsache, dass sie rein

1 Hans Blumenberg, *Die Lesbarkeit der Welt*, Frankfurt/M. 1981.

2 Zu Galilei vgl. Alexandre Koyré, *Von der geschlossenen Welt zum unendlichen Universum*, Frankfurt/M. 1969; Hans Blumenberg, »Das Fernrohr und die Ohnmacht der Wahrheit«, Einleitung in: Galileo Galilei, *Sidereus Nuncius – Nachricht von neuen Sternen*, Frankfurt/M. 1980, S. 7-75; zur graphischen Methode vgl. Dagognet, *Etienne-Jules Marey*; Brain, *Pulse of Modernism*; zum genetischen Code vgl. Wolfgang Raible, *Sprachliche Texte – Genetische Texte. Sprachwissenschaft und molekulare Genetik*, Heidelberg 1993; Werner Kogge, *Experimentelle Begriffsforschung. Philosophische Interventionen am Beispiel von Code, Information und Skript in der Molekularbiologie*, Weilerswist 2017.

deskriptiv vorgingen oder nach dem Modus einer hypothetisch-deduktiven Erklärung oder gemäß ähnlicher, mehr oder weniger äquivalenter epistemologischer Unterscheidungen wie etwa der zwischen Erklären und Verstehen, zwischen dem Nomothetischen und dem Idiographischen, zwischen Naturwissen und Geschichtswissen. Sie unterschieden sich vielmehr von den vielfältigen, erfundenen oder wahren Geschichten, die wir uns über dies und jenes im Modus der Geschichte oder der Fiktion erzählen, durch die Tatsache, dass sie einen *anderen Autor* haben.

Die Frage nach dem Autor

Im Hinblick auf wissenschaftliches Wissen die Frage nach Erzählen oder Erzählbarkeit zu stellen, heißt nicht einfach nach ihren Gegenständen und ihren Verknüpfungen zu Geschichten zu fragen, sondern in letzter Instanz nach dem *Subjekt* der Wissenschaften. Bei dem Versuch, diese Frage zu beantworten, steht man früher oder später vor der Alternative, die sich wie folgt formulieren lässt: Entweder man folgt der soeben skizzierten Linie und lässt die Wissenschaftler hinter der Transzendenz der – göttlichen oder säkularen – Ordnung der Dinge verschwinden; dann werden die Dinge, die sich in ihrem eigenen Idiom verlautbaren, selbst zum Subjekt. Oder man ist gegen diese Art hypostasierenden Objektivismus und reiht den wissenschaftlichen Diskurs über die Ordnung der Dinge in den Strom all jener Geschichten ein, die *wir Menschen* uns erzählen. Dann präsentieren sich die Wissenschaften je nach Temperament als eine große oder als viele kleine Erzählungen; jedenfalls aber verlieren sie ihren epistemologisch herausgehobenen Charakter. Das ist die Scheidelinie, die dann unumgehbar erscheint; der Streit um sie hat die Auseinandersetzungen in Wissenschaftsphilosophie und Wissenschaftsgeschichte bis auf den heutigen Tag geprägt und verfolgt.[3]

3 Klassisch Karl Popper, *Logik der Forschung, Gesammelte Werke*, Band 3, Tübingen 2005; aktuell und kritisch Ronald L. Numbers (Hg.), *Newton's Apple and other Myths about Science*, Cambridge/MA 2015.

Forschungsmaschinen[4]

In *Experimentalsysteme und epistemische Dinge* habe ich den Versuch unternommen zu zeigen, dass in den modernen Wissenschaften die experimentelle Ordnung der Dinge sich in einem dynamischen Prozess realisiert, der sich in solchen Systemen kondensiert. Im sechsten Kapitel dieses Buches bin ich auf deren temporale Aspekte näher eingegangen. Nun hoffe ich, den Leser davon überzeugen zu können, dass ein genauer Blick auf solche Systeme und ihre Dynamik eine Perspektive eröffnet, die über die Dichotomie zwischen Selbst-Offenbarung und konstruktivistischen Relativismen hinausweist. Ich hoffe, dass sich mit einem solchen praxeologischen Zugriff und damit dem Übergang von einer Sicht auf Wissenschaft als einer epistemisch privilegierten – oder auch nicht privilegierten – *Sprache* zu einer Sicht auf Wissenschaft als epistemische *Praxis* eine Möglichkeit eröffnet, dieser Dichotomie zu entgehen, sie zumindest jedoch porös zu machen. Wir können Experimentalsysteme als techno-epistemische Umgebungen ansehen, die Dinge von wissenschaftlichem Interesse in Phänomene zu transformieren erlauben, die sich *materialiter* untersuchen lassen. In jeder einigermaßen entwickelten Wissenschaft bedarf es solcher Kontexte zur Darstellung und Analyse von Phänomenen epistemischen Interesses.

Für die Experimentierenden präsentiert sich dieser Kontext zunächst primär als ein instrumenteller: als eine *conditio sine qua non*, eine notwendige Plattform für ihre Arbeit. Auf den zweiten Blick jedoch erweist sich schnell, dass die in solche Kontexte eingehenden Instrumente selbst verkörpern, was man mit Edmund Husserl[5] als »sedimentiertes« oder mit Gaston Bachelard[6] als »reifiziertes« Wissen bezeichnen kann. Husserl betonte in seiner Analyse mehr die konzeptuelle und Bachelard mehr die instrumentelle Seite des Sachverhalts. Forschungstechnologien – Verfahren ebenso wie Ap-

4 Zum Begriff vgl. Henning Schmidgen, *Forschungsmaschinen. Experimente zwischen Wissenschaft und Kunst*, Berlin 2017.

5 Edmund Husserl, »Der Ursprung der Geometrie als intentionalhistorisches Problem«, in: ders., *Die Krisis der europäischen Wissenschaften und die transzendentale Phänomenologie*, Husserliana Band 6, Den Haag 1976, S. 365-386; vgl. auch Friedrich Steinle, »Concepts, facts, and sedimentation in experimental science«, in: David Hyder, Hans-Jörg Rheinberger (Hg.), *Science and the Life-World. Essays on Husserl's* Crisis of European Sciences, Stanford 2010, S. 199-214.

6 Bachelard, *Rationalisme appliqué*, S. 103.

parate – sind somit die Bestandteile von Wissensumgebungen in materialisierter Form. Man kann sie auch als kollektiv autorisierte Vehikel betrachten, als Wissensträger, die in ihrer Ausrichtung auf einen epistemischen Gegenstand so etwas wie transsubjektive Generatoren von Ereignissen und Überraschungen darstellen. Es sind Maschinen zur Erzeugung epistemischer Differenzen. Man könnte sie in Anlehnung an Wilhelm Johannsens Begriffsprägung der »Geno-Differenzen« als »Epistemo-Differenzen« apostrophieren.[7] Sedimentiertes Wissen, das in solchen Forschungskonfigurationen in verdrahteter Form präsent ist, ist also mit differentieller Handlungsmacht ausgestattet.

Was heißt das nun näherhin? Die Fallstudie, auf der die oben genannte Monographie beruht, bietet eine gute Gelegenheit, die Art von Handlungsmacht zu erörtern, die hier im Spiel ist. Unmittelbar nach dem Ende des Zweiten Weltkriegs versammelte sich um den Onkologen Paul Zamecnik an der Harvard Medical School und am Massachusetts General Hospital in Boston eine Gruppe junger Wissenschaftlerinnen und Wissenschaftler, um das Problem der zellulären Proteinbiosynthese experimentell anzugehen. Die damals gerade neu eingeführte Technik der radioaktiven Markierung hatte ihre Zuversicht bestärkt, die Biosynthese von Eiweißen *in vitro* verfolgen und hierzu ein System auf der Basis von Zellhomogenaten etablieren zu können. Ausgangspunkt war die Hoffnung, dadurch in die Lage versetzt zu werden, aufgrund seiner unterschiedlichen Aktivität malignes von gesundem Gewebe zu unterscheiden. Theoretisch war es damals üblich, die Proteinsynthese als Umkehrreaktion der Proteolyse zu betrachten, und Letztere war bereits enzymatisch charakterisiert. Es sollte aber anders kommen. Die Differenz der Proteinsynthese-Aktivität zwischen normalem und malignem Gewebe erwies sich als unbedeutend, und so wich im Laufe eines Jahrzehnts und über eine Reihe experimenteller Verschiebungen die Idee einer enzymatischen Peptidsynthese der Vorstellung einer energetischen Aufladung von Aminosäuren, gefolgt von ihrer Kondensation zu Ketten entlang einer Matrize. Die Gruppe bewegte sich aus der Krebsforschung in die bioener-

7 Johannsen sprach von »Geno-Differenzen« als den epistemischen Objekten der genetischen Experimentalsysteme seiner Zeit. Vgl. Wilhelm Johannsen, »The genotype conception of heredity«, in: *American Naturalist* 45 (1911), S. 129-159, hier S. 150.

getische Chemie. Als mit der Integration einer Ultrazentrifuge in ihre Arbeit ein bisher unbekanntes, neues Molekül auftauchte, das sich als Hybrid zwischen Nukleinsäuren und Proteinen erwies, war ein Vermittler der matrizengesteuerten Eiweißsynthese gefunden. Auf den Spuren dieses Moleküls geriet das Experimentalsystem ins Zentrum der im Entstehen begriffenen Molekularbiologie. Es wurde schließlich zum Schauplatz der Entzifferung des genetischen Codes. Im Lauf von 15 Jahren vollzogen sich in dem System drei entscheidende Wendungen, die keiner der Akteure vorauszusehen in der Lage gewesen war. Diese Wendungen kündigten sich jeweils als experimentelle Überraschungen an, und sie führten zu entsprechenden Reorientierungen und Rekonfigurationen des Experimentalsystems. Und doch blieb dabei eine der ganzen Trajektorie zugrunde liegende Kontinuität im Materiellen bestehen, ohne die auch diese Wendungen sich nicht hätten ereignen können.

Narrativität

In Experimentalsystemen verkörpert und realisiert sich eine Erzählstruktur. Sie hängt mit der Maschinerie zusammen, die den Raum zwischen der erkennenden Person und dem zu erkennenden Ding ausfüllt, und sie bestimmt deren ereigniserzeugende Dynamik. Wenn es überhaupt so etwas wie ein Subjekt in der Generierung von Wissen gibt, dann muss man es im historischen Prozess suchen, der durch die Dynamik dieser Mittelgründe angetrieben wird. Diese Maschinerie stellt sich dar als ein kollektiver Prozessträger jenseits aller unmittelbaren und unvermittelten Konfrontation eines *ego* mit der Welt. »Es handelt sich nicht mehr darum«, so hat Gaston Bachelard diesen Sachverhalt beschrieben, »einen einsamen Geist mit einem indifferenten Universum zu konfrontieren. Man muss von nun an von jenem Zentrum aus agieren, in dem der erkennende Geist bestimmt wird durch den jeweiligen Gegenstand seiner Erkenntnis, und wo Ersterer im Gegenzug mit noch größerer Präzision das Experimentieren leitet.«[8] Das impliziert, dass eine phänomenologisch ausgerichtete Epistemologie, die eine solche Bewegung erfassen möchte, sich auch selbst als eine

8 Bachelard. *Rationalisme appliqué*, S. 4.

dauernde historische Aufgabe verstehen muss. In einem Schlüsseltext zur historischen Epistemologie, den Bemerkungen zum »Ursprung der Geometrie«, hat der späte Edmund Husserl diese Einsicht wie folgt formuliert: »Gewiss ist die Erkenntnistheorie nie als eine eigentümlich historische Aufgabe angesehen worden. Aber eben das machen wir der Vergangenheit zum Vorwurf.« Und er fügte hinzu: »Erkenntnistheoretische Begründung und historische Erklärung müssen letztlich zusammenfallen.«[9] Nimmt man diese Kopplung ernst, so wird eine Trennung der Wissensdinge von den Bedingungen ihrer Emergenz prinzipiell unmöglich. In einer genuin historischen Epistemologie kann demnach »die lebendige Bewegung des Ineinander und Miteinander ursprünglicher Sinnbildung und Sinnsedimentation« nur noch als Ganzes, nicht mehr in säuberlicher Trennung voneinander erfasst werden.[10] In diesem Zusammenhang hat László Tengelyi von einer »Umwandlung von Husserls Phänomenologie in ihrer spätesten Entwicklungsphase« gesprochen, deren Fragen nicht mehr rein intentional einholbar sind.[11] Oder um es knapp mit Jacques Derrida zu sagen: Die »Intentionalität« wird zur »Traditionalität«.[12]

In der historischen Bewegung der Wissensgewinnung, in der die Sinnsedimentation mehr und mehr die Gestalt von Forschungstechnologien annimmt, wird die experimentelle Ordnung der Dinge einer dauernden Umordnung unterzogen. Auf diese Weise erzählen Experimentalsysteme Geschichten nicht nur, sie wandeln sie auch. Indem sie das tun, öffnen sie sich nicht nur für die Zukunft, sondern lassen damit auch ihre Vergangenheit in einem anderen Licht erscheinen. Mit jedem substantiellen neuen Erwerb wird auch der Sinn und die Bedeutung des sedimentierten Wissens einer Rekonfiguration unterzogen. Die charakteristische Offenheit wissenschaftlichen Wissens für seine zukünftige Veränderung provoziert auch eine Neubestimmung dessen, was in der Vergangen-

9 Husserl, *Ursprung*, S. 378-379.

10 Ebd., S. 380.

11 László Tengelyi, *Welt und Unendlichkeit. Zum Problem phänomenologischer Metaphysik*, Freiburg, München 2014, S. 218.

12 Jacques Derrida, »Introduction«, in: Edmund Husserl, *L'Origine de la géométrie*, Paris 1962, S. 3-171, hier S. 166. Vgl. auch Søren Gosvig Olesen, *Wissen und Phänomen. Eine Untersuchung der ontologischen Klärung der Wissenschaften bei Edmund Husserl, Alexandre Koyré und Gaston Bachelard*, Würzburg 1997, Erster Teil.

heit liegt, eine Bewegung, die aller Historizität eingeschrieben ist, aber im Raum des Wissenschaftlichen besonders prominent zur Geltung kommt. So ist nicht nur die wissenschaftliche Vorfrage, sondern auch die »Rückfrage«,[13] diese genuine Geste alles Historischen, auf Wiederholung und Differenz gegründet.

Diese retroaktive, sich auch der Vergangenheit bemächtigende Kraft des experimentellen Vorfragens war auch im soeben beschriebenen Experimentalprozess am Werk. Von den späten 1950er bis zu den späten 1980er Jahren wurde Paul Zamecnik wiederholt eingeladen, über die Ergebnisse seines Labors zusammenfassend zu berichten. Wenn man einen nach dem anderen dieser Berichte durchgeht, ist man verblüfft, wie grundlegend sich die Darstellung der Wendepunkte dieser Forschungstrajektorie über einen Zeitraum von zwanzig Jahren veränderte. In den späten 1950er Jahren, als die Arbeit der Gruppe gerade erst begann, in das Scheinwerferlicht der aufstrebenden Molekularbiologie zu geraten, präsentierte er eine Geschichte, die noch weitgehend operational gehalten war und die Techniken reflektierte, die von der Gruppe dazu verwendet wurden, den untersuchten biosynthetischen Prozess in seine Bestandteile zu zerlegen.[14] Aminosäuren wurden in Proteine »inkorporiert«. Das entsprach dem Befund, dass sich in diesen Experimenten neu zugefügte radioaktive Aminosäuren fest mit Proteinen verbanden. »Mikrosomen« und später dann »Ribonukleoproteinpartikel« wurden als die Orte der Proteinsynthese identifiziert. Der erste Ausdruck war auf eine Zellfraktion bezogen, die man bei hoher Geschwindigkeit gerade noch sedimentieren konnte, der zweite auf die chemische Zusammensetzung einer gereinigten Form dieser Partikel. Die Ribonukleinsäure, die sich bei hohen Umdrehungszahlen der Zentrifuge nicht pelletieren ließ und die zur Überraschung der Experimentierenden mit Aminosäuren beladen werden konnte, wurde als »lösliche RNA« bezeichnet. Und so weiter. Die Terminologie blieb somit dem reifizierten Teil des Experimentalsystems verhaftet und überblendete das performative Idiom der klassischen Enzymologie mit ihren »Zwischenprodukten« – und so weiter. Konzeptuell versuchte man, sich nicht voreilig festzulegen. Zwanzig Jahre später war der Bericht kaum wiederzuerkennen: Schon seit den späten

13 Husserl, *Ursprung*, S. 366.

14 Vgl. Paul Zamecnik, »Historical and current aspects of the problem of protein synthesis«, in: *The Harvey Lectures 1958-59*, New York, London 1960, S. 256-281.

1940er Jahren war das Labor mit der Erforschung von »Ribosomen« beschäftigt, entdeckte die »Transfer-RNA« um die Mitte der 1950er Jahre und trug damit einen entscheidenden Baustein zum Verständnis »der Sprache der Gene und Proteine« bei, das heißt, zum Vorgang der »Translation« der genetischen Botschaft in biologische Funktion, wie er in den späten 1950er Jahren Gestalt annahm.[15] Nun war die Geschichte eine molekularbiologische Story von Anfang an. Im Licht der späteren Jahre erschien der Beginn als der Anfang von etwas, das damals noch gar nicht hatte konzipiert werden können. Der Verlauf des Experimentalprozesses hatte auch die Bedeutung seiner eigenen Vergangenheit eingeholt. Um es mit Bachelard zu sagen: »Alles muss wieder aufgenommen werden, wenn es erforderlich wird, ganz neue Beziehungen in den Blick zu nehmen.«[16] Die »rationale Erinnerung« hatte sich der »empirischen Erinnerung« bemächtigt.[17]

Kontingenz

So erweist sich kanalisierte Kontingenz als das Wesen des Geschichtlichen. Nicht nur insofern, dass sie überhaupt die Rückfrage immer neu zu stellen erfordert, sondern auch dadurch, dass sie das Ereignis bedingt. Wissenschaft als Forschung ist ein Epitom solcher Historizität. Die Geschichte lebt von und mit Ereignissen, die Wissenschaftsgeschichte von und mit »*epistemologischen Akten*«.[18] Ohne gegebene Randbedingungen aber kann sich ein Vorfall nicht als Ereignis präsentieren und als solches wahrgenommen werden. Differenz ist hier immer schon in Wiederholung eingebettet. Ohne Ereignisse, ohne die Schaffung von Singularitäten gibt es keinen historischen Prozess, aber ohne Wiederholung gibt es umgekehrt auch keine Ereignisse. Die Historiographie der Wissenschaften muss sich mit dieser besonderen Art von epistemologischen Vorfällen befassen.

15 Paul Zamecnik, »Historical aspects of protein synthesis«, in: *Annals of the New York Academy of Sciences* 325 (1979), S. 269-301.

16 Gaston Bachelard, *L'Activité rationaliste de la physique contemporaine*, Paris 1951, S. 51.

17 Bachelard, *Rationalisme appliqué*, S. 2.

18 Ebd., S. 25, Hervorhebung im Original.

Folgt man Hayden White, der hier eine diskursive Unterscheidung von Émile Benveniste aufgreift, hat der Historiker die Wahl zwischen »einem historischen Diskurs, der erzählt, und einem Diskurs, der narrativiert«. Der eine »adoptiert offen eine Perspektive, die auf die Welt schaut und über sie berichtet«, das heißt, sich explizit als eine Geschichte begreift, die von einem Erzähler berichtet wird. Der andere ist ein Diskurs, der darauf angelegt ist, »die Welt selbst sprechen zu lassen und sich als eine Geschichte zu erzählen«.[19] Um letztere Position mit den Worten von Benveniste noch radikaler zu umschreiben: »Keiner spricht. Die Ereignisse scheinen sich selbst zu erzählen.«[20] »Narrativierung« in diesem Sinn und »Historikalität« im Sinne eines Modus des Temporalen, eines strukturierten, aber ereignisgetriebenen Prozesses, wie auch Paul Ricœur ihn versteht, sind also unauflösbar miteinander verbunden.[21]

… in der Literatur

Um dieses narrative Phänomen in seiner Doppelstruktur, einer narrativalen und einer historikalen, geht es hier. Es handelt sich aber nicht nur darum, eine linguistische Struktur zu bestimmen, sondern am Beispiel der historischen Struktur wissenschaftlicher Forschungsprozesse die realen Wurzeln dieser Doppelstruktur freizulegen. Im Fokus stehen also die Prozesse, in denen die Bedingung der Möglichkeit einer solchen Form der Narrativität begründet liegt. Ein Vergleich mit der Produktion fiktionaler Texte kann hier aber sehr wohl als Ausgangspunkt dienen. Ebenso wie im historischen, so gibt es auch im literarischen Raum keine Geschichte, die diesen Namen verdient, die nicht mit überraschenden Wendungen im Rahmen der erzählerischen Exposition aufwarten würde. In einer guten Geschichte ist es diese Exposition selbst, die Anlass zu den unerwarteten Wendungen gibt. Die strukturelle Homologie zwischen faktischem und fiktivem Narrativieren, auf die Hayden White so insistierte und an der er sich abarbeitete, hat ihren Kern

19 White, *Content of the Form*, S. 2.

20 Émile Benveniste, *Problèmes de linguistique générale*, Paris 1966, S. 241.

21 White, *Content of the Form*, S. 51; vgl. Paul Ricœur, »Narrative time«, in: *Critical Inquiry* 7 (1980), S. 169-190, sowie Paul Ricœur, *Zeit und Erzählung*, Band 1, *Zeit und historische Erzählung*, München 1991.

wiederum im Verhältnis zwischen Begrenzung und Überschreitung, zwischen Wiederholung und Differenz.

In seinem Buch *Grains et issues* hat Tristan Tzara, eine der Gründerfiguren des Zürcher Dadaismus, in einer Passage mit dem für sich sprechenden Titel »Experimentaltraum« seine Sicht einer guten literarischen Geschichte wie folgt beschrieben:

> Die Erzählung folgt dabei und verteilt sich zwar auf den Rahmen einer logischen Entwicklung, die sich jedoch auf die Äußerung einer Wiedergabe aufeinanderfolgender Tatsachen reduziert, sodass der Rahmen offen bleibt für einen irrationalen Rest lyrischer Natur. Dieser wiederum schwappt über das Gefäß, das ihm zugedacht ist, und versenkt und überflutet zuweilen die rationelle Basis, das Fundament, das Gerüst der Erzählung. Es ist ein lyrischer Überbau, dessen Elemente sich aus der Struktur selbst ableiten und der, einmal realisiert, von der Höhe seiner neuen Macht auf diese Letztere zurückwirkt. Zuweilen weiß er seine Virulenz so weit zu entwickeln, dass er die Bedeutung dieser Struktur unterminiert, sie korrumpiert, sie aufhebt und in ihrem Wesen zunichtemacht.[22]

So skizziert Tzara im Bereich der literarischen Produktion ein Gerüst, das es erlaubt, »der Entstehung neuer, vom ursprünglichen Plan nicht vorhergesehener Ereignisse Vorschub zu leisten«.[23] Hier steht der historische Prozess dem literarischen Prozess Pate. Die Schriften Tzaras, Poet, Schriftsteller, politischer Aktivist, Vordenker des Surrealismus im Frankreich der 1920er und 1930er Jahre und Mitherausgeber von *Inquisitions*, dem Organ einer »Gruppe zum Studium der Humanphänomenologie«, dienten nicht zuletzt auch Bachelard als eine Folie für das, was er als den wissenschaftlichen »Surrationalismus« seiner Zeit wahrnahm.[24] Umgekehrt begriff Bachelard aber auch den Experimentalismus der zeitgenössischen Wissenschaften als eine Ressource für seine eigenen poetologischen Reflexionen.[25]

22 Tristan Tzara, *Grains et issues*, Paris 1981, S. 155-156.

23 Ebd., S. 155.

24 Gaston Bachelard, »Le surrationalisme«, in: *Inquisitions. Organe du groupe d'études pour la phénoménologie humaine* 1 (1936), S. 1-6.

25 Vgl. dazu ausführlich Rheinberger, *Der Kupferstecher und der Philosoph*.

… und in den Wissenschaften

Im Bereich der Wissenschaften, genauer der wissenschaftlichen Forschung, können Experimentalsysteme als die solche Kontingenz erzeugenden Strukturen angesehen werden. Sie schaffen Raum für Ereignisse, die bestehendes Wissen herausfordern, für epistemische Überraschungen sorgen, die mehr und von grundlegend anderer Art sind als die zweifelhaften Eingebungen eines glücklichen Augenblicks. Experimentalsysteme sind Arrangements, die durch ihre temporale Ordnung Geschichte und – durch die dauernden Bedeutungsverschiebungen, die sie hervorbringen – zugleich Geschichten schreiben. Die Geschichte und die Geschichten, die die Wissenschaften derart generieren, sind das Ergebnis dieser besonderen Differenzmaschinen, die ihre Entstehung ihrerseits der Entwicklung der neuzeitlichen Wissenschaften verdanken. Ihnen muss die Aufmerksamkeit der Wissenschaftshistoriographie gelten. Sie bilden das Zentrum, um das herum sich eine Poetologie der Forschung konstituieren kann, die in ihrem Kern weniger rhetorisch als vielmehr praxeologisch verfasst ist.

Poetologie der Forschung

Von Michael Polanyi – der seine Karriere als Physikochemiker begann und später als Wissenschaftsphilosoph fortsetzte – gibt es einen Satz, der als Ausgangspunkt für eine solche praxeologisch orientierte Poetologie dienen kann. Marjorie Grene zitiert eine seiner Versionen aus einem Vortragsmanuskript in ihrem Buch *The Knower and the Known*.[26] Es ist ein Statement über das, was man die *Forschungssituation* nennen kann. Eine publizierte Version lautet wie folgt:

> Wir gewinnen unserer Erfahrung dadurch Sinn ab, dass wir uns auf Hinweise stützen, denen wir oft nur als Zeiger ihrer verborgenen Bedeutung gewahr sind; und diese Bedeutung ist ein Aspekt einer Wirklichkeit, die sich als solche in einem noch unbestimmten Umfang an zukünftigen

26 Michael Polanyi, *Duke Lectures* (1964), Mikrofilm, University of California, Berkeley 1965, Library Photographic Service, 4th Lecture, S. 4-5. Zitiert in Marjorie Grene, *The Knower and the Known*, Washington DC 1984, S. 219.

Entdeckungen offenbaren kann. Das ist nun in der Tat meine Definition von externer Realität: Realität ist etwas, das unsere Aufmerksamkeit aufgrund von Anhaltspunkten erregt, die unser Denken dazu drängen und verlocken, ihr immer näher zu kommen und die, insofern sie ihre Anziehungskraft ihrer unabhängigen Existenz verdankt, sich jederzeit auf gänzlich unerwartete Weise manifestieren kann. Wenn wir einen wahren und tiefliegenden Aspekt der Wirklichkeit erfasst haben, dann werden sich seine künftigen Manifestationen als unerwartete Bestätigungen unseres gegenwärtigen Wissens über sie erweisen.[27]

Dieser Blick auf die Gegenstände der Forschung weist eine Reihe von Facetten auf, die zusammengenommen den poetologischen Charakter der Forschung auf prägnante Weise umspielen. Zunächst einmal springt ins Auge, dass er von den materiellen Bedingungen des Forschungsprozesses seinen Ausgang nimmt. Gewiss impliziert die Forschung den Geist der Forschenden, dem eine gewisse Sensibilität eigen sein muss, auf die ich gleich noch näher zu sprechen komme. Aber ihre Ergebnisse entspringen nicht diesem Geist wie eine plötzliche Erleuchtung. Vielmehr erscheint umgekehrt der Forschergeist als in eine besondere Konstellation eingebunden. Im Zusammenhang mit einem experimentellen Prozedere, das es erlaubt, Dinge in Forschungsgegenstände zu verwandeln, wird mit der Materie Bekanntschaft gemacht. Ohne diese Vermittlung gibt es keinen Forschungsprozess – er ruht auf dem dafür nötigen Experimentalaufbau. Der wissenschaftliche Geist – *l'esprit scientifique* in Bachelards Worten[28] – setzt dieses Außen voraus, an dem er sich nicht nur reiben, sondern an dem er sich auch selbst bilden kann. Ohne diese dauernde Herausforderung – im Wortsinn des Heraustretens aus sich selbst – würde er zu nicht viel mehr in der Lage sein, als in sich zu kreisen und vielleicht, wenn es hoch kommt, ab und zu seinen eigenen Fluktuationen etwas abzugewinnen.

Die zweite Beobachtung ist, dass Polanyi die »Dinge«, um die sich die Forschung dreht, mit einer Art Handlungsmacht ausstattet, eben einer Fähigkeit, »sich in Zukunft auf gänzlich unerwartete Weise zu manifestieren«. Sie besitzen das Potential, die Forschenden zu überraschen, das heißt, ihre Erwartungen zu enttäuschen, ihre Fähigkeit zur Vorausschau durch ihren eigenen Enthüllungs-

27 Michael Polanyi, »The unaccountable element in science«, in: *Knowing and Being. Essays by Michael Polanyi*, Chicago 1969, S. 105-120, hier S. 119-120.

28 Gaston Bachelard, *Le Nouvel esprit scientifique*, Paris 1934.

reichtum in den Schatten zu stellen. Die Frage, wer Meister in diesem Spiel ist, lässt sich nicht mehr einfach beantworten. Experimentieren heißt den Vorgang der Erkenntnisgewinnung so zu organisieren, dass den Dingen immer ein vorletztes Wort gelassen wird, ein Wort, das in der Regel nicht vorweggenommen werden kann und doch auch nie das endgültig letzte ist. Kluges Experimentieren lässt die Tür offen für »unerhörte Dinge«.

Der dritte Punkt besteht darin, dass die Handlungsmacht der Dinge Widerstand, Resistenz dem Zugriff gegenüber impliziert. Ihre experimentelle Formbarkeit ist begrenzt, wir können mit ihnen nicht einfach tun, was wir wollen. Man kann deshalb über die Forschungsarbeit nicht unbedingt als eine reine Konstruktionsaktivität sprechen, weder im Sinne eines technischen noch eines sozialen Konstruktivismus. Das Experimentieren läuft aber auch nicht einfach auf ein Entdecken im üblichen Sinne des Wortes, also auf ein bloßes Freilegen hinaus. Experimentieren dreht sich um Manifestation. Manifestation ist ein wunderbares Wort, um eine Bewegung zu bezeichnen, die dazwischenliegt: Wie der Name sagt, impliziert sie, dass die Bewegung, die sie beschreibt, der Hände bedarf, um sich zu zeigen; aber die Hände müssen erspüren, wohin die Dinge sie führen. Es sind Hände, die ihrer Dinge bedürfen.

Viertens ist der epistemische Wert der Dinge vergänglich. Ihren Forschungscharakter behalten sie nur so lange, wie ihr Verweispotenzial in einem gegebenen Kontext nicht erschöpft ist. Sie funktionieren nach der Art eines Xenotextes, wie Brian Rotman ihn in *Signifying Nothing* beschrieben hat.[29] Dieser löst nichts definitiv ein, er gibt Rätsel auf. Seine Bedeutung besteht darin, auf weitere mögliche Bedeutungen zu verweisen. Es liegt im Wesen epistemischer Dinge, über sich hinauszuweisen. Aber dieses Versprechen ist von besonderer Art: Die damit verbundene Erwartung umgibt den Gegenstand mit einer Aura, die mit einem Rand von Ungewissheit versehen ist. Genau das ist es ja, was die Forschenden um die Kanten und Ecken ihrer Gegenstände treibt, ohne dass sie genau prognostizieren könnten, was sich dort zeigen wird. Am Ende verweist diese Art, es nicht ganz in der Hand zu haben und doch in Reichweite der Interaktion mit einem epistemischen Gegenstand zu liegen, auf den ersten Punkt dieser Stakkato-Charakterisierung der

29 Brian Rotman, *Signifying Nothing: The Semiotics of Zero*, New York 1987.

Forschungssituation zurück. Sie bereitet auch den Boden für die grundlegendste Kategorie zweiter Ordnung, auf die sich die Wissenschaften beziehen – worauf bereits Ian Hacking in *Representing and Intervening* eindringlich verwiesen hat[30] – die Kategorie der »Wirklichkeit«, die Polanyi, um auf das obige Zitat zurückzukommen, an die Fähigkeit eines Dinges bindet, ins Unvorwegnehmbare zu führen. Sie knüpft sich an die immer prekäre Schwebe zwischen dem Bekannten, von dem sie sich abstößt, weil es etwas zu wünschen übriglässt, und dem Unbekannten, auf das es keinen unmittelbaren Zugriff gibt.

So sind es also immer wieder, um noch einmal mit Bachelard zu sprechen, »epistemologische Akte«, die erforderlich sind, um in einer gegebenen Forschungssituation den nächsten Schritt zu tun. Sie sind es letztlich, denen die »unerwarteten Impulse« zu verdanken sind, die den »Verlauf der wissenschaftlichen Entwicklung« bestimmen.[31] Solche Akte geschehen nicht zuletzt oft erst, wenn der Verarbeitungsprozess epistemischer Spuren auf dem Papier begonnen hat, auf dem Juxtapositionen möglich werden, die im materiellen Gefüge des Experimentiervorgangs keinen Platz haben. Das Schreiben, das versuchsweise Anordnen und Zusammenfügen von Beobachtungen ist somit integraler Bestandteil des Experimentierens, es erweitert seine Möglichkeiten, es wirkt auf das Experiment zurück, wie das in Kapitel 5 eingehender dargestellt wurde. Das Grundproblem, das es zu erfassen gilt, ist also, »wie das Wissen, über das wir heute verfügen, Wissenschaftler dazu anleiten kann, weiteres, unbekanntes und gar unvorstellbares Wissen aufzuspüren«.[32]

Phänomenologie des Begriffs

Man kann die Situation auch aus einer anderen Perspektive betrachten und den Blick auf die Aktivität der Individuen richten, die mit diesen Dingen beschäftigt sind. Aus der Sicht der Forschungstätigkeit haben wir es mit Akten der Delegation zu tun. Ein Experiment aufzubauen, das sich um einen bestimmten Forschungsgegenstand dreht und einen der unausschöpfbaren As-

30 Hacking, *Representing and Intervening*, besonders das Kapitel »Break«, S. 130-146.

31 Bachelard, *Activité rationaliste*, S. 25.

32 Polanyi, »Unaccountable element«, S. 119.

pekte seiner Dinghaftigkeit erkundet, bedeutet, die traditionelle Subjekt-Objekt-Beziehung im Sinne einer direkten Konfrontation von Beobachtendem und Beobachtetem zu unterlaufen. Im Experiment wird der Akt der Beobachtung an ein für die Aufgabe geeignetes technisches Arrangement delegiert, das man mit dem Untersuchungsgegenstand zur Wechselwirkung bringt. Folgt man Hans Blumenberg, so liegt das Handeln auf Distanz aller Begriffsbildung überhaupt zugrunde. Forschung muss als eine besondere Form der Begriffsbildung betrachtet werden. Sie strebt danach, in die Reichweite des Begrifflichen zu bringen, was in der lebensweltlichen Erfahrung noch nicht konzeptualisiert worden ist oder nicht konzeptualisiert werden kann, weil es ihr entgeht. Dabei muss die experimentelle Interaktion so gestaltet werden, dass ihr Ergebnis – die Spuren, die sie hinterlässt – nicht von vornherein völlig determiniert ist. Wäre das der Fall, so käme nur dabei heraus, was wir schon wissen – wir hätten es mit einem Demonstrations- und nicht mit einem Forschungsakt zu tun. Ein Forschungsexperiment lebt eminent von einer besonderen Art des »Unbegrifflichen«, um Blumenbergs Ausdruck für diese eigenartige Spannung zu verwenden.[33] Es muss in den Bereich des Begrifflichen bringen, was nicht vorweg je schon begrifflich zu fassen ist. Das bedingt jedenfalls die unscharfen Grenzen von Begriffen, die sich in der Forschung als produktiv erweisen. So hat auch der Mathematiker und Wissenschaftsphilosoph Jean Cavaillès das Fortschreiten der Wissenschaften gesehen, nämlich

> als eine dauernde Revision des Inhalts durch Vertiefung wie durch Auslöschung. […] Der Fortschritt ist materiell, das heißt ausgefochten zwischen wesentlichen Singularitäten, und sein Motor ist die Notwendigkeit, jede von ihnen zu übersteigen. Was wir brauchen, ist nicht eine Philosophie des Bewusstseins, sondern eine Philosophie des Begriffs, die ein Verständnis der Wissenschaften zu begründen vermag. Die generative Notwendigkeit ist nicht die einer Tätigkeit, sondern die einer Dialektik.[34]

Ein Experiment muss das Potential besitzen, nicht intendierte Effekte zu erzeugen, das heißt, unerwartete Ergebnisse hervorzubringen. Das schließt natürlich die Experimentierenden nicht aus. Im

33 Hans Blumenberg, *Theorie der Unbegrifflichkeit*, Frankfurt/M. 2007.
34 Jean Cavaillès, *Sur la logique et la théorie de la science*, Paris 1947, S. 78.

Gegenteil: Aufseiten der Experimentierenden ist eine besondere Form von Aufmerksamkeit gefragt. Wieder kommt uns hier Polanyi entgegen mit seiner Unterscheidung zweier Arten von Aufmerksamkeit: einer »fokalen« Aufmerksamkeit auf der einen und einer »subsidiären« Aufmerksamkeit auf der anderen Seite, wobei Letztere entweder »subliminal« – nach innen gerichtet – oder »marginal« – nach außen gerichtet – sein kann.[35] Fokale Aufmerksamkeit fixiert ein Ding unter einem ganz bestimmten Aspekt unter Ausklammerung aller anderen. Sie kann diesen besonderen Hinblick zwar scharf fokussieren, tendiert aber auch dazu, den Gegenstand in seiner potentiellen Vielgestaltigkeit zum Schweigen zu bringen. Subsidiäre Aufmerksamkeit hingegen suspendiert den Fokus zugunsten einer schwebenden Aufmerksamkeit, die ein ganzes Feld potentiell eintretender Ereignisse überstreicht, von denen keines mit Sicherheit erwartet werden kann. Es liegt ja überhaupt in der Natur epistemischer Ereignisse, dass sie zunächst einmal Randphänomene darstellen. Und so würden sie in aller Wahrscheinlichkeit den gänzlich fokussierten Sinnen entgehen. Unter subsidiären Bedingungen hingegen kann Kenntnis von ihnen genommen werden; so können sie dem Unerwarteten Einlass gewähren. Subliminales und marginales Augenmerk helfen, das Unvorwegnehmbare in den Bereich seiner Fasslichkeit zu bringen. Beim Experimentieren, so hat es Claude Bernard einmal seinem Notizbuch anvertraut, bedarf es einer »Feinfühligkeit« – *esprit de finesse* – für das sich Ankündigende,[36] und so »ist die unerwartete Seite immer fruchtbarer als die erwartete, ist doch die Betrachtung natürlicher Phänomene instruktiver als die Vorstellungen, die wir uns von ihnen machen«.[37] Allerdings, so schränkt er ein, »stehen das Vorhergesehene und das Unvorhergesehene in umgekehrtem Verhältnis zueinander, je nach dem größeren oder geringeren Entwicklungsstand der Wissenschaft«.[38]

35 Michael Polanyi, »The logic of tacit inference«, in: *Knowing and Being. Essays by Michael Polanyi*, Chicago 1969, S. 138-158.

36 Bernard, *Cahier*, S. 196.

37 Ebd., S. 152.

38 Ebd., S. 124.

Wissensdinge sind demnach Dinge, die etwas zu wünschen übriglassen. Sie stehen für eine erkenntnissuchende und erkenntnishervorbringende Beziehung zur Welt. Wir haben es dabei mit einem exploratorischen Verhältnis zu tun, das eher durch den Wunsch getrieben wird, zu finden, als zu bestätigen, was bereits da und gegeben ist. Es ist vielleicht auch sprachlich nicht uninteressant, dass die Einheit der Forschung, die für gewöhnlich zu einer Publikation führt, auch als »Befund« bezeichnet wird. Im Englischen kommt das noch deutlicher zum Ausdruck: Man spricht hier von *finding*. Noch einmal Bernard: »Hat man einmal gefunden, so überlegt man und wendet an. Aber dort, wo man nicht mehr weiß, muss man zunächst einmal finden.«[39] Experimentatoren – wie der Physiologe Bernard – sind spezialisiert auf das Arrangieren von Situationen dergestalt, dass Finden möglich wird. Das wissenschaftliche Finden gehorcht weder einer Logik des reinen Zufalls noch einer Logik reiner Notwendigkeit. Es folgt einer ganz eigenen Logik, die sowohl Elemente des Zufalls als auch der Notwendigkeit enthält, und eröffnet damit einen dritten Weg zwischen der stochastischen Strenge der Ersteren und der deterministischen Strenge der Letzteren. Man könnte dieses Suchen auch als ein Spiel der *Ereignung* bezeichnen. Es ist ein Engagement mit der materiellen Welt, das auf der einen Seite eine intime Vertrautheit mit den Dingen erfordert, die zur Hand sind, auf der anderen Seite aber auch und zugleich eine Distanznahme, die Fähigkeit, etwas fremd werden zu lassen.

Es hat sich eingebürgert, das Ereignishafte der Forschung mit dem Begriff der Serendipität zu belegen. Der Begriff, den Robert Merton im Diskurs über die Wissenschaften heimisch gemacht hat, geht auf eine persische Sage zurück.[40] Merton hat ihn in einer früheren Arbeit wie folgt umschrieben:

> Das Muster der Serendipität bezieht sich auf die ziemlich geläufige Erfahrung der Beobachtung einer *nicht-antizipierten, anomalen und strategischen* Gegebenheit, die zum Ausgangspunkt für die Entwicklung einer neuen

39 Ebd., S. 135.

40 Robert K. Merton, Elinor Barber, *The Travels and Adventures of Serendipity: A Study in Sociological Semantic and the Sociology of Science*, Princeton 2006. Wie man sieht, stellt der Titel dieses Buches seinen Gegenstand selbst unter das Prinzip der Serendipität.

Theorie oder die Erweiterung einer vorhandenen Theorie wird. [...] Die Gegebenheit ist zunächst einmal nicht-antizipiert. Eine Untersuchung, die dem Testen einer Hypothese dient, erbringt ein zufälliges Nebenprodukt, eine unerwartete Beobachtung, die Auswirkungen auf Theorien hat, die nicht hinterfragt wurden, als mit der Untersuchung begonnen wurde. Zweitens ist die Beobachtung anomal, überraschend, entweder weil sie mit der herrschenden Theorie oder mit etablierten Fakten unvereinbar erscheint. In beiden Fällen provoziert die scheinbare Inkonsistenz die Neugier. [...] Und drittens [muss] das unerwartete Ergebnis strategisch sein [...], das heißt, es muss Implikationen haben, die Konsequenzen für die generalisierte Theorie nach sich ziehen.[41]

Mertons Beschreibung des Sachverhalts bewegt sich zwar in der traditionellen Terminologie von Theorie und Beobachtung, Hypothese und Test. Aber sie ist doch auf das Phänomen bezogen, um das es hier geht und dem in einem anderen Vokabular noch ganz andere Nuancen abgewonnen werden können.

So viel über die experimentelle Haltung der Wissenschaften zur Welt. Ich gehe davon aus, dass die Aktivitäten im Feld der Poesie und der Künste mit den Wissenschaften das Grundmuster dieser epistemischen Haltung teilen. Dennoch sollten wir uns daran erinnern, was über die Widerständigkeit des *Materials* gesagt wurde, auf das man sich einlässt. So ist das Widerlager der Worte gegen den Zugriff des Schreibenden, der Farben gegen den Pinselstrich, der Zellen gegen ihre Zurichtung von sehr verschiedenem, oft außerordentlich verschiedenem Charakter. Was sie jedoch alle eint, ist das Ereignishafte im Zugriff, das der Arbeit erst ihren Sinn gibt. Es geht immer wieder darum, von dem wegzukommen, was vorhanden und was offensichtlich ist, das aktuell Gegebene zu umgehen um der noch nicht realisierten, aber auch nicht antizipierbaren Dinge willen, und sich dabei deren »Unabhängigkeit und Macht« zu bedienen, »sich in Zukunft auf gänzlich unerwartete Weise zu manifestieren«, um auf den oben zitierten Satz von Polanyi zurückzukommen. Die Wissenschaften wie die Künste nähren sich von den Materialien, denen sie sich nähern und auf die sie sich einlassen, und gewinnen ihnen so unerhörte Aspekte ab, ohne den Pfad genau voraussagen zu können, den sie nicht nur einschlagen, sondern überhaupt erst durch ihre Bewegungen bahnen.

41 Robert K. Merton, *Social Theory and Social Structure*, New York 1968, S. 157-162, Hervorhebung im Original

Es geht um nichts weniger als eine inklusive Epistemologie des Unerhörten. In der Wissenschaftsphilosophie gibt es eine lang gehegte Tradition, Entdeckungsvorgänge in den Bereich der Intuition und damit der Psychologie zu verlagern und der Epistemologie nur Verfahren der Rechtfertigung vorzubehalten.[42] Wo man auch hinsieht in dieser Tradition, man trifft immer auf das gleiche Muster: die Trennung des Unregelmäßigen vom Regulären, des Irrationalen vom Rationalen, des Irritierenden vom Beruhigenden, des Ungefähren vom Präzisen. Wo aber wirkliche Forschung im Spiel ist und nicht einfach das Füllen von Lücken, das Geradeziehen von Unebenheiten oder das Präzisieren von Größen, muss es sowohl in den Wissenschaften als auch in den Künsten darum gehen, über diese Dichotomie hinauszugelangen und ihr ihren apodiktischen Charakter zu nehmen.

Mikrohistorie

Im abschließenden Teil dieses Kapitels über Wissen und Erzählen möchte ich auf die historiographischen Konsequenzen dieser Sicht auf den Forschungsprozess eingehen. Experimentalsysteme sind nicht nur als Einheiten zur Herbeiführung epistemischer Ereignisse zu betrachten, sie können und müssen auch als Einheiten historiographischer Erzählung behandelt werden. Hier geht es um das Verhältnis von Narrativität und Narrativierung auf dem Boden der Historiographie, um auf Benvenistes Unterscheidung zurückzukommen. Die Mikrogeschichte von Experimentalsystemen kann als ein besonderer, epistemologisch motivierter Modus historischen Schreibens angesehen werden. Er folgt nicht »Wissenschaftlern und Ingenieuren auf ihrem Weg durch die Gesellschaft«,[43] er verfolgt vielmehr den Lauf der epistemischen Dinge in besonderen experimentellen Konstellationen. Ich habe versucht, diese narrative

42 Popper, *Logik der Forschung*; Hans Reichenbach, *Experience and Prediction. An Analysis of the Foundations of the Structure of Knowledge*, Chicago 1938; vgl. dazu neuerlich Jutta Schickore, Friedrich Steinle (Hg.), *Revisiting Discovery and Justification. Historical and Philosophical Perspectives on the Context Distinction*, Dordrecht 2006; Allan Franklin, Ephraim Fischbach, *The Rise and Fall of the Fifth Force. Discovery, Pursuit, and Justification in Modern Physics*, Cham ^{2}2016.

43 Latour, *Science in Action*, Untertitel des Buches.

Option mit einer Reihe von Fallstudien auszuloten, die im Bereich der Biowissenschaften des späten 19. und des 20. Jahrhunderts angesiedelt sind.[44] Solche Fallstudien stehen vor zwei Herausforderungen. Die erste besteht darin, jenen Anschein von Teleologie zu vermeiden, der jedem Blick zurück vom erreichten Stand der Dinge als Gefahr innewohnt; es geht darum, die Geschichte von-etwas-her nicht mit einer Geschichte auf-etwas-hin zu vertauschen. Die zweite liegt darin, nicht der Illusion zu verfallen, als könne man die Dynamik des Forschungsprozesses einfach auf die Historiographie abbilden, als könne man Historikalität und Narrativierung in eins setzen.

Vor allem Georges Canguilhem hat eindringlich vor einer solchen Gleichsetzung des Gegenstands der Wissenschaften und der Wissenschaftsgeschichte gewarnt. In seinem grundlegenden Vortrag über den »Gegenstand der Wissenschaftsgeschichte« hat er für eine klare Unterscheidung zwischen den Dingen da draußen, den Objekten der Wissenschaften und dem Gegenstand der Wissenschaftsgeschichte plädiert. Ihre Unterschiede hat er in folgende prägnante Worte gefasst:

> Der Gegenstand der Wissenschaftsgeschichte hat mit dem Gegenstand der Wissenschaft nichts gemeinsam. Der wissenschaftliche Gegenstand, der vom methodischen Diskurs konstituiert wird, ist sekundär – wenn auch kein Derivat – gegenüber dem natürlichen, dem anfänglichen Gegenstand, den man darum auch als Vorwand, als Prä-text, bezeichnen könnte. Die Wissenschaftsgeschichte hat es mit diesen sekundären, nicht natürlichen, kulturellen Gegenständen zu tun, leitet sich aber von ihnen ebenso wenig her wie diese von den natürlichen Gegenständen. Der Gegenstand der Wissenschaftsgeschichte ist in der Tat die *Geschichtlichkeit* des wissenschaftlichen Diskurses, sofern sich darin ein Vorhaben ausdrückt, das von innen normiert, dabei jedoch von Zwischenfällen durchkreuzt, von Hindernissen verzögert oder abgelehnt und von Krisen, d. h. von Entscheidungs- oder Wahrheitsmomenten, unterbrochen wird.[45]

Canguilhem polemisiert in diesem Vortrag vor der kanadischen Gesellschaft für Geschichte und Philosophie der Wissenschaften in

44 Vgl. Rheinberger, *Experimentalsysteme*; Rheinberger, *Epistemologie des Konkreten*, Kapitel 4-7.

45 Georges Canguilhem, »Der Gegenstand der Wissenschaftsgeschichte«, in: ders., *Wissenschaftsgeschichte und Epistemologie*, Frankfurt/M. 1979, S. 22-37, hier S. 29-30, Hervorhebung hinzugefügt.

Montreal 1966 gegen eine historische Erzählung, die nichts anderes tut, als den wissenschaftlichen Gegenstand zu emulieren und sich dabei der Terminologie der betreffenden Wissenschaft selbst zu bedienen. Im Gegenteil, es ist ein Vokabular vonnöten, das versucht, die *historische* Natur der wissenschaftlichen Entwicklung zu erfassen, die Dynamik eines Prozesses mithin, der Canguilhem zufolge »von innen normiert« und zugleich »von Krisen [...] unterbrochen« ist. Diese Dynamik schafft somit zugleich die Bedingungen ihrer eigenen Regulierung *und* die Bedingungen ihrer kritischen Transzendenz, ohne welche diese Art von Historizität nicht existieren würde. Aus der Perspektive von Experimentalsystemen bedeutet das, dass über die begrifflichen historischen Werkzeuge einer besonderen Art von Mikrogeschichte nachgedacht werden muss. Es ist eine *microhistory*, die im Gegensatz zu anderen, etablierten Formen von Geschichten über kürzere Zeitspannen steht, die zwar ebenfalls ihren Platz in der Gesamtagenda der Wissenschaftsgeschichte haben, die aber hier nicht zur Debatte stehen, wie etwa biographische Narrative oder Geschichten von Forschungsinstitutionen.[46]

Der Schwerpunkt der hier beschriebenen Art von Mikrogeschichte liegt auf der Materialität des epistemischen Prozesses, wobei die besondere Aufmerksamkeit jenen aleatorischen Momenten gilt, die sich in ihm ereignen und die mächtig genug sind, ihn in ganz unvorhergesehene Richtungen zu lenken. Wie bereits im letzten Kapitel am Beispiel der Erbsenkreuzungen von Carl Correns beschrieben, beobachten wir hier eine besondere Art des Verhältnisses zwischen materieller Kontinuität und konzeptueller Reorientierung. Es könnten viele solcher Beispiele angeführt werden, deren Varianten letztlich nur verstanden werden können, wenn man sich den Feinheiten des jeweiligen Experimentalregimes zuwendet, und die sich oft auch nicht aus der veröffentlichten Papierspur erschließen, die dieses Experimentalregime hinterlassen hat. Solche Mikrogeschichten erfordern es deshalb auch in der Regel, dass Laborprotokolle oder andere unpublizierte schriftliche Quellen zur Verfügung stehen, die noch näher an den Experimentalprozess angelehnt sind als die publizierten Ergebnisse, und die es erlauben,

46 Zu bemerken ist, dass es auch Versuche gibt, den Begriff der »Biographie« als eine Metapher für die Mikrogeschichte von Wissensobjekten zu rekrutieren. Vgl. Lorraine Daston (Hg.), *Biographies of Scientific Objects*, Chicago 2000.

wie mit dem Vergrößerungsglas auf die experimentellen Wendepunkte im Forschungsprozess zu fokussieren. Im Falle des erwähnten Botanikers Correns lässt sich auch gut nachvollziehen, dass die Laborprotokolle nicht bloße Gedächtnisstützen für die spätere textuelle Präsentation der Ergebnisse waren, sondern dass sie selbst zum integralen Bestandteil des Experimentalprozesses in seinem eigenen Fortgang wurden. So können sie den historisch Forschenden als ein Surrogat für den experimentellen Prozess dienen. Im Glücksfall steht ihnen damit die Papierform des experimentellen Narrativs für ihre eigenen Bemühungen zur Verfügung und hilft, mit der Historikalität des Wissensgegenstandes in Ricœurs und Whites Sinn – die ja auch Canguilhem im Visier hat – zurechtzukommen. Wissenschaftler arbeiten im Labor, Wissenschaftshistoriker im Archiv. Für Letztere gilt daher als wichtige Konsequenz, um es mit dem Mikrohistoriker Carlo Ginzburg zu sagen, »dass die Hindernisse, die sich der [historischen] Forschung in der Form von Lücken oder Fehldarstellungen in den Quellen entgegenstellen, selbst zum Bestandteil der Erzählung werden müssen«.[47]

Das einer historischen Epistemologie zur Verfügung stehende Vokabular, die sich dieser Aufgabe stellt, ist in den Annalen der traditionellen Epistemologie nicht fertig ausgebildet vorzufinden. Es bleibt eine Herausforderung für all jene, die an solchen Mikrogeschichten der *mangle of practice* interessiert sind.[48] Für ein tieferes Verständnis der wissenschaftlichen Praktiken in den diversen Ecken und Nischen des wissenschaftlichen Universums bleibt die Vervielfältigung solcher Geschichten unerlässlich. Und noch etwas anderes gilt es hier immer wieder zu betonen. Wenn es darum geht, zu verstehen, wie die verschiedenen Formen der wissenschaftlichen Erkenntnisproduktion untereinander zusammenhängen, genügt die Vogelperspektive auf die theoretischen Produkte ausgewählter Wissenschaften wie etwa der Physik nicht mehr. Es bedarf der multiperspektivischen Sicht von unten.

Fallstudien dieser Art sind die privilegierten Orte von Erzählungen, die mit einem besonderen, metonymischen Charakter ausgezeichnet sind: Sie sind einerseits sehr konkret, wnn nicht singulär,

47 Carlo Ginzburg, »Microhistory«, in: ders., *Threads and Traces. True False Fictive*, Berkeley u. a. 2012, S. 193-214, hier S. 209-210.

48 Zu diesem Begriff vgl. Andrew Pickering, *The Mangle of Practice. Time, Agency, and Science*, Chicago 1995

weisen andererseits aber über sich hinaus. Ihre Form der Generalisierung ist *pars pro toto*. Genau das unterscheidet eine *microstoria* von einer bloßen Lokalgeschichte. In dieser Hinsicht kann man ihre Rolle für die Wissenschaftsgeschichte mit der Rolle von Experimenten in den empirischen Wissenschaften vergleichen. Ist doch auch jedes Experiment ein konkretes, singuläres Ereignis. Auch hier ist es allerdings so, dass es als solches nur akzeptiert wird, wenn es zugleich als eine Instantiierung eines über den Einzelfall hinausweisenden Stands der Dinge erscheint. Sonst wäre es nicht viel mehr als eine Spielerei, ein *lusus naturae*. Es ist dieses jeweilige Über-sich-Hinaus, nicht im Sinne einer bloßen Verallgemeinerung, auch nicht im Sinne einer Stellvertretung, eines Stehens-für, sondern im Sinne eines Ausgriffs durch Beschränkung, die den entscheidenden Aspekt des Exemplarischen überhaupt ausmacht. Dieses Exemplarische[49] – wenn man den Begriff hier überhaupt benutzen möchte – ist durch eine ganz besondere Art von Vikarianz ausgezeichnet. Es verweist nicht auf ein Anderes, es exemplifiziert nicht einfach ein Umfassenderes, sondern es zeigt über sich hinaus, indem es auf seine Eigen-Art zeigt. Es ist eine Hypostase.

Es sei in diesem Zusammenhang auch darauf hingewiesen, dass etwa Giovanni Levi, eine weitere prominente Stimme der in den 1970er Jahren von Italien und Frankreich ausgehenden Bewegung der *microstoria*, darauf beharrt hat, dass diese Art der historischen Praxis »eher mit Experimenten als mit Exempeln« zu vergleichen sei. Wenn er sich auch skeptisch über die Möglichkeit äußert, einen allgemeinen theoretischen Rahmen für die verschiedenen Formen von Mikrogeschichten zu definieren, so hält er doch auch fest, dass ihnen allen die Entscheidung zugrunde liegt, »die Skala der Beobachtung zu experimentellen Zwecken zu variieren«.[50] Und Ginzburg, einer der paradigmatischen Vertreter der *microstoria*, hat eindringlich auf die Rolle des Unerwarteten in mikrohistorischen Explorationen hingewiesen und auf dem »Anomalen, nicht dem Analogen« ihrer Vergleichungen bestanden, und zwar sowohl in synchroner als auch in diachroner Hinsicht.[51]

49 Vgl. Andreas Cremonini, Markus Klammer (Hg.), *Bild-Beispiele. Zu einer pikturalen Logik des Exemplarischen*, München 2020.

50 Giovanni Levi, »On microhistory«, in: Peter Burke (Hg.), *New Perspectives on Historical Writing*, University Park PA ²2001, S. 97-119, hier S. 101.

51 Ginzburg, »Microhistory«, S. 212-213.

Verschiedene Zeitrahmen verlangen nach unterschiedlichen Leitfäden der historiographischen Erzählung. Die Zeitspanne eines Experimentalsystems mit seinen epistemischen Einsätzen übersteigt in der Regel nicht den Karrierehorizont einer bestimmten Forschergruppe, manchmal ist sie sogar kürzer. Sie entspricht etwa dem, was George Kubler einen Projekt- oder Produktivitätszyklus oder eine »Indiktionsperiode« nennt, mit einer Zeitspanne von typischerweise mehr als zehn und weniger als zwanzig Jahren.[52]

Makrogeschichten

Um die Dynamik der wissenschaftlichen Entwicklung über längere Zeiträume hinweg zu erfassen, muss nach anderen Orientierungspunkten gesucht werden, an denen sich die Erzählung ausrichten kann, nach anderen Einheiten, deren Geschichte es zu erzählen gilt. Die Formen der Narration sind skalenabhängig. Klassische Formen der Makrogeschichte im Bereich der Wissenschaften kennen wir als Ideengeschichte[53] und als Disziplingeschichte.[54] In der Form, die sie im 20. Jahrhundert annahmen, markierten sie aufeinanderfolgend den Aufstieg der Wissenschaftshistoriographie zu einer eigenen akademischen Disziplin und dominierten für lange Zeit das Feld. Prägte die Ideengeschichte die erste Hälfte des Jahrhunderts, so erlebte die Disziplingeschichte im zweiten Drittel des Jahrhunderts ihren Aufstieg. Bezog Erstere ihre Ressourcen vorwiegend aus der Geistesgeschichte, so speiste sich Letztere zunehmend aus der sich ebenfalls in diesem Zeitraum herausbildenden Wissenschaftssoziologie.

52 Kubler, *Form der Zeit*, S. 163-164.

53 Die Literatur ist zahlreich. Als Meilenstein vgl. Arthur O. Lovejoy mit *Die große Kette der Wesen: Geschichte eines Gedankens*, Frankfurt/M. 1985; zur Biologie insgesamt vgl. Ernst Mayr, *Die Entwicklung der biologischen Gedankenwelt*, Berlin, Heidelberg 1984.

54 Disziplingeschichten sind ubiquitär. Zu einer Metageschichte vgl. Rudolf Stichweh, *Zur Entstehung des modernen Systems wissenschaftlicher Disziplinen: Physik in Deutschland 1740-1890*, Frankfurt/M. 1984; über Wissenschaftsgeschichte als Disziplin vgl. beispielhaft Tore Frängsmyr, *History of Science in Sweden. The Growth of a Discipline 1932-1982*, Uppsala 1985.

Ich will hier nur einen Blick auf die Disziplingeschichte werfen. Wenn man sich die Entwicklung der Wissenschaften im 20. Jahrhundert vergegenwärtigt, ist unübersehbar, dass die traditionellen Disziplinen in einer Krise sind. Wir haben es heute mit dem Entstehen – und Vergehen – von Wissensräumen zu tun, die viel weniger stringent kodifiziert und sozial organisiert sind als Disziplinen. Ihre Begrenzungen sind weniger rigide und ihre Anhängerschaft ist kurzlebiger und weit flüchtiger als das, was einmal die Zugehörigkeit zu einer wissenschaftlichen Disziplin ausmachte. Disziplinen hatten ihren Höhepunkt im späten 19. Jahrhundert. Im Verlauf des 20. Jahrhunderts sollte sich diese reichhaltige, weitgehend abgrenzbar differenzierte Disziplinen-Landschaft grundlegend verändern.

Das sei hier kurz am Beispiel der Biowissenschaften dargestellt. Zunächst waren es zwei Zwitterwissenschaften, zwei Hybridbereiche, die das Terrain zu Beginn des 20. Jahrhunderts neu sondierten und die mühsam, aber erfolgreich stabilisierten Grenzen der Biologie zur Chemie und Physik erneut zur Disposition stellten, die schon einmal ein Jahrhundert zuvor bei der Etablierung der Physiologie als eigenständige Disziplin zur Disposition gestanden hatten. Die eine war die Zwitterwissenschaft der Biochemie, das andere Hybrid war die Biophysik. Beide Gebilde stellten einerseits eine Fusion im Sinne der Überwindung einer naturwissenschaftlichen Grunddifferenzierung dar, nahmen aber andererseits selbst wiederum den Charakter mehr oder weniger eigenständiger Disziplinen an. Um die Mitte des 20. Jahrhunderts entstand schließlich eine Formation, die unter dem Namen der Molekularbiologie in die Geschichte eingegangen ist. Sie stellte sich als ein multiples Hybrid dar, eine Amalgamierung von biophysikalischen und biochemischen Techniken auf der einen Seite mit genetischen Fragestellungen und Verfahrensweisen auf der anderen. In der Molekularbiologie und ihrem Kern, der molekularen Genetik, wurden Physik, Chemie und Biologie noch einmal in einer Form aufeinander bezogen, die die bisherige Geschichte nicht gekannt hatte. Genau aus dieser Konstellation entwickelte sich dann auch eine in dieser Form ganz neuartige Vorstellung von der Besonderheit des Lebendigen, von biologischer Spezifität. Sie kreiste um die Begriffe der genetischen »Information« und des genetischen »Programms« und bediente sich einer Sprache, die Elemente aus allen diesen, früher getrennten Bereichen in sich aufnahm.[55] Selbstreproduktion, Selbstentwicklung und Selbsterhaltung des Lebens – die drei kantischen Spezifika des Organischen – waren unter ein einheitliches Paradigma gebracht, das sich zudem des Vokabulars der Systemwissenschaft der Zeit, der Kybernetik, bediente und diese Spezifika nicht nur in biologischen Makromolekülen materiell verortete, sondern diesen mit dem Informationsbegriff auch ein Moment des nicht reduzierbar Formalen aufprägte.[56]

Die Molekularbiologie hatte bald selbst den Status einer biologischen Grundlagendisziplin erlangt, erfreute sich ihres Daseins als Disziplin aber nicht lange.[57] So wie sie selbst das Ergebnis einer gewaltigen disziplinären Hybridisierung war, so gewaltig drängte sie über sich als Disziplin bald auch wieder hinaus. Das Arsenal an molekularen Werkzeugen, das aus ihr hervorging, ließ sie rasch zu einer Ansammlung von Techniken werden, die als solche nun Eingang in alle möglichen Bereiche der Erforschung des Lebendigen fanden und die Lebenswissenschaften insgesamt kapillar durchdrangen. Die zunächst auf die reine Analyse molekularer Strukturen und Prozesse ausgerichtete neue Biologie bereitete in den 1970er Jahren der Gentechnologie in ihren mannigfaltigen Formen den Weg. Mit der Aussicht auf eine technologische Manipulation der molekularen Grundlagen des Lebens eröffnete sich für die Biowissenschaften insgesamt nicht nur eine neue Ebene der Analyse, sondern es ergaben sich auch bisher nicht dagewesene, noch viel weiter reichende Schnittstellen: Die Molekularbiologie blieb nicht länger ein esoterisches Unternehmen, betrieben von einer kleinen Schar von reinen Grundlagenforschern, sondern transformierte sich in ein Feld, auf dem ökonomische und soziale Interessen sich mit den biotechnologischen Entwicklungsaussichten dieser Wissenschaft in Medizin und Landwirtschaft zu verbinden begannen. Das Humangenomprojekt war der *epistemische* Ausdruck dieser

55 Dazu klassisch François Jacob, *Die Logik des Lebenden. Eine Geschichte der Vererbung*, Frankfurt/M. ^{2}2002; vgl. auch Christina Brandt, *Metapher und Experiment*; sowie Rheinberger, *Epistemologie des Konkreten*, Kapitel 10.

56 Vgl. dazu Kay, *Buch des Lebens*.

57 Vgl. dazu Soraya de Chadarevian, Hans-Jörg Rheinberger (Hg.), »Disciplinary Histories and the History of Disciplines. The Challenge of Molecular Biology«, *Studies in History and Philosophy of Biological and Biomedical Sciences* 40 (2009), Sonderheft (1).

neuen Konstellation,[58] die Entwicklung der molekularen Biotechnologie-Industrie mit ihren eng geknüpften Beziehungen zur universitären Forschung ihr *ökonomischer*.[59]

Angesichts der Disziplinendynamik des vergangenen Jahrhunderts ist es kein Zufall, dass bereits seit dessen Beginn historisch orientierte Epistemologen auf diese Krisensituation reagierten und das Phänomen der Schaffung epistemischer Kohärenz *unterhalb* der Ebene der Disziplinen und in den Interstitien ihrer Scheidelinien zu erfassen und einen begrifflichen Rahmen zu seiner Beschreibung auszuarbeiten suchten.[60] Gaston Bachelard etwa sprach diese Räume als »Bezirke« oder Quartiere im Bild einer Wissenschaft als sich ständig verändernder Stadt an und ordnete ihnen »regionale Rationalismen« zu.[61] Eine Generation später führte Pierre Bourdieu den Begriff des »Feldes« ein, um vergleichsweise kohärente Bereiche gesellschaftlicher und kultureller Aktivitäten einschließlich der wissenschaftlichen Praktiken zu charakterisieren.[62] Es ging ihm dabei zum einen darum, wissenschaftliche Formen der Praxis mit anderen kulturellen Praktiken vergleichbar zu machen und zum anderen darum, durch einen solchen Vergleich ihre jeweils spezifischen Aspekte zur Geltung zu bringen. Die im letzten Kapitel in ihrer diachronen Dimension beschriebenen Experimentalkulturen als besondere wissenschaftliche Formationen gehören in diese mittlere zeitliche Ordnung.

Zum Schluss möchte ich an dieser Stelle in aller Kürze auf Erzählformen eingehen, die noch längere Zeiträume überstreichende Entwicklungen im Bereich der Wissenschaften in den Blick nehmen. Präziser gesagt stellt sich die Frage, welche Einheiten geeignet erscheinen, als Leitfaden für derartige *Longue durée*-Erzählungen zu dienen, ohne dabei die wissenschaftliche Praxis aus den Augen zu verlieren, das heißt, ohne sich auf die Ebene des anderen Gründungsdiskurses der Wissenschaftsgeschichte, der Ideengeschichte

58 Hilgartner, *Reordering Life*.

59 Vgl. dazu generell Eric J. Vettel, *Biotech. The Countercultural Origins of an Industry*, Philadelphia 2006; speziell Nicolas Rasmussen, *Gene Jockeys. Life Science and the Rise of Biotech Enterprise*, Baltimore 2014; Doogab Yi, *The Recombinant University. Genetic Engineering and the Emergence of Stanford Biotechnology*, Chicago 2015.

60 Vgl. dazu ausführlicher Rheinberger, *Natur und Kultur*.

61 Bachelard, *Rationalisme appliqué*, S. 132-133.

62 Vgl. dazu zusammenfassend Bourdieu, *Meditationen*.

zu begeben. Aus der Perspektive der wissenschaftlichen Praxis, die diesen ganzen phänomenologischen Versuch durchzieht, könnten Foucaults Diskurs-Dispositive hierfür in Frage kommen. Michel Foucault zufolge besteht ein Diskurs aus einer übergreifenden Gesamtheit von Praktiken und Standards mitsamt den darin verkörperten Überzeugungen, die zusammen bestimmen, was innerhalb dieses Rahmens denkbar und sagbar ist.[63] Wenn es jedoch wie hier darum geht, die Dynamik der Wissenschaften im *Werden* zu artikulieren, »als die Geschichte eines zugleich kohärenten und transformierbaren Ganzen«, dann muss man wohl danach trachten, etwas spezifischer zu sein, was auch Foucault durchaus bewusst war, der sich an dieser kritischen Stelle ausdrücklich auf Georges Canguilhem bezieht.[64] Die Wissenschaften entfalten sich im Kontext von Diskursen, sie sind aber nur Kondensationspunkte in ihnen, zugleich jedoch auch potentielle Sprengkörper. Der Diskursfokus ist hingegen auf Abschließung ausgerichtet, auf ein Verständnis des Üblichen und Gängigen also. Wonach wir hier suchen, ist ein narrativer Rahmen, in dessen Zentrum die Öffnungen und Verschiebungen über längere Zeiträume stehen, die für das wissenschaftliche Geschehen charakteristisch sind.

Canguilhem hat vorgeschlagen, solche Langzeit-Erzählungen als Geschichten zu schreiben, die der Trajektorie von Begriffen folgen, die einen wissenschaftlichen Status beanspruchen, und ihr Vagabundieren und ihre verschiedenen Verkörperungen sowie epistemischen Niederschläge in unterschiedlichen Untersuchungsbereichen zu verfolgen. Er selbst hat das am Beispiel des Reflexbegriffs im 17. und 18. Jahrhundert ausführlich und exemplarisch getan.[65] Auch das Beispiel des Begriffs der Vererbung kann hier angeführt werden, dem ich zusammen mit Staffan Müller-Wille in einer Monographie nachgegangen bin.[66] Bis ins späte 18. Jahrhundert spielte der Begriff der Vererbung im Raum der damaligen Naturgeschichte keine Rolle. Zeugungstheorien, ob präformistisch oder epigenetisch, kamen ohne einen solchen Begriff aus. Erst um 1800 wanderte der Begriff der Vererbung definitiv in den Bereich der sich formierenden

63 Michel Foucault, *Die Ordnung des Diskurses*, München 1974; ders., *Die Ordnung der Dinge. Eine Archäologie der Humanwissenschaften*, Frankfurt/M. 1974.

64 Ebd., S. 49.

65 Canguilhem, *Herausbildung des Reflexbegriffs*.

66 Rheinberger, Müller-Wille, *Vererbung*.

Biologie ein, und zwar aus dem Umkreis des Rechts, wo er seinen angestammten Platz hatte: im Vorgang der Weitergabe materiellen Eigentums von einer Generation zur nächsten. Zeitgleich erfuhr auch der Begriff der Generation einen grundlegenden Wandel von Zeugung zu Kohorte.[67] Den Generationenwechsel in Begriffen von Entitäten zu konzeptualisieren, als deren jeweilige Träger die Organismen einer Generation dienten, setzte sich im Laufe des 19. Jahrhunderts in ganz unterschiedlichen Bereichen kultureller Praxis wie der Medizin, der Tier- und Pflanzenzüchtung, der Anthropologie und schließlich auch der Evolutionsbiologie durch. Insofern diese Praktiken mit ihren Kulturtechniken untereinander keine direkten Berührungspunkte hatten, führte das zu einem entsprechend zersplitterten epistemischen Raum, der sich erst am Ende des 19. Jahrhunderts zu einem einheitlichen Forschungsraum zusammenschloss. Diese Kondensation des epistemischen Raums der Vererbung führte auch zur Etablierung einer epistemischen Entität *sui generis*, für die sich der Begriff des Gens etablierte. Dieser wiederum durchwirkte die Gesamtheit der Lebenswissenschaften im 20. Jahrhundert, wo er sich auf eine Vielzahl von Experimentalsystemen und Experimentalkulturen verteilte und so auch eine Reihe von »Wissensbildern« um diesen Forschungsgegenstand herum entstehen ließ.[68] Das erste dieser Bilder war das eines »Lebensatoms«. Aber es blieb als ein solches schwer fassbar. Das zweite war das eines materiellen »Informationsträgers«. Nun materialisierte sich dieses Atom als ein Molekül, aber was es bedeutete, Information zu tragen, blieb ebenso schwer fassbar. Das dritte war das einer »Karte«. Nun wurden die Gene zu Knoten in einem Netzwerk, aber die Natur dieses Netzwerks blieb unausgeleuchtet – und so setzt sich die Geschichte bis heute fort.

Ich habe mich hier auf die Charakterisierung der transgressiven Macht des epistemischen Raums der Vererbung und seiner Materialisierung als Gen im Raum der Forschung beschränkt, auf den Raum, dem dieses Buch gewidmet ist. Zu kurz gekommen sind dabei die ontotheologischen und technologischen Geschichten, die sich um die Vererbung mit all ihren sozialen, politischen,

67 Ohad Parnes u. a., *Generation. Eine Geschichte der Wissenschaft und der Kultur*, Frankfurt/M. 2008.

68 Zu diesem Begriff vgl. Yehuda Elkana, *Anthropologie der Vernunft*, Frankfurt/M. 1986.

kulturellen und medizinischen Konsequenzen ranken – diesen lebensweltlichen Materialisierungen der betreffenden Wissensbilder, von denen die Wissenschaften natürlich nicht abgekoppelt werden können. Erzählungen auf dieser Ebene würden zum Beispiel von der Mechanisierung des Lebensbildes, der Genetisierung der Gesellschaft oder noch allgemeiner der Verwissenschaftlichung des Weltbildes sprechen. Damit wäre aber ein Allgemeinheitsgrad erreicht, der hinüberführt zu dem, was François Lytoard als »Meistererzählung« bezeichnet hat.[69] Vor einem halben Jahrhundert sprach man über diese Erzählformen als »Ideologien«.[70] Aber das ist eine Ebene, die aus der Perspektive der wissenschaftlichen Forschung nicht besonders erhellend ist – jedenfalls solange man davon überzeugt ist, dass das wissenschaftliche Erkunden, zusammen mit einigen anderen kulturellen Aktivitäten wie etwa der Kunst, über eine andauernde und letztlich unwiderstehliche subversive Kraft verfügt. Schließlich bedeutet subversiv zu sein nichts anderes, als die Fähigkeit zu besitzen, solchen Totalisierungen zu widerstehen.

Eine Erzählung ist nur so lange eine richtige Erzählung, wie man sich vorstellen kann, dass es auch hätte anders kommen können. Erzählen ist also mit einem inneren Quantum an Unbestimmtheit, an potentieller Vielfalt ausgestattet – das Gegenteil einer strikt teleologischen Struktur und der gewöhnlichen Vorstellung von einer Story als der unerbittlichen Entfaltung eines Plots – und es ist immer konkret. Eine abstrakte Erzählung ist – wie ein abstraktes Experiment – ein Widerspruch in sich, und dennoch enthalten beide eine Botschaft, die über sie hinausweist. Diese Wahlverwandtschaft in zwei Dimensionen – Kontingenz und Konkretheit – ist der Boden, auf dem das Experimentieren als Erzählen und das Erzählen als Experimentieren miteinander interferieren, und der es letztlich erlaubt, Wissen und Erzählen zusammen zu denken.

69 François Lyotard, *Das postmoderne Wissen. Ein Bericht*, Graz, Wien 1986.

70 Vgl. Georges Canguilhem, *Idéologie et rationalité dans l'histoire des sciences de la vie*, Paris 1977; zu Canguilhems Verwendung des Begriffs einer »wissenschaftlichen Ideologie« vgl. Claude Debru, *Georges Canguilhem, science et non-science*, Paris 2004, bes. Kapitel IV.

9. Das Wilde denken

Tagwissen, Nachtwissen

Ich beginne mit einem Paradox. Der französische Molekularbiologe François Jacob hat es einmal, sich dabei auf einen ungenannt bleibenden Gewährsmann beziehend, auf den Begriff einer Tag- und einer Nachtseite der Wissenschaft gebracht. Jacob formuliert es auf poetische Weise so:

> Schaut man sich [...] näher an, was die Wissenschaftler tun, hält man sich also an ihre Taten und hört nicht auf ihre Worte, so stellt man erstaunt fest, dass die Forschung in Wirklichkeit zwei Gesichter hat, die jemand einmal als Tagwissenschaft und Nachtwissenschaft bezeichnet hat. Wie ein Räderwerk greifen die Beweisführungen der Tagwissenschaft ineinander, und ihre Resultate haben die Kraft der Gewissheit. [...] Die Nachtwissenschaft dagegen ist blindes Irren. Sie zögert, stolpert, weicht zurück, gerät ins Schwitzen, schreckt auf. An allem zweifelnd, sucht sie sich, hinterfragt sich, setzt immer wieder neu an. Sie ist eine Werkstatt des Möglichen, in der das künftige Material der Wissenschaft ausgearbeitet wird. [...] Hier arbeitet sich das Denken über verschlungene Wege vor, über verwinkelte Gässchen, die sich meist als Sackgassen erweisen. Dem Zufall ausgeliefert, irrt der Geist durch ein Labyrinth, einer Flut von Hinweisen ausgesetzt, auf der Suche nach einem Zeichen, einem Wink, einem unvermuteten Zusammenhang.[1]

Diese Anonymität in der Attribution der Benennung – »jemand« hat das einmal so gesagt – ist nicht ganz ohne Bedeutung, denn Jacob will damit zum Ausdruck bringen, dass wir es hier nicht mit der Erfahrung eines Einzelnen, sondern mit der kollektiven Erfahrung der ganzen Wissenschaftsgemeinschaft zu tun haben. Mit einem *jeu des possibles* hat er die nächtliche Seite der Wissenschaft an anderer Stelle verglichen,[2] und er hat daraus die Konsequenz gezogen, dass es in den Wissenschaften nicht nur keinen Königsweg, sondern auch keine letzten Weisheiten gibt. Mit Bezug auf die Zukunft hat er das am Ende seiner groß angelegten Geschichte

1 François Jacob, *Die Maus, die Fliege und der Mensch. Über die moderne Genforschung*, Berlin 1998, S. 164.

2 François Jacob, *Das Spiel der Möglichkeiten. Von der offenen Geschichte des Lebens*, München, 1983.

des Vererbungsdenkens in folgende Feststellung und anschließende Frage gekleidet: »Die heutige Welt besteht aus Botschaften, Codes, Informationen. Welches Skalpell wird unsere Welt morgen zerteilen, um sie in einem neuen Raum von neuem zusammenzusetzen?«[3] Die Wissenschaften sind von solcher Natur, dass genau diese Fragen, die Zukunft betreffend, nicht vorweg beantwortet werden können. Wenn sich historisch Wissenschaften entwickelt haben, die unter gegebenen Anfangs- und Randbedingungen Voraussagen zu machen erlauben, so muss sich doch der Prozess, der zu ihnen führte und der von ihnen weiterführen wird, genau diesem Voraussageprinzip entziehen. Unser Antizipationsvermögen scheint in dieser Hinsicht prinzipiell beschränkt und begrenzt zu sein. Das liegt letztlich, wie in den beiden vorangehenden Kapiteln ausführlicher dargelegt, an der Ereignishaftigkeit des Weges zum wissenschaftlichen Wissen. Er muss sich ergeben, muss gefunden werden. Man kann diesen Weg nicht aus ersten Prinzipien ableiten und ihm wie einem Ariadnefaden folgen. Wir können nur die Bedingungen dafür schaffen, dass ein solches Finden sich ereignen kann.

»In Disziplinen wie der unseren«, meint Claude Lévi-Strauss in der »Ouvertüre« zu *Das Rohe und das Gekochte*, dem ersten, als musikalisches Panoptikum konzipierten Band seiner monumentalen Tetralogie mit dem Übertitel *Mythologica*,

> schreitet die wissenschaftliche Erkenntnis nur stolpernd fort, unter der Peitsche der Anspannung und des Zweifels. Sie überläßt der Metaphysik die Ungeduld des Alles oder Nichts. [...] Es genügt, wenn man ihm [unserem Unternehmen] das bescheidene Verdienst nicht abspricht, eine schwierige Frage in weniger schlechtem Zustand zurückgelassen zu haben, als es sie vorgefunden hatte. Vergessen wir [...] nicht, daß es für die Wissenschaft keine ein für allemal feststehenden Wahrheiten gibt. Der Gelehrte ist kein Mensch, der wahre Antworten liefert, sondern ein Mensch, der die richtigen Fragen stellt.[4]

Und dann vergleicht Lévi-Strauss sein »Unternehmen« explizit mit einem »Experiment«, das

> sich gleich einem Sternennebel [entwickelt], ohne je auf dauerhafte oder systematische Weise die Gesamtheit der Elemente zusammenzuhalten, aus

3 Jacob, *Logik des Lebenden*, S. 343.

4 Claude Lévi-Strauss, *Mythologica I. Das Rohe und das Gekochte*, Frankfurt/M. 1976, S. 19-20.

denen es blind seine Substanz zieht, im Vertrauen darauf, daß das Wirkliche ihm als Führer dienen und ihm eine Straße zeigen wird, die sicherer ist als jene, die es hätte erfinden können. [...] In dem Maße [...], wie der Nebel sich ausdehnt, verdichtet und organisiert sich sein Kern. Vereinzelte Fäden verknüpfen sich, Lücken füllen sich, Verbindungen stellen sich her, etwas wie eine Ordnung scheint hinter dem Chaos auf.[5]

Das gilt nicht nur für die Anthropologie, es gilt insbesondere auch – wovon die Ausführungen Jacobs zeugen – für die Naturwissenschaften. Wenn die Wissenschaften tatsächlich jenes ultrarationalistische Unternehmen wären, als das es uns ihre Apologeten gelegentlich darstellen, wäre sie vermutlich für ihre besten Köpfe uninteressant. Sie würde keine besondere Herausforderung mehr darstellen, wäre kein intellektuelles Abenteuer, auf das man sich einlassen möchte. Man sollte sich also vom Tagbild der Wissenschaften verabschieden und mit Blick auf die Taten und nicht die Worte der Wissenschaftler an dem Versuch arbeiten, eine andere Vorstellung davon zu entwerfen, was es heißt, Wissenschaft zu betreiben und insbesondere, was es heißt, zu forschen. Denn Forschung ist der konkrete Kern und der durch nichts zu ersetzende Motor allen wissenschaftlichen Wissens, und im Zentrum der Forschung steht das Experiment, dessen Infra- und Suprastrukturen uns in dieser Abhandlung beschäftigen.

Das Wilde denken

Einen Anknüpfungspunkt für einen solchen Versuch lieferte ebenfalls Claude Lévi-Strauss vor nunmehr über einem halben Jahrhundert mit seinem bahnbrechenden Buch über das wilde Denken, *La Pensée sauvage*. Es hat für den Titel dieses Kapitels Pate gestanden, allerdings mit vertauschtem Subjekt: Hier geht es weniger darum, ein wildes Denken zu charakterisieren, sondern vielmehr, eine geeignete Form zu finden, um den wilden Kern, das Wilde der Wissenschaften zu denken. Dieses Kapitel kann aber auch als eine Hommage an einen der außerordentlichsten Denker des 20. Jahrhunderts verstanden werden. Lévi-Strauss hat zwar nie ein systematisch angelegtes erkenntnistheoretisches Werk geschrieben,

5 Ebd., S. 11-12.

wohl aber hat er Elemente zu einer Epistemologie geliefert, die sich jenseits der Unterscheidung von Naturwissenschaften und Geisteswissenschaften, von Natur und Kultur positioniert.

In *Das wilde Denken*, das man auch als phänomenologisches Präludium zu den weiter oben zitierten, in den Folgejahren erschienenen *Mythologica* lesen kann, plädiert Lévi-Strauss für die Anerkennung des mythischen Denkens als einer eigenen, auf ihre Weise durchaus rationalen Denkform:

> Das magische Denken ist nicht ein erster Versuch, ein Anfang, eine Skizze, der Teil eines noch nicht verwirklichten Ganzen; es bildet ein genau artikuliertes System [...]. Anstatt also Magie und Wissenschaft als Gegensätze zu behandeln, wäre es besser, sie parallel zu setzen, als zwei Arten der Erkenntnis, die zwar hinsichtlich ihrer theoretischen und praktischen Ergebnisse ungleich sind [...], nicht aber bezüglich der Art der geistigen Prozesse, die die Voraussetzung beider sind und sich weniger der Natur nach unterscheiden als aufgrund der Erscheinungstypen, auf die sie sich beziehen.[6]

Und er verweist auf das, wie er es nennt, »neolithische Paradox«: Die großen Zivilisationskünste der Töpferei, der Weberei, der Metallverarbeitung, des Städtebaus, der Schmuckherstellung, des Ackerbaus und der Viehzucht verdanken sich nicht den Wissenschaften in ihrer modernen Ausprägung, die in der Folge der neolithischen Revolution noch zehntausend Jahre auf sich warten ließen. Ihre Gestalter waren aber durchaus getrieben von einem »Wissensdurst« – einem »Drang nach objektiver Erkenntnis«, einer »Freude am Wissen«, einem »Hunger nach Erkenntnis aus Freude an der Erkenntnis« –,[7] für den Lévi-Strauss es vorzog, das Epithet »primär« anstelle von »primitiv« zu verwenden.[8]

In den Augen des Ethnologen unterscheiden sich das mythische, auf die Gegenstände der Welt bezogene und das wissenschaftliche Denken vornehmlich dadurch, dass das eine sich auf der Ebene des Konkreten, auf der Fläche, der Haut der Phänomene, das andere sich auf der Ebene des Abstrakten, hinter und unter der Oberfläche der Phänomene, abspielt. Man kann Ersteres deshalb auch als ein phänomenologisches Denken bezeichnen, das jedoch im Ge-

6 Lévi-Strauss, *Wildes Denken*, S. 25.

7 Ebd., S. 13, S. 27.

8 Ebd., S. 29, Übersetzung geändert.

gensatz zum traditionellen Begriff der Phänomenologie nicht vom Subjekt, sondern von der Welt her gedacht ist. Mit Paul Ricœur und unter Bezugnahme auf Roger Bastide hat Lévi-Strauss es deshalb auch als ein »kategoriales, kombinatorisches Unbewusstes«, ein »kategoriales System ohne Bezug auf ein denkendes Subjekt« bezeichnet.[9] Dieses konkrete Denken, diese »Wissenschaft des Konkreten«,[10] ist ihm zufolge also keineswegs etwa nur die überwundene Vorstufe des abstrakten Denkens. Er setzt alles daran, dieser Denkform den Charakter des Illusionären, des Animistischen, des Hylozoischen abzustreifen. Dem abstrakten Denken historisch voraus, geht es später mit diesem eine Koexistenz ein, als eine parallele Weise der Welterschließung, als eine Form der kognitiven Auseinandersetzung mit der Welt, die für uns auch heute unerlässlich ist. Hier trifft sich Lévi-Strauss mit Ernst Cassirers *Philosophie der symbolischen Formen*,[11] insbesondere mit dessen Plädoyer für die Ko-Präsenz von Mythos als Denk-, Anschauungs- und Lebensform und wissenschaftlicher Erkenntnis im Sinne ihrer je eigenen Notwendigkeit und Irreduzibilität aufeinander.

Ich möchte an dieser Stelle allerdings einen entscheidenden Schritt weitergehen und das konkrete Denken nicht nur in einer ihm eigenen, vom wissenschaftlichen Denken separierten Domäne angesiedelt, sondern eben auch im Innersten der wissenschaftlichen Forschung am Werk sehen, und zwar genau dort, wo es um die Erkundung des wissenschaftlich Unvorwegnehmbaren geht. Es geht also darum, zu zeigen, dass das konkrete und das abstrakte Denken in der Forschungspraxis nicht in Opposition zueinander stehen, sondern sich gegenseitig bedingen.

9 Lévi-Strauss, *Das Rohe und das Gekochte*, S. 25, Fußnote 3. Lévi-Strauss zitiert dort Paul Ricœur, »Symbole et temporalité«, in: *Archivio di Filosofia* 1-2 (1963), S. 5-41, hier S. 9-10, und verweist auf Roger Bastide, »La nature humaine: le point de vue du sociologue et de l'ethnologue«, in: *La Nature humaine. Actes du XIe Congrès des sociétés de philosophie de langue française (Montpellier, 4-6 septembre 1961)*, Paris 1961, S. 65-79.

10 Lévi-Strauss, *Wildes Denken*, so der Titel von Kapitel I.

11 Cassirer, *Das mythische Denken*; *Phänomenologie der Erkenntnis*.

Auch Gaston Bachelard, der historische Epistemologe und ältere Zeitgenosse von Lévi-Strauss, geht davon aus, dass das wilde Denken – das konkrete Denken – im Zentrum des wissenschaftlichen Forschungsprozesses selbst einen Platz zu beanspruchen hat. Ich stelle in einem Einschub zunächst einmal seine Argumente vor, um anschließend auf Lévi-Strauss und das *Wilde Denken* zurückzukommen. In *Le Rationalisme appliqué*, einem seiner späten wissenschaftsphilosophischen Bücher aus der Zeit nach dem Zweiten Weltkrieg, attestiert Bachelard der Physik seiner Zeit eine komplexe, »abstrakt-konkrete Mentalität«.[12] Er sieht sie in eine beständige »Doppelaktion von Abstraktion und Konkretion« verstrickt.[13] Es geht dabei nicht um statische Attributionen, sondern um Prozesskategorien, also um die Vorgänge des Abstrahierens und des Konkretisierens, mit denen die Tätigkeit eines »Denkfeldes« – *champ de pensée* – charakterisiert werden soll, das aus der »Konjunktion« von Mathematik und Experiment hervorgeht: »Keine leere Rationalität also, kein unzusammenhängender Empirismus – diese beiden philosophischen Versprechen begründen die enge und präzise Synthese von Theorie und Erfahrung, von Theorie und Experiment in der gegenwärtigen Physik.«[14] Bachelard knüpft hier an seine Bemerkungen über das Verhältnis von Subjekt und Objekt im Prozess der Wissensgewinnung in seinem frühen Buch *Der neue wissenschaftliche Geist* von 1934 an, wenn er konstatiert: »Wenn es darum geht, sich eines Gegenstandes wissenschaftlicher Erkenntnis zu versichern, kann man sich nicht mehr der Unmittelbarkeit eines einem Ich gegenüberstehenden Nicht-Ich anvertrauen.«[15] Und er hat in diesem Zusammenhang von einer »starken *Kopplung*« beider Momente, den »Ideen und Experimenten«, gesprochen.[16]

Das bedeutet aber, dass auch die Standards, an denen sich das

12 Über Bachelards Überlegungen zu einer Dialektik des Abstrakten und des Konkreten sowohl in den Wissenschaften als auch in den Künsten habe ich mich ausführlicher in der Darstellung seiner Zusammenarbeit mit dem Kupferstecher Albert Flocon geäußert. Vgl. Rheinberger, *Der Kupferstecher und der Philosoph*.

13 Bachelard, *Rationalisme appliqué*, S. 1. Vgl. dazu auch Jean Gayon, *Gaston Bachelard: le rationalisme appliqué*, Paris 1994.

14 Bachelard, *Rationalisme appliqué*, S. 3.

15 Ebd., S. 50-51.

16 Ebd., S. 10, Hervorhebung im Original.

experimentelle Prozedere jeweils orientiert, im Akt des Versuches auf dem Prüfstand stehen. Es genügt für den wissenschaftlichen Geist nicht, Eindrücke verfahrensgemäß zu »rezipieren«, er muss sie »rezeptionieren«.[17] In seinem kleinen Aufsatz über den Surrationalismus von 1936 hat Bachelard das noch drastischer formuliert: ein Experiment, bei dem man nicht seine Vernunft aufs Spiel setze, sei es nicht wert, durchgeführt zu werden.[18] Man könnte das auch so formulieren: Die wissenschaftliche Vernunft ist darauf angelegt, über sich hinauszuwachsen, ihren jeweils aktuellen Stand und Zustand hinter sich zu lassen. Dazu ist sie aber nicht aus sich heraus in der Lage, sie muss sich gewissermaßen ihren Gegenständen ausliefern, sich an ihnen abarbeiten. Edgar Wind hat die zwei »Trugbilder«, die sich dieser Einsicht entgegenstellen, wie folgt auf den Punkt gebracht: »[...] auf der einen Seite das Gespenst der ›fertigen‹ Wissenschaft [...] auf der anderen Seite das Bild eines Menschengeistes, der ohne Kenntnis des Ziels mit nachtwandlerischer Sicherheit die Reihe der Stationen durchläuft, die auf jenes Schlaraffenland hinführen«.[19] Wie Bachelard konstatiert auch Wind: »Wir können somit der Folgerung nicht entgehen, dass der letzte Zweck des Experiments darin besteht, seine eigene Voraussetzung zu erproben.«[20] Der Forscher muss in jenen Zirkel einer Rückkopplung eintreten, in dem eine Form der Kontingenz ins Spiel kommt, die für die Wissenschaften charakteristisch ist. Es ist eine Art von Kontingenz, die sich der eigentümlichen Mischung aus Nähe in der Distanz und aus Distanz in der Nähe verdankt, mit der ein Wissenschaftler seinem Material gegenübertreten muss, wenn er darauf aus ist, Neues an ihm auszumachen und sein Denken selbst daran auszurichten.

17 Ebd., S. 43.

18 Bachelard, »Surrationalisme«.

19 Edgar Wind, *Das Experiment und die Metaphysik. Zur Auflösung der kosmologischen Antinomien*, Frankfurt/M. 2001. S. 72; zu Wind vgl. auch Horst Bredekamp u. a. (Hg.), *Edgar Wind. Kunsthistoriker und Philosoph*, Berlin 1999.

20 Wind, *Experiment und Metaphysik*, S. 83.

Vor allem aber hat Bachelard darauf bestanden, dass sich auch die *Reflexion* auf und das Nachdenken über die Dynamik der Wissenschaften diesem Wechselspiel, dieser Übergriffigkeit im Experimentellen, dieser Unbändigkeit nicht entziehen darf. Dementsprechend hat er seine eigene Wissenschaftsphilosophie als eine »Philosophie an der Arbeit« – *une philosophie au travail* – gesehen und sie mit den »Philosophien der Zusammenfassung« – *philosophies de résumé* – kontrastiert, die er bei seinen Vorgängern und Zeitgenossen vorwiegend sah und die seinem Verdikt anheimfielen.[21] In diese Kritik schloss er ebenso auch die Wissenschaftsgeschichte ein, die er dazu aufforderte, sich auch der Rekonstruktion der obskuren Situationen im Gang des Wissens anzunehmen, jener Situationen also, in denen das Abstrakte und das Konkrete, Begriff und Gegenstand noch keinen rekursiven Anschluss aneinander gefunden haben und sich im Unaufgeräumten, auf der Nachtseite des Wissens bewegen.

Bachelard beanspruchte, im Gegensatz zur wissenschaftsphilosophischen Tradition, auf der Ebene der – historischen – Epistemologie genauso prozessorientiert zu verfahren, wie es die Wissenschaften selbst bei jener Arbeit tun, auf die sich die Epistemologie bezieht: »Die Epistemologie muss also genau so mobil sein wie die Wissenschaft.«[22] Wenn das für die Physik heißt, dass »jedes neue Experiment [...] die Methode des Experimentierens selbst der Erfahrung« – das heißt der Bewährung – »aus[setzt]«,[23] so bedeutet es für den Epistemologen, dass er, »um zu verstehen, an einer Emergenz teilhaben muss«.[24] Es geht also nicht um eine *prima philosophia*, nicht um eine »Philosophie des Anfangs«, sondern um eine »Philosophie der Kontinuation«.[25] Man muss auch als Epistemologe in diesen rekursiven Prozess eintauchen, der sich weder von seinem Anfang noch von seinem Ende her denken lässt, sondern

21 Bachelard, *Rationalisme appliqué*, S. 9. Diesen Faden einer Kritik der »Wissenschaft der Philosophen« hat Jean Toussaint Desanti wiederaufgenommen, vgl. *La Philosophie silencieuse, ou critique des philosophies de la science*, Paris 1975.

22 Ebd., S. 10.

23 Ebd., S. 43.

24 Ebd., S. 11.

25 Ebd., S. 54.

nur aus der ihm eigenen Bewegungsform. In diesem Grundzustand unterscheiden sich die Naturwissenschaften nicht von den Kultur- und Geisteswissenschaften. Es geht in beiden nicht mehr cartesisch zu. »Das rationalistische *cogito* [...] muss wie eine Emergenz aus einem schon mehr oder weniger empirisch bestätigten Bestand funktionieren.«[26] Es hört sich wie ein Echo auf diese Feststellung an, wenn Lévi-Strauss im Schlusskapitel des *Wilden Denkens* so *en passant* und mit einer unausgesprochenen Anspielung auf Descartes konstatiert: »Wer sich in den angeblichen Evidenzen des Ich einzunisten beginnt, kommt nicht mehr davon los.«[27]

Warum dieser Anspruch auf Beweglichkeit für die Epistemologie? Die Antwort liegt letztlich in der Spezialisierung der modernen Wissenschaften begründet. Für Bachelard war dabei entscheidend, dass mit der immer enger werdenden Wechselwirkung zwischen immer spezifischeren Formen des Wissens und der Welt der Erscheinungen sich die Wissenschaften in verschiedene epistemologische Regionen aufspalteten. Ihre begriffliche Dynamik wurde dadurch von übergreifenden theoretischen Systemen und geschlossenen Weltentwürfen gelöst und jeweils an ganz konkrete und sehr spezifische, nur im Experiment zu realisierende Erscheinungen geknüpft. Wollte man diese in ihrer phänomenotechnischen Verfasstheit wirklich verstehen, durfte man die Wissenschaften nicht mehr aus einem philosophischen Kanon heraus studieren, sondern man musste sie in ihren bezirksspezifischen Manifestationen, in allen ihren Details und in ihren unterschiedlichen technologischen Anwendungskontexten erkunden.

Auch Bachelards deutscher Zeitgenosse Ernst Cassirer zog aus seinen philosophiehistorischen Untersuchungen über das »Erkenntnisproblem«, wie er es nannte, ganz ähnliche Schlüsse. Von der zeitgenössischen Erkenntnistheorie erwartete er »die ständige geduldige Versenkung in die Arbeit der Einzelwissenschaften, die nicht nur im Prinzip erforscht, sondern die auch in ihrer Konkretion [...] sichtbar gemacht werden muss«.[28] Es war für beide Denker nicht mehr ausgemacht, dass beispielsweise die Quantenphysik und die Evolutionstheorie nach den gleichen epistemologischen Prinzipien organisiert waren und sich entwickelten. Dementspre-

26 Ebd., S. 50-51.

27 Lévi-Strauss, *Wildes Denken*, S. 286.

28 Cassirer, *Das Erkenntnisproblem*, Band 4, S. 21.

chend plädierte Bachelard für eine Philosophie der konkreten wissenschaftlichen Akte, und er sah ihre Aufgabe darin, die vielfältigen und unterschiedlichen Formen wissenschaftlichen Denkens und Forschens in ihrer jeweiligen Eigenart zu bestimmen: wie in ihnen neues Wissen entstand, wie und wo ihre Ergebnisse in die weitere Forschung einflossen und welche Begriffsformen in sie involviert waren. Bachelard scheute sich nicht zu behaupten, dass im Grenzfall jedes Problem, jedes Experiment, jede Gleichung ihrer eigenen Philosophie bedurfte. Er war davon überzeugt, dass es nicht mehr angemessen sei, allgemeine Normen wissenschaftlicher Erkenntnisgewinnung zu verkünden und ihre Einhaltung anzumahnen: Die Wissenschaften nahmen sich von nun an selbst das Recht, die ihnen gemäßen und ständig sich verschiebenden Grenzen zu bestimmen.[29] Ihr gemeinsamer Nenner war allein ihre Bereitschaft zur »Rektifizierung«.[30]

Bricolage

In einer berühmten Passage im Ersten Kapitel des *Wilden Denkens* führt Lévi-Strauss die *bricolage*, das »Basteln« ein:

> Im übrigen hält sich bei uns eine Form der Tätigkeit, die es uns auf technischem Gebiet sehr wohl ermöglicht, das zu begreifen, was auf dem Gebiet der Spekulation einmal eine Wissenschaft sein konnte, die wir lieber eine »primäre« als eine primitive nennen wollen: die Tätigkeit nämlich, die allgemein mit dem Ausdruck *bricolage* (Bastelei) bezeichnet wird. [...] Die Regel seines [des Bastlers] Spiels besteht immer darin, jederzeit mit dem, was ihm zur Hand ist, auszukommen, d. h. mit einer stets begrenzten Auswahl an Werkzeugen und Materialien, die überdies noch heterogen sind, weil ihre Zusammensetzung in keinem Zusammenhang zu dem augenblicklichen Projekt steht, wie überhaupt zu keinem besonderen Projekt, sondern das zufällige Ergebnis aller sich bietenden Gelegenheiten ist, den Vorrat zu erneuern oder zu bereichern oder ihn mit den Überbleibseln von früheren Konstruktionen oder Destruktionen zu versorgen.[31]

29 Vgl. dazu Bachelard, *Philosophie des Nein*, dort vor allem »Vorwort: Philosophisches Denken und wissenschaftlicher Geist«.

30 Bachelard, *Neuer wissenschaftlicher Geist*, Einleitung.

31 Lévi-Strauss, *Wildes Denken*, S. 29-30.

Dagegen stellt Lévi-Strauss das Bild des Ingenieurs, der für das moderne analytische Denken steht, und der – im Prinzip jedenfalls – jeden seiner Schritte einem strategischen Plan unterstellt.

Man kann sich natürlich fragen, ob damit der Ingenieur grundsätzlich ins rechte Licht gestellt ist. Das Tüfteln, das Improvisieren und das Justieren sind ihm jedenfalls nicht fremd.[32] Vor allem aber möchte ich behaupten, dass der moderne Forscher, der eine Wissenschaft im empirischen Detail betreibt und vorantreibt, kein – theoriegeleiteter – Ingenieur sein kann, sondern vielmehr einem Bastler ähnelt. Die Berufung eines Teils der heutigen synthetischen Biologie auf den Ingenieursgeist führt hier gründlich in die Irre.[33] Es geht hier weniger um das wilde *Denken* als ein Denken *sui generis*, sondern vielmehr darum, ein Moment des *Wilden*, des nicht Zähmbaren und nicht Planbaren im Kernbereich des wissenschaftlichen Denkens und Handelns anzuerkennen. Darin besteht ja genau die Kunst des Experimentierens: Wenn man sein Experiment so anlegt, dass es nur eine Vermutung bestätigen – oder widerlegen – kann, was am Ende operational keinen großen Unterschied macht, dann bleibt man in der Enge seines aktuellen Theoriegefüges gefangen. Experimentieren muss man vielmehr so, dass sich Momente des Unerwarteten zeigen können. Mit anderen Worten: Es muss ein Raum geschaffen werden, in dem epistemische Ereignisse möglich werden. Ein Ereignis im eigentlichen Sinne ist ein Vorfall, der sich aus dem Gegebenen nicht ableiten lässt. Gerade die Wissenschaften sind aber dort, wo sie forschen, ereignisgetriebene Wissensformen. Das Heteroklite der Materialien wie des Instrumentariums im Experiment begünstigt das Ereignishafte des Tuns. Um es noch einmal mit den Worten zu sagen, die Edgar Wind in seiner Schrift über *Das Experiment und die Metaphysik* über den Experimentator und die von ihm provozierten Ereignisse gefunden hat:

32 Als Beispiel sei hier auf die Ausführungen zur Geschichte der Elektronenmikroskopie in Kapitel 5 und die dort genannte Literatur verwiesen.

33 Vgl. dazu Maureen A. O'Malley, »Making knowledge in synthetic biology: Design meets kludge«, in: *Biological Theory* 4 (2009), S. 378-389; Karen Kastenhofer, »Synthetic biology as understanding, control, construction, and creation? Techno-epistemic and socio-political implications of different stances in talking and doing technoscience«, in: *Futures* 48 (2013), S. 13-22.

Denn obwohl wir die *Bedeutung* dieser Ereignisse nur mit den Mitteln des vorgefaßten Systems beurteilen können, können wir ihr *Eintreffen* doch niemals vorherwissen. Was sie uns offenbaren, ist die Antwort auf eine Frage, die wir in logischer Form gestellt, die wir aber nicht mit logischen Mitteln beantworten können. [...] Die Methode seiner [hier: des Physikers] Kunst besteht darin, daß er einen rein logischen Begriff erprobt, indem er einen *völlig metalogischen Akt provoziert*.[34]

Arbeit am Wissen

Auch Bachelard hat das im Gegensatz zu vielen seiner analytisch orientierten wissenschaftsphilosophischen Zeitgenossen sehr genau gesehen. Seine historische Epistemologie beruht aber nicht auf der Annahme einer bestimmten allgemeinen Struktur des Denkens oder so etwas wie einer »Logik« der wissenschaftlichen Erkenntnis, wie es Winds obige Bemerkungen nahelegen mögen. Vielmehr sieht er die Erkenntnisgewinnung als eine Tätigkeit, die sich selbst historisch konstituiert und diversifiziert und in welche die Struktur des Erkenntnisapparates ebenso wie die ganze erkennende Person in einem für sie jeweils charakteristischen epistemischen Verhältnis involviert ist. Der Prozess der Erkenntnisgewinnung ist somit *Arbeit* am Wissen. Im Zentrum ihrer Beschreibung, einer Art Phänomenologie der Erkenntnisarbeit, steht das »epistemologische Hindernis«.[35] Dieses ist nicht eines, das sich von außen auftürmen würde wie etwa die Überkomplexität der Welt oder die physikalischen und physiologischen Grenzen unserer Sinne. Im Erkenntnisgewinnungsvorgang selbst bauen sich immer von neuem epistemologische Hindernisse auf, und zwar in dem Maße, wie gewonnene Erkenntnisse zu Selbstverständlichkeiten gerinnen und sie damit ihren Charakter der Vorläufigkeit verlieren. Bachelard formuliert das so: »Im Erkenntnisakt selbst, in seinem Innersten, erscheinen – aufgrund einer Art funktioneller Notwendigkeit – Trägheit und Verwirrung.«[36] Diese Trägheiten und Trübungen sind nicht einfach anfängliche Täuschungen, die es zu überwinden gilt und die man als solche hinter sich lassen kann. Sie halten vielmehr mit einer

34 Wind, *Experiment und Metaphysik*, S. 86-87.

35 Bachelard, *Bildung des wissenschaftlichen Geistes*, Kapitel I.

36 Ebd., S. 46.

Art Strukturnotwendigkeit den Prozess der Erkenntnisgewinnung einerseits auf, andererseits aber auch in Gang. In diesem Vorgang gibt es weder Unmittelbarkeit noch Glauben an eine solche: »Das Wirkliche ist niemals ›was man glauben könnte‹, es ist immer, was man hätte denken müssen. Das empirische Denken ist klar erst *im nachhinein*, wenn der Apparat der Erklärung zum Zuge gekommen ist.«[37] Die zeitliche Struktur des Erkennens ist somit die einer vergangenen Zukunft. Paul Feyerabend hat das einmal wie folgt formuliert: »*Das Verstehen kommt immer erst nach dem Ereignis* und ist kaum je eine der Ursachen seines Eintretens.«[38]

Bachelards historische Epistemologie ist letztlich eine Epistemologie des Irrtums,[39] und auch seine Zeitgenossin Hélène Metzger hat den Irrwegen in der Wissenschaftsgeschichte ihre Aufmerksamkeit zugewandt.[40] Ebenso ist das Motiv des Irrens in Georges Canguilhems Wissensphilosophie zentral,[41] und auch der italienische Mathematiker und Wissenschaftshistoriker Federigo Enriques, auf den sich Bachelard in diesem Zusammenhang ebenfalls bezieht, hat dem Irrtum in seinem Essay über die *Bedeutung der Geschichte des wissenschaftlichen Denkens* einen entscheidenden Abschnitt gewidmet. Bei Enriques lesen wir: »Den Irrtum auf die Ablenkung eines ermüdeten Geistes zu reduzieren hieße, ihn auf den Fall eines Angestellten einzuschränken, der Ziffern aneinanderreiht. Das Feld, das es zu erkunden gilt, ist aber sehr viel weiter, geht es doch um eine wirkliche intellektuelle Arbeit.«[42] Diese Arbeit ist zugleich, gewissermaßen als die Kehrseite des Irrens, eine Phänomenologie »des Staunens«.[43] Voraussetzung für wissenschaftliches Erkennen

37 Ebd.

38 Paul Feyerabend, *Wider den Methodenzwang. Skizze einer anarchistischen Erkenntnistheorie*, Frankfurt/M. 1976, S. 39.

39 Bachelard, *Bildung des wissenschaftlichen Geistes*, Kapitel XII.

40 Hélène Metzger, *La Méthode philosophique en histoire des sciences. Textes 1914-1939*, Paris 1987; vgl. auch Gad Freudenthal (Hg.), *Etudes sur/Studies on Hélène Metzger*, Leiden 1990.

41 Vgl. dazu Samuel Talcott, *Georges Canguilhem and the Problem of Error*, London 2019.

42 Federigo Enriques, *Signification de l'histoire de la pensée scientifique*, Paris 1934, S. 17.

43 Gaston Bachelard, *La Poétique de la rêverie*, Paris 1960, S. 3; vgl. dazu auch Timo Kehren u. a. (Hg.), *Staunen. Perspektiven eines Phänomens zwischen Natur und Kultur*, Paderborn 2019, darin insbesondere Toni Hildebrandt, »Postapokalyp-

ist sowohl die Fähigkeit, eine alte Erkenntnis als Irrtum abzulegen, als auch über das zu staunen, was sich an dessen Stelle abzeichnet. André Darbon ist so weit gegangen, die experimentelle Erfahrung als einen den wissenschaftlichen Geist belebenden »Schock« zu bezeichnen.[44] Die Struktur des Bruches setzt sich also in der Entwicklung der Wissenschaften fort und beschränkt sich nicht auf einen einmal vollzogenen Schnitt mit der Alltagserfahrung. Der Irrtum nimmt hier letztlich in seiner Verallgemeinerung die Form einer Konzentration auf Differenz an, aber einer mit einem normativen Index versehenen Differenz.

> [W]as nützt eine Erfahrung, die keinen Irrtum richtigstellt, die schlicht und ohne Debatte wahr ist. Eine *wissenschaftliche Erfahrung* ist also eine Erfahrung, die der *gewohnten* Erfahrung *widerspricht*. Übrigens behält die unmittelbare und gewöhnliche Erfahrung immer einen in gewisser Hinsicht tautologischen Charakter, sie entwickelt sich im Reich der Wörter und Definitionen; hier fehlt gerade diese Perspektive *korrigierter Irrtümer*, die in unseren Augen das wissenschaftliche Denken ausmacht.[45]

Einer bestimmten Form dieser Erfahrung und ihrer Erklärung, die eng mit einem Bild aus der Alltagswahrnehmung verknüpft ist und die in der Physik des 17. und 18. Jahrhunderts vorherrschend war, hat Bachelard in seinem *Beitrag zu einer Psychoanalyse der wissenschaftlichen Erkenntnis* ein ganzes Kapitel gewidmet. Es handelt von der Vorstellung des Schwamms als dem typischen Beispiel eines epistemologischen Hindernisses. Der Schwamm, so wie wir ihn aus unseren alltäglichen Verrichtungen kennen und mit ihm umgehen, hat etwas sehr Augenscheinliches und empirisch unmittelbar Evidentes. Das Gebilde ist von poröser Natur, die Fasern, aus denen es besteht, hängen zwar zusammen, sparen aber ein Netz von Hohlräumen aus. Ein Schwamm ist aus diesem Grund in der Lage, andere Materien, vornehmlich Gase und Flüssigkeiten, in sich aufzunehmen und sich mit ihnen vollzusaugen, ohne sich mit ihnen zu vermischen. Für René Descartes, so findet Bachelard, ist er das Paradebeispiel eines »rarefizierten« Körpers, also eines Körpers, dessen Kompaktheit aufgelockert ist und dessen Eigenschaften durch

tisches Staunen. Ästhetik und Geschichtsbewusstsein im Naturvertrag«, S. 237-259.

44 André Darbon, *Une Philosophie de l'expérience*, Paris 1946, S. 113.

45 Bachelard, *Bildung des wissenschaftlichen Geistes*, S. 44.

diese Auflockerung definiert werden. »Mit anderen Worten«, so Bachelard, »ein Schwamm zeigt uns die Schwammhaftigkeit. Er zeigt uns, wie ein bestimmter Stoff sich mit einem anderen Stoff ›anfüllt‹. Diese Lektion über die *heterogene Fülle* reicht aus, alles zu erklären. Descartes' Metaphysik des Raumes ist eine *Metaphysik des Schwammes.*«[46] Man sieht an diesem Beispiel gut, warum Bachelard diese Art von epistemologischen Hindernissen, die das Alltagswissen dem wissenschaftlichen Wissen bietet, auch als »sprachliches Hindernis« bezeichnet hat,[47] besteht es doch letztlich aus einer Tautologie: eben der Schwammhaftigkeit des Schwammes. Die Medizingeschichte der Frühen Neuzeit ist voll von Erklärungen dieser Art. Aber auch in der Physik sind sie zahlreich, wie Bachelard uns in seinem Kapitel über den Schwamm belehrt. So zitiert er etwa das Beispiel René Antoine de Réaumurs, der auf diese Weise die Komprimierbarkeit der Luft erklärt: Die Luft ist ein Schwamm, nur eben einer, der noch schwammhafter ist als ein ordinärer Schwamm, mit dem man die Luft aber durchaus vergleichen kann und woraus sich ihre elastischen Eigenschaften erklären lassen. Wir sehen hieran, so Bachelard, was es heißt, »ein *generalisiertes* Bild« zu sein, »das durch ein einziges Wort, das Leitmotiv einer wertlosen Vorstellung, ausgedrückt wird«.[48]

Noch einmal: Wissenschaft, Kunst

Die Entstehung neuen Wissens verbleibt also im Bereich einer gewissen Unwägbarkeit, des Ausprobierens, des Tastens, der Irre. Im Gegensatz zu vielen ihrer Zeitgenossen, wie etwa Karl Popper oder Hans Reichenbach, schließen Epistemologinnen und Epistemologen wie Enriques, Cassirer, Bachelard, Metzger, Wind oder Cavaillès diesen opaken Raum oder Kontext der sogenannten Entdeckung nicht aus der Domäne der Epistemologie aus. Sie erklären ihn vielmehr zu ihrem Zentrum. Hier ist nichts verboten, jedenfalls aber geht nichts ohne den Opportunismus des konkreten Aktes, in dem die Erkenntnis gewonnen wird. Wenn es stimmt, dass, mit den Worten von Lévi-Strauss, der Ingenieur auf der techno-

46 Ebd., S. 135.
47 Ebd., S. 127.
48 Ebd., S. 128.

logischen – und der Wissenschaftler auf der theoretischen – Ebene »immer einen Durchgang zu öffnen versuchen wird, um sich *darüber* zu stellen, während der Bastler freiwillig oder gezwungen *darunter* bleibt«,[49] so verweist Bachelard darauf, dass das Darüber des Wissenschaftlers nur durch das Darunter des Bastlers hindurch gewonnen werden kann, dass die Luzidität des Begriffs immer nur das Ergebnis eines nachträglichen Klärungsvorgangs ist. Auf der praktischen Ebene bleiben die wissenschaftlichen Objekte, als Forschungsgegenstände, gezeichnet durch einen opaken Rest, der sich als eine permanente Herausforderung bemerkbar macht.

Bachelards Vorstellung vom Forschen deckt sich somit in vielen Punkten eher mit dem Bild, das Lévi-Strauss im *Wilden Denken* vom künstlerischen Schaffen gezeichnet hat. Für den Ethnologen fügt sich die Kunst »auf halbem Wege zwischen wissenschaftlicher Erkenntnis und mythischem oder magischem Denken ein [...]; denn jeder weiß, dass der Künstler zugleich etwas vom Gelehrten und etwas vom Bastler hat: mit handwerklichen Mitteln fertigt er einen materiellen Gegenstand, der gleichzeitig Gegenstand der Erkenntnis ist.«[50] Der Wissenschaftler und der Bastler unterscheiden sich, so Lévi-Strauss, durch die Stellung, die das »Ereignis« bei ihnen einnimmt. Wissenschaftler führen Ereignisse vermittels Strukturen herbei – von Experimentalsystemen in unserem Zusammenhang. Bastler bedienen sich umgekehrt der Ereignisse, um Strukturen zu bilden.[51] Aber auch Lévi-Strauss hat geahnt, dass es sich mit der Sache komplexer verhält, als es diese Inversion nahelegt, wenn er an anderer Stelle von der wissenschaftlichen Erklärung behauptet, dass sie »nicht darin besteht, von der Komplexität zur Einfachheit überzugehen« – also vom Konkreten zum Abstrakten –, »sondern darin, eine besser verständliche Komplexität an die Stelle einer weniger verständlichen zu setzen«.[52] Bachelard seinerseits hat die Wissenschaft des Konkreten nicht nur mit der des Abstrakten reziprok auf gleichen Fuß gestellt. Er hat das konkrete Denken vielmehr zum treibenden Moment der Abstraktion erklärt. Er hat damit der Epistemologie ihre Erdung wiedergegeben, lange bevor Bruno Latour diese bei ihr so sehr vermisste, dass er sie auf

49 Lévi-Strauss, *Wildes Denken*, S. 33.
50 Ebd., S. 36.
51 Ebd.
52 Ebd., S. 285.

seine unnachahmliche Weise – in *Wir sind nie modern gewesen* – für uns heute anmahnte:

> [Wir glauben] weiterhin an die Wissenschaften, aber statt sie in ihrer Objektivität zu nehmen, ihrer Wahrheit, ihrer Kälte, ihrer Exterritorialität – Eigenschaften, die sie immer nur in der willkürlichen Wiederaufbereitung durch die Epistemologie besaßen –, nehmen wir sie in dem, was immer schon das Interessanteste an ihnen war: ihrem Wagemut, ihrem Experimentieren, ihrer Ungewißheit, ihrer Heißspornigkeit, ihrem ungebührlichen Mischen von Hybriden, ihrer unglaublichen Fähigkeit, das soziale Band neu zu knüpfen.[53]

Diesem Wilden im Denken der Wissenschaften gilt es nachzuspüren. Es lässt sich nicht aus ihren Mach-Werken, sondern nur aus ihren Mach-Wegen erschließen.

53 Bruno Latour, *Wir sind nie modern gewesen. Versuch einer symmetrischen Anthropologie*, Berlin 1995, S. 190. Übersetzung geringfügig geändert.

10. Spalt und Fuge – Eloge des Fragments

Das Problem des Fragmentarischen durchzieht die Beschäftigung mit dem Experiment in all ihren Facetten. Eine Auseinandersetzung mit dem Fragment erscheint daher als ein passender, weil sich überall noch einmal eintragender Abschluss dieser Überlegungen. Fragment und Fragmentierung werden meist mit der Disziplinbildung in den Wissenschaften in Verbindung gebracht und sind negativ konnotiert.[1] Hier geht es umgekehrt um das Lob des Fragments.

Fragmentarisches in Bezug auf den Forschungsprozess in den Blick zu nehmen kann grundsätzlich unter zwei Perspektiven erfolgen, die beide auf die Dimension der Zeit verweisen. Zum einen ist es die Perspektive der Vergangenheit. Aus Sicht der Tiefen der Zeit ist das Fragment etwas übrig Gebliebenes, ein dem Zufall geschuldeter Rest, der früher einmal zu einem Ganzen gehörte und aus dem nun im Idealfall das Ganze wieder erschlossen werden kann. Zum anderen ist es die Perspektive der Zukunft. Aus Sicht des Künftigen ist das Fragment der Ausdruck eines offenen Horizonts, das Fragmentarische etwas Unfertiges, ein Bruchstück, eine Baustelle, auf deren Grund ein Gebäude erst noch zu errichten ist.

Ein kurzer Überblick

Über Fragment und Fragmentarisches im Rahmen einer Phänomenologie des Experiments, also mit Bezug auf die Formen des wissenschaftlichen Arbeitsprozesses zu sprechen, muss zwangsläufig beide Aspekte berühren. Begonnen sei mit einem kurzen Überblick über die durchaus verschiedenen Rollen, die das Fragmentarische und das Fragmentieren im wissenschaftlichen Forschungsprozess spielen, und zwar sowohl in den Naturwissenschaften als auch in

1 Vgl. etwa Reinhard Brunner, *Die Fragmentierung der Vernunft. Rationalitätskritik im 20. Jahrhundert*, Frankfurt/M. 1994; François Audigier u. a., *Sciences de la nature et de la société dans une école en mutation: Fragmentations, recompositions, nouvelles alliances?*, Louvain-la-Neuve 2015; kritisch zum Fragment aber auch Michel Serres, *Eclaircissements. Entretiens avec Bruno Latour*, Paris 1992, S. 176-180.

den historischen Wissenschaften. In der historischen Forschung steht der Blick zurück, die Perspektive auf die Vergangenheit im Vordergrund. Das Archiv, gleich ob es sich um das paläogeologische, das paläobiologische, das paläolithische oder das historische Archiv im engeren Sinne der schriftlichen historischen Überlieferung handelt, ist *eo ipso* fragmentarisch. In den Archiven ist nur verwahrt, was der Kassation der Zeiten entgangen ist. Jede historische Rekonstruktion muss demnach grundsätzlich von dieser Lückenhaftigkeit ausgehen. Sie ist es auch, die den Forschungsprozess in den historischen Wissenschaften in Gang hält, ob nun auf der Ebene der geologischen und biologischen Evolution oder der Ebene der Menschheitsgeschichte. Die Paläobiologen denken dabei an den berühmten Anspruch Georges Cuviers, aus dem Fragment eines Knochens das Skelett eines ganzen Tieres rekonstruieren zu können. Gräzisten bemühen sich seit der Renaissance darum, den Übergang vom mythischen zum philosophisch-wissenschaftlichen Denken der griechischen Antike anhand der Fragmente der Vorsokratiker zu entschlüsseln. Anders sieht es im nach vorne gerichteten naturwissenschaftlichen Forschungsprozess aus: Dort ist die Perspektive auf die Zukunft vorherrschend. Aber auch hier spielt das Fragmentarische, das Unabgeschlossene, und zwar in wiederum ganz unterschiedlichen Ausgestaltungen, eine entscheidende Rolle. So ist insbesondere das Experiment, das zentrale Verfahren der modernen Naturwissenschaften, seiner Natur nach fragmentarisch. Das Fragmentieren wird hier zum Erfordernis eines ganzen Erkenntnismodus.

Naturwissenschaftliches Forschen: Das Labor

Ich möchte meine Überlegungen mit dieser zweiten Perspektive beginnen. Die Fragmentierung der Wirklichkeit zum Zwecke ihrer Analyse ist der Basisvorgang der empirischen Forschung überhaupt. Sie liegt allem Experimentieren zugrunde, insofern der experimentelle Zugriff auf die Welt grundsätzlich auf Eingrenzung und Ausschnitt angelegt ist. Zugleich stellt das Fragmentieren eine der Grundschwierigkeiten des Experimentierens dar. Denn die den Sinnen und den Instrumenten zugängliche Wirklichkeit zeigt den Forschenden nicht unmittelbar jene Nahtstellen, entlang derer eine fruchtbare Fragmentierung erfolgen kann, und wenn sie ihnen Bruchstellen suggeriert, dann sind es meist solche, deren Verfolgung sich im Nachhinein als nicht besonders weiterführend herausstellt. Kein Experiment kommt also ohne diesen Akt der »Willkür« aus, als den ihn François Jacob freimütig einmal bezeichnet hat,[2] ohne den Mut, eine Bresche zu schlagen, ein kompakt Zusammenhängendes aufzubrechen, es zu zerstückeln. Dennoch beansprucht das Experiment, über die ihm eigene Situiertheit in Raum und Zeit und somit zugleich über den es konstituierenden Fragmentcharakter hinauszuweisen. Was für Facetten diese ontische Fragmentierung aufweist – Spalten – und in welchen Formen sie epistemisch im Forschungsprozess wieder eingeholt werden kann – Fügen –, darum soll es jetzt im ersten Teil dieser Ausführungen gehen.

Hierzu ist es nötig, nochmals auf die, wie ich sie nenne, infraskopische Dimension des Experimentierens zurückzukommen. Die Grundbedingung lässt sich wie folgt benennen: Das Experiment kann sich immer nur auf einen begrenzten Ausschnitt der Wirklichkeit richten. Experimentell aufs Ganze gehen, die Totalität experimentell in den Blick nehmen zu wollen, wäre ein Widerspruch in sich selbst. Im Experiment hat es der Forscher mit getrimmten Dingen, mit aufgeteilten Sachverhalten zu tun, die sich außerdem der Sichtbarkeit entziehen. Es müssen, wie in den ersten Kapiteln dieses Buches dargelegt, Wege gefunden werden, sie in ihren Details erfassbar zu machen. Das Fragment, um das es geht, muss demnach derart zugerichtet sein, dass es, bringt man es in Kontakt und in Wechselwirkung mit den Untersuchungsgeräten, signifikante Spuren hinterlässt. Dieser Kontakt – man vergleiche dazu Kapitel 1 – muss so beschaffen sein, dass er gewissermaßen Funken sprüht. Die Funken müssen ihrerseits derart aufgefangen und haltbar gemacht werden, dass man sie betrachten und interpretieren kann. Nun ist das leichter gesagt als getan, sind diese Spuren doch oft flüchtig und vergänglich. Das paradigmatische Beispiel für einen solchen Vorgang stammt aus der Teilchenphysik des frühen 20. Jahrhunderts: die Sichtbarmachung von subatomaren Partikeln als Kondensstreifen in der Nebelkammer. Für ihre Entwicklung erhielt Charles Thomson Rees Wilson 1927 den No-

2 François Jacob, *Die innere Statue. Autobiographie des Genbiologen und Nobelpreisträgers*, Zürich 1988, S. 291.

belpreis. Die vergänglichen Spuren, die sich als Kondenslinien auf einem Schirm wie dem der Nebelkammer bilden, können anschließend durch Fotografieren dauerhaft fixiert werden. So kann man ihre Bahnen vermessen und aus ihnen Rückschlüsse auf die Partikel ziehen, welche sie verursacht haben. Alternativ – und das ist heute immer öfter der Fall – können die zum Einsatz kommenden Geräte die Spuren des experimentellen Objekts digital registrieren. Sie werden dann direkt in der Sprache des Geräts verschlüsselt. Der Wissenschaftshistoriker Peter Galison hat diese beiden Experimentaltraditionen der Mikrophysik in ihrer Entwicklung über das 20. Jahrhundert hinweg im Detail verfolgt und sie als »Bild«-Tradition und »Logik«-Tradition einander gegenübergestellt.[3] Bild und Logik, analoge und digitale Spurenerzeugung haben sich in der Entwicklung der Mikrophysik immer wieder gegenseitig herausgefordert und besitzen ihre Pendants auch in der Geschichte der Molekularbiologie.

Mit der im Experiment erzeugten Spur sind wir an dem Punkt der äußersten Reduktion, der maximalen Fragmentierung angelangt. Die Spur ist nur noch ein Index des Fragments, ein Fragment des Fragments. In der Regel kann eine Spur denn auch allein, für sich genommen, in Isolation, gar nicht mehr interpretiert werden. Das ist der Punkt, an dem die Rekonstitution beginnt, an dem Spuren, die man aus ganzen Serien von Experimenten isoliert hat, zueinander in Beziehung gesetzt werden müssen. Die ontische Fragmentation, die Komplexitätsreduktion, die das Experiment in seiner aufs Infraskopische gerichteten Verfasstheit voraussetzt, muss epistemisch aufgefangen, kompensiert, eingebettet und kontextualisiert werden. Nur durch eine derartige epistemische Rekontextualisierung kann der Experimentierprozess als ganzer in Gang gehalten und in Richtungen gelenkt werden, aus denen sich fruchtbare Rückkopplungen ergeben. Weisungen erteilen können derartige Rekontextualisierungen nie, denn sie sind immer nur tentativer Natur.

Ein historisch frühes und für die traditionelle Wissenschaftsphilosophie vielleicht unerwartetes Beispiel für die Einsicht in diese Dialektik des Experimentierens ist Johann Wolfgang von Goethe. In einem bemerkenswerten, in der Erstfassung wahrscheinlich 1792

3 Galison, *Image and Logic.*

entstandenen,[4] aber erst vier Jahrzehnte später,[5] 1823 veröffentlichten und dort mit *Das Experiment als Vermittler von Objekt und Subjekt* betitelten Essay, stellt Goethe die Sache wie folgt dar:

> Der Wert eines Versuchs besteht vorzüglich darin, daß er, er sei nun einfach oder zusammengesetzt, unter gewissen Bedingungen mit einem bekannten Apparat und mit erforderlicher Geschicklichkeit jederzeit wieder hervorgebracht werden könne, so oft sich die bedingten Umstände vereinigen lassen. Wir bewundern mit Recht den menschlichen Verstand, wenn wir auch nur obenhin die Kombinationen ansehen, die er zu diesem Endzwecke gemacht hat, und die Maschinen betrachten, die dazu erfunden worden sind und man darf wohl sagen täglich erfunden werden. So schätzbar aber auch ein jeder Versuch einzeln betrachtet sein mag, so erhält er doch nur seinen Wert durch Vereinigung und Verbindung mit andern. Aber eben zwei Versuche, die miteinander einige Ähnlichkeit haben, zu vereinigen und zu verbinden, gehört mehr Strenge und Aufmerksamkeit, als selbst scharfe Beobachter oft von sich gefordert haben. Es können zwei Phänomene miteinander verwandt sein, aber doch noch lange nicht so nah, als wir glauben. Zwei Versuche können scheinen auseinander zu folgen, wenn zwischen ihnen noch eine große Reihe stehen müßte, um sie in eine recht natürliche Verbindung zu bringen.

Und Goethe schließt:

> Man kann sich daher nicht genug in acht nehmen, aus Versuchen nicht zu geschwind zu folgern: denn beim Übergang von der Erfahrung zum Urteil, von der Erkenntnis zur Anwendung ist es, wo dem Menschen gleichsam wie an einem Passe alle seine inneren Feinde auflauern, Einbildungskraft, Ungeduld, Vorschnelligkeit, Selbstzufriedenheit, Steifheit, Gedankenform, vorgefaßte Meinung, Bequemlichkeit, Leichtsinn, Veränderlichkeit und wie die ganze Schar mit ihrem Gefolge heißen mag, alle liegen hier im Hinterhalte und überwältigen unversehens sowohl den handelnden Weltmann als auch den stillen, vor allen Leidenschaften gesichert scheinenden Beobachter.[6]

4 Zur Entstehungsgeschichte vgl. Wolf von Engelhardt, »›Der Versuch als Vermittler von Objekt und Subjekt‹: Goethes Aufsatz im Licht von Kants Vernunftkritik«, in: *Athenäum. Jahrbuch für Romantik* 10 (2000), S. 9-28.

5 Zuerst erschienen in Johann Wolfgang von Goethe, *Zur Naturwissenschaft überhaupt*, 2. Band, 1. Heft, Stuttgart, Tübingen 1823.

6 Goethe, »Versuch als Vermittler«, S. 848-849.

Nun hat es eine ganze Reihe von synthetisierenden epistemischen Strategien gegeben, die in der Geschichte des Experimentierens mobilisiert wurden, um diesem »Hinterhalt«, wie Goethe ihn nennt, zu entgehen. Zwei von ihnen – sie sind jeweils auf einer anderen Ebene angesiedelt – möchte ich im Folgenden kurz besprechen. Die erste Strategie benennt Goethe selbst, wenn er in seinem Essay konstatiert: »Die Vermannigfaltigung eines jeden einzelnen Versuches ist also die eigentliche Pflicht eines Naturforschers.«[7] Die zweite Strategie wird in der Wissenschaftsphilosophie üblicherweise unter dem Begriff der Modellbildung diskutiert.

Was die erste Strategie angeht, die »Vermannigfaltigung des Versuches«, so können wir es je nach Experimentierfeld und den zum Einsatz kommenden Forschungstechnologien mit ganz unterschiedlichen Formen zu tun haben. Ich möchte hier exemplarisch eine dieser Formen etwas näher ansehen. Sie wird sowohl in der Sprache der Akteure als auch in der Wissenschaftsphilosophie unter dem Begriff der »unabhängigen Evidenz« geführt.[8] Das Prinzip ist folgendes: Es wird der Versuch unternommen, einen experimentellen Befund, den man mit einer bestimmten Forschungstechnologie erhoben hat, mit einer von dieser unabhängigen Forschungstechnologie zu bestätigen. In der Regel kommt es dabei zu mehr und anderem als nur zu einer Bestätigung – es erschließen sich gleichzeitig neue Facetten des Forschungsgegenstandes. Diskrepanzen in den Ergebnissen sind dabei nicht minder wichtig als Übereinstimmungen. Wie in Kapitel 4 ausführlicher besprochen, bedeutet die Applikation einer alternativen Forschungstechnologie zugleich die Ausbildung einer neuen Schnittstelle zwischen Untersuchungsgegenstand und Apparat.

Als Beispiel möge die Strukturbestimmung einer Nukleinsäure dienen, der Transfer-RNA, jenes Moleküls, das die Genexpression in der Zelle vermittelt und das um die Mitte der 1950er Jahre erstmals identifiziert wurde. Historisch gesehen spielte ihre Kristallisierung in einem geeigneten Medium mit anschließender Strukturanalyse durch Röntgenstrahlen eine entscheidende Rolle, wie sie

7 Ebd., S. 852.

8 Vgl. dazu exemplarisch Elliott Sober, »Independent evidence about a common cause«, in: *Philosophy of Science* 56 (1989), S. 275-287; Jacob Stegenga, Tarun Menon, »Robustness and independent evidence«, in: *Philosophy of Science* 84 (2017), S. 424-435.

vor allem von Alexander Rich mit seiner Gruppe am Massachusetts Institute of Technology betrieben wurde.[9] Die Weiterentwicklung der Kernspinresonanzspektroskopie (NMR)[10] erlaubt es heute, eine Strukturanalyse in Lösung und damit näher an dem Zustand vorzunehmen, den die Moleküle einnehmen, wenn sie funktionell aktiv sind.[11] Die beiden physikalischen Techniken beruhen auf der Wechselwirkung unterschiedlicher konstituierender Bestandteile des Moleküls beziehungsweise seiner Atome mit dem Analyseapparat und verlangen dementsprechend unterschiedliche Methoden zu ihrer Präparation. Die Beispiele aus der Geschichte der Strukturanalyse dieses Moleküls könnten vervielfacht werden. Nicht zuletzt beinhalteten sie auch Nachbarschaftsanalysen seiner Bausteine, die sowohl auf physikalischen, chemischen wie auch auf strahleninduzierten Vernetzungen, das heißt der Ausbildung von kovalenten Bindungen beruhten. Auch sie trugen wesentlich zur Bestimmung der dreidimensionalen Gestalt des Moleküls bei.[12]

Die zweite Strategie bewegt sich nicht im Bereich der technischen Bedingungen des Experiments, sondern auf der Ebene der Verarbeitung von Daten, die sich aus den im Experiment erzeugten Spuren ergeben. Sie soll hier durch eine ihrer prominenten Facetten, die Modellbildung, vertreten werden. Dazu greife ich noch einmal auf die Modelldiskussion in Kapitel 2 zurück. Wie dort eingehender dargestellt, können im Modell Partialdaten nicht nur aus den Variationen *einer* Experimentalserie, sondern auch aus experimentellen Kontexten zusammengeführt werden, die unterschiedliche Forschungstechniken zur Anwendung bringen. Diese Möglichkeit beruht letztlich auf der Tatsache, dass das Modell einen ontischen Schnitt zum Untersuchungsgegenstand bedingt. Genau diese Ablösung ist es, die es erlaubt, auf der Ebene der Modellbil-

9 Fred L. Suddath u. a., »Three-dimensional structure of phenylalanine transfer RNA at 3.0 Å resolution«, in: *Nature* 248 (1974), S. 20-24.

10 Vgl. dazu Carsten Reinhardt, *Shifting and Rearranging: Physical Methods and the Transformation of Modern Chemistry*, USA 2006.

11 Zu einem Überblick vgl. Pablo Fernández-Millán u. a., »Transfer RNA: From pioneering crystallographic studies to contemporary tRNA biology«, in: *Archives of Biochemistry and Biophysics* 602 (2016), S. 95-105.

12 Vgl. Viter Marquéz, Knud H. Nierhaus, »tRNA and synthetases«, in: Knud H. Nierhaus, Daniel N. Wilson (Hg.), *Protein Synthesis and Ribosome Structure. Translating the Genome*, Weinheim 2004, S. 145-167, besonders S. 149-154.

dung die als unabhängige Evidenzen produzierten Daten versuchsweise zusammenzuführen. Auf der Ebene der Datenverarbeitung im Modell findet die Strategie der multiplen Datenerhebung im Experiment somit ihre konsequente Fortsetzung.

Empirisch fundierte Modelle sind Datenverbünde oder Datengefüge im Datenraum. Der synoptischen Funktion, die sie für den Betrachter fasslich und überschaubar machen, entspricht die synthetische Funktion, die ihnen vom Experiment her zuwächst. Gegenüber dem Experiment, das auf Fragmentierung angelegt ist, erzeugen Modelle eine bemerkenswerte Inversion: Sie lassen gewissermaßen das Ganze erstehen, aber auf eine problematische Weise. Aus der Perspektive experimenteller Fragmentierung bewirkt das Modell eine Synthese. Aus der Perspektive des epistemischen Objekts aber, dessen Modell es zu sein beansprucht, bleibt es immer reduziert, bleibt partial. Das ist seine Stärke, denn es fokussiert auf *einen* Aspekt der in Frage stehenden Sache. Zugleich ist es aber auch seine Schwäche. Denn es lädt dazu ein, sich der Illusion hinzugeben, man habe es mit einer Repräsentation des Ganzen zu tun.

Niemand hat diese komplizierte Gemengelage in Bezug auf die biologische Forschung besser auf den Begriff gebracht als Georges Canguilhem in seinem Aufsatz über »Modèles et analogies dans la découverte en biologie«. Dort heißt es:

> Das Experimentieren ist analytisch und schreitet durch unterscheidende Variation der Bedingungen voran, die das Geschehen bestimmen, unter der Annahme, dass alles andere dabei unverändert bleibt. Die Methode des Modells erlaubt es [hingegen], nicht weiter zerlegbare Totalitäten zu vergleichen. Nun ist in der Biologie allerdings die Dekomposition weniger eine Auftrennung als vielmehr eine Freilegung von Gesamtheiten, die sich auf kleinerer Stufe befinden als die Ausgangsgesamtheit. So kann denn auch in dieser Wissenschaft die Verwendung von Modellen legitimerweise für »natürlicher« gehalten werden als anderswo.[13]

Zu Recht weist Canguilhem darauf hin, dass die experimentelle Zerlegung in den biologischen Wissenschaften in der Regel zu Struktur-Funktions-Einheiten auf kleinerer Stufe führt, also ihrerseits zu so etwas wie untergeordneten Gesamtheiten. Abgesehen vom durch Canguilhem betonten Ganzheitsaspekt des Modell-

13 Canguilhem, »Modèles et analogies«, S. 311.

vergleichs – er setzt hier implizit den ontischen Schnitt zwischen epistemischem Objekt und Modell voraus – beruht die Stärke von Modellen demgegenüber auf zwei weiteren Eigenschaften: Erstens bilden sie Ensembles, die sich nicht invariant gegenüber ihren eigenen Bestandteilen verhalten. Darauf hat Claude Lévi-Strauss immer wieder insistiert und betont, dass Modelle »aus Elementen [bestehen], die so angeordnet sind, dass die Veränderung eines von ihnen eine Veränderung aller übrigen nach sich zieht«.[14] Dieser Systemcharakter bringt es mit sich – worauf in Kapitel 2 bereits hingewiesen wurde –, dass Modelle die Möglichkeit von Probehandlungen im Datenraum eröffnen. Die zweite Stärke ist ebenfalls ihrem Systemcharakter geschuldet: Modelle können auf Datenlücken verweisen. Sie haben also die paradoxe Eigenschaft, nicht nur die Illusion des Ganzen zu erzeugen, sondern diese zugleich zu unterlaufen. So verschafft sich das Fragmentarische auch im Datenraum sein Recht, und zwar als Lücke. Die Fragen, die sich aus derartigen Eingriffen am Modell ergeben, können dann wieder in den anhaltenden Strom der experimentellen Produktion von Spuren eingespeist werden. Damit wird ein Kreislauf in Bewegung gesetzt, der auf einem Seitenwechsel in beide Richtungen beruht. Im Rahmen einer Phänomenologie des Experiments ist diese Forschungsfunktion von Modellen der entscheidende Punkt. Hier steht nicht der Repräsentationswert von Modellen im Vordergrund, sondern ihr operationales Potential, und somit tritt auch die alte und immer wieder bemühte Frage nach dem Analogiehaften oder dem Metaphorischen des Modells zurück; sie stellt sich in dieser Form gar nicht.

Historisches Forschen: Das Archiv

Im zweiten knappen Teil dieser Überlegungen zu einer Epistemologie des Fragments möchte ich auf das Fragment aus der Perspektive des Archivs und damit der Vergangenheit zu sprechen kommen. Hierbei geht es um das grundsätzlich Fragmentarische der Überlieferung. Sowohl in den historisch orientierten Naturwissenschaften als auch in den historischen Kulturwissenschaften ist man vor die

14 Claude Lévi-Strauss, *Strukturale Anthropologie*, Frankfurt/M. 1969, S. 302.

Situation gestellt, zum einen vergangene Zustände aus Indizien rekonstruieren zu müssen,[15] zum anderen zu versuchen, vergangene Zustände zu Entwicklungen zu verknüpfen, also ihre Aufeinanderfolge und damit historische Verläufe zu erschließen. Sowohl das Überdauern als auch die Erfassung dieser Indizien unterliegen einem Zufallsprinzip: Zum einen verdankt sich ihre Erhaltung den historischen Umständen, und diese Umstände, meist nachträglich eingetreten, haben keinen ursächlichen Zusammenhang mit dem, was von ihnen betroffen wird und was nicht. Zum anderen hängt der Zugriff der historisch Forschenden im Rahmen der Arbeit der Rekonstruktion von ebensolchen Umständen ab.

Sehen wir uns zunächst die Arbeit der historischen Naturwissenschaften etwas näher an.[16] Weil sie in diesem Zusammenhang an prominenter Stelle steht, will ich stellvertretend die Evolutionsbiologie und – als eines ihrer Teilgebiete – speziell die Paläobiologie herausgreifen und etwas näher betrachten.[17] Das frühere Leben auf dem Planeten ist zu einem großen Teil in den Sedimenten überliefert, welche die einstigen Meere hinterlassen haben. Es liegt in der Natur dieser Hinterlassenschaften, dass ihre Überlieferung lückenhaft, fragmentarisch ist. Nur unter speziellen Bedingungen bleiben einzelne Organismen, vorzugsweise ihre dauerhafteren Bestandteile, in mehr oder weniger versteinerter Form oder in Einschlüssen, und auch das meist nur bruchstückhaft, in den Schichten der Sedimente erhalten und können dort aufgefunden und analysiert werden. Die Bedingungen dieser Erhaltung sind vielfältig. Die Faktoren, die zusammentreffen müssen, damit sich ein solches Geofakt bilden und es bewahrt werden kann, sind letztlich – auf den Gegenstand bezogen – kontingent. Seit dem späten 18. Jahrhundert bemüht sich die Paläobiologie, über der Kontingenz dieser Bruchstücke selbst und den ebenso kontingenten Lücken, die sich in ihrer Verbreitung auftun, ein Panorama – sagen wir, der Fauna

15 Vgl. dazu exemplarisch Carlo Ginzburg, *Spurensicherung. Die Wissenschaft auf der Suche nach sich selbst*, Berlin 2011.

16 Vgl. dazu Martin Rudwick, *The Meaning of Fossils: Episodes in the History of Palaeontology*, London 1972; Stephen J. Gould, *Die Entdeckung der Tiefenzeit. Zeitpfeil und Zeitzyklus in der Geschichte unserer Erde*, München 1990; zu einer Fallstudie aus der Paläoanthropologie Marianne Sommer, *Bones and Ochre, The Curious Afterlife of the Red Lady of Paviland*, Cambridge/MA 2007.

17 Vgl. dazu David Sepkoski, *Rereading the Fossil Record: The Growth of Paleobiology as an Evolutionary Discipline*, Chicago 2012.

und Flora des Präkambriums oder der Hominiden in der ostafrikanischen Olduvai-Schlucht – aufzuspannen.[18] Man könnte zu Recht behaupten, dass Wissenschaften wie diese ihre Existenz und ihre Finessen überhaupt erst diesen Lücken verdanken. Sie sind getrieben von dem, was die geologisch eingebettete Überlieferung an Fragen offenlässt. An diesen Lücken entwickelt sich erst ihre Methodologie. Nicht nur die Morphologie einzelner Organismen muss aus Fragmenten erschlossen werden – der eingangs erwähnte Georges Cuvier war ein Meister in diesem Metier –, sondern auch die Ökosysteme, die sie formten. Das Bild, das uns so die Erdzeitalter bieten, ist ein Mosaik, in dem die meisten Steinchen fehlen.

Wenn wir nun diese synchrone Ebene verlassen und uns der diachronen, also der eigentlich evolutionären Achse zuwenden, potenzieren sich mit den Lücken die Schwierigkeiten. Denn es geht jetzt darum, diese einmal identifizierten horizontalen Schichten vertikal, also genealogisch miteinander zu verbinden. Hier ergeben sich Lücken zweiter Ordnung. Welche in der vorangehenden Schicht identifizierten Morphologien können zu denen in der darauffolgenden Schicht in Beziehung gesetzt werden? Die Bedingungen der geologischen Überlieferung sind nicht für alle Sedimente die gleichen. Tun sich vertikale Lücken auf, wie kann entschieden werden, ob es sich um sprunghafte Entwicklungen, um abgebrochene Entwicklungslinien oder eben um eine fragmentarische Überlieferung handelt? Ganze Generationen von Evolutionsbiologen haben sich um Fragen von *missing links*, von fehlenden Bindegliedern, gestritten, einen auf den Geologen Charles Lyell zurückgehenden Begriff.[19] Vor Darwin hatte die Katastrophentheorie Konjunktur. Georges Cuvier etwa entledigte sich des Problems der vertikalen Lücken dadurch, dass er annahm, es handle sich bei den in den Schichten identifizierbaren Fossilien um ebenso viele geschichtete Neuschöpfungen. Damit konnte er seine Aufgabe auf die Erschließung synchroner Stimmigkeit und Funktionalität einzelner Organismen reduzieren. Er glaubte, in dem Gesetz der Korrelation der Organe den Schlüssel zur Schließung der Lücken gefunden zu haben: Jedes Fragment eines Ganzen trug den Stempel dieses Ganzen.

18 Martin Rudwick, *Scenes from Deep Time: Early Pictorial Images of the Prehistoric World*, Chicago 1992.

19 Charles Lyell, *A Manual of Elementary Geology, or, The Ancient Changes on the Earth and its Inhabitants as Illustrated by Geological Monuments*, London 1851.

So konnte das Ganze, auch wenn es nicht gegeben war, doch aus den Fragmenten erschlossen werden. Zähne etwa sind besonders haltbare Überbleibsel von Skeletten und haben bei solchen Rekonstruktionen lange Zeit eine herausgehobene Rolle gespielt. Dazu heißt es exemplarisch bei Cuvier, der sich dabei auch nicht vor einem Vergleich mit der Mathematik scheut:

> Kurz, die Form des Zahnes bringt die des Condylus mit sich, diejenige des Schulterblatts die der Klauen, gerade so wie die Gleichung einer Curve alle ihre Eigenschaften mit sich bringt; und so wie man, wenn man jede Eigenschaft derselben für sich zur Grundlage einer besonderen Gleichung nähme, sowohl die erste Gleichung als alle ihre anderen Eigenschaften wiederfinden würde, eben so bedingen die Klaue, das Schulterblatt, der Condylus, der Schenkelknochen und alle andere Knochen, jeder für sich genommen, den Zahn und sich selbst gegenseitig; und bei gründlicher Kenntnis der Lebens-Oeconomie könnte man, wenn eins der Glieder zum Anfange gegeben ist, das ganze Thier darstellen.[20]

So viel zu den Lücken und ihrer Schließung in der Paläobiologie. Vergleichbares gilt für die historisch verfahrenden Kulturwissenschaften, etwa die Archäologie, die sich mit der vorschriftlichen Geschichte vergangener menschlicher Kulturen beschäftigt. Hier herrschen hinsichtlich der Überlieferung von Artefakten oft ganz analoge Bedingungen. Ihre Lückenhaftigkeit bringt aber ihre eigenen Spezifika mit sich. Nicht auf sie möchte ich jedoch zum Abschluss kurz eingehen,[21] sondern auf ein Archiv weit neueren Datums, nämlich das Archiv der Wissenschaftsgeschichte. Wenn wir uns auf die Wissenschaften der Neuzeit beschränken, so haben wir in der gedruckten schriftlichen Überlieferung das vielleicht kontinuierlichste und am vollständigsten erhaltene Archiv. Daher ist es nicht verwunderlich, dass dieses Archiv für die Beschäftigung

20 *Cuvier's Ansichten von der Urwelt*, Bonn 1822, S. 74-75. Vgl. dazu auch Martin Rudwick, *Georges Cuvier, Fossil Bones, and Geological Catastrophes*, Chicago 1997.

21 Vgl. dazu weiterführend Ulrich Veit, »Archäologiegeschichte als Wissenschaftsgeschichte: Über Formen und Funktionen historischer Selbstvergewisserung in der Prähistorischen Archäologie«, in: *Ethnographisch-Archäologische Zeitschrift* 52 (2011), S. 34-58; Sabine Reinhold, Kerstin P. Hofmann (Hg.), »Zeichen der Zeit. Archäologische Perspektiven auf Zeiterfahrung, Zeitpraktiken und Zeitkonzepte«, in: *Forum Kritische Archäologie* 3 (2014), Themenheft; Undine Stabrey, *Archäologische Untersuchungen. Über Temporalität und Dinge*, Bielefeld 2017.

mit der Geschichte der Wissenschaften lange Zeit das maßgebliche geblieben ist. Allerdings wissen wir aber nicht erst seit Ludwik Fleck,[22] dass die »Papierform« der Wissenschaften zwar einen Überblick über den Stand des Wissens einer Zeit einigermaßen zu geben vermag, dass sie aber nicht besonders dazu geeignet ist, um über den eigentlichen Forschungsprozess, also die Wissenschaft im Werden mit ihren Mäandern und Digressionen, Auskunft zu geben. Fleck etwa war kategorisch der Meinung, dass sich die »lebendige Praxis« der Naturwissenschaften von ihrer »papierenen offiziellen Gestalt« grundsätzlich unterscheide, dass sich also die Praxis der Naturwissenschaften mit ihrem Kern, dem Prozess der *Gewinnung* von Erkenntnissen, überhaupt »aus keinem Buche« kennenlernen lasse.[23]

Hier tun sich offensichtlich Lücken auf, deren Zustandekommen dem Kommunikationsprozess von Wissen, also der Distributionssphäre der Wissenschaften inhärent zu sein scheint, ist Letztere doch auf rezeptive Begradigung angelegt. Welche Möglichkeiten gibt es dann, sich vergangene Erkenntnisgewinnungsprozesse zu vergegenwärtigen und die Vorgänge der Forschung in angemessener Form zu beschreiben? Michel Serres hat den Gang des Wissens einmal mit einem Sickervorgang verglichen, einer »Perkolation«, deren Verzweigungen sich aller Geradlinigkeit entziehen.[24] Auf ihren Spuren ist der Wissenschaftshistoriker auf Zeugnisse angewiesen, die wiederum nur in fragmentarischer und sporadischer Form überliefert sind. Das können etwa Laborprotokolle sein, diese primären Formen der Verschriftlichung von Spuren der Labortätigkeit, des Experimentiervorgangs. Da sie den Forschungsinstitutionen in der Regel nur als Vorstufen der Veröffentlichung gelten, überleben sie meist auch nur bruchstückhaft, wenn überhaupt. Dennoch sind gerade sie es, die nicht nur für die Laborarbeit – wie in Kapitel 5 beschrieben –, sondern auch für die am Forschungsprozess interessierte Wissenschaftsgeschichte von besonderer Relevanz sind. Denn sie erlauben es nicht nur, die Lücken zwischen den Veröffentlichungen zu schließen, sondern auch die Logik der

22 Ludwik Fleck, »Zur Krise der Wirklichkeit«, in: ders., *Erfahrung und Tatsache. Gesammelte Aufsätze*, Frankfurt/M. 1983, S. 46-58.

23 Ebd., S. 50.

24 Michel Serres, »Vorwort«, in: ders. (Hg.), *Elemente einer Geschichte der Wissenschaften*, Frankfurt/M. 1994; vgl. auch Serres, *Eclaircissements*, S. 88-95.

Forschung von der Logik der Darstellung abzugrenzen. Dasselbe gilt für sporadisch erhalten gebliebene Laborartefakte. Die Logik der Darstellung generiert Lücken in unserem Wissen über den Arbeitsprozess, dem sich die dargestellten Ergebnisse verdanken. Auf diese stoßen Wissenschaftshistoriker vor allem dann, wenn sie versuchen, aus schriftlichen Quellen allein historische Experimente zu rekonstruieren. Es zeigt sich dann, dass zu ihrer Durchführung ein implizites Wissen nötig ist, das oft nur über die zusätzliche Erschließung der örtlichen und kulturellen Kontexte gewonnen werden kann.[25]

Um abschließend zu resümieren: Wir haben es hier, wenn auch in einer speziellen Form, mit dem Grundproblem der Geschichtsschreibung überhaupt zu tun: Den sanktionierten, mehr oder weniger offiziellen gedruckten Spuren kann sie folgen, da diese, wenn auch ihrerseits lückenhaft und durch die Kassationen der Geschichte gezeichnet, sich in Archiven stapeln und in ihnen überdauern. Als Ausflüsse und Abspaltungen praktischer Kontexte, seien sie nun wissenschaftlicher oder anderer kultureller Natur, können die gedruckten, erhalten gebliebenen Quellen aber auch in die Irre führen. Hingegen sind in den Alltag verwobene und überlebende symbolische Materialquellen das Äquivalent des Kulturhistorikers zu den Laborprotokollen und Geräte-Hinterlassenschaften des Wissenschaftshistorikers. Auf sie haben nicht zuletzt die französische Annales-Schule[26] wie die spätere italienische Tradition der *microstoria*[27] – selbst eine Fragmentwissenschaft im besten Sinne

25 Vgl. etwa Otto Sibum, »Reworking the mechanical value of heat: Instruments of precision and gestures of accuracy in early Victorian England«, in: *Studies in History and Philosophy of Science Part A* 26 (1995), S. 73-106; Peter Heering u. a. (Hg.), *Im Labor der Physikgeschichte. Zur Untersuchung historischer Experimentalpraxis*, Oldenburg 2000.

26 Vgl. dazu die 1929 von Marc Bloch und Lucien Febvre gegründete Zeitschrift *Annales d'histoire économique et sociale*, seit 1994 *Annales. Histoire, Sciences sociales*; jüngst Romain Bertrand, Guillaume Calafat (Hg.), »Micro-analyse et histoire globale«, *Annales* 73 (2019), Sonderheft (1).

27 Paradigmatisch Carlo Ginzburg, *Der Käse und die Würmer. Die Welt eines Müllers um 1600*, Frankfurt/M. 1979; Giovanni Levi, *Das immaterielle Erbe. Eine bäuerliche Welt an der Schwelle zur Moderne*, Berlin 1988; Hans Medick, *Weben und Überleben in Laichingen 1650-1900. Lokalgeschichte als allgemeine Geschichte*, Göttingen 1996; vgl. auch Winfried Schulze (Hg.), *Sozialgeschichte, Alltagsgeschichte, Mikro-Historie. Eine Diskussion*, Göttingen 1994.

des Wortes – immer wieder zurückgegriffen und auf ihre Bedeutung trotz ihrer meist noch sehr viel fragmentarischeren Bestände als derjenigen der gedruckten Überlieferung hingewiesen. Das Fragment verfolgt Historikerinnen und Historiker auf Schritt und Tritt und ist zugleich ihre Daseinsberechtigung. Kreisen doch alle ihre Verfahren darum, die von der Geschichte hinterlassenen Splitter zu sortieren, sie durch Funde zu vermehren und immer neu zu versuchen, sie zueinander in Beziehung zu setzen.

So haben es sowohl die naturwissenschaftliche als auch die kulturhistorische Forschung in einem elementaren Sinn mit Fragmenten zu tun, die sie versuchen, in einen mehr oder weniger kohärenten Zusammenhang zu bringen. Während Erstere aber die Welt spalten und fragmentieren muss, um sie zu verstehen, findet Letztere die Geschichte bereits in fragmentiertem Zustand vor. Die Arbeit der Fragmentierung hat ihr der Lauf der Zeiten abgenommen. Beide aber stehen vor der Aufgabe, den Fragmenten immer wieder den immer nur provisorischen Sinn eines Gefüges abzugewinnen.

Postludium: Statt eines Schlussworts

Werfen wir zum Abschluss und anstelle einer Zusammenfassung einen Blick auf den bemerkenswerten vitalen Elementenwirbel eines Kupferstechers (Abb. 11.1). Wir sehen einen Stich Albert Flocons, eines Bauhaus-Schülers in Dessau und späteren Graveurs und Lehrers an der Académie des Beaux Arts in Paris. Flocon hat dem Kupfer keinen Titel gegeben, aber man erkennt, dass man es mit den traditionellen vier Elementen Feuer, Wasser, Luft und Erde zu tun hat, die hier in einem einzigen atemlosen Wirbel befangen sind.

Das Bild wird beherrscht von der Nautilusspirale einer unbändigen Metamorphose der Elemente, die unzählige kleine Spiralen überall aus sich hervortreibt. Sie entlässt die Elemente in den Wirbel des Lebens und saugt sie zugleich in sich auf. Sie erfasst die menschlichen Wesen und die Tiere, die von außen in sie hineingeraten und sie zugleich vorantreiben. Sie ergreift den Baum mit den knorrigen Zweigen, der sich ihr in den Weg zu stellen sucht, während er zugleich mit ihr fortgerissen wird und dabei selbst überall kleine Bäumchen und Zweige hinterlässt.

Umtobt vom Tornado der Elemente, von ihm gerüttelt und ihm zugleich widerstehend, zeichnen sich aber auch die Konturen der klaren und geraden Linien einer Konstruktion ab, die aus dem Wirbel himmelwärts streben. Das Ineinander von Spirale und vertikaler Achse, von Vitalwirbel und Geometrie, eines alles verschlingenden Knäuels und einer konstruktiven Anstrengung, dominiert Flocons Kupfer und zeigt sich in diesem apokalyptischen Zirkel in surrealistisch zugespitzter Apotheose. Obwohl die schwarzen und weißen Figuren im Vordergrund von einer gewaltigen Welle verschlungen zu werden scheinen, werden sie von dieser doch zugleich nach oben, gegen die Sonne geschleudert. Sie sind gefangen im ewigen *Rhythmus* von Leben und Tod, von Erleuchtung und Verdunkelung, von Sintflut und strahlender Sonne.

Damit ist das Stichwort gefallen: Es heißt Rhythmus, um hier abschließend noch einmal auf die Formen der Zeit zurückzukommen, die Iterationen des Experiments. In seinem Buch über *Die Dialektik der Dauer* hat Gaston Bachelard den Begriff der *Rhythmanalyse* aufgegriffen, der auf den portugiesischen Philosophen Lú-

Abbildung 11.1: Der Wirbel der Elemente.

Quelle: Kupferstich von Albert Flocon, aus dem Archiv des Autors.

cio Alberto Pinheiro dos Santos zurückgeht,[1] um mit ihm seine Reflexionen auf die Grundfigur der Erfahrung – und allen Experimentierens mit – der Zeit als einer »vibrierenden Zeit« zu charakterisieren: »Für uns ist die primordiale Form der Zeit eine Zeit, die vibriert.«[2]

Der Kupferstich, den wir hier vor uns haben, ist das Epitom einer Zeit, die vibriert, die vibrierende Zeit einer gigantischen Metamorphose. In seiner Überlagerung von morphenden Ereignissen evoziert ein Blatt wie dieses, wie Bachelard aus Anlass eines Kupferstichs aus Flocons Luftschlössern bemerkte, die Erfahrung von Kontingenz: »Ich erzähle mir heute eine andere Geschichte, als ich es gestern tat. Wirklich ernsthafte Betrachtung ist eine kapriziöse Sache, eigentlich reine Kaprize.«[3] Bachelard ist den Blättern von

1 Lúcio Alberto Pinheiro dos Santos, *La Rhythmanalyse*, Rio de Janeiro 1931.

2 Gaston Bachelard, *La Dialectique de la durée*, Paris 1936, S. 149-150.

3 Gaston Bachelard, Albert Flocon, *Châteaux en Espagne*, Paris 1957, S. 9.

Künstlerinnen und Künstlern mit der gleichen Akribie nachgegangen wie den Manifestationen der zeitgenössischen Physik.

Das Bild veranlasst uns, wieder und wieder hinzusehen. Es oszilliert zwischen Horror und Hoffnung, zwischen Sturm und Tanz, Feuer und Wasser, Erde und Luft. In der Wiederholung liegt die Differenz beschlossen. Mit Henri Lefèbvre, dem Theoretiker der Rhythmanalyse unserer Zeit, lässt sich konstatieren: »Kein Rhythmus ohne Wiederholung in Zeit und in Raum. [...] Wiederholung schließt Differenz nicht nur nicht aus, sondern sie bringt sie auch hervor, sie produziert sie.«[4] Oder um es noch einmal mit Bachelard zu sagen: »Alle wirkliche Dauer ist wesentlich polymorph, die tatsächliche Wirkung der Zeit erfordert den Reichtum der Koinzidenzen und die Syntonie rhythmischer Anstrengung.« Für ihn ist der Rhythmus die Grundlage aller »zeitlichen Bewirkung«.[5] Flocons Kupfer bringt den Rhythmus der Zeit zu räumlicher Manifestation, in der Synchronie einer Darstellung, die zugleich explodiert und in sich selbst zurückläuft, changierend zwischen Ergriffenwerden und Befreiung, Blast und Asche, Konstruktion und Destruktion.

Vibrierende Zeit ist den Wirbeln der subatomaren, mikrophysikalischen Materie, den Erscheinungen des Lebens, der individuellen Erfahrung und den kulturellen Manifestationen menschlicher Tätigkeiten gleichermaßen eigen. Insbesondere die experimentelle Wissensproduktion folgt zeitlichen Rhythmen. Auch das Wissen kann der Wirklichkeit nur in Wellen abgewonnen werden, die zugleich freilegen und verschlingen, spalten und fügen.

4 Henri Lefèbvre, *Éléments de rythmanalyse: Introduction à la connaissance des rythmes*, Paris 1992, S. 6-7.

5 Bachleard, *Dialectique de la durée*, S. 4.

Bibliographie

Abir-Am, Pnina, »From biochemistry to molecular biology: DNA and the acculturated journey of the critic of science Erwin Chargaff«, in: *History and Philosophy of the Life Sciences* 2 (1980), S. 3-60.

Abir-Am, Pnina, »The politics of macromolecules: Molecular biologists, biochemists, and rhetoric«, in: *Osiris* 7 (1992), S. 164-191.

Alberts, Bruce, Dennis Bray, Julian Lewis, Martin Raff, Keith Roberts, James D. Watson, *Molecular Biology of the Cell*, Garland, New York, London 1983, [3]1994.

Alechinsky, Pierre, »Abstraction faite«, in: *Cobra* No. 10, Herbst 1951, S. 4-8.

Alembert, Jean Le Rond d', *Recherches sur differens points importans du systême du monde*, Antoine Boudet & J. Chardon pour David l'ainé, Paris 1754-1756.

Althusser, Louis, *Philosophie und spontane Philosophie der Wissenschaftler* (1974), aus dem Französischen und mit einem Nachwort von Frieder Otto Wolf, Argument Verlag, West-Berlin 1985.

Ammon, Sabine, *Epistemologie des Entwerfens. Operative Artefakte und Visualisierungstechniken in Architektur und Ingenieurwesen*, Habilitationsschrift, Technische Universität, Darmstadt 2018.

André, Noël, *Théorie de la surface actuelle de la terre, ou plutôt Recherches impartiales sur le temps et l'agent de l'arrangement actuel de la surface de la terre, fondées, uniquement, sur les faits, sans système et sans hypothèse*, Société typographique, Paris 1806.

Ankeny, Rachel A., »Historiographic reflections on model organisms: Or how the mureaucracy may be limiting our understanding of contemporary genetics and genomics«, in: *History and Philosophy of the Life Sciences* 32 (2010), S. 91-104.

Ankeny, Rachel A., Sabina Leonelli, »What's so special about model organisms?«, in: *Studies in History and Philosophy of Science Part A* 42 (2011), S. 313-323.

Ascher, Jacques, Jean-Pierre Jouet, *La Greffe, entre biologie et psychanalyse*, Presses Universitaires de France, Paris 2004.

Audigier, François, Anne Sgard, Nicole Tutiaux-Guillon (Hg.), *Sciences de la nature et de la société dans une école en mutation: Fragmentations, recompositions, nouvelles alliances?*, De Boeck Supérieur, Louvain-la-Neuve 2015.

Bachelard, Gaston, »Noumenon und Mikrophysik« (1931/32), in: ders., *Der Surrationalismus*, aus dem Französischen von Horst Brühmann, hg. und mit einem Nachwort von Monika Wulz, Konstanz University Press, Paderborn 2017, S. 7-26.

Bachelard, Gaston, *Le Nouvel esprit scientifique*, Librairie Félix Alcan, Paris 1934.

Bachelard, Gaston, *Der neue wissenschaftliche Geist* (1934), aus dem Französischen von Michael Bischoff, Suhrkamp, Frankfurt/M. 1988.

Bachelard, Gaston, »Le surrationalisme«, in: *Inquisitions: Organe du groupe d'études pour la phénoménologie humaine* 1 (1936), S. 1-6.

Bachelard, Gaston, *La Dialectique de la durée*, Boivin & Cie, Paris 1936.

Bachelard, Gaston, *Die Bildung des wissenschaftlichen Geistes. Beitrag zu einer Psychoanalyse der objektiven Erkenntnis* (1938), aus dem Französischen von Michael Bischoff, Suhrkamp, Frankfurt/M. 1978.

Bachelard, Gaston, *Die Philosophie des Nein* (1940), aus dem Französischen von Gerhard Schmidt, Manfred Tietz, mit einem Essay von Joachim Kopper und einer Einleitung von G. Schmidt, M. Tietz, Heymann Verlag, Wiesbaden 1978.

Bachelard, Gaston, *L'Eau et les rêves. Essai sur l'imagination de la matière*, José Corti, Paris 1942.

Bachelard, Gaston, *Le Rationalisme appliqué*, Presses Universitaires de France, Paris 1949.

Bachelard, Gaston, *L'Activité rationaliste de la physique contemporaine*, Presses Universitaires de France, Paris 1951.

Bachelard, Gaston, *La Poétique de la rêverie*, Presses Universitaires de France, Paris 1960.

Bachelard, Gaston, Albert Flocon, *Châteaux en Espagne*, Cercle Grolier, Les amis du livre moderne, Paris 1957.

Badiou, Alain, *Le Concept de modèle* (1969), Librairie Arthème Fayard, Paris ²2007.

Bal, Mieke, *Travelling Concepts in the Humanities: A Rough Guide*, University of Toronto Press, Toronto 2002.

Ban, Nenad, Poul Nissen, Peter B. Moore, Thomas A. Steitz, »Crystal structure of the large ribosomal subunit at 5-Ångstrom Resolution«, in: Roger Garrett, Stephen R. Douthwaite, Anders Liljas, Alistair T. Matheson, Peter B. Moore, Harry E. Noller (Hg.), *The Ribosome. Structure, Function, Antibiotics, and Cellular Interactions*, ASM Press, Washington 2000, S. 11-20.

Bashan, Anat, Marta Pioletti, Heike Bartels, Daniela Janell, Frank Schluenzen, Marco Gluehmann, Inna Levin, Joerg Harms, Harly A. S. Hansen, Ante Tocilji, Tamar Auerbach, Horacio Avila, Maria Simitsopoulou, Moshe Peretz, William S. Bennett, Ilana Agmon, Maggie Kessler, Shulamith Weinstein, François Franceschi, Ada Yonath, »Identification of selected ribosomal compounds in crystallographic maps of procaryotic ribosomal subunits at medium resolution«, in: Roger Garrett, Stephen R. Douthwaite, Anders Liljas, Alistair T. Matheson, Peter B. Moore, Harry E. Noller (Hg.), *The Ribosome. Structure, Function, Antibiotics, and Cellular Interactions*, ASM Press, Washington 2000, S. 21-33.

Bastide, Roger, »La nature humaine: le point de vue du sociologue et de l'ethnologue«, in: *La Nature humaine. Actes du XIe Congrès des sociétés de philosophie de langue française (Montpellier, 4-6 septembre 1961)*, Paris 1961, S. 65-79.

Baudrillard, Jean, *Simulations*, aus dem Französischen von Paul Foss, Paul Patton und Philip Beitchman, Semiotext(e), New York 1983.

Bauer, Matthias, Christoph Ernst, *Diagrammatik. Einführung in ein kultur- und medienwissenschaftliches Forschungsfeld*, Transcript, Bielefeld 2010.

Bechtel, William, *Discovering Complexity*, Princeton University Press, Princeton 1993.

Bechtel, William, *Discovering Cell Mechanisms. The Creation of Modern Cell Biology*, Cambridge University Press, Cambridge 2006.

Benveniste, Émile, *Problèmes de linguistique générale*, Gallimard, Paris 1966.

Berger, Silvia, *Bakterien in Krieg und Frieden. Eine Geschichte der medizinischen Bakteriologie in Deutschland 1890-1933*, Wallstein, Göttingen 2009.

Bernard, Claude, *Cahier de notes 1850-1860*, vollständige Ausgabe des »Cahier rouge«, hg. v. Mirko Dražen Grmek, Gallimard, Paris 1965.

Bernard, Claude, *Introduction à l'étude de la médecine expérimentale* (1865), mit einem Vorwort hg. v. François Dagognet, Flammarion, Paris 1984.

Bernard, Claude, *Leçons sur les phénomènes de la vie communs aux animaux et aux végétaux* (1878/79), mit einem Vorwort neu hg. v. Georges Canguilhem, Librairie J. Vrin, Paris 1966.

Bernard, Claude, *Philosophie. Manuscrit inédit*, hg. v. Jacques Chevalier, Editions Hatier-Boivin, Paris 1954.

Bertrand, Romain, Guillaume Calafat (Hg.), »Micro-analyse et histoire globale«, *Annales* 73 (2019), Sonderheft (1).

Blumenberg, Hans, »Paradigment zu einer Metaphorologie«, in: *Archiv für Begriffsgeschichte* 6 (1960), S. 7-142, S. 301-305.

Blumenberg, Hans, »Das Fernrohr und die Ohnmacht der Wahrheit«, Einleitung in: Galileo Galilei, *Sidereus Nuncius – Nachricht von neuen Sternen*, Suhrkamp, Frankfurt/M. 1980, S. 7-75.

Blumenberg, Hans, *Die Lesbarkeit der Welt*, Suhrkamp, Frankfurt/M. 1981.

Blumenberg, Hans, *Theorie der Unbegrifflichkeit*, aus dem Nachlass hg. v. Anselm Haverkamp, Suhrkamp, Frankfurt/M. 2007.

Blumenberg, Hans, *Phänomenologische Schriften 1981-1988*, hg. v. Nicola Zambon, Suhrkamp, Berlin 2018.

Bogen, James, James Woodward, »Saving the phenomena«, in: *The Philosophical Review* 97 (1988), S. 303-352.

Borrelli, Ariana, Janina Wellmann (Hg.), »Computer Simulations«, *NTM Zeitschrift für Geschichte der Wissenschaften, Technik und Medizin* 27 (2019), Sonderheft (4).

Bourdieu, Pierre, *Sozialer Sinn. Kritik der theoretischen Vernunft* (1980), aus dem Französischen von Günter Seib, Suhrkamp, Frankfurt/M. 1987.

Bourdieu, Pierre, *Meditationen. Zur Kritik der scholastischen Vernunft* (1997), aus dem Französischen von Achim Russer, unter Mitwirkung von Hélène Albagnac, Bernd Schwibs, Suhrkamp, Frankfurt/M. 2010.

Bourdieu, Pierre, Loîc J. D. Wacquant, *Reflexive Anthropologie* (1992), aus dem Französischen von Hella Beister, Suhrkamp, Frankfurt/M. 2006.

Brain, Robert, *The Pulse of Modernism. Physiological Aesthetics in Fin de Siècle Europe*, University of Washington Press, Spokane 2015.

Brandt, Christina, *Metapher und Experiment. Von der Virusforschung zum genetischen Code*, Wallstein, Göttingen 2004.

Bredekamp, Horst, Bernhard Buschendorf, Freia Hartung, John Krois (Hg.), *Edgar Wind. Kunsthistoriker und Philosoph*, Akademie Verlag, Berlin 1999.

Brock, Thomas D., *The Emergence of Bacterial Genetics*, Cold Spring Harbor Laboratory Press, New York 1990.

Brunner, Reinhard, *Die Fragmentierung der Vernunft. Rationalitätskritik im 20. Jahrhundert*, Campus, Frankfurt/M. 1994.

Buchner, Eduard, »Alkoholische Gährung ohne Hefezellen«, in: *Berichte der Deutschen Chemischen Gesellschaft* 30 (1897), S. 117-124.

Burian, Richard M., »How the choice of experimental organism matters: Epistemological reflections on an aspect of experimental practice«, in: *Journal of the History of Biology* 26 (1993), S. 351-367.

Burri, Regula Valérie, Joseph Dumit, »Social studies of scientific imaging and visualization«, in: Edward J. Hackett, Olga Amsterdamska, Michael Lynch, Judy Wajcman, *The Handbook of Science and Technology Studies*, MIT Press, Cambridge MA 2008, S. 297-317.

Campe, Rüdiger, »›Unsere kleinen blinden Fertigkeiten‹. Zur Entstehung des Wissens und zum Verfahren des Schreibens in Lichtenbergs Sudelbüchern«, in: *Lichtenberg-Jahrbuch* 2011 [2012], S. 7-32.

Campe, Rüdiger, »Kritzeleien im Sudelbuch. Zu Lichtenbergs Schreibverfahren«, in: Christian Criesen, Rea Köppel, Benjamin Meyer-Krahmer, Eike Wittrock (Hg.), *Über Kritzeln*, Diaphanes, Zürich 2012, S. 165-188.

Campos, Luis A., *Radium and the Secret of Life*, The University of Chicago Press, Chicago 2015.

Canguilhem, Georges, *Die Herausbildung des Reflexbegriffs im 17. und 18. Jahrhundert* (1955), aus dem Französischen von Henning Schmidgen, Fink, München 2008.

Canguilhem, Georges, »Modèles et analogies dans la découverte en biologie«, in: ders., *Etudes d'histoire et de philosophie des sciences*, Librairie J. Vrin, Paris 1968, S. 305-318.

Canguilhem, Georges, »Der Gegenstand der Wissenschaftsgeschichte« (1968), in: ders., *Wissenschaftsgeschichte und Epistemologie. Gesammelte Aufsätze*, hg. v. Wolf Lepenies, Suhrkamp, Frankfurt/M. 1979, S. 22-37.

Canguilhem, Georges, *Idéologie et rationalité dans l'histoire des sciences de la vie*, Librairie J. Vrin, Paris 1977.

Carrel, Alexis, Montrose T. Burrow, »Cultivation of tissue in vitro and its technique«, in: *Journal of Experimental Medicine* 13 (1911), S. 387-396.

Cassirer, Ernst, *Philosophie der symbolischen Formen*, Erster Teil, *Die Sprache* (1923), Band 11 der Gesammelten Werke, hg. v. Birgit Recki, Hamburger Ausgabe, Felix Meiner, Hamburg 2001.

Cassirer, Ernst, *Philosophie der symbolischen Formen*, Zweiter Teil, *Das mythische Denken* (1925), Band 12 der Gesammelten Werke, hg. v. Birgit Recki, Hamburger Ausgabe, Felix Meiner, Hamburg 2002.

Cassirer, Ernst, *Philosophie der symbolischen Formen*. Dritter Teil, *Phänomenologie der Erkenntnis* (1929), Band 13 der Gesammelten Werke, hg. v. Birgit Recki, Hamburger Ausgabe, Felix Meiner, Hamburg 2002.

Cassirer, Ernst, *Zur Logik der Kulturwissenschaften. Fünf Studien* (1942), Band 24 der Gesammelten Werke, hg. v. Birgit Recki, Hamburger Ausgabe, Felix Meiner, Hamburg 2007, S. 357-486.

Cassirer, Ernst, *Das Erkenntnisproblem in der Philosophie und Wissenschaft der neueren Zeit*. Vierter Band, *Von Hegels Tod bis zur Gegenwart (1832-1932)*, Band 5 der Gesammelten Werke, hg. v. Birgit Recki, Hamburger Ausgabe, Felix Meiner, Hamburg 2000.

Cavaillès, Jean, »Les deuxièmes Cours Universitaires de Davos«, in: Heintz, Neu, Zahn (Hg.), *Die II. Davoser Hochschulkurse/Les deuxièmes Cours Universitaires de Davos*, Kommissionsverlag, Davos 1929, S. 65-81.

Cavaillès, Jean, *Sur la logique et la théorie de la science*, hg. v. Georges Canguilhem, Christian Ehresmann, Presses Universitaires de France, Paris 1947.

Chadarevian, Soraya de, Nick Hopwood (Hg.), *Models: The Third Dimension of Science*, Stanford University Press, Stanford 2004.

Chadarevian, Soraya de, Hans-Jörg Rheinberger (Hg.), »Disciplinary Histories and the History of Disciplines. The Challenge of Molecular Biology«, *Studies in History and Philosophy of Biological and Biomedical Sciences* 40 (2009), Sonderheft (1).

Chemla, Karine, Evelyn Fox Keller (Hg.), *Cultures without Culturalism. The Making of Scientific Knowledge*, Duke University Press, Durham, London 2017.

Churchill, Frederick B. (Hg.), »Special Section on Protozoology«, in: *Journal of the History of Biology* 22 (1989), S. 185-323.

Cohen, Seymour, »The biochemical origins of molecular biology«, in: *Trends in Biochemical Sciences* 9 (1984), S. 334-336.

Coopmans, Catelijne, Janet Vertesi, Michael Lynch, Steve Woolgar (Hg.), *Representation in Scientific Practice Revisited*, MIT Press, Cambridge MA 2013.

Coveney, Peter, Roger Highfield, *Frontiers of Complexity*, Faber & Faber, London 1995.

Craver, Carl, Lindley Darden (Hg.), »Mechanisms in Biology«, *Studies in History and Philosophy of Biological and Biomedical Sciences* 36 (2005), Sonderheft (2).

Creager, Angela N. H., *The Life of a Virus: Tobacco Mosaic Virus as an Experimental Model, 1930-1965*, The University of Chicago Press, Chicago 2002.

Creager, Angela N. H., *Life Atomic. A History of Radioisotopes in Science and Medicine*, The University of Chicago Press, Chicago 2013.

Creager, Angela N. H., »Recipes for recombining DNA. A history of molecular cloning: A laboratory manual«, in: Angela N. H. Creager, Mathias Grote, Elaine Leong (Hg.), »Learning by the Book: Manuals and Handbooks in the History of Knowledge«, *British Journal of the History of Science Themes* 5 (2020), S. 225-243.

Cremonini, Andreas, Markus Klammer (Hg.), *Bild-Beispiele. Zu einer pikturalen Logik des Exemplarischen*, Fink, München 2020.

Crombie, Alistair, *Styles of Scientific Thinking in the European Tradition: The History of Argument and Explanation Especially in the Mathematical and Biomedical Sciences and Arts*, Gerald Duckworth & Company, London 1995.

Cuvier, Georges, *Cuvier's Ansichten von der Urwelt* (1821), nach der zweiten Originalausgabe verdeutscht und mit Anmerkungen begleitet von Dr. Jakob Nöggerath, Eduard Weber, Bonn 1822.

Dagognet, François, *Etienne Jules Marais. La passion de la trace*, Hazan, Paris 1987.

Dalgliesh, Charles E., »The template theory and the role of transpeptidation in protein biosynthesis«, in: *Nature* 171 (1953), S. 1027-1028.

Darbon, André, *Une Philosophie de l'expérience*, Presses Universitaires de France, Paris 1946.

Daston, Lorraine (Hg.), *Biographies of Scientific Objects*, The University of Chicago Press, Chicago 2000.

Daston, Lorraine, »Taking notes«, in: *Isis* 95 (2004), S. 443-448.

Debru, Claude, *Georges Canguilhem, science et non-science*, Editions Rue d'Ulm, Paris 2004.

Delaporte, François, *Figures de la médecine*, Les Editions du Cerf, Paris 2009.

Delaporte, François, Bernard Devauchelle, Emmanuel Fournier (Hg.), *Transplanter. Une approche transdisciplinaire: art, médecine, histoire et biologie*, Hermann, Paris 2015.

Delbourgo, James, Staffan Müller-Wille (Hg.), Focus Section »Listmania«, in: *Isis* 103 (2012), S. 710-752.

Derrida, Jacques, »Introduction«, in: Edmund Husserl, *L'Origine de la géométrie*, aus dem Deutschen von Jacques Derrida, Presses Universitaires de France, Paris 1962, S. 3-171.

Derrida, Jacques, *Grammatologie* (1967), aus dem Französischen von Hans-Jörg Rheinberger, Hanns Zischler, Suhrkamp, Frankfurt/M. 1974.

Derrida, Jacques, »Signatur Ereignis Kontext«, in: ders., *Randgänge der Philosophie* (1972), aus dem Französischen von Donald Watts Tuckwiller, Ullstein, Frankfurt, Berlin, Wien 1976, S. 124-155.

Derrida, Jacques, »Die Dissemination«, in: ders., *Dissemination* (1972), aus dem Französischen von Hans-Dieter Gondek, Passagen Verlag, Wien 1995, S. 323-414.

Desanti, Jean Toussaint, *Phénoménologie et praxis*, Editions Sociales, Paris 1970.

Desanti, Jean Toussaint, *La Philosophie silencieuse, ou critique des philosophies de la science*, Editions du Seuil, Paris 1975.

Diagrammatik-Reader. Grundlegende Texte aus Theorie und Geschichte, De Gruyter, Berlin u. a. 2016.

Didi-Huberman, Georges, *Ähnlichkeit und Berührung. Archäologie, Anachronismus und Modernität des Abdrucks* (1997), aus dem Französischen von Christoph Hollender, Dumont, Köln 1999.

Didi-Huberman, Georges, *Devant le temps. Histoire de l'art et anachronisme des images*, Les Editions de Minuit, Paris 2000.

Du Bois-Reymond, Emil, »Über die Lebenskraft. Aus der Vorrede zu den Untersuchungen über tierische Elektrizität (1848)«, in: ders., *Vorträge über Philosophie und Gesellschaft*, hg. v. Siegfried Wollgast, Felix Meiner, Hamburg 1974, S. 3-24.

Dunn, Leslie C., *A Short History of Genetics: The Development of Some of the Main Lines of Thought, 1864-1939*, McGraw-Hill, New York 1965.

Dupré, John, *The Disorder of Things. Metaphysical Foundations of the Disunity of Science*, Harvard University Press, Cambridge MA 1993.

Ehrhardt, Caroline, »E uno plures? The many Galois theories (1832-1900)«, in: Karine Chemla, Evelyn Fox Keller (Hg.), *Cultures without Culturalism. The Making of Scientific Knowledge*, Duke University Press, Durham, London 2017, S. 327-351.

Ehrlich, Paul, »On immunity, with special reference to cell life«, in: *Proceedings of the Royal Society London* 66 (1900), S. 424-448.

Elkana, Yehuda, *Anthropologie der Vernunft*, Suhrkamp, Frankfurt/M. 1986.
Emeis, Stefan, Cornelia Lüdecke (Hg.), *From Beaufort to Bjerknes and beyond. Critical Perspectives on Observing, Analyzing, and Predicting Weather and Climate*, Erwin Rauner Verlag (ERV), Augsburg 2005.
Endersby, Jim, *A Guinea Pig's History of Biology*, Harvard University Press, Cambridge MA 2009.
Engelhardt, Wolf v., »›Der Versuch als Vermittler von Objekt und Subjekt‹: Goethes Aufsatz im Licht von Kants Vernunftkritik«, in: *Athenäum. Jahrbuch für Romantik* 10 (2000), S. 9-28.
Enriques, Federigo, *Signification de l'histoire de la pensée scientifique*, Hermann, Paris 1934.
Erdur, Onur, *Die epistemologischen Jahre. Philosophie und Biologie in Frankreich, 1960-1980*, Chronos, Zürich 2018.
Espahangizi, Kijan, »From topos to oikos: The standardization of glass containers as epistemic boundaries in modern laboratory research (1850-1900)«, in: *Science in Context* 28 (2015), S. 397-425.

Fernández-Millán, Pablo, Cédric Schelcher, Joseph Chihade, Benoît Masquida, Philippe Giegé, Claude Sauter, »Transfer RNA: From pioneering crystallographic studies to contemporary tRNA biology«, in: *Archives of Biochemistry and Biophysics* 602 (2016), S. 95-105.
Fernbach, Auguste, Louis Hubert, »De l'influence des phosphates et de quelques autres matières minérales sur la diastase protéolytique du malt«, in: *Comptes Rendus des Séances de l'Académie des Sciences* 131 (1900), S. 293-295.
Feyerabend, Paul, *Wider den Methodenzwang. Skizze einer anarchistischen Erkenntnistheorie* (1975), aus dem Englischen von Hermann Vetter, Suhrkamp, Frankfurt/M. 1976.
Fischer, Emil, »Einfluss der Configuration auf die Wirkung der Enzyme«, in: *Berichte der Deutschen Chemischen Gesellschaft* 27 (1894), S. 2985-2993.
Fischer, Philipp, Gabriele Gramelsberger, Christoph Hoffmann, Hans Hofman, Hans-Jörg Rheinberger, Hannes Rickli, *Datennaturen/Natures of Data*, Diaphanes, Zürich, Berlin 2020.
Fleck, Ludwik, »Zur Krise der Wirklichkeit« (1928), in: ders., *Erfahrung und Tatsache. Gesammelte Aufsätze*, hg. v. Lothar Schäfer, Thomas Schnelle, Suhrkamp, Frankfurt/M. 1983, S. 46-58.
Fleck, Ludwik, *Entstehung und Entwicklung einer wissenschaftlichen Tatsache. Einführung in die Lehre vom Denkstil und Denkkollektiv* (1935), hg. v. Lothar Schäfer, Thomas Schnelle, Suhrkamp, Frankfurt/M. 1980.
Fortak, Heinz, Paul Schlaak (Hg.), *100 Jahre Deutsche Meteorologische Gesellschaft in Berlin 1884-1984*, Selbstverlag, Berlin 1984.
Foucault, Michel, »Introduction«, in: Ludwig Binswanger, *Le Rêve et*

l'existence (1930), aus dem Deutschen von Jacqueline Verdeaux, Desclée de Brouwer, Brügge 1954.
Foucault, Michel, *Archäologie des Wissens* (1969), aus dem Französischen von Ulrich Köppen, Suhrkamp, Frankfurt/M. 1973.
Foucault, Michel, *Die Ordnung der Dinge. Eine Archäologie der Humanwissenschaften* (1966), aus dem Französischen von Ulrich Köppen, Suhrkamp, Frankfurt/M. 1974.
Foucault, Michel, *Die Ordnung des Diskurses* (1971), aus dem Französischen von Walter Seitter, Hanser, München 1974.
Fraassen, Bas van, Isabelle Peschard (Hg.), *The Experimental Side of Modeling*, University of Minnesota Press, Minneapolis 2018.
Frängsmyr, Tore, *History of Science in Sweden. The Growth of a Discipline, 1932-1982*, University of Uppsala, Uppsala 1985.
Franklin, Allan, Ephraim Fischbach, *The Rise and Fall of the Fifth Force. Discovery, Pusuit, and Justification in Modern Physics*, Springer, Cham [2]2016.
Frege, Gottlob, »Über Sinn und Bedeutung«, in: ders., *Funktion, Begriff, Bedeutung. Fünf logische Studien*, hg. v. Günther Patzig, Vandenhoek & Ruprecht, Göttingen 1962, S. 38-63.
Freudenthal, Gad (Hg.), *Etudes sur/Studies on Hélène Metzger*, Brill, Leiden 1990.
Friedmann, Herbert C., »From Friedrich Wöhler's urine to Eduard Buchner's alcohol«, in: Athel Cornish-Bowden (Hg.), *New Beer in an Old Bottle: Eduard Buchner and the Growth of Biochemical Knowledge*, Universitat de València, València 1997, S. 67-122.
Frigg, Roman, »Models and fiction«, in: *Synthese* 172 (2010), S. 251-268.
Fruton, Joseph S., *Molecules and Life. Historical Essays on the Interplay of Chemistry and Biology*, Wiley, New York 1972.
Fruton, Joseph S., *Proteins, Enzymes, Genes: The Interplay of Chemistry and Biology*, Yale University Press, New Haven 1999.

Gachelin, Gabriel (Hg.), *Les Organismes modèles dans la recherche médicale*, Presses Universitaires de France, Paris 2006.
Gadrois, Claude, *Le Système du monde, selon les trois hypothèses, où conformément aux loix de la Mechanique l'on explique dans la supposition du mouvement de la Terre les apparences des astres* [...], Guillaume Desprez, Paris 1675.
Galison, Peter, David J. Stump (Hg.), *The Disunity of Science. Boundaries, Contexts, and Power*, Stanford University Press, Stanford 1996.
Galison, Peter, *Image & Logic. A Material Culture of Microphysics*, The University of Chicago Press, Chicago 1997.
García Canclini, Néstor, *Hybrid Cultures*, University of Minnesota Press, Minneapolis 1990.

García-Sancho, Miguel, *Biology, Computing, and the History of Molecular Sequencing. From Proteins to DNA, 1945-2000*, Palgrave Macmillan, London 2012.

Gaudillière, Jean-Paul, *Inventer la biomédecine. La France, l'Amérique et la production des savoirs du vivant (1945-1965)*, Editions la Découverte, Paris 2002.

Gaudillière, Jean-Paul, Ilana Löwy (Hg.), *The Invisible Industrialist*, Palgrave MacMillan, London 1998.

Gaudillière, Jean-Paul, Hans-Jörg Rheinberger (Hg.), *The Mapping Cultures of Twentieth Century*, Bd. II, *From Molecular Genetics to Genomics*, Routledge, London 2004.

Gausemeier, Bernd, »Pedigrees of madness: The study of heredity in nineteenth and early twentieth century psychiatry«, in: *History and Philosophy of the Life Sciences* 36 (2015), S. 467-483.

Gayon, Jean, *Gaston Bachelard: le rationalisme appliqué*, Centre National d'Enseignement à Distance/Presses Universitaires de France, Paris 1994.

Gayon, Jean, »Les organismes modèles en biologie et en médecine«, in: Gabriel Gachelin (Hg.), *Les Organismes modèles dans la recherche médicale*, Presses Universitaires de France, Paris 2006, S. 9-43.

Geertz, Clifford, *The Interpretation of Cultures*, Basic Books, New York 1973.

Geison, Gerald L., Frederic L. Holmes (Hg.), *Research Schools: Historical Reappraisals* (*Osiris* 8), The University of Chicago Press, Chicago 1993.

Gelfert, Axel (Hg.), »Model-Based Representation in Scientific practice«, *Studies in History and Philosophy of Science* 42 (2011), Sonderheft (2).

Ginzburg, Carlo, *Der Käse und die Würmer. Die Welt eines Müllers um 1600* (1976), aus dem Italienischen von Karl F. Hauber, Syndikat, Frankfurt/M. 1979.

Ginzburg, Carlo, *Spurensicherung. Die Wissenschaft auf der Suche nach sich selbst*, aus dem Italienischen von Gisela Bonz, Karl F. Hauber, Wagenbach, Berlin 2011.

Ginzburg, Carlo, »Microhistory«, in: ders., *Threads and Traces. True False Fictive*, aus dem Italienischen von Anne C. Tedeschi und John Tedeschi, University of California Press, Berkeley, Los Angeles, London 2012, S. 193-214.

Godfrey-Smith, Peter, »The strategy of model-based science«, in: *Biology and Philosophy* 21 (2006), S. 725-740.

Goethe, Johann Wolfgang von, »Der Versuch als Vermittler von Objekt und Subjekt«, in: ders., *Gedenkausgabe der Werke, Briefe und Gespräche*, hg. v. Ernst Beutler, Band 16, Artemis Verlag, Zürich 1949, S. 844-855.

Goethe, Johann Wolfgang von, *Zur Naturwissenschaft überhaupt*, 2. Band, 1. Heft, Cotta, Stuttgart, Tübingen 1823.

Goodman, Nelson, *Sprachen der Kunst. Entwurf einer Symboltheorie* (1976), aus dem Amerikanischen von Bernd Philippi, Suhrkamp, Frankfurt/M. 1995.

Goody, Jack, »What's in a list?«, in: ders., *The Domestication of the Savage Mind*, Cambridge University Press, Cambridge 1977, S. 74-111.

Gould, George M., *Illustrated Dictionary of Medicine, Biology, and Allied Sciences*, P. Blakiston's Son & Co., Philadelphia 1894.

Gould, Stephen J., *Die Entdeckung der Tiefenzeit. Zeitpfeil und Zeitzyklus in der Geschichte unserer Erde* (1987), aus dem Amerikanischen von Holger Fließbach, Hanser, München 1990.

Gramelsberger, Gabriele, *Computerexperimente. Zum Wandel der Wissenschaft im Zeitalter des Computers*, Transcript, Bielefeld 2010.

Grasshoff, Gerd, Kärin Nickelsen, *Dokumente zur Entdeckung des Harnstoffzyklus*, Bd. 1, *Laborbuch Hans Krebs und Erstpublikationen*, Bern Studies in the History and Philosophy of Science, Bern 2001.

Grasshoff, Gerd, Robert Casties, Kärin Nickelsen, *Zur Theorie des Experiments. Untersuchungen am Beispiel der Entdeckung des Hanstoffzyklus*, Bern Studies in the History and Philosophy of Science, Bern 2001.

Grene, Marjorie, *The Knower and the Known*, Center for Advanced Research in Phenomenology & University Press of America, Washington DC 1984.

Griesemer, James, Grant Yamashita, »Zeitmanagement bei Modellsystemen. Drei Beispiele aus der Evolutionsbiologie«, in: Henning Schmidgen (Hg.), *Lebendige Zeit*, Kadmos, Berlin 2005, S. 213-241.

Grmek, Mirko D., »Introduction«, in: *Claude Bernard, Cahier de notes 1850-1860*. Vollständige Ausgabe des »Cahier rouge«, hg. v. Mirko D. Grmek, Gallimard, Paris 1965, S. 11-25.

Grmek, Mirko D., *Raisonnement expérimental et recherches toxicologiques chez Claude Bernard*, Librairie Droz, Genf, Paris 1973.

Gros, François, Howard Hiatt, Walter Gilbert, Chuck G. Kurland, Robert W. Risebrough, James D. Watson, »Unstable ribonucleic acid revealed by pulse labelling of E. coli«, in: *Nature* 190 (1961), S. 581-585.

Grote, Mathias, *Membranes to Molecular Machines. Active Matter and the Remaking of Life*, The University of Chicago Press, Chicago 2019.

Hacking, Ian, *Representing and Intervening. Introductory Topics in the Philosophy of Natural Science*, Cambridge University Press, Cambridge 1983.

Hacking, Ian, »›Style‹ for historians and philosophers«, in: *Studies in History and Philosophy of Science Part A* 23 (1992), S. 1-20.

Harrison, Ross G., »The outgrowth of the nerve fiber as a mode of protoplasmic movement«, in: *Journal of Experimental Zoology* 9 (1910), S. 787-846.

Hase, Albrecht, »Insekten«, in: *Methodik der wissenschaftlichen Biologie*, Bd. 2, hg. v. Tibor Péterfi, Springer, Berlin 1928, S. 265-289.

Heering, Peter, Falk Rieß, Christian Sichau (Hg.), *Im Labor der Physikgeschichte. Zur Untersuchung historischer Experimentalpraxis*, BIS-Verlag, Oldenburg 2000.

Heider, Fritz, *Ding und Medium* (1926), hg. v. Dirk Baecker, Kadmos, Berlin 2005.

Heisenberg, Werner, *Wandlungen in den Grundlagen der Naturwissenschaft. Zwei Vorträge*, S. Hirzel, Leipzig 1935.

Hennig, Jochen, *Bildpraxis. Visuelle Strategien in der frühen Nanotechnologie*, Transcript, Bielefeld 2011.

Hertz, Heinrich, *Prinzipien der Mechanik in neuem Zusammenhange dargestellt* (1894), hg. v. Philipp Lenard, Johann Ambrosius Barth, Leipzig 1910.

Hevesy, Georg v., »Historical sketch of the biological application of tracer elements«, in: *Cold Spring Harbor Symposia on Quantitative Biology* 13 (1948), S. 129-150.

Hildebrandt, Toni, »Postapokalyptisches Staunen. Ästhetik und Geschichtsbewusstsein im Naturvertrag«, in: Kehren, Timo, Carolin Krahn, Georg Oswald, Christoph Poetsch (Hg.), *Staunen. Perspektiven eines Phänomens zwischen Natur und Kultur*, Fink, Paderborn 2019, S. 237-259.

Hilgartner, Stephen, »Biomolecular databases: New communication regimes for biology?«, in: *Science Communication* 17 (1997), S. 506-522.

Hilgartner, Stephen, *Reordering Life: Knowledge and Control in the Genomics Revolution*, MIT Press, Cambridge MA 2017.

Hoagland, Mahlon, »On an enzymatic reaction between amino acids and nucleic acid and its possible role in protein synthesis«, in: *Recueil des Travaux Chimiques des Pays-Bas et de la Belgique* 77 (1958), S. 623-633.

Hoagland, Mahlon, *Toward the Habit of Truth. A Life in Science*, W. W. Norton, New York 1990.

Hoffmann, Christoph, *Unter Beobachtung. Naturforschung in der Zeit der Sinnesapparate*, Wallstein, Göttingen 2006.

Hoffmann, Christoph (Hg.), *Daten sichern. Schreiben und Zeichnen als Verfahren der Aufzeichnung*, Diaphanes, Zürich, Berlin 2008.

Hoffmann, Christoph, »Probe, Konservat, Modell – Präparat?«, in: Katharina Ammann, Priska Gisler (Hg.), *Präparat Bergsturz*, Edizioni Periferia, Bündner Kunstmuseum, Luzern, Poschiavo, Chur 2012, S. 61-69.

Hoffmann, Christoph, *Die Arbeit der Wissenschaften*, Diaphanes, Zürich, Berlin 2013.

Hoffmann, Christoph, *Schreiben im Forschen*, Mohr Siebeck, Tübingen 2018.

Hoffmann, Christoph, Peter Berz (Hg.), *Über Schall. Ernst Machs und Peter Salchers Geschossfotografien*, Wallstein, Göttingen 2001.

Holbach, Paul Henri Thiry, Baron de, *Système de la nature ou des loix du monde physique & du monde moral*, London 1770.
Holmberg, Christine, *The Politics of Vaccination: A Global History*, Manchester University Press, Manchester 2017.
Holmes, Frederic L., *Claude Bernard and Animal Chemistry*, Harvard University Press, Cambridge MA 1974.
Holmes, Frederic L., *Hans Krebs: Architect of Intermediary Metabolism*, Oxford University Press, Oxford 1993.
Holmes, Frederic L., *Investigative Pathways: Patterns and Stages in the Careers of Experimental Scientists*, Yale University Press, New Haven 2004.
Holmes, Frederic L., »Wissenschaftliches Schreiben und wissenschaftliches Entdecken«, in: Sandro Zanetti (Hg.), *Schreiben als Kulturtechnik*, Suhrkamp, Frankfurt/M. 2012, S. 412-440.
Holmes, Frederic L., Jürgen Renn, Hans-Jörg Rheinberger (Hg.), *Reworking the Bench. Research Notebooks in the History of Science*, Kluwer, Dordrecht 2003.
Howlett, Peter, Mary S. Morgan (Hg.), *How Well Do Facts Travel? The Dissemination of Reliable Knowledge*, Cambridge University Press, Cambridge 2010.
Husserl, Edmund, »Der Ursprung der Geometrie als intentionalhistorisches Problem« (1939), in: ders., *Die Krisis der europäischen Wissenschaften und die transzendentale Phänomenologie*, Husserliana Band 6, hg. v. Walter Biemel, Martinus Nijhoff, Den Haag 1976, S. 365-386.
Hyder, David, »Foucault, Cavaillès, and Husserl on the historical epistemology of the sciences«, in: *Perspectives on Science* 10 (2003), S. 107-129.

Ihde, Don, *Postphenomenology and Technoscience. The Peking University Lectures*, State University of New York Press, Albany 2009.
Ihde, Don, *Experimental Phenomenology. Multistabilities*, State University of New York Press, Albany ²2012.

Jacob, François, *Die Logik des Lebenden. Eine Geschichte der Vererbung* (1970), aus dem Französischen von Jutta und Klaus Scherrer, mit einem Nachwort von Hans-Jörg Rheinberger, Fischer, Frankfurt/M. ²2002.
Jacob, François, *Das Spiel der Möglichkeiten. Von der offenen Geschichte des Lebens* (1981), aus dem Französischen von Friedrich Griese, Piper, München, Zürich 1983.
Jacob, François, *Die innere Statue. Autobiographie des Genbiologen und Nobelpreisträgers* (1987), aus dem Französischen von Markus Jakob, Ammann, Zürich 1988.
Jacob, François, *Die Maus, die Fliege und der Mensch. Über die moderne*

Genforschung (1997), aus dem Französischen von Gustav Roßler, mit einem Vorwort von Hans-Jörg Rheinberger, Berlin Verlag, Berlin 1998.

Jansen, Sarah, »An American insect in Imperial Germany: Visibility and control in making the Phylloxera in Germany, 1870-1914«, in: *Science in Context* 13 (2000), S. 31-70.

Joerges, Bernward, Terry Shinn (Hg.), *Instrumentation between Science, State, and Industry*, Reidel, Dordrecht 2001.

Johannsen, Wilhelm, »The genotype conception of heredity«, in: *American Naturalist* 45 (1911), S. 129-159.

Kaltschmidt, Eberhard, Heinz-Günter Wittmann, »Ribosomal proteins. XII. Number of proteins in small and large ribosomal subunits of Escherichia coli as determined by two-dimensional gel electrophoresis«, in: *Proceedings of the National Academy of Sciences of the United States of America* 67 (1970), S. 1276-1282.

Kastenhofer, Karen, »Synthetic biology as understanding, control, construction, and creation? Techno-epistemic and socio-political implications of different stances in talking and doing technoscience«, in: *Futures* 48 (2013), S. 13-22.

Kay, Lily E., *Das Buch des Lebens: Wer schrieb den genetischen Code?* (2000), aus dem Amerikanischen von Gustav Roßler, Hanser, München, Wien 2001.

Keating, Peter, Alberto Cambrosio, *Biomedical Platforms. Realigning the Normal and the Pathological in Late-Twentieth-Century Medicine*, MIT Press, Cambridge MA 2003.

Kehren, Timo, Carolin Krahn, Georg Oswald, Christoph Poetsch (Hg.), *Staunen. Perspektiven eines Phänomens zwischen Natur und Kultur*, Fink, Paderborn 2019.

Keil, Maria, »Verwischte Grenzen zwischen Präparat und Modell: Epistemische Mustererkennung in medizinhistorischen Sammlungen«, in: *Medizinhistorisches Journal* 55 (2020), S. 75-85.

Keller, Evelyn Fox, »Models of and models for: Theory and practice in contemporary biology«, in: *Philosophy of Science* 67 (2000), Supplement, S. S72-S86.

Keller, Evelyn Fox, *Das Jahrhundert des Gens* (2000), aus dem Amerikanischen von Ekkehard Schöller, Campus Verlag, Frankfurt/M., New York 2001.

Keller, Evelyn Fox, »Models, simulations, and computer experiments«, in: Hans Radder (Hg.), *The Philosophy of Scientific Experimentation*, University of Pittsburgh Press, Pittsburgh 2003, S. 198-215.

Kellert, Stephen H., Helen E. Longino, C. Kenneth Waters (Hg.), *Scienti-*

fic Pluralism, Minnesota Studies in the Philosophy of Science XIX, The University of Minnesota Press, Minneapolis MN 2006.

Kittler, Friedrich, *Aufschreibesysteme 1800/1900*, Fink, München 1985.

Klein, Ursula, »Paper tools in experimental cultures«, in: *Studies in History and Philosophy of Science Part A* 32 (2001), S. 265-302.

Klein, Ursula, *Experiments, Models, Paper Tools. Cultures of Organic Chemistry in the Nineteenth Century*, Stanford University Press, Stanford 2002.

Kleinschmidt, Albrecht K., Dimitrij Lang, Diether Jachters, Rudolf K. Zahn, »Darstellung und Längenmessung des gesamten Desoxyribonucleinsäure-Inhaltes von T_2-Bakteriophagen«, in: *Biochimica et Biophysica Acta* 61 (1962) S. 857-864.

Knorr Cetina, Karin, *Wissenskulturen. Ein Vergleich naturwissenschaftlicher Wissensformen* (1999), Suhrkamp, Frankfurt/M. 2002.

Kogge, Werner, *Experimentelle Begriffsforschung. Philosophische Interventionen am Beispiel von Code, Information und Skript in der Molekularbiologie*, Velbrück, Weilerswist 2017.

Kohler, Robert E., »The background to Eduard Buchner's discovery of cell-free fermentation«, in: *Journal of the History of Biology* 4 (1971), S. 35-61.

Kohler, Robert E., *From Medical Chemistry to Biochemistry. The Making of a Biomedical Discipline*, Cambridge University Press, Cambridge 1982.

Kohler, Robert E., *Lords of the Fly. Drosophila Genetics and the Experimental Life*, The University of Chicago Press, Chicago 1994.

Koselleck, Reinhart, *Zeitschichten. Studien zur Historik*, mit einem Beitrag von Hans Gadamer, Suhrkamp, Frankfurt/M. 2000.

Koyré, Alexandre, *Von der geschlossenen Welt zum unendlichen Universum* (1957), aus dem Amerikanischen von Rolf Dornbacher, Suhrkamp, Frankfurt/M. 1969.

Krämer, Sybille, Werner Kogge, Gernot Grube (Hg.), *Spur. Spurenlesen als Orientierungstechnik und Wissenskunst*, Suhrkamp, Frankfurt/M. 2007.

Krämer, Sybille, *Figuration, Anschauung, Erkenntnis: Grundlinien einer Diagrammatologie*, Suhrkamp, Berlin 2016.

Kubler, George, *Die Form der Zeit. Anmerkungen zur Geschichte der Dinge* (1962), aus dem Amerikanischen von Bettina Blumenberg, Suhrkamp, Frankfurt/M. 1982.

Kühn, Alfred, »Grenzprobleme zwischen Vererbungsforschung und Chemie«, in: *Berichte der Deutschen Chemischen Gesellschaft* 71 (1938), S. 107-114.

Kühn, Alfred, »Über eine Gen-Wirkkette der Pigmentbildung bei Insekten«, in: *Nachrichten der Akademie der Wissenschaften in Göttingen, Mathematisch-Physikalische Klasse* (1941), S. 231-261.

Kühn, Alfred, Karl Henke, *Genetische und entwicklungsphysiologische Untersuchungen an der Mehlmotte Ephestia kühniella Zeller*, I-VII, Abhandlungen der Gesellschaft der Wissenschaften zu Göttingen, Mathematisch-Physikalische Klasse, N.F. Bd. 15, Weidmannsche Buchhandlung, Berlin 1929.

Kuhn, Thomas S., *Die Struktur wissenschaftlicher Revolutionen* (1962), aus dem Amerikanischen von Kurt Simon, Suhrkamp, Frankfurt/M. 1973.

Lake, James A., David D. Sabatini, Yoshiaki Nonomura, »Ribosome structure as studied by electron microscopy«, in: Masayasu Nomura, Alfred Tissières, Pierre Lengyel (Hg.), *Ribosomes*, Cold Spring Harbor Laboratory Press, New York 1974, S. 543-557.

Landecker, Hannah, »Building ›a new type of body in which to grow a cell‹: Tissue culture at the Rockefeller Institute, 1910-1914«, in: Darwin H. Stapleton (Hg.), *Creating a Tradition of Biomedical Research. Contributions to the History of the Rockefeller University*, The Rockefeller University Press, New York 2004, S. 151-174.

Landecker, Hannah, *Culturing Life: How Cells Became Technologies*, Harvard University Press, Cambridge MA 2007.

Latour, Bruno, *Science in Action. How to Follow Scientists and Engineers Through Society*, Harvard University Press, Cambridge MA 1987.

Latour, Bruno, »Drawing things together«, in: Michael Lynch, Steve Woolgar (Hg.), *Representation in Scientific Practice*, MIT Press, Cambridge MA 1990, S. 19-68.

Latour, Bruno, *Wir sind nie modern gewesen. Versuch einer symmetrischen Anthropologie* (1991), aus dem Französischen von Gustav Roßler, Akademie Verlag, Berlin 1995.

Latour, Bruno, *The Pasteurization of France*, Harvard University Press, Cambridge MA 1993.

Latour, Bruno, »Der Pedologenfaden von Boa Vista – eine photophilosophische Montage«, in: Hans-Jörg Rheinberger, Michael Hagner, Bettina Wahrig (Hg.), *Repräsentation, Codierung, Spur. Darstellungsräume in den Wissenschaften*, Akademie Verlag, Berlin 1997, S. 213-263.

Latour, Bruno, Steve Woolgar, *Laboratory Life. The Construction of Scientific Facts*, Princeton University Press, Princeton [2]1986.

Lefèbvre, Henri, *Éléments de rythmanalyse: Introduction à la connaissance des rythmes*, Syllepse, Paris 1992.

Lehninger, Albert, *Biochemie* (1970), aus dem Amerkikanischen von Hans Kleinig und Bodo Liedvogel, Verlag Chemie, Weinheim, New York [2]1977.

Leonelli, Sabina, »Documenting the emergence of bio-ontologies: Or, why researching bioinformatics requires HPSSB«, in: *History and Philosophy of the Life Sciences* 32 (2010), S. 105-126.

Leonelli, Sabina, *Data-Centric Biology: A Philosophical Study*, The University of Chicago Press, Chicago 2016.

Lepère, Alexis, *Die Kultur des Pfirsichbaumes* (1841, [5]1860), aus dem Französischen von Julius Hartwig, Verlag von Bernhard Friedrich Voigt, Weimar 1861.

Lettkemann, Eric, *Stabile Interdisziplinarität. Eine Biografie der Elektronenmikroskopie aus historisch-soziologischer Perspektive*, Nomos, Baden-Baden 2016.

Levi, Giovanni, *Das immaterielle Erbe. Eine bäuerliche Welt an der Schwelle zur Moderne*, aus dem Italienischen von Karl F. Hauber, Ulrich Hausmann, Wagenbach, Berlin 1988.

Levi, Giovanni, »On microhistory«, in: Peter Burke (Hg.), *New Perspectives on Historical Writing*, The Pennsylvania State University Press, University Park PA [2]2001, S. 97-119.

Levins, Richard, »The strategy of model building in population biology«, in: *American Scientist* 54 (1966), S. 421-431.

Lévi-Strauss, Claude, *Strukturale Anthropologie* (1958), aus dem Französischen von Hans Naumann, Suhrkamp, Frankfurt/M. 1969.

Lévi-Strauss, Claude, *La Pensée sauvage*, Plon, Paris 1962.

Lévi-Strauss, Claude, *Das wilde Denken* (1962), aus dem Französischen von Hans Naumann, Suhrkamp, Frankfurt/M. 1973.

Lévi-Strauss, Claude, *Mythologica I. Das Rohe und das Gekochte* (1964), aus dem Französischen von Eva Moldenhauer, Suhrkamp, Frankfurt/M. 1976.

Levy, Arno, Adrian Currie, »Model organisms are not models«, in: *British Journal for the Philosophy of Science* 66 (2015) S. 327-348.

Lichtenberg, Georg Christoph, *Sudelbücher. Schriften und Briefe*, Band I und II, hg. v. Wolfgang Promies, Hanser, München 1967.

Lichtenthaler, Frieder W., »Hundert Jahre Schlüssel-Schloss-Prinzip: Was führte Emil Fischer zu dieser Analogie?«, in: *Angewandte Chemie* 106 (1994), S. 2456-2467.

Licoppe, Christian, *La Formation de la pratique scientifique. Le discours de l'expérience en France et en Angleterre* (1630-1820), Editions La Découverte, Paris 1996.

Linnaeus, Carolus, *Systema naturae*, Johan Wilhelm de Groot, Leiden [1]1735; Stockholm [12]1766/1767.

Loison, Laurent, Michel Morange (Hg.), *L'Invention de la régulation génétique. Les Nobel 1965 (Jacob, Lwoff, Monod) et le modèle de l'opéron dans l'histoire de la biologie*, Editions Rue d'Ulm, Paris 2017.

Lovejoy, Arthur O., *Die große Kette der Wesen: Geschichte eines Gedankens* (1936), aus dem Amerikanischen von Dieter Turck, Suhrkamp, Frankfurt/M. 1985.

Löwy, Ilana, »Variances in meaning in discovery accounts: The case of contemporary biology«, in: *Historical Studies in the Physial and Biological Sciences* 21 (1990), S. 87-121.

Löwy, Ilana (Hg.) »Microscopic Slides: Reassessing a Neglected Historical Resource«, *History and Philosophy of the Life Sciences* 35 (2013), Sonderheft (3).

Lutz, Eckart, Vera Jerjen, Christine Putzo (Hg.), *Diagramm und Text. Diagrammatische Strukturen und die Dynamisierung von Wissen und Erfahrung*, Reihert, Wiesbaden 2014.

Lyell, Charles, *A Manual of Elementary Geology, or, The Ancient Changes on the Earth and its Inhabitants as Illustrated by Geological Monuments*, John Murray, London 1851.

Lynch, Michael, »The production of scientific images: Vision and re-vision in the history, philosophy, and sociology of science«, in: *Communication & Cognition* 31 (1998), S. 213-228.

Lynch, Michael, Steve Woolgar (Hg.), *Representation in Scientific Practice*, MIT Press, Cambridge MA 1990.

Lyotard, François, *Das postmoderne Wissen. Ein Bericht* (1979), aus dem Französischen von Otto Pfersmann, vollständig überarbeitete Fassung, Böhlau, Graz, Wien 1986.

Mach, Ernst, *Die Mechanik historisch-kritisch dargestellt* (1883), Wissenschaftliche Buchgesellschaft, Darmstadt 1976.

Mach, Ernst, *Die Analyse der Empfindungen und das Verhältnis des Physischen zum Psychischen* (1886), Xenomoi Verlag, Berlin 2008.

Machamer, Peter, Lindley Darden, Carl F. Craver, »Thinking about mechanisms«, in: *Philosophy of Science* 67 (2000), S. 1-25.

Macho, Thomas, Annette Wunschel (Hg.), *Science & Fiction. Über Gedankenexperimente in Wissenschaft, Philosophie und Literatur*, Fischer, Frankfurt/M. 2004.

Mahr, Bernd, »Das Mögliche im Modell und die Vermeidung der Fiktion«, in: Thomas Macho, Annette Wunschel (Hg.), *Science & Fiction. Über Gedankenexperimente in Wissenschaft, Philosophie und Literatur*, Fischer, Frankfurt/M. 2004, S. 161-182.

Mahr, Bernd, Reinhard Wendler, *Modelle als Akteure: Fallstudien*, KIT-Report TU Berlin 2009, verfügbar unter: https://www.flp.tu-berlin.de/fileadmin/fg53/KIT-Reports/r156.pdf [05. 10. 2020]

Maienschein, Jane, *Transforming Traditions in American Biology, 1880-1915*, Johns Hopkins University Press, Baltimore, London 1991.

Mannheim, Karl, *Strukturen des Denkens*, hg. v. David Kettler, Volker Meja, Niko Stehr, Suhrkamp, Frankfurt/M. 1980.

Marquéz, Viter, Knud H. Nierhaus, »tRNA and synthetases«, in: Knud H. Nierhaus, Daniel N. Wilson (Hg.), *Protein Synthesis and Ribosome Structure. Translating the Genome*, Wiley-VCH, Weinheim 2004, S. 145-167.

Maupeu, Sarah, Kerstin Schankweiler, Stefanie Stallschus (Hg.), *Im Ma-*

schenwerk der Kunstgeschichte. Eine Revision von George Kublers »The Shape of Time«, Kadmos, Berlin 2014.
Mayer, Andreas, *Wissenschaft vom Gehen. Die Erforschung der Bewegung im 19. Jahrhundert*, Fischer, Frankfurt/M. 2013.
Mayr, Ernst, *Die Entwicklung der biologischen Gedankenwelt. Vielfalt, Evolution und Vererbung* (1982), aus dem Amerikanischen von Karin de Sousa Ferreira, Springer, Berlin, Heidelberg 1984.
McDonald, Christine (Hg.), *The Ear of the Other. Texts and Discussions with Jacques Derrida*, University of Nebraska Press, Lincoln, London 1988.
Medawar, Peter B., *The Art of the Soluble*, Methuen, London 1967.
Medick, Hans, *Weben und Überleben in Laichingen 1650-1900. Lokalgeschichte als allgemeine Geschichte*, Vandenhoeck & Ruprecht, Göttingen 1996.
Mendelsohn, Andrew, »›Like all that lives‹: Biology, medicine and bacteria in the age of Pasteur and Koch«, in: *History and Philosophy of the Life Sciences* 24 (2002), S. 3-36.
Merton, Robert K., *Social Theory and Social Structure* (1957), The Free Press, New York 1968.
Merton, Robert K., »Three fragments from a sociologist's notebooks: Establishing the phenomenon, specified ignorance, and strategic research materials«, in: *Annual Review of Scoiology* 13 (1987), S. 1-28.
Merton, Robert K., Elinor Barber, *The Travels and Adventures of Serendipity: A Study in Sociological Semantic and the Sociology of Science*, Princeton University Press, Princeton 2006.
Metzger, Hélène, *La Méthode philosophique en histoire des sciences. Textes 1914-1939*, hg. v. Gad Freudenthal, Fayard, Paris 1987.
Michaelis, Leonor, Heinrich Davidsohn, »Die Abhängigkeit der Trypsinwirkung von der Wasserstoffionenkonzentration«, in: *Biochemische Zeitschrift* 36 (1911), S. 280-290.
Michaelis, Leonor, Maud Menten, »Die Kinetik der Invertinwirkung«, in: *Biochemische Zeitschrift* 49 (1913), S. 333-369.
Morange, Michel, *The Black Box of Biology. A History of the Molecular Revolution*, erweiterte Fassung, aus dem Französischen von Matthew Cobb, Harvard University Press, Cambridge MA 2020.
Morgan, Mary S., *The World in the Model: How Economists Work and Think*, Cambridge University Press, Cambridge 2012.
Morgan, Mary S., Margaret Morrison (Hg.), *Models as Mediators: Perspectives on Natural and Social Science*, Cambridge University Press, Cambridge 1999.
Morrison, Margaret, »Models as autonomous agents«, in: Mary S. Morgan, Margaret Morrison (Hg.), *Models as Mediators: Perspectives on Natural and Social Science*, Cambridge University Press, Cambridge 1999, S. 38-65.

Morrison, Margaret, *Reconstructing Reality. Models, Mathematics, and Simulations*, Oxford University Press, Oxford, New York 2015.

Moulin, Anne-Marie, *L'Aventure de la vaccination*, Fayard, Paris 1996.

Müller, Falk, *Jenseits des Lichts. Siemens, AEG und die Anfänge der Elektronenmikroskopie in Deutschland*, Habilitationsschrift, Johann Wolfgang von Goethe-Universität, Frankfurt/M. 2018.

Müller, Johannes, »Jahresbericht über die Fortschritte der anatomisch-physiologischen Wissenschaften im Jahre 1833«, in: *Archiv für Anatomie, Physiologie und wissenschaftliche Medicin* (1834), S. 1-201.

Müller-Wille, Staffan, Hans-Jörg Rheinberger, *Das Gen im Zeitalter der Postgenomik. Eine wissenschaftshistorische Bestandsaufnahme*, Suhrkamp, Frankfurt/M. 2009.

Müller-Wille, Staffan, Isabelle Charmantier, »Lists as research technologies«, in: *Isis* 103 (2012), S. 743-752.

Nersessian, Nancy, »Engineering devices: The culture of physical simulation modeling in biomedical engineering«, in: Karine Chemla, Evelyn Fox Keller (Hg.), *Cultures without Culturalism. The Making of Scientific Knowledge*, Duke University Press, Durham, London 2017, S. 117-144.

Nicholson, Daniel J., »Is the cell really a machine?«, in: *Journal of Theoretical Biology* 477 (2019), S. 108-126.

Nickelsen, Kärin, Gerd Grasshoff, »Concepts from the bench. Krebs and the urea cycle«, in: Giora Hon, Jutta Schickore, Friedrich Steinle (Hg.), *Going Amiss in Experimental Research*, Springer, Boston 2009, S. 91-117.

Niehaus, Michael, Hans-Walter Schmidt-Hannisa (Hg.), *Das Protokoll. Kulturelle Funktionen einer Textsorte*, Peter Lang, Frankfurt/M. 2005.

Nierhaus, Knud H., »The elongation cycle«, in: Knud H. Nierhaus, Daniel Wilson (Hg.), *Protein Synthesis and Ribosome Structure. Translating the Genome*, Wiley-VCH, Weinheim 2004, S. 323-366.

Nomura, Masayasu, William A. Held, »Reconstitution of ribosomes: Studies of ribosome structure, function and assembly«, in: Masayasu Nomura, Alfred Tissières, Pierre Lengyel (Hg.), *Ribosomes*, New York 1974, S. 193-223.

Nowotny, Helga, *Eigenzeit. Entstehung und Entwicklung eines Zeitgefühls*, Suhrkamp, Frankfurt/M. 1989.

Numbers, Ronald L. (Hg.), *Newton's Apple and other Myths about Science*, Harvard University Press, Cambridge MA 2015.

Oakes, Melanie, Eric Henderson, Andrew Scheinman, Michael W. Clark, James A. Lake, »Ribosome structure, function, and evolution: Mapping ribosomal RNA, proteins, and functional sites in three dimensions«, in: Boyd Hardesty, Gisela Kramer (Hg.), *Structure, Function, and Genetics of Ribosomes*, Springer, New York 1986, S. 47-67.

Olby, Robert, *Origins of Mendelism*, Schocken Books, New York 1967.

Olesen, Søren Gosvig, *Wissen und Phänomen. Eine Untersuchung der ontologischen Klärung der Wissenschaften bei Edmund Husserl, Alexandre Koyré und Gaston Bachelard*, Königshausen & Neumann, Würzburg 1997.

O'Malley, Maureen A., »Making knowledge in synthetic biology: Design meets kludge«, in: *Biological Theory* 4 (2009), S. 378-389.

Palade, George E., »Intracellular distribution of acid phosophatase in rat liver cells«, in: *Archives of Biochemistry* 30 (1951), S. 144-158.

Palade, George E., »A small particulate component of the cytoplasm«, in: *Journal of Biophysical and Biochemical Cytology* 1 (1955), S. 59-68.

Palló, Gábor, »Isotope research before isotopy: George Hevesy's early radioactivity research in the Hungarian context«, in: *Dynamis* 29 (2009), S. 167-189.

Parnes, Ohad, Ulrike Vedder, Stefan Willer, *Generation. Eine Geschichte der Wissenschaft und der Kultur*, Suhrkamp, Frankfurt/M. 2008.

Pasztory, Esther, *Thinking with Things. Toward a New Vision of Art*, University of Texas Press, Austin 2005.

Peirce, Charles Sanders, »Abduction and induction«, in: ders., *Philosophical Writings of Peirce*, hg. v. Justus Buchler, Dover Publications, New York 1955, S. 150-156.

Peirce, Charles Sanders, »Logic as semiotic: The theory of signs«, in: ders., *Philosophical Writings of Peirce*, hg. v. Justus Buchler, Dover, New York 1955, S. 98-119.

Pickering, Andrew (Hg.), *Science as Practice and Culture*, The University of Chicago Press, Chicago 1992.

Pickering, Andrew, *The Mangle of Practice. Time, Agency, and Science*, The University of Chicago Press, Chicago 1995.

Pickstone, John V., *Ways of Knowing. A New History of Science, Technology and Medicine*, Manchester University Press, Manchester 2000.

Pickstone, John V., »A brief introduction to ways of knowing and ways of working«, in: *History of Science* 49 (2011), S. 235-245.

Pinheiro dos Santos, Lúcio Alberto, *La Rhythmanalyse*, Société de Psychologie et de Philosophie, Rio de Janeiro 1931.

Pomian, Krzysztof, *L'Ordre du temps*, Gallimard, Paris 1984.

Polanyi, Michael, »The unaccountable element in science« (1962), in: *Knowing and Being. Essays by Michael Polanyi*, hg. v. Marjorie Grene, The University of Chicago Press, Chicago 1969, S. 105-120.

Polanyi, Michael, »The logic of tacit inference« (1964), in: *Knowing and Being. Essays by Michael Polanyi*, hg. v. Marjorie Grene, The University of Chicago Press, Chicago 1969, S. 138-158.

Popper, Karl, *Logik der Forschung* (1934), Gesammelte Werke Band 3, hg. v. Herbert Keuth, Mohr Siebeck, Tübingen [11]2005.
Porter, Theodore M., *Genetics in the Madhouse. The Unknown History of Human Heredity*, Princeton University Press, Princeton 2018.
Prescott, David M., »Cellular sites of RNA«, in: *Progress in Nucleic Acid Research and Molecular Biology* 3 (1964), S. 33-57.

Rabinow, Paul, *Making PCR: A Story of Biotechnology*, The University of Chicago Press, Chicago 1996.
Rader, Karen, *Making Mice: Standardizing Animals for American Biomedical Research*, Princeton University Press, Princeton 2004.
Raible, Wolfgang, *Sprachliche Texte – Genetische Texte. Sprachwissenschaft und molekulare Genetik*, Winter, Heidelberg 1993.
Ramakrishnan, Venkatraman, Malcolm S. Capel, William M. Clemons Jr., Joanna L. C. May, Brian T. Wimberly, »Progress toward the crystal structure of a bacterial 30S ribosomal subunit«, in: Roger Garrett, Stephen R. Douthwaite, Anders Liljas, Alistair T. Matheson, Peter B. Moore, Harry E. Noller (Hg.), *The Ribosome. Structure, Function, Antibiotics, and Cellular Interactions*, ASM Press, Washington 2000, S. 3-9.
Rasmussen, Nicolas, *Picture Control: The Electron Microscope and the Transformation of Biology in America, 1940-1960*, Stanford University Press, Stanford 1997.
Rasmussen, Nicolas, *Gene Jockeys. Life Science and the Rise of Biotech Enterprise*, The Johns Hopkins University Press, Baltimore 2014.
Reichenbach, Hans, *Experience and Prediction. An Analysis of the Foundations of the Structure of Knowledge*, The University of Chicago Press, Chicago 1938.
Reinhardt, Carsten, *Shifting and Rearranging: Physical Methods and the Transformation of Modern Chemistry*, Science History Publications, USA 2006.
Reinhold, Sabine, Kerstin P. Hofmann (Hg.), »Zeichen der Zeit. Archäologische Perspektiven auf Zeiterfahrung, Zeitpraktiken und Zeitkonzepte«, *Forum Kritische Archäologie* 3 (2014), Themenheft.
Renn, Jürgen, *The Genesis of General Relativity*, Bd. 1 u. 2, *Einstein's Zurich Notebooks*, Springer, Dordrecht 2007.
Rentetzi, Maria, *Trafficking Materials and Gendered Experimental Practices: Radium Research in Early 20th Century Vienna*, Columbia University Press, New York 2008.
Rheinberger, Hans-Jörg, *Experiment, Differenz, Schrift*, Basiliskenpresse, Marburg 1992.
Rheinberger, Hans-Jörg, »Vom Urphänomen zum System der pelagischen Fischerei. Über das Verhältnis von Physiologie und Philosophie bei Jo-

hannes Müller«, in: Michael Hagner, Bettina Wahrig-Schmidt (Hg.), *Johannes Müller und die Philosophie*, Akademie Verlag, Berlin 1992, S. 125-141.

Rheinberger, Hans-Jörg, »Vom Mikrosom zum Ribosom. ›Strategien‹ der ›Repräsentation‹ 1935-1955«, in: Hans-Jörg Rheinberger, Michael Hagner (Hg.), *Die Experimentalisierung des Lebens. Experimentalsysteme in den biologischen Wissenschaften 1850/1950*, Akademie Verlag, Berlin 1993, S. 162-187.

Rheinberger, Hans-Jörg, »Cytoplasmic particles in Brussels (Jean Brachet, Hubert Chantrenne, Raymond Jeener) and at Rockefeller (Albert Claude), 1935-1955«, in: *History and Philosophy of the Life Sciences* 19 (1997), S. 47-67.

Rheinberger, Hans-Jörg, »Kurze Geschichte der Molekularbiologie«, in: Ilse Jahn (Hg.), *Geschichte der Biologie*, Gustav Fischer, Jena 1998, S. 642-663.

Rheinberger, Hans-Jörg, *Experimentalsysteme und epistemische Dinge. Eine Geschichte der Proteinsynthese im Reagenzglas*, Wallstein, Göttingen 2001, [3]2019.

Rheinberger, Hans-Jörg, »A history of protein synthesis and ribosome research«, in: Knud H. Nierhaus, Daniel N. Wilson (Hg.), *Protein Synthesis and Ribosome Structure. Translating the Genome*, Wiley-VCH, Weinheim 2004, S. 1-51.

Rheinberger, Hans-Jörg, *Epistemologie des Konkreten. Studien zur Geschichte der modernen Biologie*, Suhrkamp, Frankfurt/M. 2006.

Rheinberger, Hans-Jörg, *Natur und Kultur im Spiegel des Wissens*, Winter, Heidelberg 2015.

Rheinberger, Hans-Jörg, *Der Kupferstecher und der Philosoph. Albert Flocon trifft Gaston Bachelard*, Diaphanes, Zürich, Berlin 2016.

Rheinberger, Hans-Jörg, Jean-Paul Gaudillière, *The Mapping Cultures of Twentieth Century Genetics*, Bd. I, *Classical Genetic Research and Its Legacy*, Routledge, London 2004.

Rheinberger, Hans-Jörg, Staffan Müller-Wille, *Vererbung. Geschichte und Kultur eines biologischen Konzepts*, Fischer, Frankfurt/M. 2009.

Ricœur, Paul, »Narrative time«, in: *Critical Inquiry* 7 (1980), S. 169-190.

Ricœur, Paul, »Symbole et temporalité«, in: *Archivio di Filosofía* 1-2 (1963), S. 5-41.

Ricœur, Paul, *Zeit und Erzählung* (1983). Band 1: *Zeit und historische Erzählung*, aus dem Französischen von Rainer Rochlitz, Fink, München 1991.

Rotman, Brian, *Signifying Nothing: The Semiotics of Zero*, St. Martin's Press, New York 1987.

Rudwick, Martin, *The Meaning of Fossils: Episodes in the History of Palaeontology*, MacDonald, London 1972.

Rudwick, Martin, *Scenes from Deep Time: Early Pictorial Images of the Prehistoric World*, The University of Chicago Press, Chicago 1992.
Rudwick, Martin, *Georges Cuvier, Fossil Bones, and Geological Catastrophes*, The University of Chicago Press, Chicago 1997.

Sachs-Hombach, Klaus (Hg.) *Bildtheorien. Anthropologische und kulturelle Grundlagen des Visualistic Turn*, Suhrkamp, Frankfurt/M. 2009.
Sambrook, Joseph, Edward F. Fritsch, Tom Maniatis, *Molecular Cloning: A Laboratory Manual*, Cold Spring Harbor Laboratory Press, Cold Spring Harbor [1]1982.
Sanger, Frederick, Steve Nicklen, Alan R. Coulson, »DNA sequencing with chain-terminating inhibitors«, in: *Proceedings of the National Academy of Sciences of the United States of America* 74 (1977), S. 5463-5467.
Schickore, Jutta, *The Microscope and the Eye: A History of Reflections, 1740-1870*, The University of Chicago Press, Chicago 2007.
Schickore, Jutta, Friedrich Steinle (Hg.), *Revisiting Discovery and Justification. Historical and Philosophical Perspectives on the Context Distinction*, Springer, Dordrecht 2006.
Schlich, Thomas, *The Origins of Organ Transplantation: Surgery and Laboratory Science, 1880-1930*, University of Rochester Press, Rochester NY 2010.
Schmidgen, Henning (Hg.), *Lebendige Zeit. Wissenskulturen im Werden*, Kadmos, Berlin 2005.
Schmidgen, Henning, *Die Helmholtz-Kurven. Auf der Spur der verlorenen Zeit*, Merve, Berlin 2009.
Schmidgen, Henning, *Hirn und Zeit. Die Geschichte eines Experiments*, Matthes & Seitz, Berlin 2014.
Schmidgen, Henning, *Forschungsmaschinen. Experimente zwischen Wissenschaft und Kunst*, Matthes & Seitz, Berlin 2017.
Schmid-Burkhardt, Astrit, *Die Kunst der Diagrammatik. Perspektiven eines neuen bildwissenschaftlichen Paradigmas*, Transcript, Bielefeld 2017.
Scholthof, Karen-Beth G., John G. Shaw, Milton Zaitlin (Hg.), *Tobacco Mosaic Virus. One Hundred Years of Contributions to Virology*, APS Press, St. Paul MN 1999.
Schulze, Winfried (Hg.), *Sozialgeschichte, Alltagsgeschichte, Mikro-Historie. Eine Diskussion*, Vandenhoeck & Ruprecht, Göttingen 1994.
Schwab, Michael, Hans-Jörg Rheinberger, Interview »Experimenteller Geist«, in: Hans-Jörg Rheinberger, *Experimentalität. Im Gespräch über Labor, Atelier und Archiv*, Kadmos, Berlin 2018, S. 118-159.
Sepkoski, David, *Rereading the Fossil Record: The Growth of Paleobiology as an Evolutionary Discipline*, The University of Chicago Press, Chicago 2012.

Serres, Michel, »Vorwort«, in: ders. (Hg.), *Elemente einer Geschichte der Wissenschaften* (1989), aus dem Französischen von Horst Brühmann, Suhrkamp, Frankfurt/M. 1994, S. 11-37.

Serres, Michel, *Der Naturvertrag* (1990), aus dem Französischen von Hans-Horst Henschen, Suhrkamp, Frankfurt/M. 1994.

Serres, Michel, *Eclaircissements. Entretiens avec Bruno Latour*, François Bourin, Paris 1992.

Shinn, Terry, *Research-Technology and Cultural Change: Instrumentation, Genericity, Transversality*, The Bardwell Press, Oxford 2007.

Sibum, Otto, »Reworking the mechanical value of heat: Instruments of precision and gestures of accuracy in early Victorian England«, in: *Studies in History and Philosophy of Science Part A* 26 (1995), S. 73-106.

Sober, Elliott, »Independent evidence about a common cause«, in: *Philosophy of Science* 56 (1989), S. 275-287.

Sommer, Marianne, *Bones and Ochre, The Curious Afterlife of the Red Lady of Paviland*, Harvard University Press, Cambridge MA 2007.

Sørensen, Søren P. L., »Enzymstudien. II. Mitteilung. Über die Messung und die Bedeutung der Wasserstoffionenkonzentration bei enzymatischen Prozessen«, in: *Biochemische Zeitschrift* 21 (1909), S. 131-200.

Spielmann, Yvonne, *Hybridkultur*, Suhrkamp, Frankfurt/M. 2009.

Spirin, Alexander S., »A model of the functioning ribosome: Locking and unlocking of the ribosome subparticles«, in: »The Mechanism of Protein Synthesis«, *Cold Spring Harbor Symposia on Quantitative Biology* 34 (1969), S. 197-207.

Stabrey, Undine, *Archäologische Untersuchungen. Über Temporalität und Dinge*, Transcript, Bielefeld 2017.

Stamhuis, Ida H., Teun Koetsier, Cornelis de Pater, Albert van Helden (Hg.), *The Changing Images of Unity and Disunity in the Philosophy of Science*, Springer, Dordrecht 2002.

Star, Susan L., James R. Griesemer, »Institutional ecology, ›translations‹ and boundary objects: Amateurs and professionals in Berkeley's Museum of Vertebrate Zoology, 1907-1939«, in: *Social Studies of Science* 19 (1989), S. 387-420.

Stegenga, Jacob, Tarun Menon, »Robustness and independent evidence«, in: *Philosophy of Science* 84 (2017), S. 424-435.

Steinle, Friedrich, »Das Nächste ans Nächste reihen. Goethe, Newton und das Experiment«, in: *Philosophia naturalis. Archiv für Naturphilosophie und die philosophischen Grenzgebiete der exakten Wissenschaften und Wissenschaftsgeschichte* 39 (2002), S. 141-172.

Steinle, Friedrich, *Explorative Experimente: Ampère, Faraday und die Ursprünge der Elektrodynamik*, Franz Steiner Verlag, Stuttgart 2005.

Steinle, Friedrich, »Concepts, facts, and sedimentation in experimental science«, in: David Hyder, Hans-Jörg Rheinberger (Hg.), *Science and the Life-World. Essays on Husserl's Crisis of European Sciences*, Stanford University Press, Stanford 2010, S. 199-214.

Stengers, Isabelle (Hg.), *D'une science à l'autre. Des concepts nomades*, Le Seuil, Paris 1987.

Stengers, Isabelle, »La propagation des concepts«, in: dies. (Hg.), *D'une science à l'autre. Des concepts nomades*, Le Seuil, Paris 1987, S. 9-26.

Stent, Gunther S., *Molecular Biology of Bacterial Viruses*, Freeman, San Francisco 1963.

Stichweh, Rudolf, *Zur Entstehung des modernen Systems wissenschaftlicher Disziplinen: Physik in Deutschland 1740-1890*, Suhrkamp, Frankfurt/M. 1984.

Strasser, Bruno, *La Fabrique d'une nouvelle science. La biologie moléculaire à l'âge atomique*, Olschki, Florenz 2006.

Strasser, Bruno, *Collecting Experiments: Making Big Data Biology*, The University of Chicago Press, Chicago 2019.

Stubbe, Hans, *Kurze Geschichte der Genetik*, Fischer, Jena 1963.

Suarez, Mauricio (Hg.), *Fictions in Science. Philosophical Essays on Modeling and Idealization*, Routledge, London 2009.

Suarez Díaz, Edna, »Variation, differential reproduction and oscillation: The evolution of nucleic acid hybridization«, in: *History and Philosophy of the Life Sciences* 35 (2013), S. 39-44.

Suddath, Fred L., Gary Joseph Quigley, A. McPherson, D. Sneden, Jung Ja Park Kim, Sung Hou Kim, Alexander Rich, »Three-dimensional structure of phenylalanine transfer RNA at 3.0 Å resolution«, in: *Nature* 248 (1974), S. 20-24.

Summers, William C., »From culture as organism to organism as cell: Historical origin of bacterial genetics«, in: *Journal of the History of Biology* 24 (1991), S. 171-190.

Talcott, Samuel, *Georges Canguilhem and the Problem of Error*, Palgrave Macmillan, London 2019.

Tarski, Alfred, *Einführung in die mathematische Logik und in die Methodologie der Mathematik*, Springer, Wien 1937.

Tengelyi, László, *Welt und Unendlichkeit. Zum Problem phänomenologischer Metaphysik*, Karl Alber, Freiburg, München 2014.

Traut, Robert R., Ronald L. Heimark, Tung-Tien Sun, John W. B. Hershey, Alex Bollen, »Protein topography of ribosomal subunit from Escherichia coli«, in: Masayasu Nomura, Alfred Tissières, Pierre Lengyel (Hg.), *Ribosomes*, Cold Spring Harbor Laboratory Press, New York 1974, S. 271-308.

Tzara, Tristan, *Grains et issues* (1935), hg. v. Henri Béhar, Garnier-Flammarion, Paris 1981.

Unwin, P. Nigel T., C. Taddei, »Packing of ribosomes in crystals from the lizard Lacerta sicula«, in: *Journal of Molecular Biology* 114 (1977), S. 491-506.

Varenne, Franck, *From Models to Simulations*, Routledge, New York 2019.
Veit, Ulrich, »Archäologiegeschichte als Wissenschaftsgeschichte: Über Formen und Funktionen historischer Selbstvergewisserung in der Prähistorischen Archäologie«, in: *Ethnographisch-Archäologische Zeitschrift* 52 (2011), S. 34-58.
Vettel, Eric J., *Biotech. The Countercultural Origins of an Industry*, University of Pennsylvania Press, Philadelphia 2006.
Vydra, Anton, »Gaston Bachelard and his reactions to phenomenology«, in: *Continental Philosophy Review* 47 (2014), S. 45-58.

Wainwright, Milton, »Early history of microbiology«, in: *Advances in Applied Microbiology* 52 (2003), S. 333-355.
Warburg, Otto, »Über die katalytischen Wirkungen der lebendigen Substanz«, in: ders., *Über die katalytischen Wirkungen der lebendigen Substanz. Arbeiten aus dem Kaiser-Wilhelm-Institut für Biologie Berlin-Dahlem*, Julius Springer, Berlin 1928, S. 1-13.
Watson, James D., »The synthesis of proteins upon ribosomes«, in: *Bulletin de la Société de Chimie Biologique* 46 (1964), S. 1399-1425.
Watson, James D., *Molecular Biology of the Gene*, W. A. Benjamin, New York, Amsterdam 1965.
Wendler, Reinhard, *Das Modell zwischen Kunst und Wissenschaft*, Fink, München 2013.
Wendler, Reinhard, »Visuelles Denken in James Watsons ›The Molecular Biology of the Gene‹«, in: Christoph Windgätter, Claudia Mareis (Hg.), *Long Lost Friends. Zu den Wechselbeziehungen zwischen Design-, Medien- und Wissenschaftsforschung*, Diaphanes, Zürich 2013, S. 23-37.
Werner, Petra, *Otto Warburg. Von der Zellphysiologie zur Krebsforschung*, Verlag Neues Leben, Berlin 1988.
White, Hayden, *The Content of the Form. Narrative Discourse and Historical Representation*, The Johns Hopkins University Press, Baltimore, London 1987.
Whiting, Phineas W., »Rearing meal moths and parasitic wasps for experimental purposes«, in: *The Journal of Heredity* 12 (1921), S. 255-261.
Willstätter, Richard, Margarete Rohdewald, »Über enzymatische Systeme der Zucker-Umwandlung im Muskel«, in: *Enzymologia* 8 (1940); S. 1-63.
Wind, Edgar, *Das Experiment und die Metaphysik. Zur Auflösung der kosmologischen Antinomien* (1934), hg. v. Bernhard Buschendorf, Suhrkamp, Frankfurt/M. 2001.

Wind, Edgar, »Über einige Berührungspunkte zwischen Naturwissenschaft und Geschichte (1936)«, in: ders., *Heilige Furcht und andere Schriften zum Verhältnis von Kunst und Philosophie*, hg. v. John Michael Krois, Roberto Ohrt, Philo Fine Arts/Fundus Bücher, Hamburg 2009, S. 237-256.

Winther, Rasmus Grønfeldt, *When Maps Become the World*, The University of Chicago Press, Chicago 2020.

Wirth, Uwe, Veronika Sellier (Hg.), *Impfen, Pfropfen, Transplantieren*, Kadmos, Berlin 2011.

Wirth, Uwe, »Zitieren Pfropfen Exzerpieren«, in: Martin Roussel (Hg.) unter Mitarbeit von Christina Borkenhagen, *Kreativität des Findens – Figurationen des Zitats*, Fink, München 2012, S. 79-98.

Wise, Norton, »Making visible«, in: *Isis* 97 (2006), S. 75-82.

Witkowski, Jan A., »Alexis Carrel and the mysticism of tissue culture«, in: *Medical History* 23 (1979), S. 279-296.

Wittmann, Barbara (Hg.), *Spuren erzeugen. Zeichnen und Schreiben als Verfahren der Selbstaufzeichnung*, Diaphanes, Zürich, Berlin 2009.

Wittmann, Barbara (Hg.), *Werkzeuge des Entwerfens*, Diaphanes, Zürich, Berlin 2018.

Woodward, James F., »Data and phenomena: A restatement and defense«, in: *Synthese* 182 (2011), S. 165-179.

Worliczek, Hanna Lucia, *Wege zu einer molekularisierten Bildgebung. Eine Geschichte der Immunfluoreszenzmikroskopie als visuelles Erkenntnisinstrument der modernen Zellbiologie (1959-1980)*, Dissertation, Universität Wien 2020.

Yaneva, Albena, »Scaling up and down. Extraction trials in architectural design«, in: *Social Studies of Science* 35 (2005), S. 867-894.

Yang, Lei, Valentina Perrera, Eleftheria Saplaoura, Federico Apelt, Mathieu Bahin, Amira Kramdi, Justyna Olas, Bernd Müller-Roeber, Ewelina Sokolowska, Wenna Zhang, Runsheng Li, Nicolas Pitzalis, Manfred Heinlein, Shoudong Zhang, Auguste Genovesio, Vincent Colot, Friedrich Kragler, »m^{5}C methylation guides systemic transport of messenger RNA over graft junctions in plants«, in: *Current Biology* 29 (2019), S. 1-12.

Yi, Doogab, *The Recombinant University. Genetic Engineering and the Emergence of Stanford Biotechnology*, The University of Chicago Press, Chicago 2015.

Yonath, Ada, William S. Bennett, Shulamith Weinstein, Heinz-Günter Wittmann, »Crystallography and image recontructions of ribosomes«, in: Walter E. Hill, Peter B. Moore, A. Dahlberg (Hg.), *The Ribosome. Structure, Function, and Evolution*, ASM Press, Washington 1990, S. 134-147.

Zamecnik, Paul, »Historical and current aspects of the problem of protein synthesis«, in: *The Harvey Lectures 1958-59*, Academic Press, New York, London 1960, S. 256-281.
Zamecnik, Paul, »Historical aspects of protein synthesis«, in: *Annals of the New York Academy of Sciences* 325 (1979), S. 269-301.
Zilsel, Edgar, »Geschichte und Biologie, Überlieferung und Vererbung« (1931), in: ders., *Wissenschaft und Weltauffassung. Aufsätze 1929-1933*, hg. v. Gerald Mozetic, Böhlau, Wien 1998, S. 101-144.
Zilsel, Edgar *Die Geniereligion. Ein kritischer Versuch über das moderne Persönlichkeitsideal, mit einer historischen Begründung* (1918), hg. v. Johann Dvorak, Suhrkamp, Frankfurt/M. 1990.

Nachweise

Zu jedem Kapitel existiert eine Reihe von kleineren Vorarbeiten, auf die im Text nicht im Einzelnen verwiesen wird. Sie sind hier zusammenfassend aufgeführt.

Kapitel 1: »Auto-radio-graphics«, in: Bruno Latour, Peter Weibel (Hg.), *Iconoclash*, MIT Press, Cambridge MA 2002, S. 516-519; »Wie werden aus Spuren Daten, und wie verhalten sich Daten zu Fakten?«, in: *Nach Feierabend. Zürcher Jahrbuch für Wissensgeschichte* 3, Diaphanes, Zürich, Berlin 2007, S. 117-125; »Spurenlesen im Experimentalsystem«, in: Sybille Krämer, Werner Kogge, Gernot Grube (Hg.), *Spur. Spurenlesen als Orientierungstechnik und Wissenskunst*, Suhrkamp, Frankfurt/M. 2007, S. 293-308; »Infra-experimentality: From traces to data, from data to patterning facts, in: *History of Science* 49 (2011), S. 337-348; »Transpositions: From traces through data to models and simulations«, in: Michael Schwab (Hg.), *Transpositions. Aesthetico-Epistemic Operators in Artistic Research*, Leuven University Press, Leuven 2018, S. 215-224.

Kapitel 2: »A history of protein biosynthesis and ribosome research«, in: Knud H. Nierhaus, Daniel N. Wilson (Hg.), *Protein Synthesis and Ribosome Structure. Translating the Genome*, Wiley-VCH, Weinheim 2004, S. 1-51; »Molekulare Modelle als epistemische Objekte. Ribosomen im Spiegel von 50 Jahren Forschung«, in: Jochen Hennig, Udo Andraschke (Hg.), *Weltwissen. 300 Jahre Wissenschaften in Berlin*, Ausstellungskatalog, Hirmer Verlag, München 2010, S. 75-81; »Preparations, models, and simulations«, In: *History and Philosophy of the Life Sciences* 36 (2015), S. 321-334; »Über den Eigensinn epistemischer Dinge«, in: Hans Peter Hahn (Hg.), *Vom Eigensinn der Dinge. Für eine neue Perspektive auf die Welt des Materiellen*, Neofelis Verlag, Berlin 2015, S. 147-162.

Kapitel 3: »Epistemologica: Präparate«, in: Anke te Heesen, Petra Lutz (Hg.), *Das Museum als Erkenntnisort*, Böhlau, Köln, Weimar, Wien 2005, S. 65-75; »Sichtbar Machen. Visualisierung in den Naturwissenschaften«, in: Klaus Sachs-Hombach (Hg.), *Bildtheorien. Anthropologische und kulturelle Grundlagen des Visualistic Turn*, Suhrkamp, Frankfurt/M. 2009, S. 127-145; »Making visible. Visualization in the sciences – and in exhibitions?«, *Preprint No. 399*, Max-Planck-Institut für Wissenschaftsgeschichte, Berlin 2010, S. 9-23; »Einige Bemerkungen zu Moden in der Wissenschaft«, in: Heini Bader, Olaf Knellessen, Tamara Lewin, Angelika Oberhauser, Husam Suliman (Hg.), *Mode und Moden*, Seismo Verlag, Zürich 2017, S. 79-91.

Kapitel 4: »Pfropfen in Experimentalsystemen«, in: Uwe Wirth, Veronika Sellier (Hg.), *Impfen, Pfropfen, Transplantieren*, Kadmos, Berlin 2011, S. 65-74; »On the language of the history of science«, in: Ludwig Jäger, Werner Holly, Peter Krapp, Samuel Weber, Simone Heekeren (Hg.), *Handbook Language – Culture – Communication*, HSK 43, De Gruyter, Berlin 2016, S. 341-347; »Schreiben und Experimentieren«, in: *Die Dringlichkeit der Literatur. Essays*, Jahrbuch 12, Literaturhaus Liechtenstein, Triesen 2018, S. 117-124.

Kapitel 5: »Acht Miszellen zur Notation in den Wissenschaften«, in: Hubertus von Amelunxen, Dieter Appelt, Peter Weibel (Hg.), *Notation. Kalkül und Form in den Künsten*, Akademie der Künste/ZKM, Berlin/Karlsruhe 2008, S. 279-288; »Zettelwirtschaft«, in: Sandro Zanetti (Hg.), *Schreiben als Kulturtechnik*, Suhrkamp, Frankfurt/M. 2012, S. 441-452.

Kapitel 6: »Die Mehlmotte«, in: Christian Kassung, Jasmin Mersmann, Olaf B. Rader (Hg.), *Zoologicon. Ein kulturhistorisches Wörterbuch der Tiere*, Fink, München 2012, S. 259-262; »George Kubler und die Wissenschaftsgeschichte«, in: Sarah Maupeu, Kerstin Schankweiler, Stefanie Stallschus (Hg.), *Im Maschenwerk der Kunstgeschichte. Eine Revision von George Kublers »The Shape of Time«*, Kadmos, Berlin 2014, S. 245-250; »Experimentelle Serialität in Wissenschaft und Kunst«, in: Olaf Knellessen, Giaco Schiesser, Daniel Strassberg (Hg.), *Serialität. Wissenschaften, Künste, Medien*, Neofelis Verlag, Berlin 2015, S. 68-77; »George Kubler and the question of time and temporality«, in: Michael Zimmermann (Hg.), *Vision in Motion. Streams of Sensation and Configurations of Time*, Diaphanes, Zürich, Berlin 2016, S. 549-556.

Kapitel 7: »Kulturen des Experiments«, in: *Berichte zur Wissenschaftsgeschichte* 30 (2007), S. 135-144; »In vitro«, in: Peter Geimer (Hg.), *UnTot. Existenzen zwischen Leben und Leblosigkeit*, Kadmos, Berlin 2014, S. 68-79; *Natur und Kultur im Spiegel des Wissens*, Universitätsverlag Winter, Heidelberg 2015; »Cultures of experimentation«, in: Karine Chemla, Evelyn Fox Keller (Hg.), *Cultures without Culturalism. The Making of Scientific Knowledge*, Duke University Press, Durham und London 2017, S. 278-295.

Kapitel 8: »Noch etwas über die experimentelle Ordnung der Dinge«, in: Matthias Michel (Hg.), *Wissenschaft und Welterzählung: Fakt & Fiktion. Die narrative Ordnung der Dinge*, Chronos Verlag, Zürich 2013, S. 270-271; »On epistemic objects, and around«, in: Defne Aya, Adam Kleinman (Hg.), *Witte de With Review: Arts, Culture, and Journalism in Revolt*, Bd. 1, Witte de With Publishers, Rotterdam 2017, S. 376-381; »Über die narrative und interpretative Ordnung der experimentellen Praxis«, in: Johannes Korrodi Katzenstein, Andreas Mauz, Christiane Tietz (Hg.), *Doing Interpreta-*

tion. Perspektiven praxeologischer Hermeneutik, Brill, Paderborn, im Druck.

Kapitel 9: »Das Wilde im Zentrum der Wissenschaft«, Interview mit Wolfert von Rahden, in: *Gegenworte: Hefte für den Disput über Wissen*, 12. Heft, Berlin-Brandenburgische Akademie der Wissenschaften, Berlin 2003, S. 36-38; »Die Wissenschaft des Konkreten«, in: Hans-Jörg Rheinberger, *Iterationen*, Merve, Berlin 2005, S. 101-128; »Das Wilde Denken«, in: *Zum Zufall*, Schriftenreihe Band 5, Willms Neuhaus Stiftung, Berlin 2018, S. 77-85; »Zum Beispiel Albert Flocon«, in: Andreas Cremonini, Markus Klammer (Hg.), *Bild-Beispiele. Zu einer pikturalen Logik des Exemplarischen*, Fink, München 2020, S. 75-84; »Bemerkungen zu Gaston Bachelards Idee einer Psychoanalyse der Erkenntnis«, in: Thomas Ebke, Sabina Hoth (Hg.), *Die Philosophische Anthropologie und ihr Verhältnis zu den Wissenschaften der Psyche, Internationales Jahrbuch für Philosophische Anthropologie 2018*, Band 8, De Gruyter, Berlin, Boston 2019, S. 185-191.

Kapitel 10: »Kleine Epistemologie des Fragments«, in: *Zum Zufall*, Schriftenreihe Band 6, Willms Neuhaus Stiftung, Berlin 2019, S. 93-103.

Personenregister

Geschichte und Theorie der Naturwissenschaften

Bakteriologie und Moderne. Studien zur Biopolitik des Unsichtbaren 1870 – 1920. Herausgegeben von Philipp Sarasin. Silvia Berger, Marianne Hänseler und Myriam Spörri. stw 1807. 544 Seiten

Susan Blackmore. Gespräche über Bewußtsein. Gebunden. 380 Seiten

Lorraine Daston/Peter Galison. Objektivität. Aus dem Amerikanischen von Christa Krüger. Mit zahlreichen Abbildungen und farbigem Bildteil. Gebunden. 530 Seiten

John Dupré. Darwins Vermächtnis. Die Bedeutung der Evolution für die Gegenwart des Menschen. Aus dem Englischen von Eva Gilmer. 144 Seiten. Gebunden

Michael Esfeld. Naturphilosophie als Metaphysik der Natur. stw 1863 218 Seiten

Gene, Meme und Gehirne. Geist und Gesellschaft als Natur. Eine Debatte. Herausgegeben von A. Becker, C. Mehr, H. H. Nau, G. Reuter und D. Stegmüller. stw 1643. 330 Seiten

Geschichte, Theorie und Ethik der Medizin. Eine Einführung. Herausgegeben von Stefan Schulz u.a. stw 1791. 511 Seiten

Das Geschlecht der Natur. Feministische Beiträge zur Geschichte und Theorie der Naturwissenschaften. Herausgegeben von Barbara Orland und Elvira Scheich. Texte aus dem Amerikanischen von Xenia Rajewsky. Gender Studies. es 1727. 290 Seiten

NF 152/1/11.08

Stephen Jay Gould. Der falsch vermessene Mensch. Aus dem Amerikanischen von Günter Seib. stw 583. 400 Seiten

Michael Hampe. Eine kleine Geschichte des Naturgesetzbegriffs. Die Gesetze der Natur und die Handlungen der Menschen. stw 1864. 201 Seiten

Lily E. Kay. Das Buch des Lebens. Wer schrieb den genetischen Code? Mit Abbildungen. Aus dem Amerikanischen von Gustav Roßler. stw 1746. 556 Seiten

Alexandre Koyré. Von der geschlossenen Welt zu unendlichen Universum. Aus dem Amerikanischen von Rolf Dornbacher. stw 320. 259 Seiten

Werner Kutschmann. Der Naturwissenschaftler und sein Körper. Die Rolle der »inneren Natur« in der experimentellen Naturwissenschaft der frühen Neuzeit. 428 Seiten. Gebunden

Humberto R. Maturana. Biologie der Realität. Aus dem Amerikanischen von Wolfram K. Köck. stw 1502. 400 Seiten

Naturerkenntnis und Natursein. Für Gernot Böhme. Herausgegeben von Michael Hauskeller, Christoph Rehmann-Sutter und Gregor Schiemann. stw 1327. 406 Seiten

Naturwissenschaft, Technik und NS-Ideologie. Beiträge zur Wissenschaftsgeschichte des Dritten Reiches. Herausgegeben von Herbert Mehrtens und Steffen Richter. stw 303. 289 Seiten

Philosophie der Biologie. Eine Einführung. Herausgegeben von Ulrich Krohs und Georg Toepfer. stw 1745. 456 Seiten

Physiologie und industrielle Gesellschaft. Studien zur Verwissenschaftlichung des Körpers im 19. und 20. Jahrhundert.

NF 152/2/11.08

Herausgegeben von Philipp Sarasin und Jakob Tanner. stw 1343. 529 Seiten

Die Transformation des Humanen. Beiträge zur Kulturgeschichte der Kybernetik. Herausgegben von Michael Hagner und Erich Hörl. stw 1848. 464 Seiten

Hans-Jörg Rheinberger.
- Epistemologie des Konkreten. Studien zur Geschichte der modernen Biologie. stw 1771. 415 Seiten
- Experimentalsysteme und epistemische Dinge. Eine Geschichte der Proteinsynthese im Reagenzglas. stw 1806. 383 Seiten

Lothar Schäfer. Das Bacon-Projekt. Von der Erkenntnis, Nutzung und Schonung der Natur. stw 1401. 279 Seiten

NF 152/3/11.08

»Geist und Gehirn«
im Suhrkamp Verlag

François Ansermet / Pierre Magistretti. Die Individualität des Gehirns. Neurobiologie und Psychoanalyse. 282 Seiten. Gebunden

Olaf Breidbach. Die Materialisierung des Ichs. Zur Geschichte der Hirnforschung im 19. und 20. Jahrhundert. stw 1276. 476 Seiten

Gene, Meme und Gehirne. Geist und Gesellschaft als Natur. Eine Debatte. Herausgegeben von A. Becker, C. Mehr, H. H. Nau, G. Reuter und D. Stegmüller. stw 1643. 330 Seiten

Hirnforschung und Willensfreiheit. Zur Deutung der neuesten Experimente. Herausgegeben von Christian Geyer. es 2387. 296 Seiten

Eric R. Kandel. Psychiatrie, Psychoanalyse und die neue Biologie des Geistes. Mit einem Vorwort von Gerhard Roth. 341 Seiten. Gebunden

Benjamin Libet. Mind Time. Wie das Gehirn Bewusstsein produziert. 298 Seiten. Gebunden

Philosophie und Neurowissenschaften. Ist das psychologische Problem gelöst? Herausgegeben von Dieter Sturma. stw 1770. 266 Seiten

NF 155/1/3.07

Gerhard Roth

- Aus Sicht des Gehirns. 216 Seiten. Kartoniert
- Fühlen, Denken, Handeln. Wie das Gehirn unser Verhalten steuert. stw 1678. 608 Seiten
- Das Gehirn und seine Wirklichkeit. Kognitive Neurobiologie und ihre philosophischen Konsequenzen. stw 1275. 384 Seiten

John R. Searle. Freiheit und Neurobiologie. 91 Seiten. Kartoniert

Wolf Singer

- Ein neues Menschenbild? Gespräche über Hirnforschung. stw 1596. 144 Seiten
- Der Beobachter im Gehirn. Essays zur Hirnforschung. stw 1571. 240 Seiten
- Vom Gehirn zum Bewußtsein. 59 Seiten. Gebunden

NF 155/2/3.07

Natur, Geist und Technik
Eine Auswahl

Nick Bostrom
- Superintelligenz. Szenarien einer kommenden Revolution. Übersetzt von Jan-Erik Strasser. 480 Seiten. Flexcover
- Die Zukunft der Menschheit. Aufsätze. Übersetzt von Jan-Erik Strasser. stw 2245. 209 Seiten

Noam Chomsky. Was für Lebewesen sind wir? Übersetzt von Michael Schiffmann. 248 Seiten. Gebunden

Lorraine Daston/Peter Galison. Objektivität. Mit zahlreichen Abbildungen und einem farbigen Bildteil. Übersetzt von Christa Krüger. 531 Seiten. Gebunden und Flexcover

Daniel C. Dennett
- Den Bann brechen. Religion als natürliches Phänomen. Übersetzt von Frank Born. stw 2189. 531 Seiten
- Von den Bakterien zu Bach – und zurück. Die Evolution des Geistes. Übersetzt von Jan-Erik Strasser. Mit zahlreichen Abbildungen. 512 Seiten. Gebunden

Michael Esfeld. Wissenschaft und Freiheit. Das naturwissenschaftliche Weltbild und der Status von Personen. stw 2298. 212 Seiten

Luciano Floridi. Die 4. Revolution. Wie die Infosphäre unser Leben verändert. Übersetzt von Axel Walter. 314 Seiten. Gebunden

Bruno Latour. Kampf um Gaia. Acht Vorträge über das neue Klimaregime. Übersetzt von Achim Russer und Bernd Schwibs. 522 Seiten. Gebunden

NF 180/1/3.20

Janina Loh. Roboterethik. Eine Einführung. stw 2277. 241 Seiten

Alfred R. Mele. Willensfreiheit und Wissenschaft. Ein Dialog. Übersetzt von Guido Löhrer. stw 2238. 162 Seiten

Thomas Nagel. Geist und Kosmos. Warum die materialistische neodarwinistische Konzeption der Natur so gut wie sicher falsch ist. Übersetzt von Karin Wördemann. stw 2151. 187 Seiten

Michael Tomasello
- Eine Naturgeschichte der menschlichen Moral. Übersetzt von Jürgen Schröder. Gebunden und stw 2321. 282 Seiten
- Mensch werden. Eine Theorie der Ontogenese. Übersetzt von Jürgen Schröder. 538 Seiten. Gebunden

NF 180/2/3.20